दलित पैन्थर
भूमिका एवं आन्दोलन

दलित पैन्थर भूमिका एवं आन्दोलन

सम्पादक
डॉ. शरणकुमार लिंबाले

अनुवाद
डॉ. विनोदकुमार वि. वायचल

वाणी प्रकाशन

प्रकाशन के उत्कृष्टतम 62 वर्ष

सजिल्द पहला संस्करण : 2017
सजिल्द दूसरा संस्करण : 2025

vaniprakashan.com

वाणी प्रकाशन
4695, 21-ए, दरियागंज, नयी दिल्ली-110 002
फ़ोन : +91 11 23273167, 23275710
शाखाएँ
अशोक राजपथ, पटना-800 004, बिहार
कॉफ़ी हाउस कैम्पस, महात्मा गांधी मार्ग, प्रयागराज-211 001, उत्तर प्रदेश
महात्मा गांधी अन्तरराष्ट्रीय हिन्दी विश्वविद्यालय, वर्धा-442 001, महाराष्ट्र
sales@vaniprakashan.in
vaniprakashan@gmail.com

Dalit Painther : Bhoomika Evam Aandolan
Edited by Dr. Sharan Kumar Limbale
Translated by Dr. Vinodkumar V. Vaychal

ISBN : 978-93-87409-40-8
Dalit Literature

मूल्य : ₹ 595

जी.एस. ऑफ़सेट, दिल्ली-110 095 में मुद्रित
वाणी प्रकाशन का लोगो मक़बूल फ़िदा हुसैन की कूची से

कार्यकर्ताओं को समर्पित.......

अनुक्रमणिका

अनुवादक की ओर से

गत वर्ष मैं विश्व हिंदी सम्मेलन में शिरकत करने हेतु भोपाल गया था। सम्मेलन के दूसरे दिन जब हिंदी के दक्षिण द्वार आदरणीय डॉ. सूर्यनारायण रणसुभे जी का आदेश हुआ कि मुझे आदरणीय डॉ. शरणकुमार लिम्बाले जी द्वारा सम्पादित मराठी पुस्तक 'दलित पैन्थर' का अनुवाद करना है, तो मुझे पहले तो विश्वास नहीं हुआ क्योंकि इस प्रकार के बड़े कार्य का मेरा अपना कोई अनुभव नहीं था। हालाँकि मैंने अपनी रूचि से चार पुस्तकों का अनुवाद किया था। पाठक वर्ग द्वारा इन अनुवादों का स्वागत भी किया गया। किन्तु मैं जिस वातावरण में पला-बढ़ा, उसमें दलित वर्ग के प्रति सहानुभूति तो थी, किन्तु अनुभूति न के बराबर थी। इसलिए अनुवाद के कार्य में अनेक व्यवधान उत्पन्न होना सहज था। अनेक मराठी शब्दों के प्रतिशब्द हिंदी में मिलते ही नहीं थे, ऐसे में विवेक का सहारा लेना पड़ता था। बहुत से मराठी शब्दों का अनुवाद तो शब्दश: करना पड़ा। आशय भी वही हो इसका प्रयास तो किया ही है। अपशब्दों के अनुवाद को वाणी प्रकाशन के मुद्रित शोधक का कार्य करनेवाले विद्वान ने अन्तिम स्वरूप दिया है। आपके द्वारा शोधित पाठ को ही हमने पूर्णत: स्वीकार किया है। अपनी ओर से न कुछ जोड़ा है, न टाला है।

सबसे बड़ी समस्या तकनीकी समस्या थी। मैंने इससे पूर्व कभी भी पेजमेकर में काम नहीं किया था। आदतन सारा काम एम. एस. वर्ड में ही किया था। वर्ड का पेजमेकर में रूपान्तरण करने में मेरे छात्र श्री. समीर देशपाण्डे और श्री. मिलिन्द कुलकर्णी जी ने सहायता की अत: उनके प्रति कृतज्ञता प्रकट करना कर्तव्य बन जाता है। फिर भी जाने-अनजाने कुछ तकनीकी खामियाँ हो सकती हैं। महाविद्यालयीन कार्य एवं पारिवारिक जिम्मेदारियाँ निभाते-निभाते तथा दो-दो अपघातों से उबरते-उबरते विलम्ब होते गया।

इसलिए प्रेरक डॉ. सूर्यनारायण रणसुभे जी, सम्पादक डॉ. शरणकुमार लिम्बाले जी, वाणी प्रकाशन के साथ-साथ समस्त पाठकों का क्षमाप्रार्थी हूँ।

अनुवाद करते समय मुझे बहुत कुछ सीखने को मिला, जिसका उल्लेख किसी अन्य रूप में किया जा सकता है। अन्त में उन सभी महानुभावों को धन्यवाद अर्पित करता हूँ, जिनके कारण मुझे इस अनुवाद कार्य का अवसर प्राप्त हुआ।

डॉ. विनोदकुमार वायचल

संपादक की ओर से

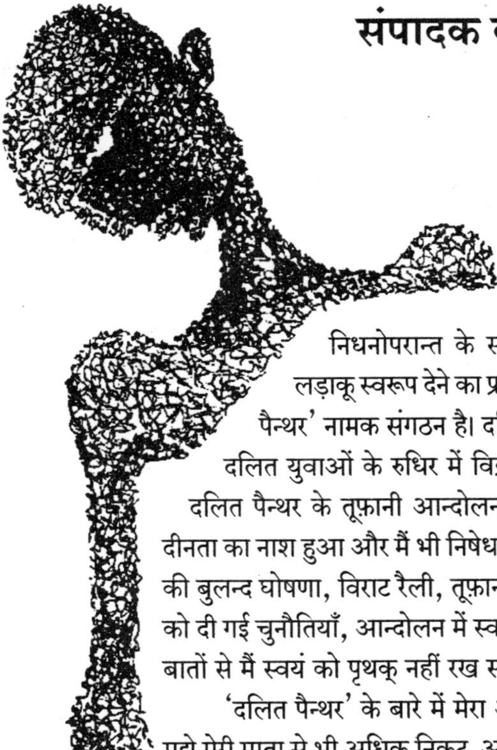

डॉ. बाबासाहब आम्बेडकर जी के निधनोपरान्त के समय में दलित आन्दोलन को लड़ाकू स्वरूप देने का प्रयास करने वाला संगठन 'दलित पैन्थर' नामक संगठन है। दलित पैन्थर आन्दोलन ने अनेक दलित युवाओं के रुधिर में विद्रोही सपनों का वपन किया है। दलित पैन्थर के तूफ़ानी आन्दोलन के कारण ही मेरी परम्परागत दीनता का नाश हुआ और मैं भी निषेध का घोषणापत्र बन गया। पैन्थर्स की बुलन्द घोषणा, विराट रैली, तूफ़ानी सभाएँ, सवर्ण बुर्जुआ लोगों को दी गई चुनौतियाँ, आन्दोलन में स्वयं को खपा देनेवाले युवा आदि बातों से मैं स्वयं को पृथक् नहीं रख सका।

'दलित पैन्थर' के बारे में मेरा आदर बढ़ने लगा। दलित पैन्थर मुझे मेरी माता से भी अधिक निकट अनुभूत होने लगा। मेरे स्वाभिमान को आम्बेडकर प्रणित विचारों की पुष्टि प्राप्त हो गई। मैं आन्दोलन के लिए चल पड़ा। आन्दोलन की महान् 'सम्यक् क्रान्ति' का सपना मुझे मेरे 'जीने का लक्ष्य' महसूस होने लगा। आन्दोलन के साथ-साथ चलते हुए कभी अपनी सीमाएँ और कभी आन्दोलन की सीमाएँ महसूस हुई, कभी अपनाये हुए विचारों की सीमाएँ और कभी दूसरे कार्यकर्ताओं की सीमाएँ भी महसूस हुईं। इसके अलावा कभी-कभी बड़प्पन भी महसूस हुआ। इन सभी बातों का समग्रता से विचार होना चाहिए, ऐसा मैं अनेक दिनों से महसूस करने लगा।

मेरी अनेक दिनों की इच्छा थी कि 'दलित पैन्थर' के बहाने डॉ. बाबासाहब आम्बेडकर जी के निधनोपरान्त समग्र दलित आन्दोलन, समाज, साहित्य, धम्म एवं राजनीति आदि का भी सिंहावलोकन किया जाना चाहिए। मुझे इस बात का सन्तोष है कि 'दलित पैन्थर' नामक इस संकलित संपादित ग्रन्थ के कारण मेरी उपर्युक्त इच्छा कतिपय अंशों में पूरी हुई। इस ग्रन्थ को पूर्ण रूप देने हेतु जिन-जिन विद्वानों ने लेखन रूपी सहयोग किया है, उनके प्रति कृतज्ञता-ज्ञापन के लिए मेरे पास शब्द ही नहीं हैं। मात्र उन्हीं के लेखन-सहयोग के कारण ही यह महान् कार्य सम्पन्न हो पाया है। इस कार्य का श्रेय मेरे लेखक-मित्रों को जाता है। यही आशा है कि दलित आन्दोलन के पाठक, अध्येता, लेखक और आम कार्यकर्ताओं के लिए यह ग्रन्थ उपयुक्त एवं उपादेय रहेगा।

'दलित पैन्थर' से जुड़े कार्यकर्ताओं के विचारों का समावेश इस ग्रन्थ में हुआ है। मात्र पैन्थर के सभी कार्यकर्ताओं का लेखन इस ग्रंथ में होने चाहिए, इस लालसा को मैंने टाला है। यह इस कारण है कि, इस ग्रन्थ का स्वरूप एकांगी न हो जाने की प्रामाणिक इच्छा थी। इसके अलावा दलित पैन्थर के बारे में अनेक अंगों से विचार किया जाना चाहिए। इस प्रकार के व्यापक दृष्टिकोण को केंद्र में रखकर अन्य विद्वानों के शोधालेखों का इस ग्रन्थ में समावेश किया गया है। इस किताब में भ. मा. परसावळे और श्रीधर अंभोरे इन मित्रों के चित्र दिए है। मै उनका आभारी हूँ।

डॉ. शरणकुमार लिम्बाले
sharankumarlimbale@gmail.com

प्रस्तावना

डॉ. शरणकुमार लिम्बाले

1

डॉ. बाबासाहब आम्बेडकर जी के निधनोपरान्त आम्बेडकरवादी आन्दोलन का अधिकारपूर्वक नेतृत्व करनेवाले 'गरम युवाओं के आन्दोलन' के रूप में 'दलित पैन्थर' को सभी के जाने-पहचाने संगठन के रूप में उल्लिखित करना ही होगा। डॉ. बाबासाहब आम्बेडकर जी के निधन के बाद कुछ समय के लिए दलित आन्दोलन रुक चुका था। सम्पूर्ण दलित समाज हतप्रभ हो चुका था, किन्तु 'दलित पैन्थर' के उदय के कारण दलित आन्दोलन फिर से गतिमान हुआ है।

सन् 1956 में दलितों का विराट धर्मान्तर हो गया, इस कारण दलित आन्दोलन को एक नया 'सांस्कृतिक' आयाम प्राप्त हुआ। एक नये आदर्श की ओर इसकी परिणति हुई। किन्तु उसी वर्ष धर्मान्तर के मात्र ढाई महीने उपरान्त डॉ. आम्बेडकर जी का महापरिनिर्वाण हो गया। बाबासाहब आम्बेडकर के आन्दोलन के नेतृत्व की विरासत रिपब्लिकन पार्टी ने स्वीकार की। 3 अक्तूबर 1957 के दिन 'शेड्यूल कास्ट फेडरेशन' को विसर्जित कर 'रिपब्लिकन पार्टी ऑफ इण्डिया' नामक पार्टी की स्थापना की गई। 'दलित पैन्थर' की स्थापना 9 जुलाई 1972 के दिन हुई। अर्थात् 'दलित पैन्थर' की स्थापना स्वाधीनता के 25 वर्षों के उपरान्त तथा डॉ. बाबासाहब आम्बेडकर जी के निधन के सोलह वर्षों के उपरान्त हुई। इस सम्पूर्ण कालखण्ड में एक ओर तो दलितों पर अन्याय-अत्याचार हो रहे थे, तो दूसरी ओर इन जुल्म-ओ-सितम के विरुद्ध आवाज़ उठानेवाला 'प्रभावशाली' संगठन दलितों के पास नहीं था। शिक्षा, विज्ञान, कानून, आम्बेडकरप्रणित विचारधारा एवं आन्दोलन आदि के कारण दलित शिक्षित युवाओं में स्वाभिमान का भाव प्रबलता से बढ़ रहा था। दलितों को ड़राने वाली समस्याओं का

समाधान पच्चीस वर्षों की स्वाधीनता ने नहीं दिया था। ऐसे में डॉ. बाबासाहब जी के विचारों की विरासत को बताने वाली रिपब्लिकन पार्टी तो सत्ता, स्वार्थ, समझौते, लाचारी और गुटबन्दी आदि से सराबोर हो चुकी थी। अस्पृश्यता की समस्या पर कार्य करनेवाला 'स्वतन्त्र' संगठन नहीं था। जाति-अन्त के प्रश्न पर प्रखरता से संघर्ष करनेवाला संगठन इस समय की आवश्यकता थी। सन् 1956 के पश्चात् अभिजात साहित्य के विरोध में 'लिटल मैगेज़िन' के आन्दोलन ने बल पकड़ा। 'सत्यकथा' पत्रिका के साहित्य के विरोध में ये नये साहित्यकार विद्रोहयुक्त स्वर में बोल रहे थे और इसी लघु-अनियतकालिक पत्रिका के आन्दोलन में से राजा ढाले और नामदेव ढसाल प्रत्याशी के रूप में उभरकर सामने आ रहे थे।

सन् 1956 के बाद दलित साहित्य के विमर्श का प्रारम्भ हो रहा था। डॉ. म. ना. वानखेडे अमेरिका में जाकर वापस आये थे। इन्होंने अमेरिका में कृष्णवर्णीय लोगों के आन्दोलन एवं उनके विद्रोहयुक्त साहित्य के बारे में विचार-विमर्श प्रारम्भ किया था। ब्लैक लिटरेचर, ब्लैक पैन्थर जैसे विषयों पर तथा दलित साहित्य और दलित आन्दोलन के सन्दर्भ में विचार-विमर्श किया जाने लगा था। इसी समय महाड शहर में प्रथम बौद्ध साहित्य सम्मेलन का आयोजन किया गया। महाविद्यालयों में पढ़नेवाले युवा-छात्रों का नगर-नगर, ग्राम-ग्राम में संगठन हो रहा था। हरेक महाविद्यालय में रिपब्लिकन छात्र संगठन स्थापित हो चुके थे। इन संगठनों के द्वारा दलित छात्र सामाजिक समस्याओं से संघर्ष कर रहे थे। परन्तु ये सारे संगठन एवं आन्दोलन अत्यन्त बिखरे और संकरे थे। इनका बल मात्र महाविद्यालय के छात्रावास तक ही सीमित था। 'दलित पैन्थर' की स्थापना से पूर्व नामदेव ढसाल (प्रजासमाजवादी पार्टी), राजा ढाले (दलित युवा संगठन), भाई संगारे (काँग्रेस), गंगाधर गाडे, टी. एम. काम्बले (रिपब्लिकन छात्र संगठन) आदि विभिन्न संगठनों में काम कर रहे थे। मुम्बई के सिद्धार्थ विहार छात्रावास के छात्रों का 'दलित पैन्थर' के निर्माण में महत्त्वपूर्ण योगदान रहा है। अनेक दलित युवा छात्र इसी छात्रावास में इकट्ठे हो चुके थे। इस सम्पूर्ण पृष्ठभूमि में 'दलित पैन्थर' संगठन का उदित होना अनिवार्य घटना थी।

नामदेव ढसाल, ज. वि. पवार, राजा ढाले, रामदास सोरटे, लतीफ खाटिक, अविनाश महातेकर, प्रह्लाद चेन्दवणकर, अर्जुन डांगले, भाई संगारे, अनिल काम्बले, अरुण काम्बले, रामदास आठवले, गंगाधर गाडे, प्रीतम कुमार शेगाँवकर, टी. एम. काम्बले जैसे अग्रणी कार्यकर्ताओं ने दलित पैन्थर आन्दोलन को आगे बढ़ाया। डॉ. बाबासाहब आम्बेडकर जी में असीम श्रद्धा, दलित समाज के प्रति अपरम्पार स्नेह, सामाजिक विषमता के विरुद्ध जाज्वल्यमान युवा आदि के कारण 'दलित पैन्थर' संगठन अत्यन्त कम समय में ही विख्यात हो चुका था। पैन्थर्स के निडर भाषण, भीड़ को

आकर्षित करनेवाली तूफ़ानी सभाएँ, लड़ाई-झगडे, मार-ठुकाई, आन्दोलन, पुलिस के अभियोग आदि के कारण दलित पैन्थर ने लोगों का ध्यान आकर्षित किया था। स्थान-स्थान पर 'दलित पैन्थर' की शाखाएँ स्थापित होने लगीं। दलित पैन्थर की सभाएँ विख्यात होने लगीं। पैन्थर्स हिन्दू देवी-देवताओं को गालियाँ देते थे। रिपब्लिकन पार्टी की उदासीनता पर कड़ा हमला बोल देते थे। नामदेव ढसाल और ज. वि. पवार 'विद्रोह' नामक दलित पैन्थर के मुखपत्र का सम्पादन करते थे। इसमें दलित पैन्थर की गरम भूमिका प्रस्तुत की जाती थी। नामदेव ढसाल, ज. वि. पवार, प्रह्लाद चेन्दवणकर आदि कार्यकर्ताओं की कविताएँ सम्पूर्ण मराठी साहित्य के क्षेत्र में तूफ़ानी विमर्श का विषय बन गई थीं। 'स्वाधीनता किस गधी का नाम है ?', 'हम रामराज्य के किस घर में रहते हैं ?' जैसे सवाल नामदेव ढसाल की कविताओं से अभिव्यक्त होने लगे। तो 15 अगस्त 1972 के 'साधना' पत्रिका में मुद्रित राजा ढाले का आलेख अत्यन्त विख्यात हुआ।

दलित पैन्थर के कार्यकर्ता राजनीतिक दृष्टिकोण से अपरिपक्व थे, फिर भी उनका क्रोध प्रचण्ड था। सभी कार्यकर्ता क्रुद्ध और निड़र युवा थे। वरली का दंगा, गीता का दहन, शंकराचार्य पर जूता फेंकना, शिवसेना के साथ मार-पीट आदि के कारण लोगों का ध्यान 'दलित पैन्थर' की ओर आकर्षित होने लगा। दलित पैन्थर का दबाव बनता गया। हमारे समाज पर अन्याय हो रहा है, हमारा कोई संरक्षक नहीं है, 'सौ दिन बकरी बन के जीने से एक दिन शेर बनकर मर जाना बेहतर', ऐसा विचार करनेवाले जाज्वल्य प्रण के ये युवा थे। रिपब्लिकन पार्टी से उनका विश्वास उठ चुका था। इसी प्रकार ये युवा विपक्ष, सत्तासीन काँग्रेस और ट्रेड युनियन की भी कड़ी आलोचना कर रहे थे। मुम्बई से सम्पूर्ण महाराष्ट्र में दलित पैन्थर फैलता जा रहा था।

दलित पैन्थर का उदय और कतिपय मत

(अ) जातिप्रणाली और दलितों पर हो रहे अत्याचारों के विरोध में क्रोध के अन्तर्विरोध के रूप में दलित पैन्थर का जन्म हुआ।
नागेश चौधरी। सत्यशोधक, पुणे दिसम्बर 1974।

(आ) दलितों पर बढ़ते अत्याचारों के कारण दलित युवाओं में फैले असन्तोष और रिपब्लिकन पार्टी के पुराने नेतृत्व के बारे में हुए भ्रमनिरास आदि के कारण ही दलित पैन्थर की स्थापना हुई।
नलिनी पण्डित। जातिवाद आणि वर्गवाद साधना प्रकाशन, पुणे।

(इ) रिपब्लिकन पार्टी के सभी विद्रोहियों ने आम्बेडकर जी से बेईमानी की। इसीलिए दलित युवाओं के दलित पैन्थर जैसे विद्रोही संगठन उत्पन्न हो गये।
शरद पाटील। सत्यशोधक मार्क्सवादी, धुलिया, दिसम्बर 1982

(ई) नेतागण जनता से दूर होते जा रहे थे तथा जनता को नये नेतृत्व की कामना थी। दलित पैन्थर के उदय से जनता की यह कामना सफल हो गई।

रावसाहब कसबे। दलित चळवळीची वाटचाल केशवराव गोरे ट्रस्ट, मुम्बई।

'दलित पैन्थर' दलितों पर हो रहे अत्याचारों के विरोध में जाज्वल्यमान प्रतिक्रिया ही है। डॉ. आम्बेडकर जी के निधन के उपरान्त निराश दलित समाज को पैन्थर एक नई चिनगारी अनुभूत होने लगी। जैसे दलित पैन्थर के उदय के कारण दलित युवाओं के मन में विषम व्यवस्था के बारे में विद्यमान क्रोध के लिए एक नया मंच प्राप्त हो गया, वैसे ही यह भी नकारा नहीं जा सकता कि दलित समाज में आन्दोलन की चेतना उत्पन्न हो गई।

2

बहुसंख्यक महार और बौद्ध युवाओं का संगठन 'दलित पैन्थर' है। अन्य बहिष्कृत जातियों-जनजातियों को भी इस संगठन में सम्मिलित किया जाना चाहिए। संगठन के मनुष्यों के संख्या-बल को बढ़ाने के सिवा संसदीय राजनीति में महत्त्व प्राप्त नहीं होता। मात्र नवबौद्धों के आन्दोलन से सभी बहिष्कृत वर्गों की समस्याओं का समाधान नहीं हो सकता। हमारा गर्भनाल किससे जुड़ा है ? समस्त बहिष्कृत समाज से या मात्र नवबौद्ध समाज से ? यदि हम दलितों का प्रतिनिधित्व करनेवाले हैं, तो आर्थिकदृष्टि से पिछड़ी सभी जातियों में विद्यमान दलित मानव की मुक्ति के बारे में हमारी भूमिका क्या होगी ? आन्दोलन के रूप में दलित पैन्थर के लिए किसी एक भूमिका को अपनाना आवश्यक था। इसी कारण दलित पैन्थर में 'मार्क्सवाद' और 'आम्बेडकरवाद' दो धाराएँ उत्पन्न हो गईं।

दलित पैन्थर में विद्यमान 'मार्क्सवादी' धारा को उत्तेजित करने का प्रयास कम्युनिस्ट पार्टी के नेता कर रहे थे। पैन्थर की बढ़ती शक्ति का राजनीतिक स्वार्थ के लिए इस्तेमाल करने की दृष्टि से कम्युनिस्ट नेताओं ने पैन्थर पर कब्जा करने का प्रयास ज़ारी रखा था, तो कम्युनिस्टों के वैचारिक अग्रणी डॉ. आम्बेडकर के दोषों को दिखाकर पैन्थर को मार्क्सवाद की दीक्षा देने का प्रयास कर रहे थे.....किन्तु आम्बेडकरवाद को स्पष्टत: नकारने से पैन्थर्स अन्यमनस्क होंगे इसीलिए वर्णविरोधी संघर्ष और वर्गविरोधी संघर्ष एकसाथ किया जाना चाहिए।[1] इस प्रकार यह जानबूझकर जतलाया जा रहा था।

नामदेव ढसाल 'मार्क्सवाद' का अनुकरण कर रहे थे, तो राजा ढाले 'आम्बेडकरवाद' का। 'दलित पैन्थर' को दलित, शोषित एवं परिश्रमियों के संघर्ष में उतरना होगा, यह नामदेव ढसाल की भूमिका थी। दलित पैन्थर का संगठन बौद्ध तत्त्वज्ञान के अनुरूप चलना होगा, पैन्थर ने साम्यवाद से दूर रहना होगा, पैन्थर बौद्धों का संगठन है, यदि बाबा आढाव पैन्थर का नेतृत्व करना चाहते हैं, तो उन्हें पहले बौद्ध धर्म स्वीकार

करना होगा, ऐसी दूसरी विचारधारा थी। बुद्ध-आम्बेडकर के मार्ग से ही हमें संघर्ष करने होंगे, यह राजा ढाले की भूमिका थी।

नामदेव ढसाल ने सुनिल दिघे नामक 'नक्सलवादी' कार्यकर्ता की सहायता से 'दलित पैन्थर का घोषणापत्र' बनाया। इस घोषणापत्र का विरोध ढाले ने किया, क्योंकि यह घोषणापत्र कम्युनिस्ट विचारों का अनुकरण करने वाला था। पैन्थर में विद्यमान 'मार्क्सवादी' धारा को कम्युनिस्ट चिन्तकों का समर्थन तथा मंच भी प्राप्त हुए, उतना समर्थन और मंच आम्बेडकरवादी धारा को प्राप्त नहीं हुए। आम्बेडकरवादी धारा ने मार्क्सवादी धारा द्वारा प्रस्तुत आर्थिक अवधारणा को पर्याय के रूप में ग्रहण नहीं किया। दलितों की समस्याओं को नानाविध पहलू चिपक गये। उन सभी का आम्बेडकरवादी विचारों द्वारा शास्त्रसम्मत विश्लेषण कर आन्दोलन को आम्बेडकरवादी दर्शन का अधिष्ठान प्रदान करने में इस धारा के चिन्तकों को असफलता प्राप्त हुई। सच्चाई तो यह है कि यह असफलता न होकर उनकी सीमा थी।''[2]

दलित पैन्थर में मार्क्सवाद या आम्बेडकरवाद जैसा वैचारिक संघर्ष प्रारम्भ हो चुका था। इसके साथ ही नेतृत्व की लालसा, व्यक्तिवाद, ईर्ष्या-द्वेष, आरोप-प्रत्यारोप आदि के कारण पैन्थर विभाजन की ओर जाने लगा था। नागपुर में आयोजित पैन्थर के पहले ही अधिवेशन में राजा ढाले ने नामदेव ढसाल को पैन्थर से निकाल देने की घोषणा की और दलित पैन्थर संगठन विभाजित हो गया। इसी कारण दलित पैन्थर के ढाले और ढसाल नामक दो गुट उत्पन्न हो गये।

दलित पैन्थर आन्दोलन अब तक विख्यात हो चुका था। पैन्थर का राजनीतिक दबाव था। पैन्थर्स कार्यकर्ताओं में इस विभाजन के कारण गड़बड़ी बढ़ते जाना सहज ही था। इसके अलावा दलित पैन्थर के कार्य का तथा नाम का राजनीतिक सौदे के लिए इस्तेमाल होने लगा था। इसी कारण राजा ढाले ने अपने गुट का नाम परिवर्तित करने का फैसला किया, उसी प्रकार उन्होंने दलित पैन्थर को विसर्जित भी कर दिया। ''जिन्होंने (नामदेव ढसाल) संगठन की अधिकृत भूमिका सामने आने से पूर्व ही अलग-अलग पार्टियों को समर्थन देने की घोषणा की, ऐसे लोगों से इससे आगे हमारा किसी प्रकार का भी सम्बन्ध नहीं रहेगा। दलित पैन्थर का नाम लेकर दलित पैन्थर की स्वयंभू प्रतिमा कलंकित करने का यह षड्यन्त्र इससे आगे हम चलने नहीं देंगे। दलित पैन्थर का वज़ूद स्वयंभू था और उस वज़ूद का उद्देश्य दलितों के दु:खों को वैश्विक मंच पर वाणी देना ही था। यहाँ समर्थन का सवाल कहीं भी नहीं था। किन्तु जिन्होंने समर्थन की इस भाषा की शुरुआत की है, उन लोगों से हमारा इससे आगे किसी भी प्रकार का सम्बन्ध नहीं रहेगा और हमारा स्वतन्त्र वज़ूद रहेगा, यही जतलाने के लिए हम दलित पैन्थर संगठन को विसर्जित कर रहे हैं और नई 'मास मूवमेण्ट' की घोषणा कर रहे हैं। दलित पैन्थर के नाम

से जो लोग विचरण कर रहे हैं, वे कट्टरतावादियों के साथी हैं, आम्बेडकरवाद के शत्रु हैं और उनके साथ कोई भी आम्बेडकरवादी नहीं है, तथापि दलित पैन्थर के नाम का गैर-इस्तेमाल यही लोग कर रहे हैं, वे आगे से यह कर न पाये इसीलिए हम यह उपाय कर रहे हैं।''[3]

दलित पैन्थर विसर्जित होने से अनेक कार्यकर्ता अन्यमनस्क हो गये। कुछ लोग तो फूट-फूटकर रोये। इस संगठन पर कार्यकर्ताओं का जान से भी ज्यादा स्नेह था। पैन्थर के विसर्जन के उपरान्त दलित आन्दोलन गतिहीन हो गया। पुन: एक बार सभी दिशाहीन हो गये। जिन्होंने कुछ आशा उत्पन्न की थी, उन्होंने ही उसे नष्ट कर डाला।

3

दलित पैन्थर के विसर्जन के उपरान्त पुन: एक बार पैन्थर संगठित करने का कार्य अरुण काम्बले, रामदास आठवले, दयानन्द म्हस्के, बापूराव पखिड्डे, रमेशचन्द्र परमार, गंगाधर गाडे, प्रीतम कुमार शेगाँवकर, भाई संगारे जैसे पैन्थर नेताओं ने किया। महाराष्ट्र से बाहर दलित पैन्थर अनेक प्रान्तों में अपने पैरों पर मजबूती से खड़ा हुआ। महाराष्ट्र में उत्पन्न यह दलित पैन्थर अब राष्ट्रीय स्तर पर विख्यात संगठन है, इसीलिए 'दलित पैन्थर' का 'भारतीय दलित पैन्थर' नामकरण किया गया है। ऐसा दिखाई देता है कि भारतीय दलित पैन्थर के प्रथम अध्यक्ष अरूण काम्बले, दूसरे अध्यक्ष गंगाधर गाडे और तीसरे अध्यक्ष रामदास आठवले ने इसे मजबूत पैरों पर संगठित किया। भारतीय दलित पैन्थर ने मण्डल आयोग और मराठवाडा विश्वविद्यालय नामान्तर का संघर्ष अत्यन्त कठोरता से किया है। ग्रामस्तर से लेकर प्रान्त एवं राष्ट्र की राजधानी तक आन्दोलन लेकर पैन्थर ने अपनी माँगें लोगों और सरकारों के सामने सार्वजनिक रूप में रखी हैं। पैन्थर का जन्म मुम्बई में हुआ, मुम्बई में ही विसर्जन हुआ, किन्तु मुम्बई के बाहर की असंख्य शाखाओं और असंख्य लोगों ने पैन्थर को कभी भी विसर्जित नहीं होने दिया। क्योंकि उनके मत में दलित पैन्थर कभी भी मात्र 'संगठन' नहीं था, अपितु एक जीवित विद्रोही चेतना थी।

भारतीय दलित पैन्थर ने सर्वसमावेशक भूमिका को स्वीकार किया है। दलित का अर्थ केवल नवबौद्ध नहीं है जो कोई भी सामाजिक एवं वित्तीय दृष्टि से शोषित है, वह हमारा है, इस प्रकार की विचारधारा पैन्थरों की ओर से सभाओं में प्रस्तुत की जाने लगी है। तथापि पैन्थर सम्पूर्ण रूप से मार्क्सवाद को स्वीकारने के लिए तत्पर नहीं थे। वे 'आम्बेडकरवाद' को ही 'अपना प्राणतत्व' स्वीकारकर इस आन्दोलन को आगे ले जा रहे थे। पैन्थर को मार्क्सवाद ही अपूर्ण लगता है। भारतीय दलित पैन्थर जिस प्रकार मार्क्सवाद को सोत्साह स्वीकार नहीं करता, उसी प्रकार ऐसा भी दिखाई नहीं देता कि वह बौद्ध धर्म का भी मजबूती से समर्थन करता है। मार्क्स का रक्तरंजित क्रान्ति का मार्ग पैन्थर

को स्वीकार्य नहीं है। 'सम्यक् क्रान्ति' ही भारतीय दलित पैन्थर का संकल्प है। किन्तु अभी तक 'सम्यक् क्रान्ति' को तफ़सील से प्रस्तुत नहीं किया गया है। यद्यपि दलित पैन्थर ने रक्तरंजित मार्ग और हिंसा का अस्वीकार किया है, तथापि पैन्थर प्रत्येक शब्द में हिंसा ओतप्रोत भरी होती है। ''मार्क्सवाद और आम्बेडकरवाद ये दोनों विचारधाराएँ सामाजिक विषमता की विरोधी विचारधाराएँ हैं। लेकिन रूस और चीन में विद्यमान मार्क्सवाद भारत में जैसे का वैसा लागू करना गलत है। भारत में विद्यमान मार्क्सवाद, आम्बेडकरवाद के बिना आधा-अधूरा ही है। इस प्रकार का वक्तव्य रामदास आठवले ने मुझसे एक चर्चा के दौरान कहा था।

भारतीय दलित पैन्थर मात्र महारों या नवबौद्धों का ही संगठन नहीं है, इस कारण उसे जातीय संगठन सिद्ध करना बहुत गलत है। पैन्थर में प्रमुखतः महार और नवबौद्ध युवाओं का समावेश होता है, क्योंकि महार समाज अन्य समाजों की तुलना में संख्या के मामले में बड़ा है। इस समाज का आम्बेडकरप्रणित विचारों का और आन्दोलन का इतिहास है। शिक्षा में यह समाज अग्रणी है। धर्मान्तर के कारण महार समाज में पुरानी रीतियों-रूढियों-परम्पराओं एवं दासता के विरोध में विद्रोह पुष्ट हुआ है। महार समाज के अनेक लोग ब्रिटिश सेना में कार्यरत थे। उपर्युक्त सभी बातों के कारण महार समाज की अपेक्षा अन्य बहिष्कृत जातियों से सभी स्तरों पर नेतृत्व की भूमिका में रहा है। दलित पैन्थर दलित समाज का संगठन है। यह संगठन दलितों पर हो रहे अत्याचारों के विरोध में और आत्मरक्षा की भूमिका से उत्पन्न हुआ है। इसी कारण जिस समाज पर अन्याय होता है, उस दलित समाज का पक्ष लेना ही इस संगठन की ऐतिहासिक जिम्मेवारी है। इसे कभी भी 'जातिवाद' अभिधान से सम्बोधित नहीं किया जा सकता।

प्रभु रामचन्द्र से लेकर छत्रपति शिवाजी महाराज तक के राजतन्त्र का इतिहास 'गोब्राह्मणप्रतिपालक' ही रहा है। महात्मा गान्धी जी के 'रामराज्य में' भी यही परम्परा अनुशासनबद्ध रीति से जारी है। इसका विरोध करने के लिए हिन्दुस्तान की स्वाधीनता का धिक्कार करने हेतु पैन्थर कठोरता से खड़ा हुआ है। हिन्दू धर्म ने बलात् दलितों पर अस्पृश्यता और दरिद्रता थोपी है। जिस प्रकार दलितों का दलितत्व सामाजिक है उसी प्रकार वर्गीय भी है। शूद्रों के लिए सारे धर्माधिकार नकारे गये थे। उन्हें विद्याध्ययन के अधिकार से भी वंचित रखा गया था। शूद्रों को किसी भी प्रकार से सत्ता और सम्मान प्राप्त नहीं था। मात्र त्रिवर्णो (ब्राह्मण, क्षत्रिय और वैश्य) की सेवा करना ही शूद्रों का कर्तव्य माना गया था। शूद्रों से खेती या व्यवसाय करने तथा धन-सम्पत्ति कमाने का अधिकार छीना गया था। शूद्र के वेदपठन करने पर उसकी जिह्वा काटी जानी चाहिए, ऐसा आदेश हिन्दू-धर्मग्रन्थों में जैसे दिया था, ठीक वैसे ही शूद्रों को गाँव के बाहर निवास करना चाहिए, मिट्टी के बर्तन इस्तेमाल करने चाहिए, कुत्ते और गधे ही शूद्रों की सम्पत्ति है,

शूद्रों ने धन-सम्पत्ति नहीं कमानी चाहिए, इस तरह के नियम बनाकर शूद्रों को सामाजिक, धार्मिक, राजनीतिक, शैक्षिक एवं आर्थिक अधिकारों से वंचित रखा था। अछूत और आदिवासी समाज का वर्णव्यवस्था में जिक्र नही। इन्हे रौंदा और नकारा गया था।

दलितों का संघर्ष इतना व्यापक है कि यह मात्र सामाजिक अथवा आर्थिक संघर्ष नहीं हो सकता। जिनका वज़ूद ही नकारा गया था ऐसे लोगों का संघर्ष सर्वव्यापक संघर्ष होता है। 'मैं मानव हूँ' यही उसकी पहली गर्जना होती है। मुझे भी शिक्षा प्राप्त होनी चाहिए, मुझे भी रोटी-कपड़ा-मकान और आजीविका प्राप्त होनी चाहिए, मुझे भी सत्ता और संपत्ति में समान भाग मिलना चाहिए, मैं भी इस देश का नागरिक हूँ, मुझे राजसत्ता मिलनी चाहिए और यदि इन योग्य माँगों को नकारते हो तो हमें आपके विरोध में संघर्ष करना होगा और अधिकारों की स्थापना करनी होगी। इस क्रम से स्वाभिमान जागृत हो जाता है। इस स्वाभिमान में वेदना और विद्रोह विद्यमान होते हैं। उसे नई समाज-व्यवस्था की आकांक्षा होती है। मेरा आदर्श समाज समता, स्वाधीनता और बन्धुता पर आधारित होगा। [4] यही उनकी माँग होती है। उन्हें किसी पर भी अपनी 'तानाशाही' थोपनी नहीं होती, इसीलिए यहाँ मार्क्सवादी और आम्बेडकरवादी विचारों में मूलभूत अन्तर दिखाई देता है।

4

भारतीय दलित पैन्थर ने मराठवाडा विश्वविद्यालय को डॉ. बाबासाहब आम्बेडकर जी का नाम प्राप्त होना चाहिए, इस कारण अनेक बार आन्दोलन किये हैं। पैन्थर ने धरना, निषेध, रैली, घेराव, मन्त्रियों की कार के आगे कूदना, विधानसभा में कूद पड़ना जैसे नानाविध मार्गों द्वारा संघर्ष किए हैं। नामान्तर विरोधी लोगों ने पोचिराम काम्बले की हत्या भी की थी। डॉ. बाबासाहब आम्बेडकर जी के निधनोपरान्त समय के 'विराट संघर्ष' के रूप में नामान्तर संघर्ष का उल्लेख किया जाना चाहिए। नामान्तर के आन्दोलन के कारण दलित समाज में बहुत बड़ी मानसिक एकता उत्पन्न हो गई थी। इस स्थिति का लाभ लेकर दलित आन्दोलन को एक बड़ा आयाम दिया जा सकता था, किन्तु ऐसा नहीं हो पाया। इसके विपरित नामान्तर की समस्या पर दलित आन्दोलन में भी मतभिन्नता दिखाई दी। प्रा. जोगेन्द्र कवाडे ने नामान्तर की समस्या पर स्वतन्त्र रूप से संघर्ष किया। भारतीय दलित पैन्थर ने वाम मोर्चा और प्रगतिशील आन्दोलन के साथ गठबन्धन करके इस समस्या को लोगों के सामने प्रस्तुत किया। अरुण काम्बले ने तो 'भारतीय नागरिकता का सामूहिक त्यागपत्र देने' की उद्घोषणा की। रामदास आठवले ने धमकी दी कि 'हम हज़ारों की संख्या में धर्मान्तर करेंगे'। इसी समय अन्य नेतागण माँग कर रहे थे कि 'बौद्ध विश्वविद्यालय की स्थापना की जाये' तथा 'कोंकण विश्वविद्यालय को डॉ. आम्बेडकर

जी का नाम दिया जाए'। विश्वविद्यालय को डॉ. बाबासाहब आम्बेडकर का नाम दिये जाने की माँग स्वतन्त्र प्रान्त की माँग अथवा भूमि का राष्ट्रीयकरण की माँग नहीं थी।

मराठवाडा विश्वविद्यालय को डॉ. बाबासाहब आम्बेडकर जी का नाम देने हेतु जो कारण प्रस्तुत किये गये थे वे निम्न प्रकार से हैं

(1) मराठावाडा विभाग में सन् 1949 में डॉ. बाबासाहब आम्बेडकर जी ने स्नातक कक्षाओं तक शिक्षा प्रदान करने के लिए महाविद्यालय की स्थापना की। इस महाविद्यालय का प्रारम्भिक नाम 'पीपल्स एजुकेशन सोसाइटीज् कॉलेज' था और उसके बाद इस महाविद्यालय का नाम 'मिलिंद महाविद्यालय' निश्चित किया गया। अर्थात् मराठवाडा विभाग में उच्च शिक्षा का प्रारम्भ डॉ. बाबासाहब आम्बेडकर ने ही किया था। आज उनके पश्चात् शिक्षा का यह वटवृक्ष फैला, फूला और फला है।

(2) महाराष्ट्र के अनेक विश्वविद्यालयों को महान् पुरुषों के नाम प्रदान किये गये हैं। जैसे, कोल्हापुर विश्वविद्यालय को शिवाजी विश्वविद्यालय,राहुरी कृषि विश्वविद्यालय को महात्मा ज्योतिबा फुले कृषि विश्वविद्यालय, अकोला कृषि विश्वविद्यालय को डॉ. पंजाबराव देशमुख कृषि विश्वविद्यालय आदि।

(3) डॉ. बाबासाहब आम्बेडकर जी ने जीवनभर ज्ञानप्राप्ति के लिए साधना की। उन्होंने परिश्रमपूर्वक विपरित स्थिति में भी शिक्षाक्षेत्र की अति-उच्च-उपाधियों का अर्जन किया और अपने ज्ञान एवं प्रतिभा से सम्पूर्ण विश्व को प्रकाश दिखाया। इनमें प्रज्ञा, शील एवं करुणा इन तीनों गुणों का संगम विद्यमान था। इनका राष्ट्रप्रेम कितना शुद्ध और पवित्र था यह संविधान के लेखन से तथा अन्य महान् कार्यों के कारण सिद्ध होता है।

उपर्युक्त और अन्य समीचीन कारणों से दलित पैन्थर का अनुरोध कि डॉ. बाबासाहब आम्बेडकर का नाम मराठवाडा विश्वविद्यालय को प्रदान किया जाए सभी लोगों को उपादेय अनुभव होने लगा था। तथापि नामान्तर का क्रूर रीति से विरोध किया जाने लगा था और जिन्हें यह भी ज्ञात नहीं था कि विश्वविद्यालय क्या होता है, ऐसे दलितों पर अन्याय-अत्याचार किया जाने लगा था। सरकार द्वारा दोनों सदनों (विधानसभा एवं विधान परिषद) में मराठवाडा विश्वविद्यालय के नामान्तर का प्रस्ताव पारित करने पर तो इन अन्याय-अत्याचारों की कोई सीमा ही नहीं रही। 'सरकार का फ़ैसला हमें स्वीकार नहीं इस प्रकार की भूमिका लोकशाहीवादी (जनतन्त्रात्मक) है, किन्तु इस बहाने षड्यन्त्रपूर्वक रीति से दलित बौद्धों के घरों में आग लगाना, उनके खेतों की फ़सल को नष्ट करना, महिलाओं का शीलभंग करना, हमले करना, प्राण बचाकर भागनेवाले दलितों को पकड़कर मारना, जैसे किस्से क्या मानवता के किस्से हैं ?[5]

मराठवाडा विश्वविद्यालय के नामान्तर की माँग होने पर उच्चवर्ण के लोगों ने जो गड़बड की, उनके द्वारा आकण्ड-ताण्डव कर प्रकट किया गया विरोध, गाँवों-देहातों में

जलाए हुए घर-द्वार, सरकारी एवं सार्वजनिक सम्पत्ति की जलाई गई होली आदि सबकुछ देखने के बाद इस बात का साक्षात्कार हो गया कि सवर्ण लोगों को मानव के जीवन से अधिक झूठी, बेकार और पारम्परिक शान कितनी प्राणप्रिय है।[6]

'अक्करमाशी' नामक मेरी आत्मकथा में नामान्तर के समय का प्राणघातक यथार्थ अभिव्यक्त हुआ है। 'आभरान' नामक पार्थ पोलके की आत्मकथा में भी नामान्तर का सन्दर्भ दिखाई देता है। फ. मु. शिन्दे ने 'सार्वमत' नामक कविताओं का संकलन प्रकाशित किया है। नामान्तर के दंगों पर, संघर्ष पर अनेक दलित कवियों और लेखकों ने अपनी-अपनी तीव्र और स्फोटक प्रतिक्रिया को प्रस्तुत किया है। नामान्तर के कारण दलितों के समग्र जीवन का और सारे आन्दोलनों का मन्थन हो गया। नामान्तर के लिए लगभग पन्द्रह वर्षों तक दलितों का संघर्ष जारी रहा। 16 अप्रैल 1980 के दिन यशपाल सरवदे तत्कालीन मुख्यमन्त्री शरद पवार की कार के आगे कूद पड़े थे। अनेक रैलियाँ हुईं। अगणित आन्दोलन हुए। अनेक लोग जेल चले गए। नामान्तर नहीं हो रहा है, यह देखकर नान्देड़ निवासी गौतम वाघमारे नामक युवा ने 25 नवम्बर 1993 के दिन आत्मदाह कर लिया। इसके पश्चात् पूरे महाराष्ट्र में आत्मदाह का सिलसिला सुरू हो गया। पूरे महाराष्ट्र में हडकंप मच गया । मन्त्री नामदार रामदास आठवले ने नामान्तर की समस्या पर सामयिक त्यागपत्र दे दिया था। प्रान्त की दलित जनता नामान्तर के लिए आत्मदाह करने लगी यह देखकर महाराष्ट्र सरकार ने 14 जनवरी 1994 के दिन मराठवाड़ा विश्वविद्यालय का नामविस्तार किया। वैसे तो 27 जुलाई 1978 के दिन ही महाराष्ट्र सरकार के दोनों सदनों में एकमत से नामान्तर के प्रस्ताव को पारित किया गया था। तथापि नामान्तर का और अधिक विरोध न हो इसलिए सरकार ने नान्देड़ में स्वामी रामानन्द तीर्थ विश्वविद्यालय की स्थापना की और मराठवाड़ा विश्वविद्यालय के नाम में विस्तार कर उसके आगे डॉ. बाबासाहब आम्बेडकर जी का नाम जोड़ दिया। नामान्तर के शिल्पी के रूप में नामदार रामदास आठवले के सम्पूर्ण प्रान्त में सम्मान कार्यक्रम हुए। नामान्तर के कारण मराठवाड़ा और विदर्भ विभाग में बड़े पैमाने पर काँग्रेस के विरोध में मतदान हुआ और सन् 1994 के विधानसभा के आम चुनावों में काँग्रेस को आशातीत नुकसान पहुँचा। इस कारण शिवसेना-भाजपा सरकार का सत्ता में प्रवेश हुआ। इस सरकार के शासन काल में सवर्ण लोगों पर दायर किए मुकदमे वापस लिए गए।

5

भूमिहीनों के सत्याग्रह, नामान्तर का संघर्ष, दलित साहित्य और दलित पैन्थर का उदय आदि आम्बेडकर जी के निधनोत्तर समय की महत्वपूर्ण घटनाएँ हैं। दलित पैन्थर दलित साहित्य में व्याप्त 'विद्रोह' को प्रत्यक्ष कार्य की भूमि पर लाया है। नामदेव ढसाल,

राजा ढाले, उमाकान्त रणधीर, ज. वि. पवार, अरुण काम्बले, अर्जुन डांगले जैसे कवियों और लेखकों ने पैन्थर संगठन को आगे बढ़ाया है किन्तु इसके बाद दलित लेखक पैन्थर संगठन से दूर चला गया। मध्यवर्ग भी पैन्थर के बारे में उदासीन बन चुका। दलित मुक्तिसेना, समता सैनिक दल, बामसेफ, डी. एस. फोरम, दलित युवक गठबन्धन, रिपब्लिकन युवक, मास मूवमेण्ट, ढसाल पैन्थर आदि के अलावा अन्य संगठनों के कारण दलित युवाओं में हड़बड़ मची हुई है। बेकार, गुण्डे, मवाली, अपराधी, शराबी लोगों के आन्दोलन में आने के कारण आन्दोलन का चरित्र ही नष्ट होने लगा। कार्यकर्ताओं के चरित्र की आधारशिला पर ही किसी भी आन्दोलन की भित्तिका टिकी होती है।

बाबासाहब जी का चरित्र अत्यन्त उच्च था, इसी कारण उनका नेतृत्व लोगों के आदर का विषय हो गया। किन्तु आज हर नेता के बारे में आदर प्रकट करने की जगह लोगों द्वारा शंका ही अभिव्यक्त होती है। 'मला उद्ध्वस्त व्हायचंय' नामक मल्लिका अमर शेख अर्थात् नामदेव ढसाल की पत्नी की आत्मकथा में अभिव्यक्त पैन्थर नामदेव ढसाल किसी आन्दोलन का आदर्श बन सकता है ? दलित पैन्थर में उपर्युक्त सारे दुर्गुण होते हुए भी यह संगठन टिका हुआ है। इस विस्मय का कारण यह है कि पैन्थर जनता की समस्याओं के प्रति ईमानदार रहा है। अत्यन्त सीमित वित्तीय संसाधन, स्वयं की प्रचार व्यवस्था का अभाव, प्रशिक्षित कार्यकर्ताओं का अभाव आदि बातें होते हुए भी पैन्थर का आन्दोलन व्यापक बन चुका है। क्योंकि पैन्थर कार्यकर्ताओं के मन में डॉ. बाबासाहब आम्बेडकर जी के प्रति अमित श्रद्धा, दलित समाज के प्रति स्नेह और विषम सामाजिक व्यवस्था के विरोध में जाज्वल्य विद्रोह ही है। मानव चाँद पर पहुँच गया है किन्तु यथार्थ में आज भी अछूत गाँव के कुएँ पर पानी भरने नहीं जा सकता। इस यथार्थ को भी नजरन्दाज़ नहीं किया जा सकता कि मराठी साहित्य सम्मेलन में दक्षिण अफ्रीका में फाँसी पाने वाले कृष्णवर्णीय कवि को आदराजंली दी जा सकती है, किन्तु महाराष्ट्र सरकार द्वारा दोनों सदनों में पारित नामान्तर के प्रस्ताव को साहित्य सम्मेलन में प्रस्तुत किया जाए, इस बारे में दलित पैन्थर को रैली कर माँग करनी पड़ती है। मुम्बई स्थित काला घोड़ा स्थान पर रैली को रोकने पर रामदास आठवले ने अपने भाषण में कहा था "पाठ्यपुस्तक के पहले पृष्ठ पर जो प्रतिज्ञा विद्यमान है, उस प्रतिज्ञा के हर पूर्णविराम के स्थान पर एक-एक प्रश्नचिह्न लगाने पर ही आपको इस देश की सच्ची तस्वीर समझ में आएगी।"

'दास को उसकी दासता का ज्ञान करा दो तो वह विद्रोह करेगा', इस विचार को दलित युवाओं के अन्तःकरण में पिरोने का काम पैन्थर ने किया है। हज़ारों वर्षों की विषम समाज रचना में जीने के लिए अन्याय सहते हुए समाप्त हो जाने का मार्ग स्वीकार करना पड़ता है या सीधे विभाजनवादी आन्दोलन करके आतंक के बल पर न्याय छीनना पड़ता है। देश में व्याप्त दरिद्रता से सन्धि करके सामाजिक क्रान्ति की दिशा में 'संयुक्त' आन्दोलन

करना महत्त्वपूर्ण होता है। शोलापुर के पैन्थर की प्रकट सभा में टी. एम. काम्बले ने कहा था "हम आतंकवादी भी बन सकते हैं। हम भी नगरों में आगज़नी फैला सकते हैं। मात्र आतंक से ही समस्याओं का समाधान हो सकता है तो हम भी आतंकवादी बनेंगे। किन्तु हमें युद्ध का मार्ग स्वीकार नहीं है। हम बुद्ध के मार्ग पर ही चलते रहेंगे। "

दलित पैन्थर का प्रमुख संघर्ष पम्पपरागत विचारों और परम्परागत संस्कृति से है। दलित पैन्थर ने सामाजिक अन्याय-अत्याचारों के विरोध में संघर्ष किए हैं, किन्तु इन लोगों ने बहुत गम्भीर होकर आर्थिक और राजनीतिक संघर्षों की ओर नहीं देखा है। आर्थिक और राजनीतिक संघर्षों को महत्त्व दिया जाना चाहिए। धर्म और जाति के नाम पर आन्दोलन करना रोकना होगा। संगठन को बलशाली बनाना, संगठन को मज़बूत दार्शनिक नींव प्रदान करना, संगठन को संघर्षशील क्रान्तिकारी संगठनों से जोड़ना अत्यन्त महत्त्वपूर्ण कार्य है। दलित पैन्थर की बढ़ती हुई संगठित एवं संघर्षशील शक्ति के आधार पर 'मनुष्य' के रूप में जीने के लिए खड़े रहने के जबरदस्त संकल्प के आधार पर, शोषण और दबाव के विरोध में बढ़ती हुई फाँसीवादी ताकद पर भरोसा होना चाहिए। दलितों का संघर्ष, मात्र बौद्धों का संघर्ष नहीं है या डॉ. बाबासाहब आम्बेडकर जी मात्र बौद्धों के नेता नहीं हैं। अभिजातों के विरोध में प्रभावशाली संघर्ष करना हो तो बौद्धेतर दलित समाज को भी संगठित कर उनका भरोसा जीतना होगा।"[7]

दलित पैन्थर आज तक दबाव की राजनीति ही करता आया है। उसे विधायक कार्यों में भी सहायता करनी चाहिए। एक ओर संघर्ष करना होगा, तो दूसरी ओर संगठन को मजबूत बनाना होगा। मात्र जातिव्यवस्था के विरोध की भाषा बोलने से काम नहीं चलेगा, अपितु दलितों में ही व्याप्त जाति व्यवस्था को विनष्ट करना ज़रूरी है। इसके बिना निम्न जातियाँ संगठित नहीं हो पायेंगी। प्रतिक्रियावादी, पुनरूज्जीवन से सम्बन्धित प्रतिक्रान्तिवादी विचार आज बड़े वेग से फैल रहे हैं। फुले-आम्बेडकरवादी विचारों की बदनामी हो रही है। ऐसे में कलापथकों, व्याख्यानों, सम्मेलनों, शिविरों, पदयात्राओं आदि के माध्यम से लोकशिक्षा का काम करना आवश्यक है।

6

डॉ. बाबासाहब आम्बेडकर ने जाति-अन्त के सन्दर्भ में 'धार्मिक नियमों का विनाश और सजातीय विवाह पर प्रतिबन्ध' का विचार प्रस्तुत किया है। हिन्दू धर्म की चिकित्सा हेतु और जातिप्रथा के विरोध में संघर्ष करना अत्यन्त महत्त्वपूर्ण है। यह संघर्ष सैद्धान्तिक एवं व्यावहारिक दोनों स्तरों पर किया जाना चाहिए।

धीरे-धीरे जाति-जातियों में रोटी-बेटी रूपी व्यवहार होने लगा है। यद्यपि ऐसा आभास होने लगा है कि अस्पृश्यता नष्ट हो रही है, तथापि जातीयता की भावना उग्र से

उग्रतर होती जा रही है। किसी को 'अछूत' कहना ही उसे नीचा एवं हीन स्तर का प्रमाणित करना है, शूद्र तथा दास कहना है। इसी प्रकार की यह प्रवृत्ति थी, किन्तु 'जातीय' भावना द्वेष, प्रतियोगिता और दुश्मनी पर आधारित है। यद्यपि 'जाति' वर्णाश्रमधर्म की निर्मिति है, तथापि वह एक 'राजनीतिक शक्ति' बन चुकी है। जाति वोट बैंक के कारण जाति को मजबूत राजनीतिक अमरत्व प्राप्त हो चुका है और इसी के कारण जाति के नाम पर संगठन का निर्माण करना, स्वयं का नेतृत्व सिद्ध करना, जाति के नाम पर चुनावों में हिस्सा लेना आदि काम आज अत्यन्त आसान हो चुके हैं। जाति-धर्म के आधार पर चल रही राजनीति के कारण 'जातीय' भावना फैलती जा रही है। हरेक जाति दूसरी जाति की राजनीतिक प्रतियोगी बनती जा रही है। इसी प्रतियोगिता के कारण जातीय तनाव और दंगे उत्पन्न हो रहे हैं। "मानव मानव ही है। जाति-पन्थ को हम स्वीकार नहीं करते। भारतीय निर्धन जनता की समस्याएं आर्थिक समस्या पर आधारित हैं। आर्थिक समस्या के विरोध में संघर्ष करने से ही इन समस्याओं का समाधान होगा। धर्म के विरोध में संघर्ष करने से इन समस्याओं का समाधान नहीं होगा।"[१] इस प्रकार की भूमिका मुझे महत्वपूर्ण लगती है।

यह सत्य है कि दलित पैन्थर को आर्थिक समस्याओं को लेकर संघर्ष करना चाहिए। आर्थिक समस्याओं को लेकर संघर्ष करनेवाले अनेक संगठन हैं, किन्तु इन संगठनों ने सामाजिक समस्याओं की उपेक्षा की है। दलित पैन्थर की विशेषता और उसका मूलभूत संघर्ष सामाजिक विषमता के विरोध में है और इसी संघर्ष में दलित पैन्थर की अन्य संगठनों से पृथकता है। बहिष्कृत और अछूत होने के कारण मानव पर हो रहे अन्याय के विरोध में पैन्थर आवाज़ उठा रहा है। भारतीय समाज व्यवस्था में जाति और वर्ग पृथक् नहीं किये जा सकते। इसी कारण जाति-अन्त और वर्ग-अन्त का संघर्ष और भी अधिक जटिल हो चुका है।

मेरे विचार में भारतीय दलित पैन्थर द्वारा किया गया नामान्तर का संघर्ष या मण्डल आयोग का संघर्ष सांस्कृतिक संघर्ष है। मण्डल आयोग और नामान्तर के बहाने दलित समाज में 'अधिकारों के लिए संघर्ष करने का भाव' फैलाने का कार्य इसी के साथ ही पिछडों को अपनी समस्याओं से अवगत कर जनमत उत्पन्न करने का महत्त्वपूर्ण कार्य भी दलित पैन्थर ने किया है। आरक्षण का संघर्ष मात्र आरक्षण के लिए नहीं होता, अपितु इस संघर्ष के पीछे अनेक सांस्कृतिक संदर्भ छिपे होते हैं। ठीक यही सन्दर्भ नामान्तर के बारे में भी हैं। नामान्तर के लिए साहित्य सम्मेलन पर जब जुलूस निकाला जाता है, तब उन्हें यह भी पता होता है कि साहित्य सम्मेलन के प्रस्ताव के कारण इस समस्या का समाधान नहीं हो सकता। किन्तु जनता के सम्मुख बार-बार किसी-न-किसी माध्यम से अपनी माँग रखना, अपनी समस्याओं पर बहस करवाना, हम अभी भी अपनी माँगों पर अडिग

हैं, इस प्रकार का संकल्प दिखाना और इसी बहाने समता, स्वातन्त्र्य, न्याय और बन्धुता के विचारों को समाज में फैलाना आदि कार्यों को दलित पैन्थर ने इन प्रतीकात्मक संघर्षों के माध्यम से प्रभावी पद्धति से किया है।

दलित पैन्थर ने अपनी आक्रामक और संघर्षशील भूमिका के कारण आतंक उत्पन्न किया है। यजमान संस्कृति को इस प्रकार की चोट पहुँचाना अत्यन्त महत्त्वपूर्ण कार्य होता है। इस प्रकार के वक्तव्य भी सुनाई देते हैं कि 'नामान्तर के संघर्ष से नवजागरण का इतिहास सौ वर्षों से पीछे धकेला गया है अथवा सवर्णों और दलितों में गहरी खाई उत्पन्न हो चुकी है '। किन्तु यह सफ़ेद झूठ है। सचमुच नवजागरण होता तो इस प्रकार के मानवद्रोही-समाजद्रोही दंगे नहीं होते। नवजागरण कभी भी पश्चगामी नहीं हो सकता। यह नवजागरण किसने किया, कब किया आदि का एक बार हिसाब दे दो। दलितों और सवर्णों में व्याप्त खाइयाँ अनेक वर्षों की हैं। उन्हें नये सिरे से उत्पन्न नहीं किया गया है। यदि यथास्थितिवादी व्यवस्था को दलित चुपचाप अपनाते हैं, तो कोई भी समस्या उत्पन्न ही नहीं होगी। फिर तो नवजागरण का संघर्ष पीछे नहीं जाता अथवा खाइयाँ भी निर्मित नहीं होतीं, यह एक समीकरण है। जब-जब भी दलितों ने अधिकारों की माँग की है, तब-तब उन पर हमले हुए हैं। इन हमलों का स्वरूप 'व्यवस्था को सदैव के लिए अक्षुण्ण रखना' ही होता है। ये मात्र सवर्णों और दलितों के बीच की खाइयाँ नहीं होती हैं। 'दलितों को राष्ट्रीय प्रवाह में सम्मिलित होना चाहिए' यह विचार भी वैचारिक दिवालियापन ही होता है। सवर्णों का प्रवाह 'राष्ट्रीय प्रवाह' है और दलितों का प्रवाह अराष्ट्रीय प्रवाह है क्या ? समता-स्वातन्त्र्य-बन्धुता और न्याय की माँग के लिए दलितों के संघर्ष जनतन्त्र स्वरूप के सहजीवन की माँग करनेवाले संघर्ष हैं। यह सच है कि पैन्थर यहाँ की विषभ व्यवस्था के विरोध में उद्धत, गंदे और विद्रोही स्वर बोलते हैं। उनकी उद्धतता के पीछे भी एक समाजशास्त्र है। ''दलित पैन्थर की भूमिका में जाज्वल्य दिखाई देता है। जिस देश में औरत की इज़्ज़त-आबरू महफ़ूज़ नहीं है, हम उस देश के दुश्मन हैं यह कहने की हिम्मत होना वास्तव में कोई मज़ाक भी तो नहीं है। इसके लिए हिम्मत चाहिए, होनेवाले अंज़ामों की अनुभूति रखकर ही इन्हें और इसके परिणामस्वरूप भुगतने की तैयारी भी होनी चाहिए। किसी को ऐसा लग सकता है कि इस ज्वलन्त अतिवादी मार्ग को स्वीकार करने से दलितों की समस्याओं का समाधान तो नहीं होगा, बल्कि ये समस्याएँ और भी ज्यादा जटिल होने लगेंगी। यह किसी के लिए अलग बहस का मुद्दा हो सकता है। किन्तु इस ज्वलन्त मार्ग को स्वीकारने से दलितों के आत्मविश्वास वृद्धि में सहायता होगी।''[9] इस बात को अस्वीकार नहीं कर सकते कि पैन्थर्स के इस भय के कारण अन्याय करनेवालों को भी ड़र लगने लगा है।

''इस देश में सवर्ण हिन्दू बहुसंख्य हैं। इस कारण मन्थन गुणवत्ता पर नहीं होता

अपितु जाति के आधार पर होता है। इसी कारण शासन, न्याय और विधानमण्डलों में सवर्ण हिंदुओं की मिल्कियत है। सारी की सारी जलयुक्त खेती की ज़मीन सवर्ण हिन्दुओं के कब्ज़े में है। जलहीन खेती की ज़मीन भी सवर्ण हिन्दुओं के पास है। इस देश के अखब़ार-व्यवसाय में भी सवर्ण हिन्दुओं का स्वामित्व है। इतना ही नहीं वायु, जल, आकाश आदि प्राकृतिक शक्तियों पर भी मात्र सवर्ण हिन्दुओं का ही कब्ज़ा है। अमेरिका में निग्रो लोगों पर अन्याय-अत्याचार अवश्य होते हैं, किन्तु कुएँ के पानी को अपवित्र किया गया, इस कारण उन पर प्रतिबन्ध लगाकर उनके मासूम बच्चों को भूखा रखकर मारा नहीं जाता। जिस समय मार्क्स ने वर्ग-सिद्धान्त के दर्शन को बतलाया था, उस समय उनके सम्मुख अगणित जातियों से सराबोर हिन्दू समाज नहीं था। इसी कारण इस देश के दलितों की चहुँतरफा मुक्ति के लिए मार्क्स को जैसे के वैसे बताना सयानापन नहीं है। इसीलिए दलित पैन्थर को दलितों की मुक्ति के मार्ग का गहन अध्ययन करना आवश्यक है। इस देश में प्राकृतिक अकाल कभी-कभार आता है, किन्तु विगत तीन हज़ार वर्षों से वैचारिक अकाल जारी है। इस देश में मात्र जनतन्त्र का कंकाल ही विचरण कर रहा है। इस कंकाल में प्राण फूँकने के लिए दलित पैन्थर को समस्त दलितों को साथ में लेना ही होगा।''[10]

7

प्रा. जोगेन्द्र कवाडे ने नामान्तर का आन्दोलन उग्रता से चलाया। उन्होंने नामान्तर के लिए नागपुर से औरंगाबाद तक का लाँग मार्च निकाला। नामान्तर की माँग के लिए पूरे महाराष्ट्र से इस प्रकार के 'लाँग मार्च' निकाले गये थे। प्रा. जोगेन्द्र कवाडे का 'दलित मुक्ति सेना' संगठन दलित पैन्थर जैसा ही उग्र संगठन है। इस संगठन ने 'तोड़कर दिया पाकिस्तान, छीनकर लेंगे दलितस्थान' जैसे नारे भी दिये हैं। किन्तु भारतीय दलित पैन्थर दलितस्थान की भूमिका से सहमत नहीं है। उसकी निष्ठा भारत पर ही है। प्रा. जोगेन्द्र कवाडे ने 25 जनवरी 1984 के दिन 'दलित-मुस्लिम अल्पसंख्यांक सुरक्षा महासंघ' नामक संगठन की नींव रखी। हाजी मस्तान इस संगठन के नेता थे। दलित पैन्थर ने इस गठबन्धन का भी विरोध किया है।

डॉ. बाबासाहब आम्बेडकर जी के पश्चात् दलितों को समर्थ नेतृत्व प्राप्त नहीं हुआ है। दादासाहब जी को कम्युनिस्ट कहकर दूर धकेलने का प्रयास किया गया, तो बाबासाहब की मृत्यु के लिए माईसाहब ही जिम्मेदार हैं, ऐसा प्रचार उनकी राजनैतिक हत्या की गई।[11] प्रकाश आम्बेडकर ने सक्रिय राजनीति में प्रवेश किया है। उनके साथ डॉ. बाबासाहब आम्बेडकर जी के भलाइयाँ हैं। अकोला और नान्देड़ के चुनावों के कारण ये दलितों के नेता के रूप में विख्यात हो चुके हैं। दलित पैन्थर के पश्चात् प्रकाश आम्बेडकर

के रूप में एक नया नेतृत्व प्राप्त हो चुका है। प्रकाश आम्बेडकर के गुट को रिपब्लिकन पार्टी के अन्य गुटों से अधिक वोट प्राप्त होने से ये स्वयं के गुट को ही सच्ची रिपब्लिकन पार्टी के नाम से सम्बोधित कर रहे हैं।

अन्याय की अनुभूति के कारण युवाओं द्वारा निर्मित आन्दोलन दलित पैन्थर का आन्दोलन था। इन्होंने संघर्ष किया किन्तु ये लोग इस आन्दोलन को उचित आकार नहीं दे पाये। सामाजिक, राजनीतिक और सरकारी तन्त्र को इस आन्दोलन को तोड़ने में सफलता प्राप्त हुई, यही इस आन्दोलन की त्रासदी है।[12] दलित पैन्थर के बारे में प्रकाश आम्बेडकर का उपर्युक्त मत है। इन्हें लगता है कि दलित पैन्थर आन्दोलन इतिहास में जब्त हो चुका है। भारतीय दलित पैन्थर और दलित मुक्ति सेना दोनों के एक होने पर उनके नेतृत्व की माँग को 6 दिसम्बर 1985 को प्रकाश आम्बेडकर ने स्वीकार किया था।[13] किन्तु इस प्रकार की एकता फिर कभी भी दिखाई न दी। सैद्धान्तिक अथवा व्यावहारिक कारणों से आन्दोलन में गुट निर्माण होते हैं। जिस प्रकार से वैचारिक मतभेदों के कारण संगठन टूट सकता है, ठीक उसी प्रकार नेतृत्व की लालसा के कारण भी संगठन में फूट हो सकती है। रिपब्लिकन पार्टी, दलित पैन्थर और दलित साहित्यकारों की आपसी फूट का दृश्य 'मार्क्सवाद या आम्बेडकरवाद' अथवा 'आम्बेडकर-मार्क्स समन्वय' के रूप में दिखाई देता है। ऐसे में द्वितीय दार्शनिक विद्रोह महत्त्वपूर्ण है। इस प्रकार के आरोप सुने जा सकते हैं कि यशवन्तराव चव्हाण ने रिपब्लिकन पार्टी को समाप्त कर दिया और बाबा आढाव ने दलित पैन्थर को तोड़ दिया। यदि केवल पैन्थर के बारे में ही कहा जाए तो बाबा आढाव ने 'साप्ताहिक मनोहर' (पुणे) में प्रकाशित 'दो 'ढ' और मार्क्सवाद' (दो 'ढ' यानी ढाले और ढसाल) आलेख लिखकर अपनी भूमिका को स्पष्ट किया है।

''समता के आन्दोलन के अनेक सन्दर्भ सुस्पष्ट हो रहे हैं तथा विषमता के अंग-उपांग स्पष्ट हो रहे हैं। जैसे, शारीरिक परिश्रम करनेवाला श्रमिक, देवदासी, खानाबदोश विमुक्त, ग्राम व्यवस्था के जजमान, दलित, आदिवासी, नारी, शिक्षा से महरूम युवा, स्वयंरोजगार, बाँध एवं परियोजनाओं से त्रस्त लोग आदि अनेक उदाहरण दिए जा सकते हैं। इस देश में विद्यमान वर्ण-जाति प्रथा के विरोध में महात्मा फुले जी और आम्बेडकर जी ने विद्रोह किया। धर्म, भाषा, प्रान्त, जाति और लिंग आदि भेदों के बारे में आजकल अधिक विचार करना पड़ रहा है। सम्पूर्ण समाज में फुले-आम्बेडकर के विचारों की आवश्यकता की अनुभूति हो रही है। हमारे विचार से दलित पैन्थर को इससे सम्बद्ध किये जा रहे आन्दोलनों में हिस्सा लेना चाहिए। आज तो दलित पैन्थर को संगठन के बारे में ही सोचना पड़ रहा है। यदि कोई मुझ पर दलित पैन्थर में फूट डालने का आरोप लगा रहा है तो इन आरोपों का जवाब मैंने अन्य पैन्थर्स को दिया हुआ है। यह मेरे लिए ठीक नहीं है कि मात्र किसी के द्वारा आपत्ति उठाने से उसे जवाब दिया जाए। ऐसे आरोपों के चलते

मुझे बहुत खेद होता है।''[14] बाबा आढाव का यह दु:ख समझना अत्यन्त आवश्यक है। क्या पैन्थर नेता इतने दूध पीते बच्चे थे कि बाबा आढाव ने पैन्थर में फूट डाली और पैन्थर जैसा संगठन टूट गया ?

मात्र नेतृत्व की समस्या के कारण ही दलित आन्दोलन में गुट दिखाई देते हैं। सभी लोग आम्बेडकरवादी या आम्बेडकर के अनुचर हैं, किन्तु कोई भी अन्य किसी के नेतृत्व को अपनाने के लिए तत्पर नहीं है। हर कोई स्वयं को नेता समझता है। स्वयं को 'आम्बेडकरवादी' घोषित करनेवाले सभी 'आम्बेडकरवादी' गुट आपस में एक समान नहीं हैं। यहाँ तक कि अनेक बार चाकू-छुरी से लड़ाइयाँ भी हो चुकी हैं। दलितों के अनेक गुटों में वाद-विवादों तथा यथाशक्ति संगठनपरक कार्यों के चलते आज के दलित युवा को किसी 'एक ही' गुट का कार्यकर्ता बनना ही पड़ता है। ये सारे संगठन भी आपसी प्रतियोगिता के स्तर पर जीवनयापन करते हैं। हर एक के संगठनपरक निर्णय दूसरे से पृथक् और विचित्र होते हैं, इस बात का प्रमाण नामान्तर आन्दोलन और आम चुनावों में दिखाई ही देते हैं। किसी एक गुट में बदनाम कार्यकर्ता उस संगठन को त्याग देता है और झट से दूसरे गुट में जाकर पदाधिकारी बन जाता है। ऐसे में लोगों को ही आगे आकर अपने बल पर गुटबाजी बन्द करनी होगी। सिद्धान्त, रणनीति, त्याग और अस्तित्व की समस्या के कारण सहज ही कोई अपना नेतृत्व छोड़ नहीं पाता है। ऐसे में हर एक गुट के लोगों द्वारा अपने नेता को एकता के लिए तैयार करना होगा। सभी गुटों के एक होने पर जनतान्त्रिक प्रणाली से नये नेता का चयन करना ही एकमात्र रास्ता शेष रहा है। खुले अन्त:करण से अन्यों का नेतृत्व स्वीकारने की तैयारी के बिना दलित आन्दोलन की गुटबाजी समाप्त नहीं होगी।

8

दलितों का संघर्ष राजनीतिक संघर्ष है। इसीलिए 'दलित पैन्थर' एक 'राजनीतिक पार्टी' के रूप में चुनाव लड़ रहा है। राजसत्ता की पैठ का उपयोग करके परिवर्तन और समता को प्रस्थापित किया जा सकता है। संसदीय मार्ग से ही जनशक्ति के बल पर अपनी समस्याओं का समाधान किया जा सकेगा। ''जब हमारे देश में दलितों की, मजदूरों की सत्ता होगी तभी उनकी समस्याओं का समाधान होगा, तभी उनका हित अक्षुण्ण रहेगा। अल्पसंख्यकों की अगुवाई का दृष्टिकोण धर्म नहीं होगा। राजनीतिक शक्ति को बढ़ाने का दृष्टिकोण होना चाहिए।''[15] इसके पीछे यही मन्शा है। हमारे भारत देश के पचहत्तर प्रतिशत लोग दलित हैं और उन्हीं के बल पर हम सत्ता प्राप्त कर सकते हैं, इस प्रकार की आशा दलित पैन्थर में विद्यमान है। उसी के साथ यह भी सच है कि दलित पैन्थर समाजसेवा करे, पुलिस की लाठियाँ खाए और सत्ता का उपभोग रिपब्लिकन लोग करे,

यह पैन्थर्स को मंजूर नहीं था। इसीलिए 1977 में दलित पैन्थर ने संसदीय राजनीति में प्रवेश किया। इस सन्दर्भ में गंगाधर गाडे का मत जान लेना उचित होगा। ये कहते हैं ''दलित पैन्थर ने राजनीति में प्रवेश क्यों किया ? इस प्रश्न का उत्तर देते समय रिपब्लिकन पार्टी की खामियों को उजागर करना होगा। आर. पी. आई. ने दलित समाज की आवश्यकताओं और इच्छाओं की उपेक्षा करना आरम्भ किया। ऐसे समय में इस प्रकार के भ्रष्ट नेताओं को रोकना आवश्यक था। दलित पैन्थर के अपूर्व आन्दोलन के कारण जागृत दलित जनता भी रिपब्लिकन पार्टी के नेताओं को ही अपना वोट देती थी। अत: दलित पैन्थर को राजनीति में उतरना पड़ा। अपने साथ कितना जनमत है, यह जानने के लिए चुनाव ही एकमात्र निकष है।''[16] इसके पीछे हमारा यह भी एक उद्देश्य था कि दलित पैन्थर के राजनीति में प्रवेश करने से रिपब्लिकन पार्टी के लोगों के राजनीतिक स्थानों पर संकट का निर्माण होगा तथा वे अपने-आप एकता के लिए तत्पर हो जायेंगे।

चुनावों की राजनीति से नेतृत्व का निर्माण होने के कारण ऐसे नेतृत्व के लिए त्याग, सेवा, आन्दोलन और वैचारिक प्रतिबद्धता की आवश्यकता नहीं रही। पैसे, गुण्डे और जाति के नाम पर चुनाव लड़े जा रहे हैं। जिस आदमी को समाज और आन्दोलन का गन्ध भी नहीं है ऐसा आदमी चुनाव लड़ता है और एक रात में ही किसी पार्टी द्वारा समर्थित प्रत्याशी बन जाता है। इसी प्रकार का रेडीमेड नेतृत्व दलितों पर लाद दिया जाता है। राजनीतिक सुविधा के लिए सत्ताधारी पार्टी और विपक्षों के आपसी समन्वय से समाचार पत्रों की ख्याति से दलित नेता होने का आभास दिखाया जा रहा है, अन्य पार्टियों के दलित उम्मीदवार चुनावों में जीत रहे हैं और आन्दोलन करनेवाले दलित नेता चुनावों में हार रहे हैं। ''दलित, भूमिहीन और खेतिहर मजदूरों की समस्याओं पर स्वयं को दलित नेता कहलवाने वाले कितने लोगों ने आन्दोलनों में हिस्सा लिया है ?''[17] यह पैन्थर कमलेश यादव का सवाल दुखती रग पर उँगली रखनेवाला सवाल है।

9

आज की रिपब्लिकन पार्टी एक जाति के अनेक गुटों की पार्टी बन चुकी है। इस देश में दलितों की राजनीति को गम्भीरतापूर्वक रीति से आगे ले जानेवाली एक भी पार्टी नहीं है। सारी पार्टियाँ अपने-अपने वर्ग और वर्ण में जकड़ी हुई दिखाई देती हैं। समस्त दलितों को एक झण्डे के नीचे लाने वाली 'रिपब्लिकन पार्टी' होगी, यह डॉ. बाबासाहब आम्बेडकर जी की आशा विफल हो चुकी है। दलित समाज 'राज करने वाला' समाज नहीं बना है। इन्हें राजनीतिक दृष्टि से किसी ने भी साक्षर नहीं बनाया। इसके विपरित दलितों को राजनीति से अलग रखकर, उनकी वोट शक्ति का सौदा करने के ही दाँव-पेंच खेले जा रहे हैं।

डॉ. बाबासाहब आम्बेडकर जी की रिपब्लिकन पार्टी के बारे में अवधारणा और दलित समाज राज करने वाला समाज होगा ये सपने पूरे नहीं हो पाए हैं। 'भारतवर्ष बौद्धमय करूँगा' यह प्रतिज्ञा भी अधूरी ही रही है। 'बौद्ध धर्म के अपनाने के कारण ही जातियाँ समाप्त होंगी।'[18] यही डॉ. आम्बेडकर जी की स्पष्ट एवं ठोस मान्यता थी। जाति-अन्त के संघर्ष के रूप में इस धर्मान्तर की ओर देखना महत्त्वपूर्ण है।

'धर्मान्तर के पीछे यह धारणा भी थी कि हमारे अल्पसंख्य होने के कारण ही हम पर अत्याचार होते हैं, हमारे धर्मान्तर करने से हमें उस धर्म के लोगों का समर्थन प्राप्त होगा। इसके बावजूद धर्मान्तर के कारण दलितों की समस्याओं का समाधान नहीं हो पाया है। बौद्धों पर अत्याचार हो ही रहे हैं। उनकी आर्थिक दरिद्रता पहले जैसी ही है। इसीलिए 'बौद्धों को सेवा-सुविधाएँ मिलनी चाहिए।' ऐसी उग्र विचारधारा दलित पैन्थर की रही है। इसके बावजूद धर्मान्तर के कारण दलितों के सांस्कृतिक जीवन में बहुत बड़ा परिवर्तन दिखाई नहीं देता। ये 'नवबौद्ध' लोग बौद्ध धर्म के साथ-साथ ही हिन्दू धर्म का भी आचरण लोग कर रहे हैं। इसका मूल कारण यह है कि, बाबासाहब जी के धर्मान्तर के पश्चात् बौद्ध धर्म का प्रसार जिस मात्रा में होना चाहिए था, उतना नहीं हो पाया है। पहला कारण तो यह है कि धर्मान्तर के पश्चात् शीघ्र ही बाबासाहब की मृत्यु हो गई और दूसरा कारण यह है कि सर्वसाधारण जनों को इस नई धर्म प्रणाली की, उपासना पद्धति की, आचार पद्धति की जानकारी प्रदान करने हेतु प्रचार व्यवस्था नहीं थी। जो 'बौद्ध विहार' हैं, उनमें भी पंचशील, त्रिसरण यानी प्रार्थना के परे कुछ भी नहीं किया जाता।

ये बौद्ध विहार केवल प्रार्थनास्थान न बनकर सांस्कृतिक केन्द्र बनने चाहिए। तभी हिन्दू धर्म द्वारा 'धर्माधिकार' नकारे गये समाज को 'धर्माधिकार' प्रदान किया जा सकता है। केवल 'धर्म' और 'जाति' ये दोनों भाव ही 'मानव को' एक बन्धन में बाँधनेवाली शक्तियाँ हैं। इसीलिए उनका येन-केन-प्रकारेण सम्वर्द्धन करना और उनका राजनीतिक उपयोग कर लेना तत्कालीन लाभ का होते हुए भी दूरदृष्टि से देखने पर घातक ही सिद्ध होता है।

10

भारतीय जनता को कलाकारों और साहित्यकारों से बड़ी अपेक्षाएँ हैं। जनतान्त्रिक समाजवादी राष्ट्र के रूप में भारत के निर्माण का सपना तभी पूरा होगा जब हर सांस्कृतिक मोर्चे पर हम जिम्मेदारी के साथ लडेंगे। लेखकों को अपनी लेखनी के द्वारा ही प्रतिक्रियावादी विचारों को उत्तर देने होंगे। पराधीनता के काल में भारत के लेखकों ने बहुत बड़ा योगदान दिया है। जो लेखक आम जनों के बारे में लिखते हैं, जो आम जनों की बोली-भाषा में बोलते हैं और आम जन जो सीखना चाहते हैं, उसी के बारे में लिखते हैं तथा जो आम

जनों से सबक लेते हैं, वे ही सच्चे लेखक होते हैं। दलितों का यह संघर्ष, सांस्कृतिक संघर्ष है। दलित आन्दोलन सम्पूर्ण शक्ति के समन्वय से फासीवादी के विरोध में लड़ रहा है। ऐसे में दलित साहित्यकारों को आन्दोलन में युद्धरत कार्यकर्ताओं के मनोबल में वृद्धि करनेवाले, उन्हें प्रेरित करनेवाले भावार्थ का लेखन करना होगा। मराठी साहित्य में अथवा समग्र भारतीय वर्णवादी साहित्य में, गम्भीर वैचारिक गलतियाँ हो चुकी हैं। इस बारे में दलित लेखकों को लिखना चाहिए।

दलित पैन्थर के आन्दोलन का दलित साहित्य पर बहुत बड़ा प्रभाव हुआ है। पैन्थर में बहुत-से लेखक और कवि काम कर रहे हैं। पैन्थर्स की उग्र भावना दलित साहित्य में अभिव्यक्त हुई है। दया पवार के मतानुसार ''पैन्थर्स के आन्दोलन के कारण बहुत बड़ी मात्रा में कविताएँ लिखी गई हैं। ये कविताएँ भडकाऊ, प्रचारात्मक या गाली-गलौच युक्त बन गई हैं। इसका कारण यह कहा जा सकता है कि पैन्थर्स के कुछेक युवा नेता जिस आक्रामक लहजे में मंच पर अपना भाषण करते थे, उन्हीं की हू-ब-हू नकल इन कवियों ने की है।''[19] इस मत के अनुसार उस समय की कविता दलित पैन्थर के प्रभाव को परिलक्षित करती है। दलित पैन्थर कविता का दूसरा पहलू यह है कि इस कविता का नायक व्यक्ति न होकर 'समाज' है। समाजमन में विद्यमान अस्वस्थता ही इस कविता की लहर और लय बनती है। समाज का घटनाक्रम कविता का घटनाक्रम बन जाता है। इसका कारण यह है कि ''इस कविता का मूल जीवन के मूल में व्याप्त विषमता और सांस्कृतिक भग्नता में गहराई तक पहुँचा है। यह कविता एक ही भाषिक जगत् में अभिव्यक्त हो रही है, फिर भी उसका अनुभूति क्षेत्र प्रान्तों की सीमा में न समानेवाला ही होता है। इसीलिए देश के हर कोने में हो रहा अत्याचार इस कविता के माध्यम से अभिव्यक्त होता है।''[20] दलित साहित्य आम्बेडकरवादी आन्दोलन की सन्तान है। दलित साहित्य स्वयं ही एक आन्दोलन है। दलित आन्दोलन और दलित साहित्य 'एक ही सिक्के के दो पहलू' हैं। दलित साहित्य और दलित आन्दोलन में भेद नहीं किया जा सकता।

11

यदि आन्दोलन सचमुच लोकसम्बद्ध हो तो अपने-आप ही नेता प्राप्त होते हैं। जिन आन्दोलनों को जनमानस में उचित स्थान प्राप्त नहीं हुआ होता, वे अल्पायु अथवा परिणामहीन सिद्ध होते हैं। विचारों का आन्दोलनों से क्या और कैसा सम्बन्ध होना चाहिए तथा आन्दोलन की दिशा कैसी होनी चाहिए, यह सब जमीन पर काम करते हुए ही स्पष्ट हो जाता है। नेता-कार्यकर्ता-सम्बन्ध, संगठन में विद्यमान वैचारिक प्रतिबद्धता, आम कार्यकर्ता का मौन, कार्यकर्ताओं तक कभी भी न पहुँचनेवाला सम्वाद आदि के कारण आन्दोलन की दिशा निर्धारित नहीं होती। आन्दोलन में सहभागी लोगों की ओर

मात्र क्रान्ति के उपकरण के रूप में न देखते हुए आन्दोलन उनके स्वतन्त्र वज़ूद के एक 'नैतिक अधिकार' के रूप में आन्दोलन को देखा जाना चाहिए।

आन्दोलन में आनेवाला कार्यकर्ता 'हम समाज के ऋणी हैं' इसी भावना से काम करता रहता है। संगठन में काम करते हुए कार्यकर्ता को सुख, व्यक्तिगत जीवन और व्यक्तिगत महत्त्वाकांक्षा को त्याग देना पड़ता है। सदैव कुछ साहसी, कुछ स्वच्छन्द कार्य करन को मिलेगा, यही बहुत से कार्यकर्ताओं की आशा होती है। यथार्थ में आन्दोलन में इस प्रकार के साहसी-स्वच्छन्दी पल अत्यन्त कम होते हैं। शेष समय ज़िद से काम करते हुए व्यतीत करना पड़ता है। बड़ी तफ़सील में जाकर ही कार्य का आरम्भ करना होता है।[21]

आज पैन्थर्स पैसे की सहायता के अभाव में भी समाज के लिए परिश्रम कर रहा है। उनके भविष्य की भीषण समस्या मात्र इस आन्दोलन के कारण है। वित्तीय कठिनाइयाँ और वैचारिक अपरिपक्वता के कारण कार्यकर्त्ता नैराश्य के गड्ढे में गिर सकता है। यही अवस्था समझौते, प्रत्यावर्तन और भ्रष्टाचार जैसी वृत्तियों को उजागर करनेवाली होती है। अत: कार्यकर्ताओं के काम के साथ-साथ उनका अध्ययन भी महत्वपूर्ण सिद्ध होता है और कार्यकर्ताओं की बुनियादी ज़रूरतें तथा आन्दोलन की बुनियादी ज़रूरतें पूरी नहीं हो पाईं तो वह आन्दोलन ग़लत रास्ते पर अवश्य ही जाता है। प्रमुख कार्यकर्ता को परिवेश और समस्याओं की ठीक समझ, अपने फैसलों के दूर तक जाने वाले अंज़ामों की समझ, सफलता-विफलता की दोहरी सोच, समझौता और संघर्ष आदि की संभावना का पूरा विचार कर ही कोई निर्णय लेना चाहिए। कार्यकर्ता की अन्यों पर अपने निर्णय थोपने की प्रवृत्ति ग़लत होती है।

दलित पैन्थर (नामदेव ढसाल गुट) के कार्यकर्ता एस. आर. गायकवाड़ का निम्न मत आन्दोलन के नेतृत्व और कार्यकर्ताओं को इस बारे में सोचने पर विवश करता है। ये लिखते हैं मुम्बई के आदेश से शेष शाखाएँ हिलती हैं। 'राजा बोले, दल हिले' ऐसी यह अवस्था है। मुम्बई के नेतृत्व का वहन करनेवाले हम कार्यकर्ता सिद्ध हुए हैं। ग्राम स्तर पर और ज़िला स्तर पर कार्यकर्ता मरते दम तक काम करता है तथा शोहरत, दौलत और इज्ज़त तो मुम्बई के लोगों को ही मिलती है। इसके साथ ही यह भी सच है कि पैन्थर के कार्यकर्ताओं में नेतृत्व के लिए प्रतियोगिता आरम्भ हो रही है। हर कोई अपने-आपको 'रामदास आठवले' मान रहा है। उन सबका ज्यादा ध्यान इसी पर रहता है कि नये कार्यकर्ताओं को आगे आने नहीं दिया जाय और पैन्थर का नेतृत्व स्वयं कैसे किया जाय। लोगों की समस्याओं का समाधान करना ही किसी आन्दोलन का लक्ष्य होना चाहिए तथा आन्दोलन को समस्याओं के समाधान का साधन समझना चाहिए। लोगों की समस्याओं के स्थान पर आन्दोलन को महत्त्व दिये जाने पर नेतृत्व ही लक्ष्य बन जाता है और नेतृत्व के लिए लड़ाई-झगडे, प्रतिस्पर्द्धा, गुटबाज़ी, आरोप-प्रत्यारोप जैसी घटनाओं

की बाढ़-सी आती है। इन सभी घटनाओं के परिणाम में आन्दोलन का टूट जाना या ठहर जाना होता है।

अनुभवी कार्यकर्ताओं के मत, कल्पना और सूचनाओं को ध्यान में रखकर ही कोई फैसला किया जाना चाहिए। असफलता के संकट को अपनाने की समर्थता, असफलता की मार में भी काम करने की हिम्मत, सामाजिक कामों में रुचि, पठन एवं चर्चा करना आदि गुण कार्यकर्ता में जानबूझकर बढ़ाने होंगे। जब संगठन के नेता साधारण कार्यकर्ताओं की इज्ज़त को अक्षुण्ण रखने की सावधानी बरतेंगे और उनके मतों का आदर करेंगे तभी संगठन सही मायने में प्रजातान्त्रिक संगठन बनेगा।

राजनीति के अतिरिक्त कार्यकर्ताओं को साहित्य, क्रीड़ा, नाट्याभिनय, संगीत जैसे गुणों की ओर ध्यान देना चाहिए। कार्यकर्ता के व्यक्तिगत जीवन की तीव्रतर समस्याओं और कठिनाइयों को समझना चाहिए। हरेक के विचार, कल्पनाओं और योजनाओं को एक-दूसरे को समझने के लिए समय-समय पर बैठकों का आयोजन किया जाना चाहिए। आन्दोलन के लिए प्रयुक्त धन की आय-व्यय का पारदर्शी हिसाब भी रखना होगा। नागपुर स्थित दलित पैन्थर के कार्यकर्ता मधुकरराव दुधे का मत अत्यन्त प्रासंगिक है "पैन्थर के बैनर का व्यक्तिगत स्वार्थ के लिए उपयोग कर लेने की प्रवृत्ति के कारण पैन्थर का कार्यकर्ता अधिकाधिक भ्रष्ट हो रहा है।" दुधे का दुःख कठोर आत्मपरीक्षण की माँग करता है। पैन्थर के नाम से ब्लैकमेलिंग करनेवाले कार्यकर्ताओं को इस बात को गम्भीरता से लेना होगा और आन्दोलन एवं स्वयं का चरित्र पवित्र रखना होगा।

'दलित पैन्थर' युवा रुधिर का संगठन है। दलित पैन्थर्स ने दिन-रात तूफ़ान की तरह काम किया है। अपने घर को राख होते हुए देखकर भी, अपने भविष्य की किसी प्रकार की चिन्ता न करते हुए भी पैन्थर्स इस आन्दोलन में काम कर रहे हैं। अपने परिवारों को आनेवाली कठिनाइयाँ, जुल्म-ओ-सितम और शोषण आदि का भार भी कार्यकर्ताओं को ही वहन करना पड़ता है। ऐसे में उपर्युक्त सभी बातों की ओर समाज को सहानुभूति से देखना चाहिए। दलित पैन्थर के कार्यकर्ता गाली-गलौज से भरा भाषण करते हैं, ये गुण्डे हैं, पैसा खाते हैं आदि बातों का प्रचार कर दलित पैन्थर को दलित समाज से अलग करने का प्रयास कुछ विघातक लोग करते रहते हैं। पैन्थर को इस प्रकार की प्रवृत्ति का दमन करना चाहिए। एक दर्जन 'पैन्थर' गुट काम कर रहे हैं। वैसे देखा जाये तो कोई भी सही मायने में बहुत कुछ करता है, ऐसा भी नहीं है। अपने-अपने गुटों के नेता कहलाये हुए सचिवालय, पुलिस चौकी, ज़िला-तहसील दफ्तर, कुछ नौकरी देनेवाले दफ्तर, सभा-सम्मेलनों में जुलूस ले जाते हैं और नारे देते हैं। वे स्वयं की और अपने आस-पास के लोगों की जीवन शैली को आकर्षक और सुविधा सम्पन्न बनाने के हर सम्भव तकनीक अपनाते हैं। किसी के ट्रक्स, बार, होटल, मिनी बस, चॉल, झोंपड़ियाँ, सोशल क्लब

आदि होने के कारण नंगा सच इन्हीं बातों से पता चलता है। बाबासाहब जी का कार्य एवं कर्तृत्व अब मात्र नारों एवं पेट भरने का व्यवसाय हो चुका है। केशव मेश्राम के इस मत की उपेक्षा करनी नहीं चाहिए।

12

मैं ऐसा नहीं कह सकता कि आज के दलित आन्दोलन की अवस्था नैराश्यपूर्ण है। इसके विपरीत यह आन्दोलन बड़ी हिम्मत से टिका हुआ है। सभी गुट और संगठन दलितों की समस्याओं को लेकर रणभूमि में आ रहे हैं। सम्पूर्ण दलित समाज आन्दोलनमय हो रहा है। छोटे बच्चे-बच्चियाँ, महिलाएँ, बुजुर्ग और युवा बड़ी संख्या में और अत्यधिक आशान्वित होकर जनतान्त्रिक मार्ग से अपनी समस्याओं को जनता के सम्मुख तथा सरकार के आगे प्रस्तुत कर रहे हैं। इनकी समस्याओं का समाधान न होने पर इनका जनतन्त्र पर से भरोसा खत्म हो जाएगा। ''मैं स्वयं ही सर्वप्रथम इस संविधान जलाकर राख कर दूँगा।'' यही विद्रोह उनमें राजनीतिक असन्तोष उत्पन्न करेगा।

खानाबदोश विमुक्त जनजातियों और आदिवासी जन जातिओं की समस्याएँ दलितों से अलग और अधिक जानलेवा हैं। पैन्थर ने इन खानाबदोशों की समस्याओं की ओर अभी तक ध्यान नहीं दिया है। दलित स्त्रियों की भी इसी तरह उपेक्षा हुई है। अत्यन्त विकट और जटिल समस्याओं का समाधान किसी अकेले-दुकेले संगठनों की ओर से नहीं हो सकता। ऐसे में परिवर्तनशील आन्दोलनों को एक होकर दलितों की समस्याओं को समन्वित शक्ति के आधार पर प्रस्तुत करना ही महत्त्वपूर्ण होगा। आज परिवर्तनशील आन्दोलनअलग-अलग काम कर रहे हैं। उनमें भी गुट बन गये हैं। आन्दोलनों की पृथकता, गुटबाजी और निराशा को समाप्त करना अत्यन्त महत्त्वपूर्ण कार्य है। मैं अनुभव कर रहा हूँ कि, सभी परिवर्तनशील आन्दोलनों द्वारा एक होकर आचारण के स्तर पर ठोस भूमिका को स्वीकार करने का यही निर्णायक समय है।

सन्दर्भ

1. सुधाकर गायकवाड - अस्मितादर्श दि. अं. 1980
2. सुधाकर गायकवाड - अस्मितादर्श दि. अं. 1980
3. दलित पँथर बरखास्त, मुद्रक-प्रकाशक - राजा ढाले।
4. डॉ. बी. आर. आम्बेडकर/ जातिनिर्मूलन, पृ. 38
5. डॉ. गंगाधर पानतावणे - प्रबोधनाच्या दिशा
6. बा. ह. कल्याणकर - अस्मितादर्श दि. अं. 1980
7. नामदेव ढसाल - दै. केसरी, पुणे 9 अक्टूबर 1984

8. भाई संगारे - दै. नवशक्ति, मुम्बई, 6 दिसम्बर 1984
9. सचिन तासगाँवकर - आम्ही 1973
10. अशोक गोडघाटे - आम्ही 1973
11. माईसाहेब आम्बेडकर - सा. तरुण भारत, दि. 6 दिसम्बर, 1986
12. प्रकाश आम्बेडकर - सा. तरुण भारत, दि. 6 दिसम्बर, 1986
13. सा. आम्रपाली, मुम्बई, दि. 1 जनवरी 1986
14. आढाव बाबा - दलित पैन्थर (प. आ.) सुगावा प्रकाशन, पुणे
15. रामदास आठवले - दै. नवशक्ति, दि. 6 दिसम्बर, 1984
16. गंगाधर गाडे - दलित पैन्थर (प. आ.) सुगावा प्रकाशन, पुणे
17. कमलेश यादव - सा. तरुण भारत, दि. 6 दिसम्बर 1986
18. आम्बेडकर जी के भाषण - खण्ड 6, सम्पादक - मा. फ. गांजरे, पृ. 46
19. दया पवार - छावणी हलते आहे, प्रास्ताविक
20. राजा ढाले - पैन्थर कविता
21. संजीव खाण्डेकर - संकल्प, ग्रंथाली प्रकाशन, मुम्बई

●●●

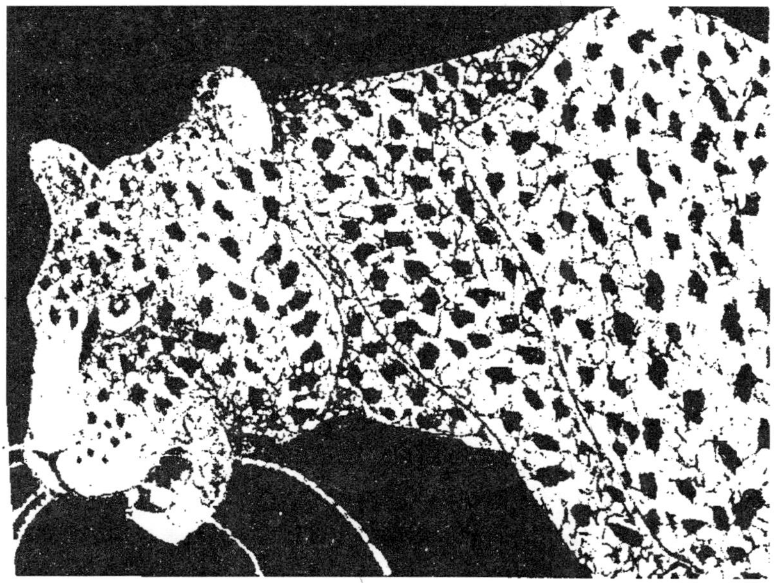

1.

दलित पैन्थर के जन्म की कहानी

नामदेव ढसाल

पैन्थर के जन्म की कहानी बड़ी लम्बी कहानी है। यह कहानी इस प्रकार से है सन् 1962-63 से मैं प्रजासमाजवादी पार्टी में काम करता था। वहीं से मुझे राजनीति की घुट्टी प्राप्त हुई। ताड़देव स्थित जनता केन्द्र का संचलन मधू दण्डवते और कम्पनी के नेतृत्व में चलता था। जब मैं छात्र था, तब मैंने जनता केन्द्र के भवन-निर्माण के कार्य में सहायता की थी। यह सहायता पूरी भक्ति-भावना से की थी। इस छात्रावस्था में मुझे विशेष संस्कार मिले थे। वहीं पर मैंने बड़ी मात्रा में वाचन-पठन किया था। जनता केन्द्र के ग्रन्थालय में मराठी साहित्य के अभिजात और सुप्रतिष्ठित लेखकों की पुस्तकें थीं। ना. सी. फड़के, वि. स. खाण्डेकर का साहित्य मुझे अधिकाधिक पढ़ने का सौभाग्य प्राप्त हुआ। 1956 के पश्चात् साहित्य में 'लिट्ल मैगेज़िन्स' की बाढ़-सी आई थी। इन्हीं लघु-पत्रिकाओं के माध्यम से ही मैं साहित्य में विद्यमान विद्रोही लेखकों का विद्रोह देख पाया। 1958 से पूर्व मैं अपने देहात में ही था। 1956 के पश्चात् पुणे में भी दलित आन्दोलन की लहर चल पड़ी। दलित आन्दोलन की यह लहर हमारे पुणे में बहुत बाद में आई। उस समय जोहार, येस्करी, रोटी माँगने का काम अर्थात् म्हारकी हमारे हिस्से में था। जब मामलेदार तथा राजस्व के कर्मचारी लोग कर वसूली के लिए आये थे, तब ही उन्होंने हमारे देहात में काम किया था। उस समय ही मेरे मन में अनेक सवाल खड़े हुए, जैसे हम अछूत हैं, महार हैं, यानी निश्चित रूप में हम क्या हैं ? हम कुएँ पर जाकर क्यों छू नहीं सकते ? वहाँ का परिवेश यूँ था कि बिना पानी के प्राण सूख रहे हों तो माँगने पर भी कुएँ पर स्थित आदमी समय होते हुए भी पानी नहीं देता था, अपितु 'मैं काम में व्यग्र हूँ' कहकर बिना पानी दिए ही आगे निकल जाता था। छात्रावस्था में ही मेरी समझ में आया कि मराठा

जाति और अन्य स्पृश्य जातियों के छात्र अध्यापक के सम्मुख बैठते थे। हम अछूत छात्र अध्यापक से दूर बैठा करते थे। मेरी गलती पर 'ढसाऽऽल' इस तरह बलाघातपूर्वक चिल्लाते थे। उस समय इसी प्रकार का असहनीय चित्र था। यह सारा यथार्थ मैंने बहुत पास से देखा था। मैंने नगर में आने के उपरान्त प्रजासमाजवादी पार्टी का काम करना आरम्भ किया था। उसी समय राजनीति के सारे संस्कार मैंने अर्जित किये। मधु दण्डवते और उनकी मण्डली का मुझसे अत्यधिक स्नेह था। समाजवादी मण्डली दलितों के लिए न्यूनाधिक क्यों न हो पर काम करती थी। मैं कामाठीपुर इलाके के जयराजभाई गली की ढोर चॉल में रहा करता था। इस चॉल में अधिकतर महार लोग रहा करते थे। उसी समय मेरी रूमानी फ़िल्मों में रूचि होने लगी। इस प्रकार का विचित्र मन बनता गया। इसी समय मैं एक लड़की के प्यार में फँस गया और यह बात खुल गई। मुझे याद है कि सन् 67-68 के दरमियान गाईड फ़िल्म चल रही थी। उस समय बॉम्बे सेण्ट्रल की झोंपड़पट्टी में आग लगी थी। जनता केन्द्र में समाजसेवा के संस्कार हमें मिलने लगे थे और उसी लड़की के घर के सामने ही आग लगी थी। फिर क्या, मधुकर सोनावणे और मैं आग बुझाने के लिए निकल गये। पूरा दिन आग बुझाने का काम चलता रहा। उस दौरान वह लड़की बहुत समय तक मेरे साथ थी। वह घर जाने के लिए तैयार नहीं थी। मैं उन तीनों लोगों को समझाते-समझाते थक गया। मुझे पढ़ने का बड़ा शौक था। वह लड़की कुछ भी सुनना नहीं चाहती थी। तब मैंने क्या किया। कामाठीपुर के घर उस लड़की को ले गया। मेरे पिताजी यह सबकुछ देख रहे थे। चॉल के लोगों ने चिल्लाना शुरू किया कि यह लड़की इस बस्ती की नहीं है। यह लड़की यहाँ आई कैसे। यह कुछ लफ़ड़ा लगता है। मैंने पिताजी से कहा कि मैं इस लड़की से शादी करूँगा। नामदेव ढसाल नामक अछूत ने नाबालिग लड़की को भगाया है। मैंने रामायण सुना दी, किन्तु मेरे पिता के अनुसार पहले मुझे अपने पैरों पर खड़ेहोना चाहिए था। मैं उस लड़की को लेकर अपने देहात गया। इस लफड़ेसे एक बात तो हो गई कि मेरी शिक्षा अधूरी रह गई। मैं सचमुच घबरा गया था। मैं अपनी मौसेरी बहन के घर गया, पर अन्य रिश्तेदारों ने मुझे अत्यन्त त्रस्त कर दिया था। इधर मुम्बई में सुभाष सुर्वे जनता केन्द्र का काम कर रहे थे। उपर्युक्त प्रकरण होने के बाद वे हमारे रिश्तेदारों से मिले। रिश्तेदारों ने उनसे कहा कि, उससे ग़लती हुई होगी। इन दोनों ने अज्ञान के कारण ऐसी ग़लती की होगी। किन्तु सुर्वे ने कहा कि लड़की नाबालिग होने के कारण उसे रिमाण्ड होम में भर्ती करना होगा। पुलिस को कुछ भी बताना ठीक नहीं होगा। किसी प्रकार का कोलाहल नहीं होना चाहिए। इस प्रकार की यह मुसीबत थी।

वह लड़की और मैं देहात के लिए जाते समय चार घण्टे एकसाथ थे। इस समय मेरे मन को कोई ग़लत बात नहीं थी। अर्थात् कुछ कम समय में ही युवक-युवती इकट्ठे होते ही पहले शारीरिक वासना का शमन कर लेते हैं। किन्तु मुझे ऐसा कुछ महसूस नहीं हुआ।

किन्तु इस लड़की के प्रति बहुत बड़ा मानसिक आकर्षण अवश्य था। उस लड़की के रिश्तेदार हमारे देहात पहुँचे। लड़की का भाई हमें समझाने लगा। तुम लोगों को एक-दूसरे से प्यार है। तुम लोग लौट जाओ। मुझे यह भयानक महसूस हुआ। मुम्बई जाने पर ये लोग मुझे मारेंगे इस डर से मैं वहीं रहा। मैं एक्ज़ीक्युटिव इंजीनियर के कार्यालय में चपरासी का काम कर रहा था। वहाँ पाँच-छः सौ लोगों का जत्था था। वहाँ पर दाण्डेकर नामक सहृदय अधिकारी थे। मैं कविता लिखता था। मैं उस अधिकारी को अपनी कविताएँ पढ़कर सुनाता था। उन्हें मेरी कविताएँ शायद पसन्द थी। किन्तु काम्बले नामक वरिष्ठ लिपिक मुझसे ईर्ष्या करता था। उसने एक ही मास में मेरा सारा लफड़ा दाण्डेकर के सामने खोलकर रख दिया था। इस कारण दाण्डेकर मुझसे एक तरह की मानवता से पेश आते थे। दाण्डेकर मुझसे स्नेह करने लगे थे। वहीं बर्वे नामक एक ट्रेसर कार्यरत था। उसका अपने मातहत लड़की के साथ प्रेम चल रहा था। मुझे यह बात अजीब लगी। मैंने इस प्रेम प्रकरण को खाद नहीं डाली। यदि मैं मुम्बई चला गया तो निश्चय ही घात होगा, यह जानते हुए भी मैं मुम्बई पहुँच गया। मेरे पिता को भी पता था कि मुम्बई आ जाने पर दगा दिया जायेगा। उन्होंने मुझे घर में रहने ही नहीं दिया। मैं रात में टैक्सी चलाना सीख गया। अनेक वर्षों तक मैं टैक्सी में रुचि लेता रहा। रात में एक बजे से लेकर चार बजे तक सूसन डौक में टैक्सी चलाता रहा। मैं उस समय मछुआरिन से आठ आने किराया लेता था। मैं टैक्सी चलाना सीख गया और वह लड़की शादी कर निकल गई। उसके बाद उस लड़की से सिर्फ एक बार ही मुलाकात हुई। इसी मुलाकात में मैंने लिखी हुई कविताएँ अर्पण कीं और एक फूल भेंट कर उस मजेदार रूमानी प्रसंग का समापन कर दिया साथ ही घर भी छोड़ दिया। उस लड़की के लफड़े के कारण मैं बहुत बेलगाम हो गया। अब मैंने खुद का टैक्सी चलाने का धन्धा शुरू किया। फिर काफ़ी आय होने लगी। ऐसे में मुझमें विद्यमान साहित्यिक संस्कारों का उपयोग हुआ। मुझे लघु पत्रिका 'लिट्ल मैगज़ीन' में लिखनेवाले राजा ढाले, भाऊ पाध्ये जैसों के प्रति आकर्षण पैदा हुआ। मैं कविताएँ लिखता था। एक दिन मुम्बई मराठी ग्रन्थ संग्रहालय में कवि सम्मेलन सम्पन्न हुआ। इस सम्मेलन के अध्यक्ष अनन्त काणेकर थे। मैं उस समय विद्रोही था। बिना किसी कारण के उन लोगों को लगता था कि मेरी भावनाएँ जातीयवादी हैं। मैंने कविताएँ पढ़कर सम्मेलन में बहुत नाम कमाया। वहीं 'सत्यकथा' पत्रिका के प्रतिनिधि पटवर्द्धन विद्यमान थे। उन्होंने मुझे बुलाया। मैं अपनी तीन-चार हज़ार कविताएँ लेकर उनके पास पहुँचा। उन्होंने तीन-चार दिनों तक मेरी कविताओं को अपने पास रखा। 'सत्यकथा' पत्रिका में उन्होंने मेरी पाँच कविताएँ प्रकाशित कीं। उसके बाद हम सब दलित पैन्थर की ओर किस प्रकार आ गए ? इसी पृष्ठभूमि पर हमने चैत्यभूमि से बगीचे तक जुलूस निकाला। इस जुलूस में कवि नारायण सुर्वे भी थे। 'सत्यकथा' में कविताएँ प्रकाशित होने के कारण मैं भी विख्यात हो गया था।

मैंने छन्दोबद्ध कविताएँ रची थीं। वह मेरे जीवन का विस्मयजनक समय था। हम सबने मिलकर एक अनियत पत्रिका का संकल्प किया। इस प्रकार मेरे साहित्यिक जीवन की यात्रा आरम्भ हो गई। ज. वि. पवार सहसम्पादक थे। हमें आशातीत मात्रा में पैसे भी मिलने लगे। दलितों की स्थिति से मैं अत्यन्त व्यथित था। हमारे दौरे आयोजित होने लगे। लोगों से सूचनाएँ और परामर्श प्राप्त होने लगे। नेरूरकर और कमलाकर सुभेदार हममें आ चुके थे। हमने समता जुलूस निकाला था। सौ-दो सौ लोगों का पैन्थर का जुलूस इन्दापुर-बावडा स्थान पर हुई घटना से हम व्यथित हुए थे। हम सबने मिलकर दलित युवा मोर्चा की स्थापना की। चर्नी रोड़ में एक हज़ार युवकों के साथ मोर्चे की स्थापना की।

बाद में दलित युवा मोर्चा का अध्याय वहीं थम गया और उसके बाद हम बहुत अस्वस्थ हो गये। हम अनुभव करने लगे कि इस घटना पर अधिक बलशाली प्रतिक्रिया होनी चाहिए थी। वह दलित युवा मोर्चा के बैनर तले ही होनी चाहिए। एक ही जुलूस में यह प्रतिक्रिया दिखाई दी थी। किन्तु यह प्रतिक्रिया क्रमश: आगे नहीं चल पाई और उसी बीच हमने ढाले का आलेख प्रकाशित किया। उनका लेखन बहुत विख्यात हो गया। उन्होंने अपने लेख में बाबूराव बागूल से लेकर सदा कऱ्हाडे तक अनेक महान लोगों की आलोचना की थी। यह एक प्रकार से राजा ढाले द्वारा किया गया खतना ही था। इस आन्दोलन में शामिल राजा ढाले कोई दलित हैं, यह सच्चाई साहित्य क्षेत्र के कई लोगों को पता नहीं थी और 'लिटिल मैगज़िन' का गुट इतना महान था कि उसमें जाति-पाँति का उल्लेख भी नहीं होता था। इस प्रकार वह एक जातिहीन साहित्यिक आन्दोलन था। जात-पाँत, धर्म आदि के स्थान पर आप क्या लिखते हैं और उस लेखन का क्या मूल्य है, इस प्रकार का उसमें संस्कार था। किन्तु राजा ढाले ने हमारे विद्रोह के बहाने पहली बार दलित के रूप में परिचय करा देना आरम्भ किया। वे हमें बताते थे कि अपनी छात्रावस्था में ही 'प्रबुद्ध भारत' में मैं 'जातक कथा विशेष' लिखा करता था। बाद में आण्णा भाऊ साठे की यादों के बारे में बताते थे कि मुझे अपनी जाति पर गर्व है और उसी चेतना से मैं काम किया करता था आदि। किन्तु 'लिटिल मैगज़िन' के आन्दोलन में राजा ढाले किस जाति या किस पाँत के हैं, यह कुछ कहा नहीं जा सकता था और उनकी भूमिका भी उस प्रकार की नहीं थी। जब मैं राजा ढाले के साथ दोस्ती करने चला तो मुझे कितने श्रम उठाने पड़े, इस यथार्थ को मैंने अनुभव किया है। किन्तु उसी 'विद्रोह' पत्रिका के तीसरे अंक से मेरे जीवन में नया कायाकल्प हुआ और यह स्वीकार करने में शर्म महसूस करने का मुझ जैसे आदमी के लिए किसी प्रकार का कारण नहीं है। मैं उनसे कहता था कि 'हम इससे आगे कुछ काम अवश्य करेंगे।' किन्तु वे कहते 'जाने दे रे। साहित्य आदि।' साहित्य के क्षेत्र में कुछ तो करना चाहिए, ऐसा उनका कहना था। पहला या कोई और सम्मेलन न जाने, वह साहित्य सम्मेलन महाड़ में आयोजित किया गया था

या कहीं और। इस सम्मेलन का आयोजन बाबूराव बागूल और मण्डली ने किया था। हमने पीठ-पेट पर 'विद्रोह' के अंक बाँध लिये। राजा ढाले, मैं और सिनकर मेरे साथ थे या जयन्त नेरूरकर यह मुझे याद नहीं है। भीमराव शिवराले भी 'सत्यकथा' के कथालेखक थे। वह राजा ढाले के कमरे में ही रहा करते थे। इस प्रकार हम तीन-चार लोग महाड को चले गये। 'लिटिल मैगज़िन' के दलित आन्दोलन के लोग आये, यह देखते ही वहाँ राजा ढाले और मेरे साथ बाबूराव बागूल एवं मण्डली ने अछूतों की तरह व्यवहार किया। हमारी फजीहत आरम्भ कर दी। किन्तु वह इस बारे में उस्ताद था। जो कहेगा उसे सवासेर जवाब देकर लाजवाब कर देता। परन्तु ढाले विचित्र था। वह कुछ भी बोलता था और वह आदतन नटखट भी था।इसलिए हम महाड के साहित्य सम्मेलन पर उसी प्रकार का प्रभाव छोड़ आये। सभी की नज़रों में हम मज़ाक का विषय थे। दया पवार जैसे लोग बाबूराव बागूल के शागिर्द भी थे। ये मण्डली मज़ाकिया थी। वे हमारी ओर न देखा करते। सम्मेलन में पानतवाने महोदय आये थे। मेरे विचार में वे राजा ढाले से प्रसन्न थे। उस समय हम 204, चर्नी रोड स्थित जॉर्ज फर्नाण्डिस की पार्टी में काम करते थे। मैंने उनसे पूछा था "इन्दापुर बावडे के बारे में हमें क्या करना चाहिए ?" उन्होंने कहा कि हम ट्रेड युनियनवाले हैं। हम जाति की समस्या पर सीधे-सीधे कुछ कर नहीं सकते। इस पर मैंने कहा कि हमारी युनियन में तीन चौथाई लोग बैकवर्ड वर्ग के ही हैं। फिर हमें जाति की समस्या का समाधान ढूँढने के लिए अन्य संगठन की क्या आवश्यकता है ? इस पर उन्होंने हमें यह कहकर चुप कर दिया कि हमारी संयुक्त समाजवादी पार्टी लोहिया जी को मानती है। लोहिया जी का 60 गुना 40 विश्वविख्यात सिद्धान्त है। उसमें उनका सप्तक्रान्ति का बिन्दु है। हम समझ गये कि यह डरपोक है। इस प्रकार क्रोध से मन-ही-मन कहा। इस समय मधु दण्डवते के भाई बाल दण्डवते, जो हमें करीब लेकर बड़ी हमदर्दी से समझाते थे, जानते थे कि जॉर्ज के पास समय नहीं है। बाद में कभी हम एक बार बैठकर चर्चा करेंगे। अण्णा साने नामक कार्यकर्ता अत्यन्त गम्भीर स्वभाव के थे और वे ट्रेड युनियन के पुराने नेता थे। दिगम्बर सातव और महाबल शेट्टी जैसे युवा भी वहीं थे। रमेश समर्थ नामक टायपिस्ट भी थे। यह भी हमारे 'लिटिल मैगज़िन' ट्रेड यूनियनवाले किरदार थे। वे बहुत ही फैण्टास्टिक थे। एक ओर चरस लेंगे, धुम्रपान करेंगे और मुँह से फैण्टास्टिक आवाज निकालते। "…..फा फू खा खू……" इस प्रकार की आवाज निकालते थे। हम साहित्य के लोग एक जगह आने पर बहुत-सी गप्पे हाँकते थे, इस प्रकार ये सारा प्रकरण था।

ये सब कुछ देखने पर मुझसे कुछ देखा नहीं गया। मेरे मत में संगठन होना ही चाहिए था। मैंने एक बार ज. वि. पवार से कहा "हम उनका पैन्थर-पैन्थर सबकुछ सुनते रहते हैं। तो क्यों न हम 'दलित पैन्थर' नामक संगठन बनायें ?" तो ज. वि. पवार ने कहा कि हमें कितना रिस्पोन्स मिलेगा ? "हमें राजा चाहिए किन्तु वह राजा दलित युवक

मोर्चा में है। वह अपनी ज़िद छोड़ने को तैयार नहीं है।'' तब मैंने कहा कि ''हमें इतने परिश्रम करने की आवश्यकता ही क्या है ?''

बाद में हमने जॉर्ज के यहाँ एक बैठक आयोजित की। उस बैठक में ज. वि. पवार भी उपस्थित था। जॉर्ज के विचारोंवाले लोग हमें रिस्पोन्स नहीं देते, ये जान लेने पर मैं उस बैठक से अन्यमनस्क हो गया। ज. वि. पवार मेरी पत्रिका 'विद्रोह' का सहसम्पादक और वित्तीय सहायक भी था। इस कारण मैं खाली समय में उसकी गिरगाँव स्थित बैंक ऑफ इण्डिया में जाया करता था। वहीं एक दिन मैं उसपर गुस्सा हो गया और आजकल दलितों पर जो अत्याचार की घटनाएँ हो रही हैं, उनके प्रतिकार में 'दलित पैन्थर' की स्थापना कर रहा हूँ। मुझे इस प्रकार का मुआयना टाइप कर दे, ऐसा अनुरोध किया। उसने वह सब टाइप करके दे दिया और उसके नीचे मैंने अपना नाम नामदेव ढसाल सम्पादक के रूप में डाला और बाद में ज. वि. पवार का नाम डाला तथा मैंने अपने हस्ताक्षर किये। बाद में मैं रमेश समर्थ के साथ चाय पीकर आया और ज. वि. पवार को हस्ताक्षर करने के लिए कहा। चाहे जो हो, उस समय वह एम. ए. उत्तीर्ण लड़का था। किन्तु उसने बिना किसी लागलगाव के हस्ताक्षर किये। उस समय की बातें मुझे याद आती हैं। 'दलित पैन्थर' का पहला समाचार 'नवा काल' में दूसरे ही दिन छपकर आया।

'समता जुलूस' के कारण मुझे ज्ञात हुआ था कि हम जो कुछ राजनीतिक कार्य करते हैं, वह समाचार-पत्र में छपकर आता है। वह शायद 9 जुलाई 1972 का दिन था। मैंने कोई डायरी नहीं लिखी। मैं और ज. वि. पवार दोनों संस्थापक थे। मैं जिस ढोर चॉल में रहता था, वहीं रामदास सरोटेबुवा नामक सज्जन ट्रेड यूनियन के मिल श्रमिकों के नेता थे। डॉ. आम्बेडकर के सहयोगी मडकेबुवा की तालीम में तैयार हुए होने के कारण सरोटेबुवा के पुत्र रामदास सरोटे को राजनीति की जन्मघुट्टी प्राप्त हुई थी। बाद में यही रामदास सरोटे 'लाल निशान पार्टी' में गये। रामदास सरोटे को हमने अपने में मिला लिया। उसने कहा 'मैं आता हूँ।' यह तीसरे क्रमांक का कार्यकर्ता था। उसने कहा कि 'इस ढोर चॉल के लोगों में से कुछ लोगों का नाम भी ले लो।' बाद में मारुति सरोटे नामक रामदास के चचेरे भाई को भी हमने अपने संगठन में ले लिया। कसबे, खरात, उमाकान्त रणधीर जैसे अनेकों के नाम हमने जोड़ लिये।

प्रचार का प्रारम्भ हो गया। हम इस बारे में सन्तुष्ट होने के कारण कुछ ही दिनों में हम जॉर्ज फर्नाण्डिस की ट्रेड यूनियन के मैगाफोन ले आये। हमारे द्वारा आयोजित सभा में कमलाकर सुभेदार और लतीफ खाटिक भी शामिल हुए थे। लतीफ खाटीक शिक्षक था। 'समता जुलूस' के कारण वह हमारे साथ आया था। मेरे कविता लिखने के प्रेम के कारण वह आकर्षित हुआ था। वह राजा ढाले के पड़ोस में सिद्धार्थ होटल में रहता था। इधर मैं अन्यमनस्क होने पर वहीं पर रहने के लिए जाता था। इस कारण वह भी पैन्थर के उपक्रमों

में हिस्सा लेने लगा। इतने लोगों से काम नहीं चलेगा, इसलिए और लोगों के साथ सम्पर्क करना होगा। अत: अर्जुन डांगले, प्रह्लाद चेंदवणकर आदि लोग जुड़ गये। हमारी बुआ ने पुराने बाज़ार से एक रेनकोट खरीदा था। हमारी ढोर चॉल में पच्चीस-पच्चीस लोग एक ही कमरे में रहा करते थे। तबेले को भी लज्जित करनेवाले कमरे, ऐसी उस चॉल की रचना थी। पीछे गन्दी नालियाँ थीं। कुल मिलाकर वह एक नरक ही था। वहाँ हमने क्या किया कि प्रचार का आरम्भ किया। मध्य मुम्बई में प्रधानत: जहाँ दलितों के घर थे, वहीं हम भाषण करते थे। मैं, ज. वि. पवार और रामदास सरोटे प्रमुख वक्ता हुआ करते थे। किन्तु उमाकान्त रणधीर और खरात को इन बातों में रस नहीं था, क्योंकि उमाकान्त रणधीर नगरपालिका में मृत लोगों के हिसाब रखने का काम करता था और खरात भी कोई नौकरी करता था। यदि हम उन्हें ले जाते, तो ही वे आते। आज रणधीर स्वयं को पैन्थर का संस्थापक मानता है, किन्तु वह उस समय भाग जाता था। हमारे उन सारे प्रकरणों के समय ज. वि. पवार तो पाँच-साढ़े पाँच के दरमियान बैंक से बाहर निकलते ही निष्ठापूर्वक रीति से अवश्य आया करता था। हम कन्धे पर मैगाफोन लटकाये घूमा करते थे। इन मैगाफोनों में से एक मैगाफोन लाल निशान पार्टी से लाया गया था।

हम राजनीतिक दृष्टि से परिपक्व नहीं थे। फिर भी हम भाषण करते थे। हमने किसी राजनीतिक दर्शन को स्वीकार नहीं किया था। हम तीन-चार लोग बड़े क्रोध से, बड़ी करुणा से, बहुत ही हृदयस्पर्शी भाषण किया करते थे। बाद में हमने हमारे समाज पर अन्याय हो रहा है। हमारा कोई भी त्राता नहीं है। विपक्ष के नेता अमुक प्रकार के हैं। हमारे ही समाज के संगठन के प्रचार करते हुए हम सबसे पहले कामाठीपुरा की बस्तियों में, उसके बाद सातरास्ते की सिप्लेक्स मिल की चार चॉलों में आ गये। वहाँ की दूसरी चॉल को मेरे भाषण ने बहुत प्रभावित किया। उसी प्रकार ज. वि. पवार का भाषण भी प्रभावी हुआ। इस सभा में ढाई-तीन सौ लोग थे। इसे नुक्कड़ बैठक कहा जा सकता है। पीछे से बाबासाहब आम्बेडकर ज़िन्दाबाद आदि..... इस कारण हमारा उत्साह बढ़ने लगा..... हमें आशातीत प्रतिसाद मिलने लगा। इस सारे कोलाहल में पहले काँग्रेस में बी. डी. झुटे को मदद करनेवाला भाई संगारे हमारे भाषणों से अत्यन्त प्रभावित हो गया। भाई संगारे ने पूछा कि हम इसके बाद कहाँ जायेंगे ? तो लव्ह-लेन की ओर जायेंगे। इसके बाद वह हमारे साथ ही आ गया। वास्तव में उसके साथ हमारी कोई बातचीत नहीं हुई थी। एक सभा के भाषण को सुनकर ही वह लव्हलेन की सभा में आया था। हमने उसी से कुछ कहने का अनुरोध किया। अब बोलो। इस हीरामण ऊर्फ भाई संगारे ने भी वहाँ भाषण किया, वह भी बहुत प्रभावी ढंग से किया। लव्हलेन में अविनाश महातेकर से मुलाकात हो गई। हमारी नुक्कड़ बैठक में पाँच सौ से आठ सौ तक लोग उपस्थित थे। वह रात के सात-आठ बजे का समय था। उन्होंने ग्रन्थालय में बैठक बुलाई। उस बैठक में भी हम ने

लोगों के दिल को जीत लिया। बाद में इस प्रकार के परिवेश में हमारी सभा में लोग सवाल पूछने लगे। वह किस तरह से होगा ? यह किस तरह से होगा ? यह सब कुछ दलित पैन्थर के बैनर तले हो रहा था। मुम्बई में प्रचार रैली हो गयी। बाद में हमने विचार किया कि ज. वि. पवार के निवास स्थान के पास वाप्टी मार्ग कामाठीपुरा, गली नम्बर एक में कोंकण विभाग के महारों और बौद्धों की सिद्धार्थ नगर नामक बस्ती है। यह बस्ती बड़ी भयानक है। वहाँ नगरपालिका का एक सभागृह है। वहीं हमने एक सम्मेलन आयोजित किया। इस सम्मेलन में वहाँ के सभी लोगों को निमन्त्रित किया। इस सम्मेलन की दिनांक मुझे याद नहीं है। किन्तु वह सम्मेलन बहुत विख्यात हुआ। वहाँ अनेक लोगों ने अपने मन की बात कही। उस समय डॉ. नारायण गायकवाड़ नामक सज्जन रिपब्लिकन क्रान्ति दल नामक संगठन चलाया करते थे। हमसे पूर्व वह बहुत फॉर्म में था, किन्तु हमारे रेले के आगे वह गड़बड़ा गया।

हमारे प्रचार की पद्धति ही ऐसी थी कि थाली बजाकर नुक्कड़ बैठक की जाती। मुसलाधार बरसात में भीग रहे होते तो वहाँ किसी के पास छाता है, तो किसी के पास नहीं। मैगाफोन पर प्रकरण करते आदि। इन कारणों से सहज ही प्रचार बढ़ने लगा। हमने इस सम्मेलन के लिए राजा ढाले को भी बुलाया था। ढाले आया था या नहीं, मुझे याद नहीं आ रहा है। किन्तु वहाँ राजा ढाले थोड़ी देर के लिए आया होगा। वहीं हम तेरह जनों ने संस्थापक के रूप में कुछ बातें की। वास्तव में इस प्रकार के कार्यों में इनमें से कोई भी नहीं था। जगजीवनराम जी ने दलितों के आन्दोलन के लिए सत्ता में रहकर भी बहुत सा कार्य किया। डॉ. आम्बेडकर के पश्चात् उन्हें दलितों का बहुत बड़ा नेता माना जाता है। किन्तु हमें जगजीवनराम पर बड़ा गुस्सा आता था। इस गुस्से का प्रधान कारण यह था कि बाबासाहब की पूरी राजनीति काँग्रेस विरोध की राजनीति थी। जहाँ कायदा-कानून बनाये वहाँ काँग्रेस से समीपता भी रखी। इस समीपता के कारण पृथक् हैं। किन्तु इन कारणों का यहाँ उल्लेख नहीं करूँगा। पर हमें जगजीवनराम के प्रति बहुत क्रोध था। दलित आन्दोलन की सर्वाधिक हानी यदि किसी ने की होगी तो जगजीवनराम ने ही की है और इस को सबक सिखाना चाहिए यही विचार हमारे मस्तिष्क में था। ज. वि. पवार, मैं, रामदास सरोटे, कसबे आदि ने तैयारी की। रणधीर तो आता ही नहीं था। मुझे काम है, मुझे समय ही नहीं है, इस प्रकार वह मैं एक्स्ट्रॉ ऑर्डिनरी हूँ, ऐसा दिखाया करता था। मक्खी गिरने पर भी मर जायेगा, ऐसा यह प्राणी था। किन्तु वह ऐसा विचित्र था कि वही अकेला भाग जाता था। हम एक दिन प्रचार के लिए ताडदेव की झुग्गियों में गये और वहाँ से वापस आते समय मेरा और रामदास सरोटे का झगड़ा हो गया। कुछ तो हो गया और मैंने उससे कहा कि गैरजिम्मेदारी चला रहे हो। ऐसे कहते ही उसने अगला-पिछला न सोचते हुए झट-से मेरे मुँह पर तमाचा जड़ दिया। मेरी प्रकृत्ति अत्यन्त गर्म है। मैंने कभी भी किसी की

भी मार नहीं सही। जब-जब मार खाने की बारी आई, तब-तब भयानक कुछ भी किया है। मुझे यह बड़ा भयानक महसूस हुआ। मैं बुरी तरह क्रुद्ध हुआ। कत्ल कर डालूँ या मारूँ? किन्तु उसी समय ज. वि. पवार ने मुझे आलिंगन कर कहा, 'नामदेव, प्लीज, तुम इस समय कुछ भी नहीं करोगे, वरना अपना खेल यहीं ख़त्म हो जायेगा।' ना जाने क्या हुआ ? मैं इतना क्रोधी आदमी, पर उस समय चुपचाप रहा। मैंने कहा, 'ठीक है, तुमने मुझे मारा है, किन्तु हम जिसके लिए कुछ कर रहे हैं, उसी के लिए मार खा रहा हूँ, पर तुमने यह बहुत बुरा किया।' बाद में रामदास सरोटे को सच्चाई का पता चला कि उसने कुछ गलत किया है। पर बाद में उसकी और हमारी बड़ी दोस्ती हो गई। इतना बड़ा गुण्डा आदमी मार खाकर भी चुप रहा।

हमने जगजीवनराम के विरोध में शक्ति-प्रदर्शन करने का निश्चय किया था। जगजीवनराम तिलक भवन में पधारे थे। हम लोअर परेल में उतरे थे। भाई संगारे की फ़ौज और हमारी फ़ौज इस प्रकार चौंसठ लोग, इस विरोध प्रदर्शन में पकड़ेगये और पहली बार पैन्थर्स को बन्दी बनाया गया। उस समय भाई संगारे का सलाहकार एवं मार्गदर्शक सातरास्ता का बाबा आढाव था। वह पुलिस विभाग में कार्यरत था। गोपाल भी पूरा वेतन लेनेवाला कर्मचारी था। ये सारे जबरदस्त लोग थे। सन् 1972 का वर्ष होगा। इन लोगों में लतीफ़ खाटीक और कमलाकर सुभेदार का भी समावेश था। सातरास्ते के चार चॉलों में स्थित एक आदमी ने हत्या की थी और कैद-ए-बामशक्कत की सज़ा भोग रहा था। वही आदमी कारागृह में वार्डेन के रूप में काम करता था। उसी कारागृह में हम चौंसठ लोगों को बैरक में रखा गया था। उस वार्डेन का हमारी फ़ौज के एक सिपाही के साथ परिचय हो गया। एक दिन अचानक एक दूसरा वार्डन आया और बीड़ी माँगने लगा। हमारी फ़ौज में से एक सिपाही क्रोधित हुआ और उसने कहा, 'तेरी ऐसी की तैसी, तेरे को क्यों बीड़ी देना, हम ऐसा है, वैसा है। गवर्नमेण्ट ऐसा करेंगे, उसको ऐसा करेंगे।' यह बोलनेवाले को पता नहीं था कि यह वॉचमैन और वार्डेन भी अपराधी ही होते हैं और जेल के अन्दर ऐसी मारामारी हो गई कि मत पूछो। वार्डेन ने अलार्म बजाया। सारे वार्डेन और चपरासी इकट्ठे हो गये। चौंसठ सिपाहियों और कर्मचारियों में खतरनाक लड़ाई शुरू हो गई। वहाँ क्षीरसागर इंगले नामक बड़े जेलर थे, उन्होंने ही इस झगड़े को मिटाया। दो-चार दिनों के बाद जमानत हो गई और हमारे लोगों ने हमें जेल से छुड़ा लिया।

हमारे पास कोई योजना नहीं थी। कार्य आरम्भ किया और उस कार्य को जबरदस्त समर्थन मिलने लगा। लोगों की तीव्रता बढ़ चुकी थी। जेल से बाहर आने पर मैंने क्या किया कि मेरे मस्तिष्क में राजा ढाले था। "मैं उसके पास गया। मैंने अपने लोगों को जेल से मुक्त किया है। यद्यपि तू दलित युवक मोर्चा का कार्यकर्ता है तथापि तुम्हें कुछ तो बोलना ही पडेग़ा। तुम्हारे हाथों से हार पहनाने हैं।" सातरास्ते पर ही हमारा हार पहनाने

का कार्यक्रम सम्पन्न हो गया। फिर भी राजा ढाले हमारे आन्दोलन में शामिल नहीं हो रहा था। हमने क्या निश्चय किया कि 'काला स्वाधीनता दिन' मनाया जाए। राजा ढाले ने 'साधना' पत्रिका में छापने के लिए 'काला स्वाधीनता दिन' शीर्षक लेख लिखा था। यह मेरे आलेख का शीर्षक है। 'काला स्वाधीनता दिन' तुम लोग किस प्रकार मनाते हो ? आदि। राजा ने पूछा। क्या मनाना है वह हम निश्चित करेंगे। हमारा संगठन है। क्या तुम हमारे संगठन में हो? तब तुम्हें बोलना नहीं चाहिए। बाद में राजा ने राष्ट्रध्वज का प्रकरण सामने लाया। 'राष्ट्रध्वज की बात छोड़ो।' आदि। इस कारण 'साधना' के पन्द्रह अगस्त के अंक का (वह विशेषांक था) वह आलेख बहुत विख्यात हो गया हमारी दुर्गाबाई 'साधना' की विश्वस्त (ट्रस्टी) थी। दुर्गाबाई बहुत भड़क गई और उन्होंने झट से ट्रस्टी पद से त्यागपत्र दे दिया और यह प्रकरण बहुत विख्यात हो गया। बाद में समाचार-पत्र में छप गया कि, राजा ढाले के उस आलेख पर मुकदमा दर्ज हो गया है। इस मुकदमे के बाद पन्द्रह अगस्त के दिन हमने काला स्वाधीनता दिन मनाया। उस समय पुणे में विधानसभा का वर्षाकालीन अधिवेशन चल रहा था। तत्कालीन मुख्यमन्त्री वसन्तराव नाईक थे। हमने 'साधना' में एक संगोष्ठी आयोजित की थी। इस संगोष्ठी में पैन्थरवालों ने जाने का निश्चय किया। उस समय राजा ढाले भी आया था। मुम्बई से 'साधना' संगोष्ठी के लिए पैन्थर के तीन हजार लोग आये थे। 'साधना' की संगोष्ठी में तूफ़ान आया। मैं, राजा ढाले, ज. वि. पवार अतिथि थे। 'साधना' की इस संगोष्ठी में ना. ग. गोरे का विशेष भाषण रखा गया था। ना. ग. गोरे मुझसे पहले ही बोल चुके थे। हमारे भाषण अत्यन्त आक्रोश पूर्ण थे। वे हमारा सब कुछ सुन और समझ चुके थे। सारा पैन्थर ही गड़बड़झाला है। उन्होंने कहा कि यह सब कुछ एक्स्ट्रिमिस्ट लोगों की तरह चल रहा है। इसी विषय पर उन्होंने हमारे सामने भाषण झाड़ा कि यह नक्सलवादी लोगों की तरह चल रहा है और नक्सलवाद जनतन्त्र की दृष्टि से कितना भयानक है। ना. ग. गोरे के पश्चात् बोलने के लिए मैं उठा और उनकी पूरी हजामत कर डाली। तो ना. ग. गोरे रोने लगे कि हमने जीवनभर जिसके लिए कार्य किया और यह ..... और उन्हें समझानेवाले बाबा आढाव कह रहे थे, अजी, जाने दीजिए, ये सारे बच्चे हैं, ईमानदार हैं। उनका हृदय ऐसा है, उनका हृदय वैसा है। बाद में हमने शनिवारबाड़े से जुलूस निकाला। उस समय पुणे के ब्राह्मण बिफर गये थे। शनिवार बाड़ेसे ब्राह्मणों की बस्ती से कोई एक बेचारा चड्डी पहना हुआ आर. एस. एस. वाला आया और राष्ट्रध्वज के बारे में कहने लगा। वह ऐसा है, ऐसा नहीं..... और वह लाठी..... और इतने तीन हज़ार लोगों के सामने क्या-कुछ करने लगा। तब पुलिस ने उसे बताया कि देखिए, वे तीन हज़ार लोग हैं, आपका क्रोध हम समझ सकते हैं। आप चुप रहिए। फिर भी वह नहीं सुन रहा था। इन लोगों को इस ओर से जाने नहीं दूँगा, हमारी बस्ती में तो जा ही नहीं पायेंगे। यह सुनकर जुलूस के लड़के और भी ज्यादती करने लगे।

इस प्रकार विचित्र बातें हो गईं। इस प्रकार से हम तीन हज़ार लोग पुणे शहर में गर्जना करते हुए काउन्सिल हॉल में गये। वहाँ जाने पर कुछ लोगों ने अपने विचार रखे।

मैं तो बहुत ही गरम बातें बोल गया कि वसन्तराव नाईक किस प्रकार से मुख्यमन्त्री बना है। फिर उसके लफड़ेपर बातें की, उसका लफड़ा उछाला। सार्वजनिक सभा के मंचों पर इस प्रकार की वह हमारी इन सभी बातें उछालनी नहीं चाहिए, यह हमें पता ही नहीं था। लेकिन मैंने तो ऐसी बातें उछाली थीं। बाद में जुलूस डिसबर्स हो गया। हमारा निवेदन स्वीकार नहीं किया गया और बहुत कुछ हो गया। वहाँ एल. आई. बी. (पुलिस) के लोग थे। उन्होंने वसन्तराव नाईक के बारे में इस प्रकार से कुछ कहने पर उसी जगह मुकदमा दायर किया। जुलूस डिसबर्स हो गया सभी लोग चले गये। मैं खुश था, कैसे मुख्यमन्त्री की ऐसी की तैसी की। लतीफ खाटीक मेरे साथ था। ठीक स्टेशन पर आते ही एक आदमी ने पूछा कि आपकी कोई पुस्तक प्रकाशित हुई है क्या ? वह आगे बोला वाह! कितनी बढ़िया कविताएँ लिखते हो आइए हम कुछ बातें करते हैं। ऐसा कहते-कहते वह आदमी हमें पुलिस स्टेशन ले गया। बैठिए अभी चाय के लिए बोलता हूँ। हमें लगा कि सचमुच कविता के बारे में कुछ चल रहा है। आपका भाषण ग्रेट था, पर मुख्यमन्त्री के बारे में आपने कुछ कहा था, क्या कहा था ? मैंने बताया, कुछ भी नहीं भाई। वह ऐसा-वैसा। उसने बताया कि ऐसे वैसे पर ही मुकदमा दायर हो चुका है। अब हमने आपको बन्दी बनाया है। अब क्या होगा ? सभी लोग तो अपने-अपने घर निकल चुके थे। और हम दोनों ही वहाँ रह गये थे, ठीक हमें ही उन्होंने उठाया और बण्डगार्डन पुलिस स्टेशन मैं फेंक दिया। मेरे साथ मोरेश्वर वाणी नामक दोस्त था। उसने बाबा आढाव के पास जाकर उन्हें सारी बातें बताई। बाद में रात को बाबा आढाव आ गये और ज़मानत पर हमें रिहा करवाया। इस प्रकार हमें पहली बार बन्दी बनाया गया। चौंसठ लोगों के बाद मेरी ज़ाती कैद हुई। 153 ए और अन्य दो-चार धाराओं का मेरी कैद के लिए उपयोग किया गया। इस प्रकरण के बाद राजा ढाले अन्तर्मुख हो गया। उसके बाद भी हमने कुछ सभाएँ आयोजित कीं। हमारी जगह-जगह पर हो रही ये सभाएँ भी विख्यात हो गईं। फिर हम अपना भक्ष्य ढूँढते रहे। उस समय हम बाल ठाकरे जी को मुम्बई का सबसे बड़ा नेता मानते थे। अत्यन्त बलवान हिन्दू नेता के रूप में उनसे हमारा संघर्ष आरम्भ हो गया। चतुर्वर्ण व्यवस्था की ऐसी-वैसी बातें ही हमारे नारे थे। गीता में अमुक-अमुक लिखा है। हम गीता ग्रन्थ का ही दहन कर देंगे। इस प्रकार ऐसा सब कुछ जो कुछ आता है, वही हम सभाओं में भी करने लगे। ऐसी बातों की कोई सीमा भी नहीं थी। उसके बाद बालकों-लड़कों की सभाओं के स्थान पर लाख-लाख लोगों की सभाएँ होने और रातों-रात पूरे शहर में पैन्थर का फैलाव हो गया। लगभग सौ शाखाएँ बन गईं। इस दौरान ही हम पुणे चले गये। उसके बाद राजा ढाले और हमारा समन्वय हो गया और वह भी पैन्थरमय ही

बन गया। पुणे के मोदीखाने में भी हमने लोगों का दिल जीत लिया। लोकनाट्य में जिस प्रकार सवाल-जवाब होते हैं, उसी प्रकार प्रश्नोत्तर होने लगे। अब तक चारों ओर 'दलित पैन्थर' का नाम भी विख्यात हो चुका था। मारामारी भी होने लगी। शिवसेना जैसा संगठन पैन्थर की सभाओं पर हमले करने लगा। वरली में ऐसा हो गया, तो नायगाँव में वैसा हो गया। हमारी हर सभा में मारामारी होने लगी। कोई भी वक्ता कुछ ऐसा बोल देता था कि प्रतिक्रिया के रूप में शेष बहुजन समाज की प्रतिक्रिया दे देता था। सभी ओर के समाचारपत्रों में इन दंगों को प्रसिद्धि प्राप्त होने लगी। पुणे के सवाल-जवाब में हम जीत गये। इसके बाद आठ दिनों तक मोदीखाने में रहे। उस मोदीखाने में गंगाधर जाधव रहा करता था, जिसने बाद में आम्बेडकर नाम का प्रयोग किया। वह अब भारतीय दलित पैन्थर में काम कर रहा है। वहाँ मैं भिक्षुकों-सा था और लोग मेरे लिए रोटी माँग कर लाते थे। वहीं पर पुणे का अनिल काम्बले नाम का रिक्शा चलानेवाला आदमी रहा करता था। वह बड़ा अच्छा खिलाड़ी भी था। वह हमारी इन सभी बातें से उत्साहित हो गया था। सभी लोगों में उत्साह था। वह इन्हीं लोगों में से एक था। उसने मुझसे पूछा कि, आप बौद्ध विहार में क्यों रहते हो ? ''आप मेरे घर चलिए। मैं पैन्थर बन गया हूँ।'' उसके घर जाने पर उसने मुझसे भाई जैसा व्यवहार किया। बाद के तीन महीनों में पुणे में दलित पैन्थर का संगठन मजबूत हो गया। पुणे के अरुण काम्बले और मैंने पुणे के लिए बहुत परिश्रम किया। इसी के बाद हमारा पुणे का संगठन बड़ा हो गया।

बाद में मैं तथा अरुण काम्बले, चन्द्रकान्त काले, राम आटले, तात्या खरात, सदा भोसले आदि पुणे के लोगों को लेकर हम नासिक चले गये। नासिक को जाते समय इगतपुरी नामक स्थान पर बड़ी मारामारी हो गई। इगतपुरी में आलू-बड़े लुटने का समाचार प्रसिद्ध हो गया। देखिए, नासिक में भी प्रश्नोत्तर का कार्यक्रम हो गया। नासिक में हमारा बहुत बड़ा स्वागत किया गया। आसपास के देहातों से हज़ारों की संख्या में लोग जाने कहाँ-कहाँ से इकट्ठे हो गये थे। हमारी प्रशंसा का तो कोई अन्त ही नहीं था। साठ-साठ, सत्तर-सत्तर वर्ष के बड़े-बूढ़े लोग आ-आकर राजा ढाले के चरणों का स्पर्श करते थे। राजा ढाले एम. ए. उत्तीर्ण है। वह साहित्य क्षेत्र की महान् हस्ती है। वह सभी वक्ताओं के अन्त में भाषण करता था। उससे पहले मैं बोला करता था। मुझसे पहले भाई संगारे, भाई संगारे से पहले अविनाश महातेकर, महातेकर से पहले ज. वि. पवार इस तरह हम पाँच लोग भाषण करते थे। भाषण करते समय 'पण्ढरपुर स्थित मन्दिर के खम्भों पर बौद्ध नक्काशी किस तरह थी', 'उन पर चाँदी या लोहे की चादरों का काम किया गया है।' 'इन चादरों के नीचे इस प्रकार की नक्काशी थी।' बातें निकलती थीं। इस तरह से लोगों का तनाव बढ़ जाता तो उसे नीचे लाने का काम राजा ढाले करता था। पण्ढरपुर का मन्दिर पहले बौद्ध मन्दिर था, यह जानकारी लोगों के लिए विस्मय और थ्रिल का विषय था।

बाद में नासिक में भी हमने लोगों के दिलों को जीत लिया।

अन्त में आम चुनाव हो गये। मेरा अनुमान है कि आर. डी. भण्डारे की सीट थी। इस सीट के लिए रोज़ा देशपाण्डे (कम्युनिस्ट) और जनसंघ की ओर से वसन्त कुमार पण्डित खड़े हुए थे। जहाँ-तहाँ हमारे पैन्थर का बोलबाला हो चुका था। जिस स्थान पर हमारी सभा होती थी, उसी स्थान पर दूसरे दिन हम पर मुकदमा दायर किया जाता था। 153 ए धारा आपत्तिजनक भाषण के लिए अथवा दंगा भडकाने के लिए लगाई जाती थी। हम पर मुम्बई में सौ सभाओं के सौ मुकदमे दायर होते थे। बिना किसी ठोस कारण के कोर्ट-कचहरी के चक्कर शुरू हो गये। इस प्रकार मैं अनेक स्थानों पर वाण्टेड़ था। मैंने इस बात की चिन्ता नहीं की। मुकदमा दायर होने पर जाता नहीं था और सिर्फ सभा के समय वहीं पहुँच जाता था। तब पुलिस हमें हाथ तक नहीं लगा सकती थी। मेरी हमेशा ऐसी ही तकनीक रहती थी। पुलिस क्रोधित हुई थी कि यही सबसे गन्दा बोलता है, हैरान करता है और ढूँढ़ने पर भी मिलता नहीं है यानी कि सारे अधिकारी हिन्दू थे। इनके चेम्बूर की ही मिसाल देता हूँ, सुरेश मथुरे आज बहुत बड़ा अधिकारी हो चुका है। वह उस समय कनिष्ठ निरीक्षक था। वह पोलिटिकल ब्राँच में काम करता था। ''क्या, तुम लोग हमारे धर्मग्रन्थ जलाते हो ? हरामखोरों तुम्हें देख लूँगा।'' वह इसी तरह कुछ भी बोल देता था। तब मैं कहता था, ''मिस्टर मथुरे, आपने पोलिटिकल एक्शन ली है और इस तरह से गालियाँ दी तो यहीं हमारी आपकी मार-कुटाई हो जाएगी। मैं बिलकुल डरता नहीं। आप अपना काम कीजिए। हमने अपना काम कर दिया है।'' उन्होंने पैन्थर के बारे में दूसरी नीति अपनाई थी, 253 ए यह बेलेबल अपराध है। इस अपराध में ज़मानत मिल सकती है। उन्होंने चतुराई की कि शनिवार को बन्दी बनाते थे और रविवार को कैद में रखते। सोमवार या मंगलवार के दिन छोड़ देते थे। उनके पास पुलिस होते हैं। न्याय व्यवस्था होती है। उनके पास मानव बल होता है। उनके पास आय के साधन होते हैं हम तो अन्धेपन से जैसे दो गुण्डों की ठुकाई में करते हैं ठीक वैसा ही वे करते थे। इतना ही सीधा-सा समीकरण हमारे दिगाम में था। मैंने चुनाव के समय विरोध किया, तो राजा ढाले ने कहा कि इसे टालना होगा। उन्होंने सब कुछ निश्चित किया था। एक ओर हम वरली में बहिष्कार करेंगे और दूसरी ओर ढाले ने दूसरी बहस आरम्भ की। मुझ पर ज. वि. पवार का हमेशा से भरोसा था। मुझे हमेशा दम्भी लोगों से चिढ़ थी। इस ब्रारे में मैंने अविनाश महातेकर को दो-चार बार सीधा किया था। उसके एक प्रेम-प्रकरण के बारे में मैंने कुछ कहा था। तो इस प्रकरण से मुझे दूर रखा गया। उसका क्या हुआ मैं नहीं जानता। उनके कस्मे-वादे हो चुके थे और राजा ढाले ने मेरे पीठ-पीछे मेरी आलोचना शुरू की। तब भी मुझे सीधे चुनौती देने की ताकत राजा में नहीं थी। पर राजा का मुझसे स्नेह भी उसी मात्रा में था और वह लोगों से कहता था कि ''यह हमारे सब में ग्रेट कवि है। कवि लोग कुछ

नटखट होते हैं। कवि लोग अमुक होते हैं।'' इस तरह से वह हमेशा कुछ-न-कुछ कहते रहता था। हमेशा किताबों में पड़ेरहना और स्वयं को अत्यन्त विद्वान मानना भी चल रहा था। वह लोगों के सामने इसी विद्वत्ता का प्रदर्शन करता था।

हमारा बहुत बड़ा विश्व निर्माण हो चुका था। हिमारे पास किसी भी तरह के संसाधन नहीं थे, किसी तरह की राजनीतिक विरासत नहीं थी, किसी तरह का अनुभव न होते हुए भी ज्वलन्त समस्या पर हमने केवल मुँह खोला तो इतना बड़ा विस्फोट हो गया और सबसे अधिक महत्त्वपूर्ण बिन्दु है वरली के दंगा का। इस चुनाव के बहाने इन सभी लोगों की बहस हो चुकी थी। इस प्रकार का प्रबन्ध भी किया गया था। किन्तु हमें इस बात का कुछ भी बुरा नहीं लगता था। बाहर हों तो भी क्या और अन्दर हों तो भी क्या, यही हमारी स्थिति थी। लेकिन जो सरकारी नौकरी करते थे, उन पर बहुत बड़ी दहशत थी। यह प्रकरण इतना बढ़ गया कि उसकी कोई सीमा ही नहीं रही। रजनी पटेल मुम्बई प्रदेश काँग्रेस का अध्यक्ष और काकासाहब मेंगदे सचिव था। ये लोग इतने चतुर थे कि उन्होंने दलित पैन्थर की मदद लेने की होशियारी की। तब तक हमने फैसला किया कि, गाँवों-देहातों में दलितों पर हो रहे अन्याय-अत्याचार के विरुद्ध उन्हें न्याय दिलाने के लिए चुनाव योग्य ज़रिया नहीं है। क्योंकि इन चुनावों के ज़रिये हमारे प्रतिनिधि नहीं चुने जा सकते। इसका कारण यह है कि हमारा मानव बल टूटा हुआ है और इसी कारण हम चुनाव का बहिष्कार करेंगे और अपनी अहमियत का पता देंगे। यह निर्णय सार्वमत से लिया गया था और इसके अनुसार वरली के चुनावों का बहिष्कार करना निश्चित हो चुका था। इसका मसौदा बनाने का काम राजा ढाले को दिया गया। उन्होंने एक निवेदनपरक मसौदा बनाया। हमने किसी प्रकार से उस मसौदे को मस्ती से छपवाया। इतना कुछ हो गया और इसी बीच डॉक्टर बनसोडे और प्रेमानन्द आवले ढाले की ओर गये और उन्होंने कहा कि, आपको काकासाहब मेंगदे ने बुलाया है। मेंगदे काँग्रेस के एक बड़े नेता और बड़े वकील भी थे। उन्हें कम्युनिस्ट आन्दोलन की पृष्ठभूमि भी मिली थी। बाद में उनकी बैठक हुई। ''यदि आपको अस्पृश्यता के विरोध में काम करना है, तो अलग ढंग से काम कीजिए। सत्ताधारी काँग्रेस पार्टी दलितों के विरोध में नहीं है। आपको सहायता करने की ही हमारी मंशा है। आप लोगों पर दायर हुए मुकदमे वापस ले लेंगे। आप सिर्फ हमें चुनाव में सहायता कीजिए।'' इस तरह की वह पहली बैठक थी। इस बैठक के पश्चात् ढाले और अन्य लोगों ने कहा कि यह काम नामदेव ढसाल के बिना नहीं हो सकता। बारगेनिंग करने के लिए या कुछ बोलने के लिए नामदेव ढसाल ही चाहिए। इसलिए सारे लोग मेरे पास आ गए। उस समय मैं पूरा सरकार विरोधी था। मैंने कहा ''आप जो कुछ कर रहे हो, बहुत बुरा कर रहे हो। इस काम से हम सभी खत्म हो जायेंगे। तो लोगों ने मुझसे मीठी-मीठी बातें कर दूसरी बैठक में मुझे ले गये। वहाँ मैंने उन लोगों के मत के विपरीत काकासाहेब

मेंगदे को ही पट्टी पढ़ाई। मैंने कहा, ''काका, आपने कम्युनिस्ट पार्टी त्याग दी और काँग्रेस में चले गये, आपकी राजनीतिक यात्रा सफल हो, किन्तु हम अस्पृश्यता पर काम कर रहे हैं। हमें इस पाप में क्यों खींच रहे हैं?'', ''नहीं, नहीं, नहीं। तुम जैसा समझते हो, वैसा कुछ भी नहीं है।'' राजा ढाले ने मेरी छवि किस प्रकार बनाई थी उसे एक बुरी आदत थी, वह हमेशा हर किसी को कहता रहता कि ''मुझमें इस बात की कमी है, इस बात की खामी है। यह ऐसे, तो वह वैसे।'' उस समय मैं सभी व्यसनों का अधिपति ही था। देसी शराब हो या और कुछ हो, पीने के बाद चरस उस पर कोकिन के पत्ते। इस प्रकार के मेरे व्यसन जारी थे। कामाठीपुरा, कम्पनी, मेरा उपदंश और व्हीडी - ये सब मेरे लिए काफ़ी मजेदार थे। किन्तु क्या राजा ढाले एक ही रात में सज्जन हुआ प्राणी था ? यह ढाले हेलन की तस्वीर देखकर हस्तमैथुन करनेवाले लोगों में से एक था! देसी शराब और किसी अन्य व्यसन का विधि-निषेध न रखनेवाले ये पशु। वह हमारे आन्दोलन में आने के बाद पूर्णत: पवित्र मानव की तरह बरतने लगा था। स्वयं को व्यसनहीन साबित करने लगा था। मैं बहुत बड़ा विद्वान हूँ, इस प्रकार उसका भाषण शुरू हो जाता था और चार लोगों के इकट्ठे होने पर कहता था, ''अबे नाम्या, तू उस औरत के पास गया था ना भड़वे ? तुम साले लोग नहीं सुधरोगे।'' अब यह सब इज्ज़त का फालूदा ही होता था। पाँच-पच्चीस लोग बड़ी आशा से इकट्ठे हुए और ''नामदेव ढसाल अच्छा वक्ता या भाई संगारे ग्रेट'', उनमें भी राजा ढाले झट से कुछ बोल देता था। अब यह चुनावों के बारे में कुछ शुरु हो गया, तो इन तीनों ने फैसला किया कि इस व्यवहार में नामदेव को सम्मिलित नहीं करेंगे। ''इस नाम्या का बहुत भयानक है...... आदि, आदि...।'' इससे कुछ भी पता न चले। पर मुझे तो सरकार विरोधी तार तो मिल ही जाते थे। मैं खुद पागलों जैसा डाँटता था।

मुझे अभी भी एक प्रसंग याद है। हमने एक जुलूस निकाला था। वह जुलूस वसन्तराव नाईक के सामने गया। तब वसन्तराव नाईक ने कहा था कि ''अरे, अरे, अरे, आप सिरफिरे जैसा क्या कर रहे हो। आपको क्या चाहिए, मुझे बताइए?'' तब मैंने साफ किया कि ''मुझे कुछ नहीं चाहिए। मैं सिर्फ इतना चाहता हूँ कि विधानसभा भवन को बारूद से उड़ा दूँ।'' यह बात कितनी बचकानी थी। नाईक अपना चिरूट पीते हुए मुस्कराते थे। हमें उस समय ऐसे मुस्कराने का मतलब समझ में नहीं आता था। राज्यशक्ति कितनी बलवान होती है, उसके पास फ़ौज होती है, पुलिस होती है। एक दिन राजा ढाले आया। उसने मुझसे उसके साथ चलने के लिए कहा। ''तू क्या करता है, अबे साले'' इस तरह हँसते हुए अपनी दोस्ती जगाने की उसकी जो शैली है, उस शैली से उसने मुझे साथ ले लिया। वह हमारा नेता रहा। हम उसके नेता। हम बैठ गये उसके साथ और वह मुझे लेकर तिलक भवन में पहुँचा। मेरे खय़ाल से उस समय शरद पवार काँग्रेसपार्टी के सचिव थे। वे राज्य के गृहमन्त्री भी थे। उस समय हमारे पैन्थर की चरम लोकप्रियता के समय तो वह

बोले, ''चल, हमें शरद पवार ने बुलाया है, तुझे आना ही होगा।'' ज. वि. पवार, मैं, ढाले साथ थे, लेकिन मुझे सन्देह है कि ज. वि. था या नहीं। किन्तु ढाले मुझे ले गया। भाई संगारे साथ में था। तो हम उसके साथ चले गये। उस समय हम बड़े हीरो थे। महारों और मातंगों के नेता। 'अत्यन्त खतरनाक और अतिवादी लोग।' इसी प्रकार हमारी छवि बन गई थी। 'पूर्ण अर्थ से हम दलित साहित्य के लोग हैं आदि..आदि।' 'नई बातों को मानने वाले लोग हैं।' फिर क्या था, हम तिलक भवन में पहुँच गये। वहाँ पहुँचने के उपरान्त राजा ढाले ने मुझे बाहर ही छोड़ा। स्वयं अकेला ही शरद पवार से मिलने के लिए उसके कक्ष में चला गया। हमें साथ में नहीं लिया। किन्तु इस मुलाकात में कुछ पैसों का लेन-देन अवश्य हो चुका था, मेरे ऐसे कहने में कोई अतिशयोक्ति नहीं हो सकती। मैंने राजा ढाले से पूछा, ''क्यों रे, अन्दर किस लिए गया था ?'' तो राजा ढाले ने जवाब दिया, ''शरद पवार ने हमें बुलाया था, हम पर दायर मुकदमें हटाने हैं। आदि। मुकदमें हटाने में तुझे क्या आपत्ति हो सकती है, आदि'' और मुझे जो कुछ समझना था, वह मैं समझ गया। फिर मैं अकेला ही था उस प्रकरण में वे मेजॉरिटी में थे। हम पाँच नेता थे। पाँच में से चार उसकी ओर थे। मैं तो अकेला ही था। किन्तु तेरह में से शेष सारे निकल चुके थे।

हमारे अगले कोलाहल में, संगठन बढ़ाने के कोलाहल में उमाकान्त रणधीर हमारे साथ नहीं था। वह कभी-कभी हमारे भाषण सुनने आया करता था। बाद में हममें से कसबे निकल गया, खरात निकल गया। बाद में रामदास सरोटे निकल गया। बीच-बीच में प्रह्लाद चेन्दवणकर और अर्जुन डांगले जानबूझकर आते थे। किन्तु राजा ढाले अपने से कम साहित्यिक मूल्योंवाले लोगों से ही मित्रता करते थे। इसी कारण अर्जुन डांगले और प्रह्लाद चेन्दवणकर को हमारे मंच पर विशेष स्थान नहीं था। किन्तु अर्जुन डांगले और अन्य लोगों से मेरी मित्रता थी। इसका कारण यह था कि मैं किसी से द्वेष नहीं करता था। पहले से ही मुझे लोगों को इकट्ठा करने, उनसे सम्भाषण करने आदि में अत्यधिक रुचि थी। इसलिए हमारी निकोप मित्रता अन्य शेष लोगों से थी और अन्य लोगों से निकोप संवाद था।

मेरे मस्तिष्क में ऐसा कभी नहीं था कि तुम्हारा साहित्यिक मूल्य कम है, इस कारण तुमसे कम बोलूँगा या तुमसे मित्रता ही नहीं करूँगा। इसी कारण उस समय भी अन्य लोग मेरे मित्र थे। किन्तु अर्जुन डांगले और प्रह्लाद चेन्दवणकर अधिक सम्पर्क में थे। तो वहाँ से वापस आने पर चार जनवरी का बहिष्कार। चुनावों पर, देहात के लोगों का आप बहिष्कार करते हो, तो हम चुनावों का बहिष्कार करेंगे। मुझे याद आता है कि जनवरी 1974 की बात है। चार या दस तारीख होगी। उसके बाद यह सभा हुई। इस सभा में मैं 'मोस्ट वाण्टेड' ही था। इस सभा में आने से पूर्व ही दो-चार पुलिस स्टेशन के वॉरण्ट थे। पहला चेम्बूर पुलिस स्टेशन का वॉरण्ट था, दूसरा भोईवाडा पुलिस स्टेशन का था, तो तीसरा

वॉरण्ट विक्रोली का था। मैं पुलिस स्टेशन गया ही नहीं। मेरे नाम पर मुकदमे दायर हो गये थे। मेरे पास अनेक बार पुलिस आयी। किन्तु मैं उन्हें धोखा देकर चम्पत हो गया। इस तरह सब कुछ हो गया। बाद में पम्प्लेट छपवाये। फिर जल्दी से पैसे इकट्ठा कर लिये। पहले से ही पैन्थर के लिए पैसों की तंगी थी। क्योंकि हमारी सदस्यता ही नहीं थी। हम कभी डिब्बे घुमा कर, पत्रिका छपवाकर कुछ पैसे प्राप्त करते थे। लोग दान देते थे। इन्हीं पैसों से हमारा सब कुछ चलता था।

मजे की बात है कि ये अचानक पैसे मिलना शुरू हो गया। छपे हुए पम्प्लेट्स भी मिल गये। बाद में जोरदार मंच भी बनवाया गया। मुझे थोड़ी-सी शंका हुई कि साला दाल में कुछ तो काला है। मैंने बोलना शुरू किया तो ये तीनों-चारों सारा राज़ छिपाने लगे थे। इनमें से किसी की भी हिम्मत नहीं होती थी क्योंकि काँग्रेसवालों से पैसे लेकर सभा का आयोजन किया था। हमारी सभा..... इस सभा में मैं द्वितीय श्रेणी का वक्ता था। उस सभा में एक और मजे की बात हो गई। थत्ते नामक जो बूढ़ा है, जिसने विजय तेन्दुलकर को लाठी से पीटा था वही करतारसिंग थत्ते, पैन्थर का बोलबाला सुनकर, हिन्दू देवताओं को दी जाने वाली गालियाँ आदि सुनकर वह हमारी ही सभा में मंच पर आकर विराजमान हो गया। बिना किसी से पूछे तब हमारे लड़कों ने कहा कि "यह साला करतारसिंग थत्ते है क्या ? बुड्ढे को, साले को अभी पहुँचा देते हैं, आदि आदि।" अब तो यह सब शुरू हो चुका था। हमने कहा, "बच्चों, वह बेचारा कुछ नहीं कर रहा है, तो हम भी कुछ नहीं करेंगे।" किन्तु उस बुड्ढे ने कहा, 'आप बहुत अच्छा काम कर रहे हो। मुझे सिर्फ दो मिनट दो। मैं आपको दान घोषित करना चाहता हूँ।" अब इतना मीठा बोल रहा है, बुड्ढा है इस कारण किसी ने उसका अपमान नहीं किया। उसे भी आदरपूर्वक बैठाया।

इसी बीच अनिल बर्वे का प्रकरण विख्यात हो गया था। उसे नक्सलवादी मानकर कैद किया गया था और वह अभी-अभी जेल से छूटकर बाहर आ गया था। मैं हमेशा पुणे में ही रहता था। तब अनिल बर्वे और मेरी जेल से छूटने पर पहचान हो गई। पेड़े आदि बाँटे। इसी समय मैंने मार्क्स, लेनिन आदि को पढ़ना शुरू किया था। मार्क्सवाद क्या है ? यह सब उस पैन्थर के चरम आन्दोलन के समय हो रहा था। हमारे सभी जुलुसों के समय बाबा आढाव दलित पैन्थर के प्रत्येक उपक्रम में उपस्थित होते थे। वे मेरी माँ के पास कामाठीपुरा में आते थे। "क्या सालुबाई, आपका बेटा अमुक है, ग्रेट है।" आदि और बाबा आढाव का बोलना अत्यन्त स्नेहपूर्ण था। लेकिन उनकी विचारधारा अलग थी। बाबा आढाव हमारी पुस्तकों से प्रसन्न थे। तकिये के स्थान पर 'गोलपिठा' लेकर सोते थे, ऐसा कहना भी अतिशयोक्ति न होगी। बाबा आढाव का इतना अधिक स्नेह मुझ पर था। राजा ढाले से भी हमेशा सम्पर्क में रहते थे। हुसेन दलवाई आदि से भी उनका सम्पर्क था। ये उनके उस समय के सलाहकार थे। हमें हुसेन से चिढ़ ही थी। क्योंकि हम श्रमिक

मोर्चा में थे।

मैं समाजवादी पार्टी में था, कमलाकर सुभेदार पार्टी का था। इस कारण हमें अन्य लोगों का कोई भी मोल ही नहीं था। फिर राजा ढाले समाजवादी लोगों द्वारा धीरे-धीरे सम्पूर्ण रीति से खींचा गया। यह सब कुछ इसी पृष्ठभूमि पर हो गया। वरली का दंगा काण्ड हुआ। हमारी सभा विख्यात हो गई। मैं इधर से अनिल बर्वे को लेकर गया था। अनिल बर्वे 'रणांगण' नामक पत्रिका चलाता था। उस समय वह अमर शेख का जमाई बना था। उसने कहा, "मुझे ज़रा सनसनी चाहिए नाम्या, मैं तेरी सभा में आता हूँ।" ऐसा कहकर वह सभा में आया था। मेरे वहाँ जाते ही मुझे पकड़ने के लिए पुलिस आई थी। तब राजा ढाले ने कहा कि "मैं वहाँ जाता हूँ", क्योंकि शेष लोग वहीं थे। एक ही समय में दो-तीन पुलिस स्टेशन में जाना यानी आठ-दस दिन व्यर्थ चले जायेंगे। इस पुलिस स्टेशन में जमानत दो, उस पुलिस स्टेशन में जमानत दो। ऐसा करते-करते मैं राजा ढाले से पूर्व भाषण के लिए खड़ा हो गया। मैंने अपने भाषण में कहा कि "इस देश के लोग ऐसे होते हैं कि दाढ़ी बढ़ाते हैं। इनके बापदादा हिमालय में जाकर दूसरा वेश धारण करते हैं।" मैं कुछ इसी तरह का भयानक बोल गया। किन्तु मेरे भाषण के समय मारामारी नहीं हुई। उस समय वरली में दलित पैन्थर और इधर यह सब चल रहा था। उस सभा स्थान के मैदान में तनाव उत्पन्न हो गया। मैं अपना भाषण समाप्त होते ही वहाँ से रफूचक्कर हो गया। मेरे बाद अनिल बर्वे का भी भाषण हो गया। अन्तिम वक्ता के रूप में राजा ढाले था। राजा ढाले का भाषण शुरू होते ही भयानक पथराव भी शुरू हो गया। मैंने पुलिस से बचने के लिए अनिल बर्वे से कहा कि, 'मैं तुम्हारे ही घर जाऊँगा।' बाद में मैं उसके साथ यहाँ आ गया। उस रात ससुराल में ही नींद ली। रात को ही मैंने सात-आठ लोगों से कहा था कि "कुछ भी घटित हुआ तो, मुझे सूचित किया जाये।" रात के ठीक ढ़ाई-तीन बजे मुझे सूचित करने के लिए लोग आ गये। भाई संगारे ने बताया कि "रात में सभा के अन्तिम वक्ता के रूप में राजा ढाले था और मारामारी हो गई। राजा ढाले को कैद किया गया है और उधर अभी भी मारामारी चल रही है।" हमारे वहाँ पहुँचने से पूर्व ही राजा ढाले को दूसरी जगह ले जाया गया था। हम रात के ढ़ाई-तीन बजे वहाँ पहुँच गये। किन्तु मैं उस कार्रवाई से इतना क्रोधित हुआ था कि "साला मारामारी का अपना अवसर चला गया है।" बाद में पुलिस ने राजा ढाले को बहुत मारा। उस समय मैं उसके साथ नहीं था। उस मार को विस्तृत रूप में नहीं बता सकता। किन्तु राजा के सिर में ज़ख्म हो चुका था। छोटी उँगली को भी चोट लगी थी और भी बहुत कुछ हो चुका था। उसे कोर्ट में ले जाया गया। हम रात में ही सभा-स्थान पर पहुँचे। हमने देखा कि लोगों को बुरी तरह से पीटा गया था। अब मुझसे रहा न गया। मैं सुबह के चार-पाँच बजे फिर से वहाँ गया और मैंने उस मैदान पर जितने भी राजनीतिक पार्टियों के बूथ थे, उन सभी बूथों को जला डाला और चुपचाप

वापस आ गया।

इस घटना के बाद हम किसी गुप्त जगह पर इकट्ठा हो गये। इस गुप्त बैठक में मेरा साडू भी उपस्थित था। उसका तबादला अभी-अभी हुआ था। मुझे वह क्रान्तिकारी लगता था। हमारी गुप्त बैठक शिवड़ी कैम्प में हुई थी। वहाँ हमने निश्चय किया कि यदि राजा ढाले को मुक्त नहीं किया गया, तो इस कैद के निषेध में बहुत बड़ा जुलूस निकालेंगे। इसके बाद हम सभी को वॉण्टेड घोषित किया गया। इस सभा में जितने भी लोग थे, उन सभी लोगों पर मुकदमे दायर किये गये। किन्तु उनके हाथ केवल राजा ढाले आ गया था। इसके उपरान्त मैं, भाई संगारे, ज. वि. पवार आदि बाहर ही रहे। हमने बाहर से ही दस जनवरी के जुलूस का आयोजन किया। बाद में हमारी भागम-भाग शुरू हो गई। वह जुलूस नायगाँव से प्रारम्भ किया गया। नायगाँव से जुलूस शुरू होते ही जितने भी वॉण्टेड लोग थे, वे सारे इकट्ठे होने लगे। नायगाँव में जुलूस निकालने का काम अर्जुन डांगले ने बड़ी मेहनत से किया था। प्रह्लाद चेन्दवणकर और शेष हम लोग बाहर थे। इन लोगों ने पोस्टर चिपकाने का काम किया। मैं बाद में परेल के नये पुल के पास स्थित हिन्दमाता सिनेमा के पास जुलूस में शामिल हो गया। जुलूस बहुत बड़ा था। हमने जो कुछ भी किया, उसमें राजनीति नहीं थी। सरकार अत्यन्त जातिवादी है। उस सभा में जितने भी भाषण हुए, सभी सरकार के विरोधी हुए थे। राजा ढाले ने शरद पवार से जो कुछ कमिटमेंट किया था, सब कुछ उस कमिटमेंट के विपरीत ही हुआ था। उसका कारण हमने जो कहा था, हमने जो स्वर उठाया था, वही था। यह सब अविनाश महातेकर, भाई संगारे और मेरे कारण साथ ही राजा ढाले के कारण ही हो गया था। आगे राजा ढाले ने बोलना आरम्भ किया। उसे हम लोगों अधिक अच्छा बोलना होगा। किन्तु उसका कहना था कि वह पहले सभा के अन्य वक्ताओं को सुनेगा। उस समय दादासाहेब रूपवते मन्त्री थे और उनके कुछ सहायक चोरी से सभा-स्थान पर पहुँचे थे ताकि हमारे भाषण सुन सके। ठीक उसी समय सारे भाषण सरकार के विरोधी हो चुके थे। शिवसेना और अन्य सभी कार्यकर्ताओं को मारने की क्रिया उस सभा में पूरी हो गई। बाद में वह मारामारी हो गई और राजा ढाले अकेला ही मिल गया। पुलिस ने राजा को बड़ी बेरहमी से पीटा और कैद भी कर लिया। फिर बहुत बड़ा दंगा हो गया। दंगा शुरू हो गया।

दस जनवरी का जुलूस आयोजित किया गया। वह जुलूस शुरू हो गया। जुलूस को आगे नहीं लाना चाहिए था। किन्तु आगे आ गया क्योंकि वह शिवसेना का अभेद्य किला था। परेल से लेकर लालबाग तक शिवसेना की बहुत बड़ी शक्ति थी। हमें लगा कि हमें कोई भी नहीं रोक सकता। ऐसे में पुलिस ने बड़ी चतुरता दिखाई। पुलिस ने हमारे जुलूस में ही कुछ अपने लोग सम्मिलित किये थे। वह आठ-दस हज़ार लोगों का जुलूस अत्यन्त प्रक्षोभक था। भयानक तनाव था। बहुत बड़ी संख्या में लोग एकत्रित हुए थे। सिग्नल पार

कर जुलूस ठीक इससे आगे आ गया। यह जुलूस के. ई. एम. अस्पताल के सम्मुख प्रमुख मार्ग आम्बेडकर रोड के पास था। वहीं से मारामारी आरम्भ हो गई। बाद में उसी जगह भागवत जाधव नामक हमारा कार्यकर्ता शहीद हो गया। मेरे हाथों में बड़ा-सा बाँस था। लतीफ खाटिक के हाथों में कुछ भी नहीं था। फिर भी लतीफ खाटिक बहुत क्षुब्ध हो चुका था। जैसे-जैसे शिवसेना का इलाका आता गया, वैसे-वैसे तनाव बढ़ता गया। पुलिस ने अपने जवानों की तीन टुकड़ियाँ बनाईं। उस ओर से हम सब पर भयानक पथराव आरम्भ हो गया। उस ओर बण्डू शिंगरे ने पथराव किया। पथराव का समाचार हमें बाद में पता चला। मैंने कहा, उस टापू से ही जुलूस को आगे बढ़ाओ किन्तु कार्यकर्ता ठीक मेरे आदेश के विपरीत किनारे से निकल पडे। जुलूस किनारे से निकल पड़ा और पथराव आरम्भ हो गया।

हमने निश्चय किया कि, चाहे जो हो, जुलूस तो इसी रास्ते आगे जायेगा। जान-माल को नुकसान न हो इसलिए टापू से होकर ही जायेगा। हमारे जुलूस की रक्षा करने का काम पुलिस का है। किन्तु इसका विचार कौन करे ? वहाँ सब कुछ बिखरने लगा और हमारे जुलूस के लोग चॉल में घुसने लगे। मेरे हाथों में बाँस था, पर मैं अकेला कितने लोगों को सम्भाल पाता ? मात्र हम पाँच लोग ही जूलूस के प्रमुख थे। हम पाँचों अलग-अलग स्थान पर थे। उन लोगों को समझा रहे थे। कोई भी सुन नहीं रहा था। जैसे प्रचण्ड युद्ध आरम्भ हो चुका था। शायद महाभारत के युद्ध में कुरुक्षेत्र के रणक्षेत्र ही हुआ होगा। वह लड़का (भागवत जाधव) हमसे कुछ पन्द्रह-बीस फीट के अन्तर से चल रहा था। वह लड़का हमारी पैन्थर की सभाओं में आया करता था। उसे भी कुछ हो रहा होगा। वह हमारे कार्यकर्ता ज. वि. पवार का रिश्तेदार था। उसी लड़के के सिर पर किसी ने बड़ा-सा पत्थर या शिला फेंक दी। मैं इसी प्रकार झुककर देखने लगा, मुझमें और उसमें पन्द्रह-बीस फीट का फासला होगा। देखा तो वह पत्थर ठीक उस लड़के के सिर पर गिर गया और वह वहीं बेहोश हो गया। उस लड़के के भाई ने उसे उठाकर चलाने की कोशिश की, पर उसी समय पुलिस ने पूरे जुलूस पर लाठियाँ भाँजना शुरू किया। हज़ारों लोग अपने बाल-बच्चे, चप्पल-जूते वहीं छोड़कर अपनी जान बचाने के लिए जिधर रास्ता दिखा उधर भागने लगे। किन्तु हम मैदान छोड़कर भागने वालों में नहीं थे। हममें से अविनाश महातेकर और भाटेकर तो भाग गये। किन्तु मैं, भाई संगारे, ज. वि. पवार, लतीफ खाटिक और प्रह्लाद चेन्दवणकर वहीं गम्भीरता से खड़ेरहे। जब मैं पुलिस के आदेश मानने से इन्कार कर रहा था, तभी बलसारा नामक पुलिस अफसर मेरी ओर लपका। उसके हाथ में शीशम की लकड़ी से बना डण्डा था। वह आकर चिल्लाने लगा, 'नामदेव, नामदेव!' किन्तु हम भी अपने आपे से बाहर हो चुके थे। मैं भी चिढ़ गया था क्योंकि, हमें यह सब कुछ छोड़कर मारामारी में जाने क्या ज़रूरत है ? वहीं के निवासी होने से सभी

ओर उन्हीं लोगों का कब्जा था। उनके पास सारे संसाधन थे और हमारे पास साधनों के रूप में केवल बाँस थे तथा हमने इस प्रकार की आपदा के लिए कोई विशेष योजना नहीं बनाई थी। ऐसे में उस ओर किस प्रकार जा सकते हैं ? लेकिन मेरी सुनता कौन ?

मेरी दशा तो ऐसी थी कि मैंने कहा मैं जाऊँगा नहीं। किन्तु स्थिति इतनी भयानक बन चुकी थी कि, वह मेरे वश में ही नहीं थी। मैं पुलिस का कहना नहीं मान रहा हूँ, यह जानकर उस ए. सी. पी. (बलसारा) ने शीशम के डण्डे से मुझ पर ऐसा भरपूर वार किया कि उसके दो टुकड़ेहो गये। उसने एक ही भरपूर प्रहार इस प्रकार लगाया कि आज भी दर्द होता है। उस घटना को कितने वर्ष हो गये ? 1974 से 1984 तक दस वर्ष हो गये। अभी भी वह दर्द जैसे का तैसा है। वह वार मुझे इतनी जोर से लगा कि मैं ज़िन्दा हूँ या मुर्दा हूँ समझ में नहीं आ रहा था। मेरे मस्तिष्क को भी बहुत बड़ा झटका लग गया। उस समय मेरे हाथ में पकड़ा हुआ बाँस अपने-आप ही गिर गया। उस पुलिस अफसर ने मुझे बड़ी शान्ति से उठा लिया। ज. वि. पवार और भाई संगारे को पहले ही गाड़ी में बैठा दिया गया था, उस जुलूस के बारे में कुछ पूछना है, इस प्रकार से मीठा बोलकर, उन्हें फँसाया गया था। आखिर सिर्फ मैं शेष रह गया था। मुझे उठाकर गाड़ी में बैठाया गया। मुझसे पहले ही ज. वि. पवार और भाई संगारे को घेर लिया था और पाँच-छः पुलिस लतीफ खाटिक को तो मारते हुए ले आये थे। जिस प्रकार ढोल बजाते हैं, ठीक उसी प्रकार लतीफ खाटिक को मारा जा रहा था। बाद में हमें पुलिस चौकी ले जाया गया और हमें क़ैद कर लिया गया।

हम चार नेता और हमारे एक सौ चौंसठ लोगों को गिरफ्तार किया गया था। गिरफ्तारी के बाद मुझे ज. वि.पवार और भाई संगारे के साथ एक ही कमरे में रखा गया था। अब यह जिज्ञासा थी कि पुलिस क्या करती है। जब कोई भयानक तनाव की स्थिति होती है, तो पुलिस अपने परिचय चिह्न और नामपट्ट निकलकर रखती है, ताकि मार खानेवाले को मारनेवाले का नाम पता न चले। अपने नामपट्ट निकाल देने के बाद तीन पुलिसवाले ऊपर आ गये और हमसे पूछने लगे, "तुम्हारी माँ की.....तुम हमारे धर्मग्रन्थों को गालियाँ देते हो ? उल्लू कहीं के..... " 'मैं उस समय अभी-अभी बाज़ार से लाई चिनार सिगरेट जला रहा था। मुझसे जेल में मिलने के लिए आनेवाले लोग मेरे लिए चिनार सिगरेट ले आते थे। मैं चिनार सिगरेट के कश खींचते हुए बैठा था। भाई संगारे खड़ा था और ज. वि. पवार उस ओर बैठा था। उस ओर की बैरक में लतीफ खाटिक और अन्य लोग थे। दो-तीन पुलिस अफसर आ गये और उन्होंने कहा - "चल बे, उधर हट।" किन्तु मैं हटा नहीं। हम भी भयानक मदमस्त थे। उन्होंने झट से मुझे खींच लिया। क्या बताऊँ बाद में उन लोगों ने मुझ पर पचास-साठ डण्डे बरसाये। तब भाई संगारे को बहुत गुस्सा आया। उसके अरे "अरे क्या कर रहे हो" कहते ही उसके सीने पर इस तरह

लात मारी कि भाई की आँखें चौंधिया गईं। भाई लगभग मरने लगा था। वह ''अअ हअं हअं'' करने लगा। उसे बहुत जोर की लात लगी थी। भाई की स्थिति देखते ही ज. वि. पवार ने कहा, ''मुझे मत मारना...मुझे मत मारना।'' वह इतना सकते में आ गया कि कुछ मत पूछो। बाद में उन्होंने हम सबकी ठुकाई की और बाहर ले गये। बाहर भी बहुत मारा। फिर हमें नीचे ले आये और एक जगह रखा। रात के साढ़े नौ-दस के बाद मृणाल गोरे और चार-पाँच अन्य लोग हमसे मिलने के लिए आ गये। हम बहुत भड़क चुके थे, क्योंकि, हमने बहुत मार खाई थी। उसी में पुलिस अफसर विपक्ष को कुछ भी महत्त्व नहीं देते थे। उन अफ़सरों ने न ही ऊपर के ऑर्डर की बात की और न ही गृहमन्त्री की बात की। वे हमें किसी से मिलने देने के लिए भी तैयार नहीं थे। कदाचित् मृणाल गोरे ने बहुत सारे प्रयास किये होंगे। बाद में उन लोगों ने हमें अनिवार्यत: मुक्त कर दिया। मुझे उतना ही अवसर मिल गया। मृणाल विधायक वगैरह हैं, तब हमने उन्हें अपनी पीठ दिखाई, जो पुलिस की मार से छलनी-छलनी हो गई थी। तब उन्होंने कहा कि इन्हें मेडिकल ट्रीटमेंट के लिए तो भेजना ही पडेग़ा। तब उन्होंने हमें मेडिकल ट्रीटमेंट के लिए भिजवाकर वापस लाया।

रात में यह समाचार फैल गया कि जिस लड़के के सिर पर शिला गिरी थी, उसका निधन हो गया है। अब तो हमारा माथा और भी अधिक ठन गया। बाद में हमने दो दिनों तक भूख-हड़ताल की। मुझे अभी तक एक बात समझ में नहीं आई कि अस्पृश्यता के बारे में कम्युनिस्ट पार्टी ने समाज में कभी भी काम नहीं किया, किन्तु समाजवादी पार्टी इस विषय में जितना रस ले रही थी, उससे भी अधिक रस वह ले रही है। खासकर जी. एल. रेड्डी और तारा रेड्डी तो बहुत ही अधिक रस ले रहे हैं। ऐसे में तारा रेड्डी आकर हमें समझाने लगी, आप ऐसा मत कीजिए। भोजन कर लीजिए। किन्तु हम एक सौ चौंसठ लोग खाने के लिए तैयार नहीं थे। बाद में हमने खाना खाया और बाहर आ गये। फिर उस लड़के की भव्य शवयात्रा निकाली गई। किन्तु हमें बहुत बाद में मुक्त किया गया। पुलिस के बन्दोबस्त में वह शवयात्रा निकाली गई। उस लड़के के शव का अन्तिम संस्कार किया गया और वह शहीद कहलाया। हमारे आन्दोलन में वह पहला शहीद सिद्ध हुआ। वरली में अभी भी दंगा ज़ारी था।

चार तारीख को दंगा शुरू हो गया और दस तारीख को तनाव उत्पन्न हो गया। इधर बहुत बड़ी मात्रा में लोग मारे जा रहे थे। पुलिस गोलियाँ बरसा रही थी। सभी ओर एक प्रकार से युद्ध का परिवेश बन गया था। बाद में दलित पैन्थर की शहीद भागवत जाधव की स्मृति में एक सभा आयोजित की गई। इस सभा के लिए सभी विरोधी पार्टियों ने, जिनमें जनसंघ भी शामिल थी, वित्तीय सहायता आदि से मदद की। बहुत ही अधिक मदद की गई। हज़ार, दो हज़ार से कम की बात ही नहीं थी। सभी विरोधी पार्टियों ने आकर पैसे

दिये। ये सारे पैसे ज. वि. पवार के हाथों में सौंपे गये। यहीं से दलित पैन्थर को वैश्विक स्तर पर ख्याति प्राप्त हो गई। पैन्थर की दहशत और अन्य बातें भी फैल गईं। इस बीच हमने बाकी सारे काम निपटा लिये।

बाल ठाकरे और उनकी बहुत-सी सभाओं पर हमले की योजनाएँ बनाईं। एक बार तो हम इतना भड़क गये कि वामनराव महाडिक के घर की ओर ही हम लोग हज़ारों की संख्या में चल पड़े थे। समय रहते ही पुलिस ने हस्तक्षेप किया। यह सारी घटना होने से पूर्व ही कल्याण नगर निगम में एक संगोष्ठी का आयोजन किया गया था। उस संगोष्ठी में शिवसेना के कोई प्रतिनिधि, मैं और राजा ढाले अपने विचार रखने वाले थे। उसी समय हमने बाल ठाकरे के खिलाफ भयानक तरीके से वक्तव्य दिया। बाहर आते ही कल्याण में ही हम पर भयानक पथराव हो गया।

हमारी किस्मत से उस समय रास्ता टूट गया था। हमने हज़ारों कार्यकर्ताओं को साथ लिया था। पथराव के बाद हमारे कार्यकर्ताओं ने भी जो चीज़ हाथ लगी उसी से प्रहार करना आरम्भ कर दिया। जहाँ कैमरे लगाये गये थे, उनसे सिद्ध हो गया कि उनकी शक्ति क्या है। तब उन लोगों ने देखा कि हमारी शक्ति क्या है। तभी से बाल ठाकरे के मस्तिष्क में आया कि हम भी एक शक्ति हैं, ऐसा मुझे लगता है। फिर उसी से संघर्ष शुरू हो गया।

ऐसे में राजा ढाले ने सामुदायिक रूप से गीता का दहन करने की घोषणा की। तब मैंने ढाले से कहा था कि जो बातें प्रतीकात्मक हैं, उन्हें इस प्रकार करने से कौन-सा मतलब हासिल होगा ? "तब उन्होंने कहा था तुम कुछ नहीं बोलोगे।" बाद में राजा ढाले माटुँगा लेबर कैम्प में रहने चला गया। मैं हमेशा पुणे में ही रहता था। वह भी उस ओर आता था। तभी उसने मेरे खिलाफ़ परिवेश बनाना आरम्भ कर दिया। "नाम्या को अकल ही नहीं है।" वह अमुक है आदि। उसने मुझसे कहा कि "हम गीता-दहन का कार्यक्रम कर रहे हैं।" तब मैंने भी कहा कि "यदि हिम्मत है, तो दो-ढाई सौ लोगों में यह कार्यक्रम नहीं होगा। पाँच या दस लाख लोगों को इकट्ठा करके सभी की उपस्थिति में गीता का दहन किया जाता है, तो भी तैयार हूँ। दो-ढ़ाई सौ लोगों के बीच इस इस काम को अंजाम देने के लिए मैं तैयार नहीं हूँ। क्योंकि, यह काम प्रतीकात्मक है। जिसे अधिक महत्व नहीं दिया जा सकता।" तब उसने कहा "भड़वे! तेरी समझ में कुछ भी नहीं आता।" आदि-आदि उसका शुरू हो गया। बाद में मेरे पुणे निवास के समय ही उसने इस कार्यक्रम का आयोजन किया और मुझे इस समाचार का तार भेज दिया "कम फॉर गीता बस इतना ही।" तब मैं समझ गया। बाद में इस कार्यक्रम में पुणे से एक भी आदमी नहीं आएगा इस प्रकार का फतवा ढाले ने निकाला। इस कार्यक्रम में क्यों शामिल नहीं होना, ढाले का यह क्या चल रहा है, किसी की सुनता तक नहीं है आदि। बाद में उन लोगों ने इधर गीता का

दहन किया और उधर दो-ढाई सौ लोगों पर मुकदमे दायर किये गये। इसके बाद हमारे और शिवसेना के झगड़ेशुरू हो गये। मरणान्तिक झगड़ेशुरू हो गये। अन्त में बहुसंख्य वर्ग के सामने अल्पसंख्य वर्ग का संघर्ष। अल्पसंख्य वर्ग बहुसंख्य वर्ग पर हावी हो गया। जहाँ दलितों की अधिक बस्तियाँ थीं वहाँ पर दलितों को अधिक हानि नहीं हुई। किन्तु जहाँ दलित बिखरे हुए थे, वहाँ उन्होंने बहुत मार खायी। अर्थात् 1980 तक, जब तक कि, हमारी बाल ठाकरे से मित्रता न हुई, तब तक यह मारामारी चलती रही। कुछ स्थानों पर क्रूरता की हदें पार करनेवाली शत्रुता थी।

बाल ठाकरे के पीछे बहुत बड़ी वैचारिक विरासत थी। उनके पिता प्रबोधनकार ठाकरे महान् विचारक थे। प्रबोधनकार ठाकरे बाबासाहब आम्बेडकर जी के एक समय के साथी थे और उन्होंने तेरह वर्षों तक नंगे पैरों से अछूतों के लिए काम किया था। यह सब इसी तरह का गड़बड़झाला है।

बाद में हममें और ढाले में विवाद आरम्भ हो गया। जिस समय 74-75 में मिल श्रमिकों की हड़ताल शुरू हुई थी। उससे पहले ही एक घटना हो चुकी थी। इन्दिरा गान्धी पुणे में आनेवाली थी। पुणे की राजनीतिक परिस्थिति कुछ पृथक् थी। काँग्रेस के किसी भी आदमी को, मन्त्री को पुणे नगर में प्रवेश करने नहीं देंगे और इन्दिरा गान्धी के बारे में भी इसी प्रकार का रवैया अपनाया गया था। इन्दिरा गान्धी डि. लिट्. उपाधि लेने आनेवाली थी। उस समय वसन्तदादा पाटील सिंचाई मन्त्री और काँग्रेस प्रदेश अध्यक्ष भी थे। उन्होंने समाचार-पत्र में निकाला था कि इन्दिरा गान्धी के पुणे के कार्यक्रम को विरोधी लोग तबाह करनेवाले हैं। काँग्रेस के कार्यकर्ता बड़ी संख्या में आने चाहिए। लेकिन हम भी बड़े लफ़डेवाले थे। उस समय 'मराठा' नामक समाचार-पत्र चल रहा था। 'मराठा' के आत्माराम सावन्त, कवि नारायण पेडणेकर आदि हमारे आन्दोलन से सम्बद्ध ही थे। आरम्भ में हम 'मराठा' के कार्यालय में गये। मैंने झट से 'मराठा' में दिया कि "इन्दिरा गान्धी देश की प्रधानमन्त्री हैं। उनके कार्यकाल के बारे में मत अभिव्यक्त करने का अधिकार प्रत्येक भारतीय को है। यदि इस प्रकार के अधिकार को कोई छीन लेता है, तो दलित पैन्थर के कार्यकर्ता हॉकी-स्टिक्स और अनेक बाँस लेकर आएँ।" दूसरे दिन भी हमारी यही बैनर लाईन थी। पुणे जाने पर मैंने बीच के समय में बहुत काम किया था। शान्ताराम दिवेकर जैसे अत्यन्त जातीयवादी लोग जिन्हें आजकल देशमुख आदि के रूप में पहचाना जाता है, वह राजनीतिक जनजाति का आदमी हमारे आन्दोलन में शामिल हो चुका था। हमने पुणे में ही निश्चय किया कि इन्दिरा गान्धी की सभा को चौपट कर देना है। इस काम में दलित पैन्थर का बड़ा योगदान रहा।

उस समय सम्भाजीराव काकडे जैसे संयुक्त काँग्रेस के लोग ऐसे कामों में रस लिया करते थे। यही सम्भाजीराव काकडे इस शान्ताराम दिवेकर का गॉडफादर था। उसने हमारे

आन्दोलन में हमें समर्थन देने का निश्चय किया। मैंने और दिवेकर ने मिलकर पूरे पश्चिम महाराष्ट्र का दौरा किया। हमने निश्चय किया कि यदि हमें इंन्दिरा गान्धी के कार्यक्रम को तबाह करना है, तो हमें काम करना ही होगा। शायद उस समय प्रा. अरुण काम्बले बी. ए. की पढ़ाई कर रहा था और वह कविता लिखा करता था। उस समय उस गधे ने लेनिन पर कविता लिखी थी। तो मैं उसे ढूँढ़ते-ढूँढ़ते चल पड़ा, क्योंकि मेरा एक मित्र भी उधर ही रहता था, अरुण पाटिल, वही हमारे लिटिल मैगेज़िनवाला मित्र। तब उसने बताया कि अरुण काम्बले वहीं पर रहता है। हमारा एक कार्यकर्ता शायद झेण्डे या धेण्डे नामक था, जो सांगली का निवासी था। मैं उसी के साथ अरुण काम्बले के पास गया और उसे आठ सौ या ढाई-तीन हज़ार नगद रुपये दिये थे और कहा कि तू लोगों को लेकर पुणे आ जा। आनेवाले लोगों के आवागमन के खर्चे के लिए ये पैसे ले ले। उस समय हमारा सारा खर्चा फाइनेन्सर शान्ताराम दिवेकर ने ही किया था। पुणे में शान्ताराम दिवेकर का मवेशियों के खाद्यान्न का बहुत बड़ा व्यवसाय था। वह महात्मा फुले और डॉ. आम्बेडकर के बारे में बड़ेजोश से बोला करता था। किन्तु उसके पीछे भी पुलिस लगी थी, क्योंकि वह इन्दिरा गान्धी की सभा तबाह करनेवाला था। इसी कारण वह तीन दिनों तक नदारद ही रहा। मैं तो टैक्सी ड्राअवर था, कहाँ से पुलिस को मिलता ? ये सारे लोग पुलिस के हत्थे चढ़ ही जाते थे। किन्तु कहते थे कि यह साला उल्लू है, पुलिस से ड़रता है। मैं पुलिस के हाथ बेवज़ह क्यों लगता ? यदि मैं पुलिस को मिल जाता, तो वे तीन दिनों तक मुझे बन्दी बनाकर रखते। बाद में जिस दिन कार्यक्रम था, उसी दिन सुबह साढ़े दस बजे मैं निकल पड़ा। पहले मुम्बई-पुणे टैक्सी का भाड़ा सोलह रुपये था। उस समय उसका भाड़ा बीस या बाईस रुपये हुआ था। तब मैंने वहीं से भाई संगारे और अविनाश महातेकर के साथ टैक्सी से निकल पडे। मुझे लगता है, शायद ज. वि. पवार भी साथ में था। हम संचेती अस्पताल के रास्ते गये। पाडोले नामक आदमी उस समय वहाँ का पार्षद था। वह मुँह से भयानक सड़ा हुआ आदमी था। वह पुणे महानगरपालिका का पार्षद था। किन्तु वह आम्बेडकरवादी आन्दोलन का पुराना कार्यकर्ता था। उसे बोलने के लिए कहा जाये तो इन्दिरा काँग्रेस के बारे में बोलता। उस समय इन्दिरा काँग्रेस ही नहीं थी, संयुक्त काँग्रेस थी। काँग्रेस के बारे में बोलता। "मैं इस औरत को सबक सिखाऊँगा। मैं बहुत भयानक आदमी हूँ। मैं जो चाहता हूँ, वो कर सकता हूँ। हाँ, यह इसी पार्षद का सार्वजनिक वक्तव्य, है तो बूढ़ा। पर इस प्रकार का चमत्कारी आदमी है। वह दापोड़ी में रहता था। मुम्बई-पुणे मार्ग पर ही उसका घर है। तो पहले हम उसी के पास गये। सावधानी बरतने के लिए ध्यान देकर देखा तो वहाँ पहले ही पुलिस आ चुकी थी और इधर नामदेव ढसाल आदि लोग आये हैं। हम जैसे ही अन्दर घुसने लगे, तो अन्दर पुलिस थी। पाडोले ने मुझे संकेत किया, मैं सब समझ गया। अरे! "यहाँ तो पुलिस है। अभी भागो।" हम झट वहाँ से वापस निकल पडे।

वरली के दंगे में हमने सब कुछ किया था। पेट्रोल बम जो होते हैं, उन्हें ही 'मॉलोटोव कौकटेल' कहा जाता है। इन सभी की जानकारी हमारे लोगों को थी। बोतल में पेट्रोल डालने पर उसमें रेत और चूना डालना होगा। बाद में बोतल बन्द करनी होगी। हैण्डग्लोव्ज़ पहनकर बोतल को फेंकना होगा। दो सौ लोग तो भी पीछे के लोग अपने आप नदारद होते हैं। बाद में हमने इस प्रकार के प्रयोग वरली के दंगे में शुरू किये थे। वरली के दंगे में हम तो हीरो ही थे। हम सभी लोग हीरो थे। यदि हमारी चॉल में कोई आ रहा है, तो हमने दरवाजे में बिजली का करण्ट छोड़ देना, जैसे रक्षा के अनेक उपाय कर दिये थे। कहने का मतलब हमने ये सारे प्रशिक्षण पुणे में भी दुहराये। हमने इसी तरह काम करने का निश्चय किया और हम उन लोगों में शामिल हो गये। हम संचेती अस्पताल से आगे जाने लगे, तो उसी ओर से दलित पैन्थर्स उपस्थित हो गये। अनिल काम्बले नामक पुणे का बहुत बलवान आदमी था, बहुत ही बलशाली। ऐसे लोग दौड़ते हुए पहुँच जाते और इधर सब्जी मण्डी में वसन्तदादा पाटिल के सांगली से बुलाये गये पहलवान भी आ गये थे। उनकी गाड़ियाँ पूरी तरह से भरी हुई थीं। आकाशवाणी के पास ही हम हज़ार लोगों ने पाँच लाख लोगों की भीड़ को तितर-बितर कर दिया। हमने केवल मारामारी शुरू की। हम रास्ते के मध्य में चले गये और केवल पन्द्रह मिनटों में पाँच हज़ार लोग खल्लास कर डाले। डी. सी. पी. आ गये। वे आकर चरण स्पर्श किया करते थे। ''अरे, आप यह बहुत ग़लत कर रहे हो'' इस प्रकार वह बोला। सभी को खून से सराबोर कर दिया। बाद में उन्होंने आँसू गैस का सिलिण्डर दाग.दिया। वह सिलिण्डर दागने पर भी बहुत जोर से लगता है। क्या आप जानते हैं कि 'आँसू गैस का खाली सिलिण्डर भी आदमी को जख्मी कर सकता है। सिलिण्डर का आघात मर्मस्थान पर हुआ, तो आदमी मर भी सकता है।' फिर क्या ? लोग इधर-उधर तितर-बितर हो जाते हैं। डेढ़ मिनट में इंदिरा गांधीजी की गाड़ी पुल से गुजरनेवाली थी। उबाले नामक पुलिस अफसर इतना ग्रेट था कि वह नीचे उतरकर गया। उसने रास्ता बदल दिया। इस तरह प्रधानमन्त्री को ज़िन्दगी में पहली बार नियत रास्ता बदलना पड़ा होगा।

महाराष्ट्र में इस तरह का बड़ा काम हम पैन्थर्स ने किया था। तो इस प्रकार उनकी बड़ी रुसवाई हो गई। इस तरह की राजनीति थी। किन्तु इस प्रकरण के पश्चात् राजा ढाले हम लोगों पर भड़क गया। उसने कहा कि ''इन्दिरा गान्धी भी औरत ही है और औरत भी दलित ही है। आदि.....आदि।'' इस तरह उसे जो सुविधाजनक अनुभव हो, वही वह बोलता रहता था। उस समय हमें 'विद्रोह' की पृष्ठभूमि प्राप्त तो थी ही। फिर मैंने सोचा कि 'हमें मुखपत्र चाहिए' इसीलिए मैंने दलित पैन्थर के मुखपत्र का पुणे से आरम्भ किया। पर राजा ढाले को महसूस हुआ कि मुझसे पूछे बिना यह ऐसे-कैसे हो गया ? बाद में हमारे द्वारा इस मुखपत्र के अंक छापने पर भी उसने मंजूर नहीं किया। बाद में मैंने सोचा कि 'हमें

हमारी भूमिका स्पष्ट करनी अनिवार्य है।' क्योंकि तब तक राजा ढाले ने बुद्धिज्म़, रिलीजन आदि बातें शुरू की थीं। तब हम बताते थे कि ''भगवान बुद्ध इतने महान् थे कि उन्होंने कभी किसी पर अपनी तानाशाही नहीं थोपी। आदेश नहीं निकाले। कुछ आँखें देखती थीं, कुछ कान सुना करते थे और जीने के लिए पूरक बातों को स्वीकार करने की स्वतन्त्रता देनेवाले पुरुष गौतम बुद्ध थे। यदि हम उनके वारिस हैं, तो फिर हम किस प्रकार आदेश निकाल सकते हैं ? वह भी पैन्थर में ? जो बौद्ध है, वही पैन्थर हो सकता है, तुम्हारा इस प्रकार का कथन ग़लत ही है।'' तब वह शुरू करता था कि ''नामदेव ढसाल का कुछ तो हमारे विरोध में चल रहा है और इस बात का प्रमुख कारण यह कि वह मार्क्सवाद पढ़ता था।'' ठीक इसी समय मैं इश्क़ में गोते खा रहा था। मैं अपनी पत्नी के इश्क़ में गोते खा रहा था।

उसी समय वरली के दंगे में मेरी गिरफ्तारी के कारण मुझे यहाँ लाकर फेंक दिया था। उसी समय अनिल बर्वे से परिचय हो चुका था। उस समय हमारा कविताओं का आदान-प्रदान शुरु हो चुका था। मैं अपनी पत्नी के प्रेम में आकण्ठ डूब चुका था। यह टाँका भिड़ चुका था। उसी समय अनेक बातें सार्वजनिक हो गईं। 'इसने उस कम्युनिस्ट की लड़की के साथ यह किया और वह किया।' किन्तु मेरे विवाह तक हममें किसी प्रकार की फूट नहीं थी। उसे मेरे विवाह के बारे में पता चला कि, मैं विवाह कर रहा हूँ। उस समय मेरी पत्नी को इधर के कुछ लोगों ने यह बताना शुरू किया कि किसी भी प्रकार की गारंटी नहीं है। ऐसे में कुछ नहीं करना होगा। तो वह मेरी पत्नी से कहता था 'तुम्हारे लोग श्योरिटी माँगते हैं क्या ?' इस प्रकार राजा ढाले के सम्वाद सदैव चलते थे। मैंने भी इसी बीच विवाह कर लिया था।

मेरे विवाह में सभी लोग सम्मिलित हुए थे। विशेषकर शिरीष पै और अहिल्या रांगणेकर आदि लोग भी सम्मिलित हुए थे। मेरा विवाह किसी अतिशयोक्ति से कम नहीं था। मेरे पास पाँच पैसे भी नहीं थे। मैं भी इसी तरह का आदमी था। दोस्तों ने पैसे दिए। उन्हीं दोस्तों से बर्तन आदि ले लिये। ऐसे में मेरी बुआ ने कहा कि 'यदि तू विवाह कर रहा है, तो अब से मेरे यहाँ रह नहीं सकता।' बाद में मैंने किसी दोस्त से ही दो हजार रुपये लेकर बान्दरा में रहने का प्रबन्ध कर लिया। विवाह होते ही सत्येन के किराये के मकान में किराये से ही रहने लगा। सत्येन के बारे में मुझे सब कुछ पता था। किन्तु यह सब कुछ बहुत ही मजेदार था। बहुत ही स्वच्छन्द था। सत्येन ने बहुत भयानक त्याग किया था। हमारे मुकदमे के जो वकील थे, वे या तो कम्युनिस्ट थे या फिर सोशॅलिस्ट थे। कमलाकर सामन्त और उसके बाद अब जो नक्सलवादी पार्टी का अध्यक्ष बने हैं, वह सुनिल दिघे हमारे वकील थे। सुनिल दिघे मेरा खासमखास दोस्त बन गया था। वह हमेशा मेरे साथ ही होता था। उस समय वह हमेशा सेन्ट्रल लाइब्रेरी में बैठा करता था। उसी समय उस पर

अनेक मुकदमे दायर हो चुके थे। पुलिस के लिए उसका एक ऐसा दिखावटी रूप था कि हम नक्सलवादी कामों में लिप्त नहीं हैं। किन्तु वह हमें सब कुछ बताता था और उस समय राजा ढाले के लिए हर तरह के वकील मंजूर थे। बाद में यह जो एण्टिफोरम, कम्युनिस्ट आदि शुरू हो गया, उसका कारण है कि मुझे चेम्बूर के प्रकरण में पकड़कर विक्रोली ले जाया गया। बाद में छोड़ दिया गया।

उसी दिन इन मिल मजदूरों की जो हडताल हुई थी, उनकी इसी ओव्हल मैदान पर एक बड़ी सभा का आयोजन भी किया गया था। यह सभा सभी पार्टियों के लिए थी और दलित पैन्थर को भी आमन्त्रित किया गया था। राजा ढाले का कहना था कि नामदेव मजदूरों के बारे में इतना कहता है, तो उसे ही बोलने का अधिक अवसर मिलना चाहिए। बाद में मैं वहाँ से निकल गया। ठीक उसी तरह निकल गया था। तो मेरे पहले भी अनेक लोगों ने भाषण दिये थे। मेरे भाषण के बाद डांगे आदि के भाषण होनेवाले थे। उस सभा की भीड़ में किसी ने डांगे से मेरा परिचय करवाया। ठीक उसी समय किसी पत्रकार ने मेरी और डांगे के साथ हाथ मिलाते हुए तस्वीर खींची, यह सब कुछ विचित्र हो चुका था और मंच पर जाने के बाद मैंने भाषण किया। सभी वामपंथी लोग, वामपंथी सिद्धान्तों पर बोलनेवाले लोगों में मैंने कहा कि 'डॉ. बाबासाहब आम्बेडकर जी ने कहा था कि 'हम दलित ही सच्चे कम्युनिस्ट हैं।' मेरा यह कथन लोगों को इतना भा गया कि, कम्युनिस्ट बनना कोई साधारण काम नहीं रह गया। वह बहुत मुश्किल काम है। अर्थात् यह प्रचारित किया गया कि अब पचास वर्षों तक जो लोग कम्युनिस्ट के रूप में जी रहे थे, वे भी इस कठिन व्रत का पालन नहीं कर सके, तो हम जैसे अंगुठे इतनी लम्बाई के काम करनेवाले और सबसे बड़ा दिग्विजयी नेता माने जाते हैं, उनकी वैचारिक सोच भी प्रो-कम्युनिस्ट है। इसके बाद सिद्धार्थ विहार में हमारी एक बैठक का आयोजन किया गया। मुझे औरतों के पास जाने की आदत थी। मुझे उस समय व्ही. डी. हो चुका था। किन्तु सारे पैसे राजा ढाले और ज. वि. पवार के पास थे। हम पैसे उड़ाते थे, अव्यवहारी थे, नालायक थे, इस कारण हमें पैसे नहीं दिये जाते थे। संगठन के लिए हज़ारों रुपये प्राप्त हुए थे। सारे रुपये राजा ढाले और ज. वि. पवार के पास ही थे। इन लोगों ने उन पैसों का हिसाब दूसरे लोगों के सम्मुख कभी भी नहीं रखा और रखा भी हो, तो मात्र अत्यन्त कम मात्रा में। मुँह पर या बदन पर फेंकने के लिए। मेरे बदन में एक गाँठ हो चुकी थी। मुझे उपचार की सख्त ज़रूरत थी। मैंने राजा ढाले से कहा, 'राजा! हम परिश्रम कर रहे हैं, हम संगठन को सब कुछ दे रहे हैं और तू किस कारण हमें पैसे नहीं देता ?' ऐसे में एक दिन मैंने राजा ढाले के कमरे से दलित पैन्थर की गुल्लक तोड़ दी और दो सौ तिरतालीस रुपये ले गया। उसके बाद हमारी बैठक हुई। बैठक से पहले ही हम राजा ढाले के साथ भुसावल चले गये। मैं, भाई संगारे और राजा ढाले भुसावल से बुलढाणा चले गये। उस बुलढाणा में राजा ढाले ने

मुझसे और भाई संगारे से नौकरों की तरह ही बर्ताव किया। हम इतना काम करते हैं, सब कुछ करते हैं और उस पर इसका बॉसिंग 'यह करो, वह करो' और यात्रा के खर्चे के रुपये वह अपने ही पास रखता था। वही अकेला पत्र-व्यवहार भी करता था। यह सब कुछ हमारी पीठ पीछे चलता था। लेन-देन के बारे में उसका सब कुछ केन्द्रीकरण शुरू हो गया था। तब मैंने सिद्धार्थ विहार की बैठक में कहा 'यह सब नहीं चलेगा।' तब राजा ने मुझसे कहा, ' अबे मूर्ख, तू यहाँ से चला जा।' इतना सुनते ही मैंने अपने हाथ के थाल को खींचकर मार दिया और कहा 'उल्लू कहीं के, ऐसा क्यों बोल रहे हो ? मैं तो मेहरबानी कर तुझे पैंथर में लाया।' हम दोनों पैंथर के बड़े नेता हैं, इस प्रकार का जनमत बन चुका है। ऐसे में हमें एक-दूसरे के बारे में इस प्रकार के भाव किस काम के हैं ? इस तरह से उसे मारने पर उसकी समझ में आया कि नामदेव ढसाल कोई आसान मसला नहीं है। तब राजा ढाले ने 'नामदेव ढसाल कम्युनिस्ट है', इस प्रकार की अफवाह फैलानी शुरूकर दी। इस दरमियान हमने भी कुछ कदम उठाए। मैंने एक घोषणापत्र बनाया, जिसमें पैंथर की सर्वसाधारण भूमिका होगी। इसीलिए दलित पैंथर का घोषणापत्र बनाया था। इस घोषणापत्र के लेखन में मैंने सुनिल दिघे का सहयोग लिया था। यह घटना सन् 1974 की है। इस घोषणापत्र के प्रथम पठन में राजा ढाले ने स्वीकृति प्रदान की थी। किंतु घोषणापत्र के छपने के वह कहने लगा कि 'यह जो घोषणापत्र है, वह कम्युनिस्ट पद्धति का है। यह मुझे स्वीकार नहीं होगा।' आदि। तब मैंने कहा, 'अरे! इसे तुमने एक बार स्वीकार किया हुआ तो है ही तो फिर कैसे क्या होगा ?' अन्तत: दलित पैन्थर मात्र महारों का संगठन बनाने से काम नहीं चलेगा। आज आपके पास धनबल नहीं है, लोगों का संख्याबल भी नहीं है, आम्बेडकर जी के बाद ये दोनों बातें छूट चुकी हैं। बीच के सारे आम्बेडकर के बाद के नेताओं ने यह व्यक्तिगत तोल-मोल किया है। गवई को उन्हें अस्सी शराब की दुकानें किस प्रकार मिलेंगी इसी में दिलचस्पी थी। जिनका उपयोग अपने कार्यकर्ताओं के लिए होनेवाला था। किंतु यदि नौवीं अनुसूची के अनुसार दलितों के लिए तीन लाख एकड़ जमीन की मिल्कीयत प्राप्त करने हेतु संसद में यदि विधेयक पारित करना है, तो सरकार के साथ विचार-विमर्श करने या सरकारी पार्टी में वह चेतना निर्माण के लिए समर्थन का उपयोग करने हेतु उन्होंने कुछ भी नहीं किया। और ऐसे में तुम कौन-सा चक्कर चला रहे हो ? इसीलिए हमें सबसे पहले लोगों का संख्याबल जुटाना पडे़गा और यदि संख्याबल जुटाना है, तो सबसे पहले जितने भी अस्पृश्य हैं, महारों से इतर अस्पृश्य हैं, पहले उनको एकत्र करना होगा। यही आज के समय की सबसे बड़ी माँग है।

तब वह कहते थे कि 'ये मातंग कब आये ? ये चमार कब आये ? उन लोगों ने महात्मा गांधी के नेतृत्व को स्वीकार किया है। वे बदमाश हैं। वे अमुक हैं। तमुक हैं।' मैंने कहा, 'अरे! वे चाहे जो हैं, तो अपने अज्ञान के कारण हैं या उनकी जाति में उन्हें

आजीविका के साधन मिलते होंगे और तो और आम्बेडकर हिंदू धर्म का धर्मद्रोही, इसका अनुगमन किया तो हमें कुछ भी नहीं मिलेगा इस प्रकार का ड़र होने के कारण ही वे आम्बेडकर के आन्दोलन में शामिल नहीं हुए होंगे। किंतु आज की दशा कुछ और ही है। मातंगों के हाथ का जाति की आजीविका का साधन निकल गया। अन्य जितने भी अस्पृश्य हैं वे सभी हिंदू ही हैं। उस समय नाड़ा (ड़ोर) और सौदर मातंग ही बांधते थे। उन्हें ही घासफूस काटना होगा और नारियल खेंचना होगा। यदि उन्होंने रस्सी नहीं बनाई तो मोट नहीं चलेगी। मवेशियों को चारा ही नहीं मिलेगा। औत नहीं बाँधे जायेंगे। किंतु आज गरवारे नायलॉन रस्सी उनकी रस्सी से भी बेहतर है। मतलब यह है कि मातंग आजीविका के हीन होकर मर जायेगा। चमार जूतियाँ और मोट बनायेगा। आज उसकी ज़रूरत ही नहीं है। बाटा और स्वस्तिक के लोग जूतियाँ बना रहे हैं। ऐसे में मोट के स्थान पर किर्लोस्कर का इंजिन चलता है। मतलब यह है कि यह जो बदलाव बीते पच्चीस-तीस वर्षों में हुआ है, फिर भी इस बदलाव को हम समझेंगे नहीं क्या ?'' तो वह कहता ''तुम बहुत विद्वान हो, तुझे अक्ल ही कहाँ बेवकूफ़ ? तू अमुक तमुक है।'' हरेक के आगे ऐसी ही होशियारी दिखाता था। इतना बिगडैल घोड़ा आदमी था। इस प्रकार बोलने का कारण यह था कि उसने स्वयं की ऐसी तस्वीर बना रखी थी कि, वह बहुत बड़ा विद्वान आदमी है। अमुक है, तमुक है। परंतु ऐसा कुछ भी नहीं था। उसके पास ज्ञान था ही नहीं। वह उत्कृष्ट संगठक भी नहीं था। अत्यन्त असामाजिक आदमी था। सभी ओर के लोग सद्गुणों की प्रतिमाएँ नहीं होते। उसे तो केवल प्रतिमाएँ चाहिए थीं, तो ऐसे कैसे मिलती ? लोग क्या प्रतिमाओं की तरह थोड़े ही होते हैं ? बेहतर संगठक लोगों के दोषों पर विजय प्राप्त करवाता है। लेकिन इसका वैसा नहीं था, वह लोगों के दोषों को ढूँढ़ता रहता और मिलने पर उन दोषों को बढ़ा-चढ़ाकर उजागर करता। लोगों को निराशावादी बनाता था। यह सब कुछ चल रहा था और उसने घोषणापत्र के बारे में इस प्रकार की भूमिका निभाई। मैंने कहा ''तुम्हारी स्वीकृति के बाद ही घोषणापत्र छापूँगा। एक बार बहुमत से स्वीकृत हो जाने पर उसे समाप्त करने वाला तू कौन होता है ? बहुमत से ही उसे छापा जायेगा।''

बाद में मैंने उस घोषणापत्र को प्रकाशित कर डाला। 'विद्रोह' के मुखपत्र में उसे छापा गया। तो उसने रिवोल्ट ही शुरू किया। उस रिवोल्ट में राजा ढाले की जो तानाशाही और दादागिरी है उसके बारे में भी अन्य बहुत से लोग नाराज़ थे। उन सभी को वह हमेशा बोला करता था। ज. वि. पवार को बोलता था। तब हम सभी एक स्थान पर बैठकर सोच-विचार करने लगे कि 'राजा ढाले का यह जो सब चल रहा है, उसे हम रोकेंगे या नहीं ?' मेरे अलावा भाई संगारे, ज. वि. पवार और अविनाश महातेकर ने इसे स्वीकार किया। तो राजा ढाले को मात देने का निश्चय किया गया। उस बैठक के बाद हम राजा ढाले के पास गये। किंतु दो गुट होने लगे। गुट तो बने पर फूट नहीं पड़ी। फिर उन्होंने

सम्मेलन आयोजित किया। उस सम्मेलन में मैं गया ही नहीं। नागपुर का वह दलित पैन्थर का पहला सम्मेलन था। क्योंकि राजा ढाले ने उस समय तक इतना कुछ कर रखा था कि मैं उसका घोर विरोधी बन चुका था। बाद में जहाँ-तहाँ मेरे विरोध में बकवास शुरू हुई, यह लालभाई है। मजे की बात तो यह थी कि लाखों लोग नामदेव ढसाल की शैली पर, अश्लीलता पर प्रसन्न थे। एक भयानक सिलसिला शुरू हो गया।

मैं जब रास्ते के एक ओर से चलता रहता तो दूसरी ओर के लोग रोटियाँ फेंककर मारा करते थे। उसने जो सिलसिला शुरू किया वह भयानक था। इस सिलसिले से मैं विचलित हो गया। मैं कोई किसी मार्क्सवादी पार्टी का या कम्युनिस्ट पार्टी का या किसी किसी गुट का कार्यकर्ता नहीं था। एकदम निरपेक्ष था। किंतु हमें राजनीतिक दर्शन जान लेना चाहिए। उसके लिए जो कुछ चाहिए उस सभी का अध्ययन किया। अब हमारी जो कोई भूमिका थी, हमने उसे अपने घोषणापत्र में दर्ज किया है। तब जो गणित है न, वह सही गणित है। आज मैंने जो कुछ कहा, हू-ब-हू वैसे ही है। वह तो राजा ढाले का बचकानापन था। वह गया बीता है और अब तो वह हमारी ही भूमिका दूसरे शब्दों में व्यक्त करता है। उसके दिमाग में आज भी वही है कि दलित पैन्थर की समस्याएँ सुपरस्ट्रक्चर की समस्याएँ हैं। मूलभूत समस्याओं पर बोलने के लिए तैयार नहीं है। दलितों की सबसे बड़ी समस्या वित्तीय समस्या है। यदि उसे वित्तीय स्थिरता प्राप्त हो गई, तो आज शेष ही क्या रह जाता है ? अस्पृश्यता ? आज तो कानून भी बन चुका है। सन् 1953 के बाद तो कानून ही बन गया है। इसी कारण मुझे इतना डर नहीं सताता। कानून का पालन नहीं किया जाता। उसकी खामियाँ अलग हैं। उसके लिए अलग ढंग से काम करना होगा और बौद्ध धर्मियों को साथ लेना होगा। सब कुछ उसके दिमाग में निश्चित है मैंने कहा 'ऐसे कैसे चलेगा ?' अन्य जितने भी अस्पृश्य हैं वे सभी हिन्दू ही हैं। यदि उन्हें अपने साथ बुलाया तो धर्म के आधार पर वे हमारे साथ नहीं आ सकते। वित्तीय शोषण के साधारण बिंदु पर ही वे हमारे साथ आ सकते हैं। किंतु यह सब क्या है, यह उसकी समझ में ही नहीं आया। बाद में उसने उस सम्मेलन का आयोजन करके नामदेव ढसाल को दलित पैन्थर से बाहर करने का प्रकरण शुरू कर दिया। तो हमने क्या किया, पुणे में एक बैठक बुलाई। इस बैठक में मैंने पाँच घण्टे तक भाषण किया। लगातार। राजा ढाले क्या है और सब कुछ जोश में बोल गया। बाद में दलित पैन्थर के दो गुट हो गये 'नामदेव ढसाल दलित पैन्थर और राजा ढाले दलित पैन्थर।' बाद में उन्होंने जो कुछ किया उसकी कोई सीमा नहीं रही।

उसी दरमियान गवई बंधुओं का प्रकरण हो गया। राजा ढाले उन लोगों को लेकर घूमता था और हर सभा में भाषण भी करता था। 'इसकी दो आँखे फोड़ दी। उसकी चार आँखे फोड़ दी।' इन चार आँखों का प्रतिशोध अवश्य लूँगा। कुछ प्रतिशोध कहीं भी नहीं ले पाया। उनके नाम पर अकूत दान जमा हो गया आदि। बाद में उन्हें वसंतराव नाईक ने

जमीन दे दी। कितना विरोधाभास है देखिए। अत्यंत घृणित कार्य है। देखिए, उनके लिए जमा की गई राशि से कुछ लोग शराब पीते थे। मैं प्रो-कम्युनिस्ट था, इसीलिए वे गवई बंधु हमारे पास आये ही नहीं। हम उनसे विचार-विमर्श करने लगे तो वे हमसे ठीक ढंग से बोलते भी नहीं थे। ये लोग अंधे थे। अत्याचार के शिकार हो गये थे। किंतु राजनीतिक प्रचार का ज़हर कितना हो सकता है, यह बताने गया तो वे हमसे बोले ही नहीं। आप ढसाल हैं क्या ? लालभाई (कम्युनिस्ट) लोगों को हमारे विषय में क्या लेना-देना ? इस प्रकार से बोलते थे। इतना ग़जब। फिर क्या हुआ, मैं तो काम करता ही रहा। मैं मूलत: एक कार्यकर्ता होने के कारण बहुत विचलित हो गया और खूब पीने लगा। मेरे व्यसन जो आपे में आ गये थे, फिर से शुरू हो गये। हमारे घर में भी झगड़े शुरू हो गये। क्योंकि घर की आजीविका का कोई भी साधन नहीं था। फिर से टैक्सी चलाने की मेरी इच्छा नहीं थी। मुझे बहोत घुस्सा आया। समझ में कुछ नही आ रहा था। ढाले ऐसा कुछ करेगा यह मुझे मालूम होता तो मै यह होने नही देता। किसी का विश्वासघात करना यह मेरे स्वभाव में नही था। और उस तरह का भाव भी कभी उत्पन्न नहीं हुआ था। इसका कारण कदाचित् साहित्यिक बातों में हो सकता है।

मैं राजा ढाले के प्रति प्रतिशोध की राजनीति कर नहीं सका। मैं इस तरह जल उठा कि 'न्याय ही नहीं है।' राजा ढाले ऐसा करेगा यदि मुझे इस बारे में पता होता, तो मैं उसके दाँवों को पहले ही तोड़ देता। किंतु मेरी राजनीति कभी भी छल-कपट और षड्यंत्र की नही रही। हमेशा कामाठीपुरा की संस्कृति के साथ जुड़ा रहा। हमारे उस विश्व को राजा ढाले कभी भी जीत नहीं पाया। मुम्बई की हमारी छावनियों को उसने मेरे खिलाफ कर लिया। केवल एक ही छावनी बची रही। कामाठीपुरा और पुणे के आधार पर ही मैंने अब तक संघर्ष किया था। आज हम पूर्ण बहुमत में हैं। बाद में राजा ढाले ने चिढ़कर सन् 77-78 में 'नामदेव ढसाल के कारण ही दलित पैन्थर बदनाम हो गई है ', इस तरह का प्रचार शुरू किया। 'पैन्थर' शीर्षक के स्थान पर 'मास मुवमेंट' यह नया संगठन शुरू किया। आज स्वयं राजा ढाले ही 'मास मुवमेंट' में अवांछित व्यक्ति बन गया है। 'अस्पृश्यता का सवाल सुपरस्ट्रक्चर का सवाल है।' नामांतर की समस्या पर भी हमने अलग भूमिका घोषित की थी। अर्थात् ढाले के सवाल पर हम भी सफर हो गये। वनवासी हो गये। बाद में नामांतर के सवाल पर मैंने अत्यंत यथार्थवादी भूमिका घोषित की कि 'जब बहुमत हमारे खिलाफ हो जाता है, तो अल्पमत के लोगों को दो कदम पीछे जाने का निश्चय कर लेना चाहिए' और मैंने 'कोंकण विश्वविद्यालय' के प्रस्ताव को स्वीकार किया। किंतु उस समय भी हमारी ही हानि हो गई। इस तरह ये सारी घटनाएँ हो गईं। हम लोग अत्यंत शक्तिशाली थे। जो लोग हमारे सलाहकार थे, सुनिल दिघे जैसे नक्सलवादी लोग आदि जयप्रकाश के कारण उससे हमारी मित्रता टूट गई। उस पत्र ने निश्चय किया था कि 'हम

जयप्रकाश के आन्दोलन में शामिल हो जाएँ।' सुनिल दिघे ने वह प्रस्ताव मेरे सम्मुख रखा। मैंने कहा कि "जयप्रकाश नारायण की समाजवादी पार्टी में मैं पहले भी था। मुझे अब इस पार्टी में कोई दिलचस्पी नहीं है। जयप्रकाश नारायण अमरिकावादी आदमी है। यदि तुम्हारे कम्युनिस्ट होने पर भी उसके लिए प्यार उमड़ पड़ा हो तो तुम्हारे लिए ठीक है। हमें उसमें कोई दिलचस्पी नहीं है।" अस्पृश्यता के सवाल पर अलग से संगठन होना चाहिए। उसी में हमें काम करना है। हमें चुनाव आदि के बारे में कोई दिलचस्पी क्यों नहीं हो ?" मुझे टस-से-मस होते न देखकर उसने मेरा साथ छोड़ दिया।

इस बात की मुझे इतनी बड़ी सज़ा मिली कि हमारा जो शक्तिशाली गुट था, झगड़े होने पर भी हम राजा ढाले को चुनौती दे सकते थे, हममें इतनी राजनीतिक दृष्टि से परिपक्व लोग थे। उन्हें मार्क्सवाद, समाजवाद, तानाशाही आदि बातों की मूलभूत जानकारी तो थी, वे ऐसे ज़ोरदार लोग थे। किंतु बाद में सुनिल दिघे और मेरे झगड़े के बाद दिघे ने उस शांताराम दिवेकर को भी मुझसे अलग किया। इतना अलग किया कि उसका एक प्रकरण भी बताना जरूरी है। टिकट प्राप्त करना हमारे लिए मुहताज़ होना था। पर लोगों का संख्याबल भरपूर मात्रा में अवश्य था। लोग चेत गये थे। जहाँ जाएँ वहाँ संगठन था। जहाँ भी जाते वहाँ संगठन तैयार होता। किसी प्रकार की साधन-संपत्ति के अभाव में भी खटपट करके हम पहुँच जाते थे। उस समय शरद पवार के विरोधी संभाजीराव काकडे, उन्हीं के भाई बाबालाल काकडे. 'सोमेश्वर फैक्टरी ' के चेअरमन थे। उनकी बहुत बड़ी खानदानी शत्रुता थी। इस शत्रुता नें उन्होंने हम पैन्थर्स को घसीटा। उसी दिवेकर के कारण उन्होंने माँग की कि "हम आपके दस कार्यकर्ताओं को एक-एक मोपेड देंगे। बाद में तीन-तीन हजार रुपये वेतन भी देंगे। इसके बदले तुम लोगों द्वारा शरद पवार ने जितनी ज़मीनों का भ्रष्टाचार किया गया है, उनका सर्वेक्षण करके हम तक पहुँचाना होगा।" ऐसे ही करना होगा। तब मैंने कहा कि "यह जमींदारों और चीनी मिल के मालिकों की माँग है, इसे स्वीकार नहीं किया जाएगा।" इसलिए मैं सुनिल दिघे को लेकर सोमेश्वर चीनी मिल में गया। तब सुनिल दिघे ने भी इस माँग को जायज़ ठहराया। भयानक है यह सब। किंतु इस बार मजा यह हुआ कि वर्ग संघर्ष की यह भूमिका जहाँ-तहाँ कायम रही। सुनिल दिघे की भूमिका का मेरे द्वारा विरोध करने पर उसने हमारे गुट में ही फूट डाल दी और उसने हमारे कुछ लोगों को संभाजी काकड़े का काम करने के लिए कहा। इसी कारण अनिल कांबले जैसा हमारा आदमी हमसे छूट गया। बाद में संजय चव्हाण भी छूट गया। अर्थात् वह एक रिफ्ट थी। लगातार हम पर रिफ्ट्स गिरती गई। बाद में किसी तरह ये सब थम गया। उसके बाद हमारा वह गुट भी काम करता रहा।

बाद में आपातकाल के समय हमारे सामने एक बहुत बड़ा सवाल खड़ा हुआ। रिवायव्हल या सर्वायवल? ऐसा सवाल खड़ा हो गया। उस समय मेरी जानकारी के

अनुसार मुझ पर लगभग चार सौ-पाँच सौ मुकदमे थे। हम सभी पर मुकदमे थे। राजा ढाले पर भी मुकदमे थे। मुझ पर भी उतने ही मुकदमे थे। क्योंकि मेरी जान-पहचान तो कम्युनिस्ट के रूप में ही थी। पुलिस में कम्युनिस्टों से संबंधित होने का आरोप था। आपातकाल के समय हमें कोई दिलचस्पी ही नहीं थी। मैं तो सीधा इंदिरा गांधी के पास गया। मैं और लतीफ़ खाटिक दोनों ही बड़ी दारुण अवस्था में उनके पास गये थे। इधर आशुतोष का जन्म भी हो गया था। मैंने इधर कुछ नहीं देखा। उधर ही चला गया। बांदरा का घर छोड़कर इधर आ गया था। बांदरा में तो हमने बड़े बुरे दिन देखे थे। हम रद्दी बेचते थे। दूतावास में जो साहित्य प्राप्त होता था, उसे बेचते थे और अनाज़ खरीदते थे। इतनी बुरी अवस्था थी। मुझे बस इतना ही याद है कि हमारे प्रशासक नारायण आठवले ने 'संघ पर पाबंदी लगनी चाहिए या नहीं' इस विषय पर 'प्रभंजन' पत्रिका में लेख लिखने के लिए कहा था। मैंने उन्हें एक लेख दे दिया। 'संघ पर पाबंदी नहीं, सरकार पर पाबंदी लगनी चाहिए।' इस काम के मुझे पचहत्तर रुपये मिले। उस समय हम दो दिनों से बड़ेभूखे थे। बाद में इन्हीं पचहत्तर रुपयों से अनाज़ खरीदा, मेरी बीवी ने शुरुआत में बहुत कष्ट सहा। यह सब कुछ चुभता था। हमने सब निर्माण किया। वहीं यह साला हमारे ही विरोध में सभी लोग लालभाई कहकर हमारे मुँह पर थूकने लगे। इसका मूल कारण था कि मेरी भूमिका कुछ स्पष्ट है, थोड़ी-सी व्यापक है। इसलिए मैं कहता था कि 'समाजवाद हो या अन्य कोई भी प्रगतिशील राजनीतिक विचारधारा, अग्रभाग का हमें विचार करना चाहिए। यदि लोगों की समस्याओं को लेकर कुछ मोर्चे बने हैं, तो उनकी उपेक्षा कर चलेगा नहीं। आपको अधिकतर इन्हीं में जाना पडेग़ा।' तब इस प्रकार यह सारा प्रकरण हो गया। बाद में ढाले और मैंने सन् 1978 में पैन्थर को विसर्जित कर दिया। उपर्युक्त तरह से राजा ढाले और पैन्थर की रामकहानी है।

हममें फूट होने के बाद सबसे महत्त्वपूर्ण घटना निम्न प्रकार से है हमने कानूनी वकील के रूप में सुनिल दिघे को रखा था। वह अच्छा सलाहकार भी था और दोस्त भी था। वह मुझे बिना बताये नागपुर चला गया। वह नागपुर गया और राजा ढाले ने अपने लोगों से कहकर उसका गेम ही बजा डाला। इस सभा के लिए नामदेव ढसाल आयेगा यह बताकर उसने हत्यारे भेज दिये। उसी प्रदेश के चंद्रपुर में अमरावती के क्षेत्र में काम करनेवाला हमारा सिन्हा नामक एक कार्यकर्ता और उसकी पत्नी सुनिल दिघे की पार्टी का काम करते थे। मैं तो नागपुर गया ही नहीं था। पैसों का प्रबंध न कर पाना मेरे न जाने का कारण था। उस समय मारुति इंदूरकर के सहयोगी शंकरराव शिवणेकर ऊर्फ दादू थे। उनकी मौसी या बुआ बंगले का प्रबंध देखती थी। शायद उसका नाम येसूबाई होगा। वही मेरी नागपुर यात्रा के ट्रेन की टिकटों के पैसों का प्रबंध करनेवाली थी। पर ट्रेन तो निकल चुकी थी। तब उस औरत ने कहा तू ट्रेन से मत जा, कल सुबह विमान से चला जा। विमान

के टिकट के पैसे मैं दूँगी। तब मैंने कहा कि 'ठीक है।' किंतु उसने तीसरे दिन भी पैसे नहीं दिये। मुझसे पहले ही सुनिल दिघे नागपुर पहुँच गया। उसी रात उस पर हमला हो गया। उसका एक पैर तलवार से तोड़ दिया गया। उसका आधा पैर काटने पर हमलावर उससे पूछने लगे कि 'बता नामदेव ढसाल किधर है? किधर है वह उल्लू?' ऐसा सब कुछ हो गया। अब तो मैं इधर ही था। मैं यहीं से पुणे चला गया और आपसे क्या कहूँ इधर मेरे घर मेरी माँ को समाचार भेज दिया कि 'आपके बेटे की हत्या हो गई है।' इस समाचार को सुनते ही उसी समय मेरी माँ पागल हो गई। वह आज भी पागल ही है। उस बांदरा के बगल में सरकारी कॉलोनी में जो तालाब है, जहाँ पानी जमा हो जाता है, वहीं मेरी पतलून जैसी ही किसी और की पतलून तैर रही थी। मेरी माँ उस तालाब की ओर जाती थी और चिल्लाती थी कि 'अरे मेरे बेटे! तू यहीं मरा है क्या ?' ऐसे न जाने क्या-क्या करती थी। इस तरह सब चल रहा था। राजा ढाले अत्यंत कपटी और षड्यंत्रकारी था। साहित्य के क्षेत्र में काम करनेवाला आदमी इतना भी गिर सकता है क्या ? और गौतम बुद्ध का दर्शन ? बुद्ध के बारे में संपूर्ण विश्व में कितना आदर है। 'बैर से बैर कभी समाप्त हो ही नहीं सकता', इस प्रकार का ज्ञान बताने वाला आदमी, अत्यंत व्यावहारिक दृष्टि रखनेवाला भारतीय दर्शनशास्त्र का पहला मानव गौतम बुद्ध है। राजा ढाले स्वयं को उसी गौतम बुद्ध का अनुयायी मानता है और उसी के ऐसे धंधे हैं। इसे मारना, उसे मारना, बदनाम करना आदि। इस तरह दलित पैन्थर का इतिहास है।

इस इतिहास से बहुत कुछ सीखा जा सकता है। मैंने अब तक जो कुछ बताया है, यह जानकारी किसी को पक्षपातपूर्ण लग सकती है। किंतु मैं स्वयं प्रमुख घटनाओं का साक्षी हूँ। मैंने यह सारी जानकारी किसी स्वार्थ से प्रेरित होकर नहीं बताई है। जो कुछ सीधा-सीधा है, उसी को सपाट तरीके से कहा है। आज राजा ढाले पुन: आकर मिलता है। मेरी ओर उसकी फिर से दोस्ती हो गई है। मैं तो बेशर्म ही हूँ। मैं अनेक बार उसके पास गया था। मैं उसके पास सारी रंजिश खत्म करने जाता हूँ। हम मिलकर सब कुछ छोड़-छाड़कर कुछ भलाई का काम करेंगे आदि। वह अब अच्छी तरह से पेश आता है, ठीक-ठाक बोलता है। पर मैं पैन्थर कैसे छोड़ सकता हूँ ? क्योंकि, उसे हमने ही शुरू किया है। हाँ जी वहीं पैन्थर जिसे राजा ढाले ने विसर्जित किया था।

जिन लोगों को राजा ढाले का पैन्थर विसर्जन का निर्णय पसंद नहीं था, उन्होंने उसी की लीक पर चलना शुरू किया। वे लोग 'भारतीय दलित पैन्थर' वाले हैं। गंगाधर गाडे और शेगावकर मराठवाडा के क्षेत्र में अत्यंत विख्यात हैं। उस गंगाधर गाडे की बात आज भी मुझे याद है। सन् तिहत्तर में कुमार सप्तर्षि ने मराठवाडा में छात्रवृत्ति के सवाल को हाथ में लिया था। गंगाधर गाडे 'रिपब्लिकन स्टुडेंट्स फेडरेशन' में था। कुमार सप्तर्षि ने गंगाधर गाडे को नेस्तोनाबूत कर दिया था, क्योंकि औरंगाबाद मराठवाड़ा का केंद्र है।

वहाँ पिपल्स एजुकेशन सोसायटी द्वारा संचालित 'मिलिंद महाविद्यालय' और 'छात्रावास' भी है। वहाँ कम-से-कम तीन-चार हज़ार छात्र तो होते ही हैं। गंगाधर गाडे मुझे और राजा ढाले को वहाँ ले गया था। यही गंगाधर गाडे दो जून की रोटी के लिए मोहताज था। उसने अब दो झोंपड़पट्टियों पर अधिकार कर लिया था। इसी ने पच्चीस रुपये से लेकर पच्चीस हजार रुपयों तक बेच देने का काम किया था। राजा ढाले ने ऐसे लोगों को मेरे खिलाफ इस्तेमाल किया। मैं तो पहले से ही गुंडा-मवाली था ही। जो आदमी जन्म लेता है, वह तो एक-न-एक दिन मरेगा ही। मैं मौत से तो क्या किसी से भी नहीं डरता। आज भी नहीं डरता।

हमने कभी भी उसे भीख न दी। मजे की बात तो यह है कि राजा ढाले ने जिस किसी उद्देश्य से यह सब किया, उसी के कारण वह भी नेस्तोनाबूत हो गया। आज वह कहीं भी नहीं है। आज उसका वही जारी है सामाजिक आंदोलन (मास मूवमेंट) का मतलब ही क्या है, आज तक मैं जान नहीं पाया। दलितों की सारी समस्याएँ जस की तस हैं। बीते पचास वर्षों में आम्बेडकरी अभियान से जिन लोगों का कायाकल्प हो गया, सात करोड़ जनता का नसीब और जीवन उज्ज्वल हो गया, इस प्रकार से बताया तो जाता है, उन सात करोड़ लोगों की संख्या आज अट्ठाईस करोड़ हो चुकी है। उनमें से बीस प्रतिशत समाज पढ़ा-लिखा समाज है। इन पढे-लिखे लोगों में से अधिकतर लोग सरकारी नौकरी कर रहे हैं। शेष अस्सी प्रतिशत समाज, जैसा था वैसा ही है। उसके पास भूमि नहीं है। आय के साधन नहीं हैं। सभी प्रकार की समस्याओं से वह त्रस्त हो चुका है। यह समाज गाँव-देहातों में उसी तरह से बिखरा पड़ा है। महाराष्ट्र प्रांत में थोड़ा-सा अलग दृश्य या यदि नगरों में दलित रह रहे हों, तो भी अन्य स्थानों वाली स्थिति है। उदाहरण के लिए उत्तर प्रदेश का दृश्य देखिए। मज़ा तो यह है कि आम्बेडकर ने इस संघर्ष के बारे में सारी संसदीय सुरक्षा कानून के द्वारा प्रदान की है। अब सच में भौतिक शोषण के विरोध में संघर्ष करना महत्त्वपूर्ण है। यद्यपि आम्बेडकर संविधान की प्रारूप समिति के अध्यक्ष थे, तथापि यह संविधान समाजवादी समता की अवधारणा थी। यह अवधारणा भारतीय संविधान में प्रतिबिंबित नहीं हुई है, ऐसा आम्बेडकर का मत था। इसका कारण यह है कि जिस काँग्रेस पार्टी की सत्ता थी, उस पार्टी के अधिकांश लोग संविधान सभा में थे। इसी कारण आम्बेडकर ने जो परामर्श दिए थे, वे जैसे के वैसे संविधान में नहीं आ पाये। इस दृष्टि से भी संविधान में अनेक बातें रह गई हैं। आज भी हमारा भारतीय संविधान हमें-आपको सभी की दृष्टि से स्वाधीनता प्रदान करता है।

गिने-चुने लोगों के हाथों में ही आय के सारे संसाधन सौंप दिये जायें इसी तरह की रचना आज भी अक्षुण्ण रूप से चल रही है। इस कारण टाटा-बिड़ला सरकारी कोषागार से पूँजी निकालकर मिल-फैक्टरियों की स्थापना करते हैं और उन पर अपनी मिल्कीयत

कर लेते हैं, इसी तरह की सारी राजनीति चल रही है। तो इस पूरी पृष्ठभूमि पर हम दलितों को विघटनवादी रीति से विचार करना है या हमको स्वयं एक बार जाँच-परख कर लेनी चाहिए। डॉ. आम्बेडकर के सामने भी पूँजीवादी जनतन्त्र में अल्पसंख्यों की समस्या खड़ी हुई। ऐसे में हमेशा ही बहुसंख्य अल्पसंख्य इस प्रकार के भेद वर्षों से जनतांत्रिक शासन पद्धति में जारी रखना ग़लत ही है। फिर कभी न कभी अल्पसंख्य वर्ग को मंत्रालय में जाना ही होगा या बहुसंख्य वर्ग को अल्पसंख्य को मंत्रालय में खींच लेना होगा। जनतंत्र में यही क्रिया होनी चाहिए। किंतु आज हमारी ओर जो अवधारणाएँ हैं वे सारी कि सारी पूँजीवादी शासन प्रणाली की ही हैं। आज या कल यह तो होकर रहेगा। इसका सबसे बड़ा कारण यह है कि आज की विरोधी पार्टियाँ कमजोर हो चुकी हैं। इन लोगों का जनमानस में कोई स्थान नहीं रहा है। सारी क्रांतिकारी पार्टियाँ और राजनीति करनेवाले लोगों ने चुनावों को ही परिवर्तन का ज़रिया मान लिया है। इसी के कारण यह जो कुछ घोटाला चल रहा है, इस घोटाले की पृष्ठभूमि पर दलित लोगों के सामने ही सबसे बड़ी चुनौती है। क्योंकि सबसे बड़ी मोल-भाव की समस्याएँ, सबसे बड़ी चुनौतियाँ हैं।

दलित आदमी के पास ही सबसे बड़ा दारिद्र्य, सबसे बड़ा दुःख है। ऐसे में दलितों के साथ काम करना हो तो अधिक सावधानी के साथ करना होगा और अपना मानवी संख्याबल बढ़ाना ही होगा। संसदीय ढाँचे में यदि आपके पास पर्याप्त संख्याबल नहीं है, तो आपको कोई नहीं पूछेगा। महाराष्ट्र की विधानसभा में दो सौ अट्ठासी निर्वाचन क्षेत्र हैं। उनमें आपके मात्र दो-चार प्रतिनिधि चुने गये तो आपकी वहाँ कुछ भी कीमत नहीं है। कम से कम आपकी जनसंख्या के अनुपात में तो आपके प्रतिनिधि जाने चाहिए। महाराष्ट्र की जनसंख्या में 1/6 लोग अस्पृश्य के रूप में जी रहे हैं। उनमें पचासी लाख केवल बौद्ध ही हैं। उन बौद्धों में भी कितने संप्रदाय हैं। विदर्भ निवासी बौद्ध अलग हैं। उनमें भी लाडवण और बावणे अर्थात् खोब्रागडे अलग और गवईवाले अलग। हमारे पश्चिम महाराष्ट्र में महार और पाणमहार, सोमवंशी और गैर सोमवंशी अलग-अलग हैं। उन बौद्धों में भी अन्य संप्रदाय हैं और बौद्धधर्म का स्वीकार करने पर यह कितनी बड़ी बात है कि आम्बेडकर के बुद्ध का दर्शन दुःख के बारे में विचार करनेवाला दर्शन है। इसी का अर्थ है कि आम्बेडकर जी हीनयान और महायान पंथों में बौद्ध धर्म को सीमित नहीं करते। आम्बेडकर जी का बुद्ध वहाँ विद्यमान है, जहाँ दुःख है। इस दुःख का निवारण किया जा सकता है। इन दुःखों के कारणों की खोज करो और उनका विनाश करो। इस प्रकार की अवधारणाएँ होते हुए भी लोग कुछ भी नहीं कर रहे हैं। इन लोगों की दिलचस्पी किसमें है, तो शंकराचार्य की ठुकाई की जाये। हिंदुओं की संस्कृति जला देनी चाहिए। ये जो ऊपरी बातें हैं, समाप्ति की ओर हैं। ऐसी नष्टप्राय बातों का ही बार-बार पुनर्विचार कर रहे हैं।

•

आम्बेडकर जी ने मनुस्मृति जलाई इस घटना के उस समय कुछ प्रतीकात्मक कारण थे। उन घटनाओं का अनुकरण करने का कोई भी कारण नहीं है। आम्बेडकर ने हमें एक बिंदु-विशेष तक लाकर खड़ा किया है कि आपके हाथों में लगाम दी हुई है और आपको यह पद्धति दिखाई है कि आपका शोषण करनेवाली यही व्यवस्था है। तब इस व्यवस्था को तोड़ना पडेग़ा ही। उसे बिना तोडे, तोड़ने का जो दिखावा किया जा रहा है, उसी दिखावे को हम काट रहे हैं। आम्बेडकर जी ने धर्मांतर करने के बाद रिपब्लिकन पार्टी की उद्घोषणा की थी और उन्हें श्रमजीवी और मजदूर वर्ग की पार्टी अपेक्षित थी। सच्चे अर्थो में विरोधी पार्टी, जो सत्ताधारी पार्टी का विरोध करेगी। मतलब उस आदमी के लिए कितनी बड़ी चुनौती है। यही आम्बेडकर जी स्वतंत्र मजदूर पार्टी के नेता भी थे। 1937 में मजदूरों के विरोध में जो काला कानून (ब्लैक एक्ट) बना, उसमें डांगे के बाद आम्बेडकर का ही काम है। उस समय आम्बेडकर ने इन लोगों को कठोर शब्दों में कहा था कि ब्लैक एक्ट का आप लोगों ने विरोध किया है। किंतु यदि मात्र राजनीतिक महत्त्वाकांक्षा के लिए आप सत्याग्रह करनेवाले हैं, तो यह बात मुझे स्वीकार नहीं है। बस इसी कारण से उसी समय आम्बेडकर और डांगे के संबंध टूट गये थे। किंतु आम्बेडकर किसी भी प्रगतिशील विचारधारा के खिलाफ़ नहीं थे। कम्युनिज़्म के बारे में भी उन्हें उतनी ही आशंकाएँ थीं। क्योंकि उस समय वह केवल एक प्रयोग मात्र था।

बाबासाहब आम्बेडकर जी 1922 में बाद पूर्णत: शिक्षित होने के बाद ही राजनीति में उतरते हैं। 1917 में ही रूस की राजक्रांति हो चुकी थी। वह भी एक प्रयोग ही था। पाश्चात्य दार्शनिकों के मत में वह एक प्रयोग था और उस बारे में हर दार्शनिक को शंका तो थी ही। आम्बेडकर ने कम्युनिज़्म के बारे में जो शंका व्यक्त की वह अत्यंत व्यावहारिक दृष्टि है और वह ध्यान देने योग्य है। कम्युनिस्टों ने भी डॉ. आम्बेडकर जी को पूँजीवादी प्रशासन का नेता कहा था। उन लोगों ने अस्पृश्यता के मुद्दे को गंभीरता से लिया ही नहीं। उनका तो इतना ही कहना था कि 'वर्ग संघर्ष में ही अस्पृश्यता समाप्त हो जाएगी।' सच तो यह है कि यह जातिप्रधान व्यवस्था की अत्यंत गहरी बात है। उन जातियों को तोड़ते ही उनका वर्ग में रूपांतर होना बहुत ही मुश्किल है। पचास वर्षों के कम्युनिस्ट आंदोलन के बाद भी यह सीधा-सादा सच उनकी समझ में नहीं आया, यह बहुत बड़ा दुर्भाग्य है। इधर द्वन्द्ववाद के बारे में डांगे लोगों को समझायेंगे, ऐतिहासिक भौतिकवाद के बारे में पढ़ायेंगे, राजनीतिक अर्थशास्त्र के बारे में पढ़ायेंगे और उधर घर जाकर गणपति की पूजा करेंगे। तिसपर हम कम्युनिस्टों का विश्व बदल चुका है। जो स्वयं का कल्याण नहीं कर सकता वह विश्व को क्या पढ़ायेगा ? अर्थात् सारी विरोधी पार्टियाँ मार्गविहीन हैं, दिशाहारा हैं, दिशाभ्रष्ट हैं, ये अस्पृश्यता की समस्या पर कौन-सा काम करेंगे?

आज भी अस्पृश्यता की समस्या पर अलग से काम किया जाना चाहिए। वह भी

दया या सहानुभूति के कारण नहीं, उनका मूल्यात्मक और संपूर्ण जीवन में मूलभूत परिवर्तन हो इस दृष्टि से हो। सच्चे अर्थ में दलित और सवर्ण इन दोनों में जो माध्यम हैं, उनकी खोज की जानी चाहिए। इसीलिए मैं हमेशा कहता हूँ कि दलित और सवर्ण दोनों की बुद्धि को जगाकर ही अस्पृश्यता की समस्या का समाधान किया जा सकता है। यह जागृति किसलिए करनी है ? वह इसलिए कि इन दोनों का जो भौतिक शोषण हो रहा है, उस शोषण के विरोध में दोनों को भी संघर्ष करना होगा।

आगे से जो भली पार्टी होगी, भला संगठन होगा, उसके साथ मिलकर हम काम करने के लिए तैयार हैं। किंतु आज बैरभाव से, अनुमानात्मक रीति से और विवेचनात्मक पद्धति से अस्पृश्यता की समस्या का समाधान नहीं होगा। अब तो दलित आंदोलन में भी विकृत बातों ने आसन जमा लिया है। 'दलित स्थान' की माँग भी की जा रही है। परसों हाजी मस्तान और कंपनी द्वारा की गई 'दलित-मुस्लिम एकता' की घोषणा आम्बेडकरी सेना से जोड़नेवाली है। डॉ. आम्बेडकर के सभी प्रकार के आंदोलनों का, सामाजिक, राजनीतिक, सांस्कृतिक आदि जितनी भी बातें उन्होंने की या लिखी उन सबके बीच का धागा आप देखिए। इस देश पर उनका निरतिशय प्रेम था। उन्हें अपने संपूर्ण जीवन में इस देश में अनेक बातों के बारे में यन्त्रणा सहनी पड़ी। फिर भी वे कभी भी प्रतिशोध की ज्वाला में नहीं जले। उस महामानव का इस देश पर कितना प्रेम है! फिर इतना भला नेता, इतने भले विचारों की विरासत हमें प्राप्त होने पर भी हम अंधों की तरह आचरण कर रहे हैं और फिर से किसी प्रेषित की प्रतीक्षा कर रहे हैं। यह किसलिए ? सब कुछ हमारे पास है। केवल हमें निद्रा से जागना होगा।

आज तक का इतिहास यही है कि जनता ही इतिहास बनाती है। ज्ञानवान लोगों को सही मायने में सभी समस्याओं के समाधान के लिए संघर्ष करना शुरू करना चाहिए। किंतु यह जातीयवाद धार्मिक रीति से नहीं छूटेगा। कम से कम अस्पृश्यता की समस्या का समाधान तो धार्मिक स्तर पर ले जाकर नहीं होगा। धर्मांतर करने के बाद कितनी मात्रा में नई चेतना उत्पन्न हो गई, इस बात का सिंहावलोकन किसी को तो कभी तो करना ही होगा। बौद्ध धर्म के प्रचार के लिए यहाँ किसी प्रकार का मध्यवर्ती केंद्र या संस्था नहीं है। केंद्रीय संस्था कहीं भी नहीं है और जो भिक्षु संघ है, उसकी रचना भी गणराज्य प्रणाली की है। मानव के इतिहास का जो प्रयासों का समय है, उस समय की वह गणसंप्रदाय की कल्पना है। संक्षेप में उस समय की जो भिक्षुओं की प्रणाली है, वह आज नहीं चलेगी।

आज संपूर्ण विश्व में बहुत बड़ी मात्रा में परिवर्तन हुआ है। जहाँ नाभिकीय अस्त्र और सूर्य पर जाने की अवधारणाएँ प्रारंभ हो गई हैं वहाँ नई रीति से कुछ बातें करनी होंगी और उनका प्रसार भी करना होगा। आपकी केंद्रीय संस्था होनी चाहिए और सर्वसाधारण नागरिक जीवन की समस्याओं से सामना कर सके ऐसा भिक्षुओं के संघ का काम होना

चाहिए। किंतु यहाँ ऐसा कुछ भी दिखाई नहीं देता है। इसीलिए मुझे यह कहना है कि, धर्मान्तर के पच्चीस वर्षों के बाद भी जिन लोगों को हम देखते हैं, वे सारे लोग फिर से देव, धर्म, पूजा आदि कर रहे हैं। जो कोई भी ऐसा नहीं करता उनका दूसरा आचरण आरंभ हो चुका है कि भगवान बुद्ध की मूर्ति के समाने ही नारियल फोड़ा जा रहा है, अगरबत्तियाँ जलाई जा रही हैं। यह सब क्या है? आम्बेडकर जी के बाद उन्होंने किये धर्मान्तर का सही अर्थ लेनेवाले अध्ययनशील लोग हममें बिलकुल नहीं हैं। आम्बेडकर की जीवनी जिस आदमी ने लिखी वह धनंजयराव कीर उनके दो हीरो हैं। इधर सावरकर भी हैं। सावरकर के जीवन के पूर्वार्द्ध में अत्यंत विज्ञाननिष्ठ बुद्धिप्रामाण्यवादी भाग है। बाद में वे पारंपारिक हो गये हैं। तो उनके हीरो आम्बेडकर भी हैं और सावरकर भी हैं। अच्छा! आम्बेडकर हैं, किंतु मूल आम्बेडकर जी उनकी जीवनी से नदारद हैं। फिर अन्य जो दलित लोग हैं, उन्हें इस बात का अनुसन्धान करना होगा। इस महामानव ने क्या किया है, इसका सही-सही चित्रण किसी ने भी नहीं किया। यह चित्रण करना अनेक वर्षों तक चलनेवाला काम है। अनेक तपों का काम है। इस प्रकार पैन्थर का लेखाजोखा है। राजनीति कहिए, लफड़ा कहिए या मज़ा कहिए, किंतु मज़ा कहना बड़ा उपहास होगा। यह ऐसा नहीं है। वैसे देखा जाए तो राजनीतिक परिपक्वता के न होने पर भी, किसी प्रकार का अनुभव न होते हुए भी हमने बहुत बड़ा काम किया है।

आज के समय कहा जा सकता है कि पैन्थर में बहुत-सी अटपटी, गज़ब की बातें भी हुई हैं। विशेषकर सुपरस्ट्रक्चर पर आधारित आंदोलन झट-से खड़े हो जाते हैं। आप लोगों ने नामांतर की घटना देखी ही होगी। किसी वास्तु को डॉ. आम्बेडकर जी का नाम देते ही वह वास्तु बहुत बड़ी होगी यह नहीं हो सकता। अत: यदि आपको संसदीय पद्धति से समस्याओं का समाधान खोजना है, तो लोगों के संख्याबल का जुगाड़ कराना ही होगा। अनुमान प्रणाली से जाना हो तो राज्य व्यवस्था को चुनौती देना, कंधे पर बंदूक लेना और शिक्षा का इस्तेमाल करना होगा। सभी बातों का खयाल करनेवाले और तीन हजार वर्षों का सभी प्रकार का संसार समाप्त कर चुके लोग अभी-अभी नागरी जीवन जीने लगे हैं तब तो इतनी जल्दी वे लोग समर्पण की ओर नहीं झुकेंगे। आम्बेडकर जी का सही दर्शन उन्होंने जागृत किये लोगों का संख्याबल ही है। यह बल टूटने से काम नहीं चलेगा। आम्बेडकर को रक्तपात से सख्त नफ़रत थी। हिंसा किये बिना क्या परिवर्तन लाया जा सकता है, फिर वह मानव के मन में हो, अनुशासन में हो इसी बात पर वे बल देते थे। इसी कारण हमारे जैसे लोग, जो क्रांति की भाषा बोलते हैं, वे सभी मार खाते हैं। यद्यपि मैं स्वयं दलित पैन्थर का संस्थापक हूँ, तथापि आठ-नौ वर्षों तक वनवास में था। तब ये सारी अवधारणाएँ हैं।

आम्बेडकर के निधन के उपरांत जो ध्रूवीकरण होना चाहिए था, वह काम किसी

ने भी नहीं किया। दलित पैन्थर ने बहुत सारा काम किया। किंतु यह काम केवल दबाव गुट के रूप में ही किया है। समस्याओं पर काम नहीं किया। इन समस्याओं पर काम करना हो तो लोगों का संख्याबल अत्यंत आवश्यक है। यदि संख्याबल जुटाना हो तो सभी अस्पृश्यों को साथ लेना होगा और सवर्णों में जिनकी आजीविका की समस्या दलितों की तरह ही है, ऐसे सवर्णों को भी साथ लेने की प्रक्रिया होनी चाहिए। इस प्रक्रिया के बिना संसदीय जनतंत्र में हमारी प्रतिष्ठा नहीं बढेगी। हमारा प्रतिनिधित्व नहीं बढेगा और क्रांतिकारी पद्धति से जाना निश्चित करने पर भी जा नहीं सकते। यही बात महत्त्वपूर्ण है। इस दृष्टिकोण से इस बात पर विचार होना महत्त्वपूर्ण है। यदि हम ऐसा नहीं करेंगे, तो किसी भी प्रकार का विकास नहीं होगा। आज या कल इस बात पर कोई तो अवश्य विचार करेगा। आज तक प्रकृति का इतिहास यही है और मानव का इतिहास भी इसी प्रकार का है कि मानव को जो कुछ अन्याय लगता है, वह उसे फेंक देता है और जो उसके जीने के लिए उपयुक्त सिद्ध होता है, उसे ही अपनाता है। मानव के स्वभाव में यह जो मूलभूत स्थायी भाव है, उसके बारे में मैं अत्यंत आशावादी हूँ। आज दलित आंदोलन को कम्युनिस्ट बनना या समाजवादी बनना जैसी बातों को परे हटाकर सर्वप्रथम जनों का संख्याबल किस प्रकार से एकत्र किया जाता है, यही देखना उचित है। इसके साथ ही रचनात्मक कार्यों का योगदान भी होना चाहिए। हमारे साथ दलित पैन्थर का जो फालूदा हो गया, उसका कारण यह है कि हमने दबाव की राजनीति का अधिक इस्तेमाल किया। हमने किसी भी प्रकार का रचनात्मक कार्य किया ही नहीं। क्योंकि आज हमारे बीस प्रतिशत शिक्षित लोग सरकारी नौकरियों में हैं, तो मात्र पाँच प्रतिशत ही लोग प्रथम श्रेणी की नौकरियों में हैं। डेढ़ प्रतिशत लोग द्वितीय श्रेणी की नौकरियों में हैं। तेरह-चौदह प्रतिशत लोग तृतीय श्रेणी की नौकरियों में काम करते हैं और चौंतीस प्रतिशत लोग चतुर्थ श्रेणी की नौकरियों में हैं। अर्थात् आप पहले पूर्वजीवन में यही थे। और आज भी वही हो जाओ 'साफ-सफाई करनेवाले'। तो इन सभी बातों पर अत्यधिक गंभीरता से विचार होना चाहिए।

●●●

2.

दलित पैन्थर के उदय का इतिहास

प्रह्लाद चेंदवणकर

'ऑर्डर.....ऑर्डर' मेरे इस काव्य संकलन के लिए विजय तेंदुलकर द्वारा भूमिका लिखने से पूर्व मैं अपना वक्तव्य (हमें तो बाबा ऐसा लगता है) लिखकर मुक्त हो चुका था और नवा काळ के संपादक श्री. नीलकंठ खाडिलकर ने अपने अग्रलेख में मेरे वक्तव्य के लिए कुछ वाक्य आईने की तरह मेरे सम्मुख रखकर मुझसे पूछा था -

''वाह, आप भी 'दलित पैन्थर' के प्रवर्तकों में से एक हैं क्या ? फिर भी आप चुप कैसे हो?

कहिए, सन् 1972 में, क्रुद्ध दलित युवकों द्वारा स्थापित 'दलित पैन्थर' के मूल प्रवर्तक कौन थे ?

'दलित पैन्थर' की स्थापना के पीछे प्रमुख कारण, लक्ष्य, उद्देश्य और तत्त्व कौन-से थे ?

'दलित पैन्थर' क्या मात्र एक लहर थी ? और अब वह लहर खत्म हो गई है क्या? बाद में दलित पैन्थर के अनेक टुकड़े हो गये, ये टुकड़े क्यों, कैसे और किसने किये ?''

इन सभी प्रश्नों के उत्तर अनेक लोग अनेक पद्धतियों से दे सकते हैं। मैं भी अपनी योग्यता के अनुसार इन प्रश्नों के उत्तर देने का प्रयास करूँगा।

किंतु उपर्युक्त प्रश्नों के उत्तर देनेवाले व्यक्ति इस बात से परहेज करने पर बात नहीं बनेगी और वह यह कि 'दलित पैन्थर' की स्थापना के मूल बीज दलित साहित्य के आंदोलन में छिपे हुए हैं। इतना ही नहीं 'दलित पैन्थर' के जो जो लोग प्रवर्तक माने जाते हैं, उनमें से निन्यान्नबे प्रतिशत लोग दलित साहित्यकार हैं। इसका मतलब यह नहीं कि उस समय के सभी विख्यात दलित साहित्यकार ही दलित पैन्थर के मूल प्रवर्तक हैं।

क्योंकि ऐन संघर्ष के समय 'आप लड़िये, हम आपके कपड़े संभालते हैं', इस प्रवृत्ति के भी कुछ दलित साहित्यकार उस समय थे। तो कहने का अर्थ यह है कि 'दलित पैन्थर' के उदय के पीछे के कारण, उद्देश्य और प्रेरणाओं को खोजना है, तो सर्वप्रथम दलित साहित्य के आंदोलन का ब्यौरेवार सिंहावलोकन करना ही पडेग़ा। इसके बिना कोई और चारा ही नहीं है।

उपर्युक्त प्रकार का सिंहावलोकन करने के लिए 1958 से 1972 के एक तप से भी अधिक समय में दलित साहित्य के मार्गक्रमण की जानकारी भी प्राप्त करनी होगी। किंतु इस जानकारी को प्राप्त करते समय डॉ. बाबासाहब आम्बेडकर जी द्वारा आरंभ किये मानव-मुक्ति के आंदोलन को भूलाकर काम नहीं चलेगा। क्योंकि यदि आम्बेडकरवादी आंदोलन न हुआ होता, तो दीन-हीन दलित-पददलित लोगों को ज्ञान का प्रकाश ही नहीं दिखाई दिया होता। ऐसे में उनके द्वारा ज्ञानपुंज के रूप में स्वयं को घोषित करने की बात ही रहने दीजिए।

तो कहने का अर्थ यह है कि दलित युवकों को दलित साहित्यकार बनने से पूर्व साक्षर होना आवश्यक था और उन्हें इस प्रकार का अवसर प्राप्त होना अनिवार्य था।

इस प्रकार का अवसर स्वयं डॉ. बाबासाहब आम्बेडकर जी ने ही सन् 1945में 'पीपल्स एजुकेशन सोसाइटी' की स्थापना करके तथा इसी सोसाइटी के बैनर तले मुंबई में 'सिद्धार्थ महाविद्यालय' और औरंगाबाद में 'मिलिंद महाविद्यालय' स्थापित कर दलित युवकों के लिए ज्ञान-विज्ञान के दरवाजे पूरी तरह से खोलकर प्रदान किया था।

सिद्धार्थ और मिलिंद महाविद्यालयों में सैंकड़ों दलित युवक शिक्षा ग्रहण करने लगे। स्नातक, स्नातकोत्तर उपाधियाँ अर्जित करने लगे। शेरनी का दूध पीकर बाहर आने लगे।

इन युवाओं ने अपने माता-पिता का, रिश्तेदारों का और जातीय बांधवों का दु:ख, दीनता, दरिद्रता स्वयं अपने आँखों से देखी थी, कानों से सुनी थी, इतना ही नहीं स्वयं भी भुगती थी, महसूस की थी, उसका हलाहल पचाया था। उस दु:ख की जलन वे जानते थे। इसीलिए इस दु:ख के, दरिद्रता के, अन्याय के विरोध में उनका खून हिलोरें मार रहा था। मन में आग लगी थी। यहाँ की जातीयवादी विषम समाजव्यवस्था की ज़हरीली लता को समूल उखाड़ने के लिए उनके बाजू फड़क रहे थे। क्योंकि यही उनकी असीम वेदना और दु:ख का मूल कारण है, यही उन्हें आम्बेडकरवादी आंदोलन ने सिखाया था।

इस प्रकार के पढे-लिखे दलित युवाओं के भड़के हुए मन वेदनाओं को, संवेदनाओं को, कहानियों को और व्यथाओं को शब्द देने के लिए उतावले हो रहे थे।

ऐसे समय में दलित-बौद्ध समाज के एक सम्माननीय नेता और पीपल्स एजुकेशन

सोसाएटी के आजीवन सदस्य सचिव घनश्याम तलवटकर आगे आये। क्योंकि वे स्वयं एक साहित्यकार हैं, कवि हैं, उस समय के नाटकों में उन्होंने अनेक भूमिकाएँ भी निभाई हैं।

उनके केबिन की बैठक में उस समय बाबूराव बागूल, प्रा. यादवराव गांगुर्डे, प्रा. रमाकांत यादव, कवि चोखा कांबले, दिनेश लखमापुरकर आदि लोग हमेशा होते थे। निग्रो साहित्य के अध्येता और महान् दार्शनिक डॉ. म. ना. वानखेडे भी बीच-बीच में वहाँ आते थे। वे औरंगाबाद के मिलिंद महाविद्यालय के प्रधानाचार्य थे। इन सभी के मिलने के परिणाम में 'आकार' नामक दलित कवियों की प्रतिनिधि कविताओं का संकलन प्रकाशित हो गया।

घनश्याम तलवटकर द्वारा ही संस्थापित 'दलित साहित्य संघ' के तत्त्वावधान में मुंबई के मोरबाग मार्ग स्थित बंगाली विद्यालय के कक्ष में एक सम्मेलन आयोजित किया गया। इस सम्मेलन के अध्यक्ष तत्कालीन सांसद बी. सी. कांबले थे। उनके सभापतित्व में 2 मार्च 1958 को यह सम्मेलन हुआ था। घन श्याम तलवटकर इस सम्मेलन के स्वागताध्यक्ष थे। विख्यात उपन्यासकार लोकशाहिर आण्णा भाऊ साठे इस सम्मेलन के उद्घाटक थे।

इसी समय उद्घाटक आण्णा भाऊ साठे के मुख से "यह धरती शेषनाग के सिर पर आधारित नहीं है, अपितु दलितों के हाथों पर स्थित है," इस प्रकार की क्रांतिकारक चेतना बाहर निकली।

सन् 1967 में घन श्याम तलवटकर के ही अध्यक्षता में स्थापित 'महाराष्ट्र बौद्ध साहित्य सभा' के तत्त्वावधान में 16 और 17 दिसम्बर के दिन दादर स्थित 'मुंबई ग्रंथ संग्रहालय' के सभागृह में साहित्य सम्मेलन का आयोजन किया गया था। इस सम्मेलन के अध्यक्ष प्रधानाचार्य म. भि. चिटणीस थे और स्वागताध्यक्ष के रूप में स्वयं घन श्याम तलवटकर थे।

अभिजात मराठी साहित्य को बहुत बड़ा धक्का देनेवाले बाबूराव बागूल उस समय विख्यात हो चले थे। उनके उस समय के कहानी संकलन 'जेंव्हा मी जात चोरली होती' और 'मरण स्वस्त होत आहे' प्रकाशित हो चुके थे और इन दोनों कहानी संकलनों ने मराठी साहित्य के क्षेत्र में बहुत बड़ी हलचल मचाई थी।

आज तक मराठी साहित्य द्वारा उपेक्षित कुरूप दलित जीवन की ये कहानियाँ व्यथा और वेदनाओं की थीं, उनमें आक्रोश था।

हृदय भेद कर रक्तलांछित करनेवाली ये कहानियाँ पढ़कर दलित समाज का पढ़ा-लिखा नौजवान बेचैन हो जाता था। किंतु उन्हीं की तरह संपूर्ण महाराष्ट्र के कोने-कोने के सैंकड़ों, हजारों नौजवान बेचैन हैं। इस बात का अनुभव सन् 1971 के महाड में आयोजित

'बौद्ध साहित्य सम्मेलन' के समय हुआ।

इस साहित्य सम्मेलन के सभापति महान् लघु-कथाकार बाबूराव बागूल ही थे। इन्होंने अपने अध्यक्षीय वक्तव्य में दलित साहित्य को एक ठोस दिशा प्रदान की, इतना ही नहीं इन्होंने इस जातिवाचक शब्द 'दलित' को एक नया और व्यापक अर्थ भी प्रदान किया। कम-से-कम मुझे तो ऐसे ही महसूस हुआ।

मुझे ऐसा महसूस क्यों हुआ यह पाठकों की समझ में आ जाये इसलिए मैं बाबूराव बागूल के अध्यक्षीय वक्तव्य का महत्त्वपूर्ण भाग यहाँ उद्धृत कर रहा हूँ। बाबूराव बागूल कहते हैं "मानव ही दलित साहित्य का केंद्रबिंदु है। यह मानव अन्याय के खिलाफ़, अत्याचार के खिलाफ़, शोषण के खिलाफ़, यन्त्रणा के खिलाफ न्याय की माँग करता है। सम्पूर्ण सामाजिक परिवर्तन ही उसकी माँग है। अर्थात् वह सर्वग्राही क्रांति का जयघोष करनेवाला मानव है। वह समता, स्वातन्त्र्य, विश्वबन्धुता और सम्यक् क्रांति का समर्थक है। उसका शत्रु हिंदुओं के धर्मग्रंथों में अर्थात् वेदों और पुराणों जैसी पोथियों में छिपा हुआ है। वह शत्रु दिखाई नहीं देता। उसे हम लोगों को ढूँढ़कर निकालना होगा। उस शत्रु पर कठोर प्रहार करने होंगे। क्योंकि उसी शत्रु ने चातुर्वर्ण्य पर आधारित 'विषम समाज व्यवस्था' को उत्पन्न किया है और इस विषम समाज व्यवस्था ने 'जाति' को उत्पन्न किया है। यह 'जाति' मानव के मन में स्थित है। यदि जाति को वहाँ से निकालना है, तो मानव का मन बदलना आवश्यक है।"

इसीलिए जिन धर्मग्रंथों और पुराणों जैसी पोथियों ने समाज में जातीयता की ज़हरीली लता को पाला है, उन्हीं धर्मग्रंथों का विचारपूर्ण रीति से समाचार लेना होगा। बाबूराव बागूल के उपर्युक्त भाषण से मुझ जैसे अनेक पढे-लिखे दलित युवक मन्त्रमुग्ध हो गये।

इसी सम्मेलन की एक संगोष्ठी में डॉ. म. ना. वानखेडे जी ने अमेरिका के 'निग्रो साहित्य' के बारे में जानकारी दी। यह जानकारी भी कम-से-कम मैं तो पहली बार सुन रहा था।

अमेरिका का गोरी चमड़ी का मानव उसी देश के काले रंग के निग्रो मानव के साथ किस प्रकार जानवर से भी बदतर व्यवहार करता है, इस बात की सारी जानकारी देने के बाद डॉ. वानखेडे ने भारत के अस्पृश्यों के साथ सवर्ण हिंदुओं के द्वारा किये जानेवाले अमानवीय व्यवहार से उस व्यवहार की किस प्रकार की समानता है, यह तुलनात्मक रीति से समझा दिया और इसी कारण अमेरिका के काले निग्रो द्वारा निर्मित निग्रो साहित्य का भारत में अस्पृश्यों द्वारा निर्मित साहित्य के साथ किस प्रकार का अत्यंत समीप का रिश्ता है, यह बात भी उदाहरण के साथ विशद की।

अमेरिका का निग्रो मानव अब जागृत हो चुका है। अन्याय के खिलाफ़ सचेत हो

उठा है, ''काला रंग ही सौन्दर्य का प्रतीक है।'' (Black is Beautiful) जैसी घोषणा देकर वह अपने न्याय के लिए, सत्ता, संपत्ति और प्रतिष्ठा प्राप्ति के लिए गोरे अमेरिकी लोगों के खिलाफ़ सिर पर कफ़न बाँधे रास्ते पर आया है। उसने क्रुद्ध निग्रो युवकों का 'ब्लैक पैन्थर' नामक लड़ाकू संगठन का निर्माण किया है। वह लिख भी रहा है और लड़ भी रहा है। दलित साहित्यकारों को भी शायद इसी रास्ते से आगे बढ़ना होगा, इस प्रकार की सुप्त चेतावनी भी डॉ. म. ना. वानखेडे जी ने उसी समय दी थी।

इसी गोष्ठी में अपने भाषण में आलोचक वा. ल. कुलकर्णी ने भी एक अत्यंत महत्त्वपूर्ण बात कही थी कि दलित साहित्य के निर्माण के समय परंपरागत मराठी साहित्य के भवन को झटका लगा है और उस भवन की थोड़ी-बहुत गिरावट होने पर भी कोई आपत्ति नहीं है। क्योंकि इस प्रकार की गिरावट होना अनिवार्य है। किन्तु फिर भी सभी को दलित साहित्य का उत्साहपूर्वक रीति से स्वागत करना ही होगा।

महाड के दलित साहित्य सम्मेलन के समापन के बाद मुंबई, पुणे, नासिक, औरंगाबाद, नागपुर, नांदेड आदि स्थानों से पधारे युवा साहित्यकार बेचैन मन से अपने स्थानों पर लौट गये।

इसी समय महाराष्ट्र के अनेक देहातों-गाँवों से दलितों पर होने वाले अमानवीय अन्याय-अत्याचारों के समाचार हर रोज मुंबई के समाचारपत्रों में प्रकाशित हो रहे थे।

पुणे के समीप स्थित 'बावडा' नामक गाँव में गाँववालों ने दलित बौद्धों का तेल, नमक और पानी बंद कर उन्हें बहिष्कृत कर दिया था। मराठवाडा प्रदेश के ब्राह्मण गाँव में एक दलित स्त्री को नंगा कर सवारी (जुलूस) निकाली गई थी।

नागपुर से पच्चीस किलोमीटर के अंतर पर स्थित एरण गाँव के रामदास नारनवरे नामक बौद्ध युवक को उसकी माँ और बीवी से बलपूर्वक रीति से अलग कर जबरदस्ती देवी के सामने नरबली के रूप में अर्पित कर दिया था।

उपर्युक्त प्रकार के समाचार पढ़ने और सुनने पर दलित युवा साहित्यकारों के सिर घूम रहे थे। कनपटियाँ तप रही थीं और उनके मन में लगी आग लेखनी से निकले शब्दों में अभिव्यक्त हो रही थी। ये शब्द बंदूक से छूटी गोलियों की तरह अपने शत्रुओं को भेद रहे थे। उस समय लिखी गई बहुसंख्य दलित कविता, कहानियाँ और लेख दलित समाज के प्रक्षुब्ध भावों का कोलाहल था। डॉ. बाबासाहब आम्बेडकर जी के महापरिनिर्वाण के बाद बिखरा हुआ दलित समाज फिर से एक होकर अन्याय-अत्याचारों के खिलाफ़ विद्रोह करने की मन:स्थिति तक आ पहुँचा था। वह भारतीय रिपब्लिकन पार्टी के नेताओं की ओर मुँह बाये देख रहा था, किंतु वे तो अपने-अपने अलग-अलग वितानों में आराम कर रहे थे। उनके मुख में तो त्रिशरण था, पर वास्तव में उन्हें अपने-अपने नाम के फलक लगाकर चला रखा अपना पेट भरने का काम दिखाई देता था।

संयुक्त महाराष्ट्र समिति के टिकट पर चुनाव लड़ते समय जो रिपब्लिकन नेता 'काँग्रेस एक जलता हुआ घर है, ऐसा बाबासाहब जी ने कहा था' ऐसा बतानेवाले रिपब्लिकन नेता समिति के टूट जाने पर काँग्रेस के उसी जलते हुए घर के गद्दे-तकियों पर आराम करते दिख रहे थे और हम काँग्रेस में अर्थात् सत्ताधारी पार्टी में हैं अर्थात् योग्य स्थान में हैं, इस व्यवहारवादी दर्शन का विवेचन भी अत्यंत निष्पाप रीति से करते दिखाई देते थे। ठीक इसके विपरित कहें तो 'काँग्रेस एक जलता हुआ घर है' यह डॉ. बाबासाहब आम्बेडकर जी का वाक्य गलत है और हम उस वाक्य को किस प्रकार संशोधित कर रहे हैं, ऐसा ही वे कहना चाहते थे, इसी प्रकार के भाषण झड़ रहे थे।

इस संदर्भ में 5 सितम्बर 1972 के दिन मुंबई के 'नवा काळ' नामक समाचार पत्र में तत्कालीन सांसद आर. डी. भंडारे जी का एक भाषण प्रकाशित हो गया था, जो अत्यंत समर्पक है

"बाबासाहब का ध्येयवाद आचरण में लाने के लिए आवश्यक उपकरण के रूप में हमने काँग्रेस में प्रवेश किया है।" इस प्रकार का वक्तव्य सांसद आर. डी. भंडारे जी ने मा. दादासाहब रुपवते के सत्कार समारंभ के समय किया था। उन्होंने कहा था "रिपब्लिकन पार्टी में सम्मानीय स्थान न मिलने के कारण दादासाहब ने काँग्रेस पार्टी में प्रवेश किया ऐसा कहना अत्यंत गलत है।" आगे उन्होंने कहा कि बाबासाहब का ध्येयवाद आचरण में लाने हेतु रिपब्लिकन पार्टी यह संसाधन अत्यंत अधूरा है। सत्ता पर कब्जा जमाना इस पार्टी के लिए संभव नहीं है और सत्ता के बिना ध्येय को प्राप्त नहीं कर सकते। इसीलिए हम साधन बदला है, साध्य नहीं।"

"क्या, है कि नहीं मुँहतोड़ जवाब?"

काँग्रेस प्रवेश के बारे में इसी प्रकार का समर्थन करते इन नेता लोगोंने शंकर पाटिल नामक तत्कालीन मंत्री के भाई शहाजी पाटिल ने अपने बावडा गाँव के निवास के समय दलित बौद्धों पर जो बहिष्कार किया था, उस बहिष्कार के विरोध में एक अक्षर भी उच्चारित नहीं किया था। यह सब देखकर दलित साहित्यकार क्रुद्ध होकर इन नेताओं के विरोध में स्पष्ट रूप से बोल रहे थे, लिख रहे थे। इसी दरमियान बाबूराव बागूल जी ने 'आम्ही' नामक मासिक पत्रिका घन श्याम तलवटकर की सहायता से शुरु किया। 'आम्ही' का प्रथम अंक तो सच में एक भरापूर दिपावली अंक था। इसी अंक में मेरी कविता 'एक कप चहाचा' (एक प्याली चाय) जो बाद में बहुत ही विख्यात हो गई, प्रकाशित हुई थी।

वडाला के आम्बेडकर महाविद्यालय के सिद्धार्थ छात्रावास में 'आम्ही' पत्रिका का कार्यालय सजाया गया था। वहीं हम सभी नौसिखिये युवा साहित्यकार एक साथ बैठने लगे। बाबूराव बागूल से चर्चा शुरु हो गई। इस चर्चा में मैं स्वयं, उमाकांत रणधीर, नामदेव ढसाल, राजा ढाले, अर्जुन डांगले, दया पवार, ज. वि. पवार आदि अनेक युवा

हिस्सा लेने लगे।

इसी समय मैं यथाशक्ति यथासंभव सामाजिक कार्य कर ही रहा था। जिस गोदी में मैं काम करता था, वहीं मैंने 'शेड्युल ट्राईब वेलफेअर असोशिएशन' नामक संस्था की स्थापना की थी और उस संस्था के सरचिटणीस के रूप में भी मैं स्वयं काम देख रहा था।

उसी तरह हमारे विभाग में चर्मकार समाज के एक कार्यकर्ता श्री. पुगाँवकर द्वारा स्थापित 'गटई मजदूरों के संगठन' में भी मैं सरचिटणीस का काम देख रहा था। मुझे गटई मजदूरों के संगठन का काम करते देखकर अनेक लोग मेरी पीठ पीछे "यह बौद्ध है या चमार है ?" इस प्रकार का कुत्सित प्रश्न किया करते थे। किंतु उस प्रश्न पर मुझे क्रोध आने के स्थान पर उन प्रश्नकर्ताओं पर दया ही आती थी। परंतु बाद में जब मैंने इस प्रश्न के बारे में बहुत ज्यादा विचार करना शुरू किया, तब मुझे अहसास हुआ कि इस प्रकार के प्रश्न पूछने वालों का इसमें कोई भी दोष नहीं है, दोष होगा भी तो यहाँ की समाजव्यवस्था का ही दोष है। क्योंकि, इस समाज व्यवस्था ने हमारे संतों और महापुरुषों को भी जहाँ जातियों में विभक्त किया है, वहाँ मुझ-से साधारण कार्यकर्ता की मुक्ति कैसे हो सकती है?

यह सब कुछ बताने का कारण है कि, मुझे इस चर्चा के चक्र में फँसकर तिनका-तिनका होने से अधिक फील्ड वर्क में अधिक रुचि थी।

बाबूराव बागूल को जब इस बात का अहसास हो गया, तो उन्होंने मुझे 'आम्ही' के सहसंपादक पद की जिम्मेवारी सौंपी। मैंने भी इस जिम्मेवारी को आनंदपूर्वक स्वीकार किया और इस तरह अनेक दलित तथा प्रगतिशील साहित्यकारों से मेरा परिचय होने लगा एवं उनसे चर्चा करने का अवसर भी मिलने लगा।

हम सब कभी छात्रावास के भोजनालय में तो कभी नायगाँव के मुंबई मराठी ग्रंथ संग्रहालय की सीढ़ियों पर, कभी दादर बंबखाने के सम्मुख स्थित इरानी के होटल में तो कभी वा. वि. भट के अभिनव प्रकाशन की बेंचों पर या घन श्याम तलवटकर की भव्य केबिन में नई कविताओं और नई कहानी-उपन्यासों को लेकर चर्चा करते थे। समाचार पत्रों में आनेवाले अन्याय-अत्याचार के समाचारों के बारे में हाथ हिला-हिला कर बोलते थे। हम सबको इस विषय पर प्रत्यक्ष कुछ कार्य करना होगा, इस प्रकार के विचार प्रस्तुत करते थे।

दादर के बंबखाने के सम्मुख स्थित इरानी होटल में देर रात तक बाबूराव बागूल लेखन कार्य करते हुए बैठते थे। हम बार-बार वहाँ जाते थे। वहीं कवि नारायण सुर्वे, प्र. श्री. नेरुरकर, डॉ. सदा कऱ्हाडे, कवि श्रीकृष्ण पोवले, सतीश कालसेकर, विजय तेंदुलकर आदि साहित्यकार आते थे। 'समग्र और सम्यक् क्रांति' के विषय से लेकर आज के युवा कवि की कविता तक सभी विषयों पर घंटों तक चर्चा हुआ करती थी। एक दिन इसी इरानी के होटल में बैठकर हम दलित साहित्यकारों ने तत्कालीन मुख्यमंत्री वसंतराव

नाईक की सरकार को चेतावनी देनेवाले 'पहिले' शीर्षक से कड़ा पत्रक निकाला। यही पत्रक आगे स्थापित हो रहे 'दलित पैन्थर आंदोलन' की नांदी साबित हो गया।

उस पत्रक में हम दलित साहित्यकारों ने सरकार को चेतावनी दी थी कि महाराष्ट्र के अनेक देहातों में सवर्ण जाति के लोगों द्वारा दलित समाज पर हो रहे अमानवीय अन्याय-अत्याचारों को यदि सरकार तुरंत कार्रवाई करके रोक नहीं देती तो हम दलित साहित्यकारों को कलमें तोड़कर हाथों में हथियार लेने पडेंग़े और उससे पैदा होनेवाले अंजामों की पूरी जिम्मेवारी सरकार की रहेगी। उपर्युक्त मजमून के पत्रक पर राजा ढाले, नामदेव ढसाल, प्रह्लाद चेंदवणकर (मैं), अर्जुन डांगले, उमाकांत रणधीर, ज. वि. पवार, रामदास सरोटे ने हस्ताक्षर किये थे। उस दिन बाबूराव बागूल दादर में नहीं थे। इसलिए हम सभी उनके हस्ताक्षर के लिए उनके माटुंगा स्थित घर पर गये। उन्हें वह पत्रक दिखाया, किंतु हमारे पत्रक की भाषा अधिक दारुण और आक्रामक थी, उसे थोड़ा-सा बदलना होगा ऐसा प्रस्ताव बाबूराव बागूल ने रखा। उनके इस कथन को हम सभी ने नकारा और इसी कारण उन्होंने हमारे पत्रक पर हस्ताक्षर करना टाल दिया। तब इस पत्रक पर बाबूराव बागूल के हस्ताक्षर लिये बिना ही हम सभी उनके घर से जोशो-खरोश में निकल पड़े और नवा काल, लोकसत्ता, महाराष्ट्र टाइम्स, नवशक्ति आदि समाचार-पत्रों के कार्यालयों की ओर निकल पडे। बाद में वह पत्रक बहुत-से समाचार-पत्रों में प्रकाशित हो गया।

किंतु हम पत्रक छपवाकर ही नहीं रूके।

हमने वडाला के सिद्धार्थ छात्रावास के दलित छात्रों की सहायता से पंद्रह अगस्त 1971 के दिन मुख्यमंत्री वसंतराव नाईक के मलबार हिल स्थित घर पर जुलूस निकालने का निश्चय किया और उस दृष्टि से तैयारी भी करने लगे।

मैं स्वयं और ज. वि. पवार कुलाबा स्थित ससून सभागृह के समीप की दलित बस्तियों से फलटण मार्ग पुलिस चौकी के समीपस्थ रमाबाई आम्बेडकर नगर तक भूख-प्यास भूलकर छोटी-बड़ी सभाएँ लेते चले गये, देहातों में हो रहे अत्याचारों के खिलाफ़ लोगों के मन में चिनगारी लगाते गये।

वडाला के एण्टाप विलेज़, बाप्टी रोड, कामाठीपुर की ढोर चॉल और ताड़देव स्थित उषाकिरण नामक उँची इमारत के नीचे बसी झोंपड़पट्टियों में भी ज. वि. पवार, उमाकांत रणधीर, रामदास सरोटे, अर्जुन डांगले, नामदेव ढसाल, राजा ढाले और मैं देर रात तक भाषण करते रहते थे। पंद्रह अगस्त के जुलूस में अधिक से अधिक लोगों ने सम्मिलित होना चाहिए इसी उद्देश्य से काम रहे थे।

ढोर चॉल में रहनेवाले रामदास सरोटे के पिता किसी श्रमिक संगठन के कार्यकर्ता थे। उनके घर में एक माईक और एक फोनोग्राम था। इन दो चीज़ों को लेकर रामदास सरोटे

सभा के स्थान पर हम सभी से पहले ही हाजिर हो जाता था। कौन-से दिन, किस जगह और किस समय सभा होगी, इस बात का एक सप्ताह पहले ही हमारा पूर्व-नियोजन किया जाता था।

इस प्रकार हममें से हर कोई जन-जागरण के लिए आपा खोकर काम कर रहा था। किंतु इस तरह काम करते हुए वह अपनी जेब से खर्च कर रहा, कभी-कभी तो फाँके काटने पड़ते, इन बातों की परवाह नहीं करता था। हम लोगों ने दृढ़-प्रतिज्ञा की थी कि किसी भी हालत में लोगों के सामने हाथ नहीं फैलायेंगे। क्योंकि, बाबासाहब आम्बेडकर जी के महापरिनिर्वाण के पश्चात् रिपब्लिकन पार्टी के सभी गुटों ने किसी-न-किसी बहाने गरीब लोगों से पैसे ऐंठे थे और इन पैसों को किसी भी तरह का हिसाब न देकर पचाया भी था। उसी कारण इन नेताओं ने जनता का भरोसा गँवा दिया था।

पंद्रह अगस्त 1971 के दिन सुबह दस बजे 'विद्यार्थी युवक संगठन' (छात्र युवा संगठन) के बैनर तले, वडाला के सिद्धार्थ छात्रावास से हमारा जुलूस निकल पड़ा और दोपहर के दो बजे मलबार हिल पहुँच गया। इस जुलूस में हमारी आशा से कम यानी मात्र चार-पाँच सौ लोग ही शामिल हुए थे। किंतु लोगों ने हम युवा कार्यकर्ताओं को जो प्रतिसाद दिया, यह देखकर हमारा उत्साह दुगुना हो गया।

" क्या इस जुलूस का समाचार 'नवा काल' में छपेगा?" राजा ढाले ने मुझसे पूछा।

"क्यों नहीं छपेगा? 'नवा काल' तो हमारा ही समाचार-पत्र है।" मैंने आत्मविश्वासपूर्वक जवाब दिया। क्योंकि, उस समय 'नवा काल' के उपसंपादक दत्ताराम बारस्कर से मेरी अच्छी दोस्ती थी।

निचले स्तर के जिन लोगों तक ख्याति का प्रकाश पहुँचा ही नहीं था, वहाँ तक उसे पहुँचना होगा इसी प्रकार का 'नवा काल ' का लक्ष्य था, इस बात को जानता था। इसीलिए जुलूस के समापन के बाद मैं राजा ढाले को लेकर 'नवा काल' के कार्यालय में पहुँच गया। वहाँ मैंने निलुभाऊ खाडिलकर से राजा ढाले का परिचय कराया।

" मैं दलित युवकों के आंदोलन को अवश्य छापूँगा, आप मुझे अपने जुलूस का समाचार लिख दीजिए।" खडिलकर ने हम लोगों से कहा।

हमने उस प्रकार का समाचार लिखकर खाडिलकर को दे दिया और वहाँ से बाहर निकल गये। 'नवा काल' ने उस जुलूस का समाचार विस्तारपूर्वक रीति से छापा और ऐसा कहने में आपत्ति नहीं होगी कि उसने हम दलित युवकों के आंदोलन को खाद-पानी दिया।

पंद्रह अगस्त के जुलूस के बाद हम युवा लोग सिद्धार्थ छात्रावास के 'आम्ही' पत्रिका के कार्यालय में मिला करते थे। दलित साहित्य के साथ-साथ दलित आंदोलन

पर भी विचार करते थे।

इसी दरमियान नामदेव ढसाल का पहला कविता संकलन 'गोलपिठा' बड़ेजोर-शोर से प्रकाशित हुआ और संपूर्ण महाराष्ट्र में बहुत बड़ा तूफ़ान आ गया।

'गोलपिठा' कविता संकलन धूमधाम से प्रकाशित हो गया, यह कहने का कारण है कि इसी कविता संकलन के प्रकाशन समारोह में दुर्गाबाई भागवत और राजा ढाले में भयानक विवाद शुरु हो गया था।

यह सबकुछ निम्न प्रकार से घटित हो गया

उस प्रकाशन समारोह के प्रमुख अतिथि के रूप में दुर्गाबाई भागवत विद्यमान थीं। 'गोलपिठा' अर्थात् कविता संकलन पर बोलते हुए उन्होंने कहा कि जिस प्रकार घर के लिए शौचालय-स्नानागार की आवश्यकता होती है, ठीक उसी प्रकार समाज के स्वास्थ्य के लिए वेश्या-व्यवसाय की भी आवश्यकता होती है। किंतु इन वेश्याओं को समाज को इज़्ज़त देनी चाहिए, क्योंकि, वह समाज की आवश्यकता की आपूर्ति करती है। राजा ढाले ने अपने भाषण में दुर्गाबाई के उपर्युक्त वाक्य का खुलकर मज़ाक उड़ाया।

ढाले ने अपने भाषण में कहा "वेश्याओं को सामाजिक प्रतिष्ठा देनी होगी, क्योंकि वह समाज की आवश्यकता की पूर्ति करती है। ऐसा कहनेवाली दुर्गाबाई वेश्याओं को वेश्या ही रखना चाहती हैं। यदि यही आपका 'पतितोद्धार' है ऐसा जिन्हें लगता है वे स्वयं ही यह व्यवसाय क्यों न करे?" (तालियाँ)

ढाले ने अपने भाषण में आगे कहा कि "केतकर ने वेश्या व्यवसाय पर एक पुस्तक लिखी है। संस्कृत भाषा में भी इसी विषय पर पुस्तक उपलब्ध है। इज़्ज़तदार लोगों को इस व्यवसाय को अपनाना चाहिए, इस व्यवसाय का स्तर और ऊँचा उठाना होगा। वेश्याएँ भी विदुषी और सुसंस्कृत होनी चाहिए, यही इस पुस्तक में लिखा है।" तालियाँ ही तालियाँ !!!

ढाले अपने पूरे भाषण में बार-बार दुर्गाबाई की ओर हस्तसंकेत करते रहे। इस कारण रूसी मेहता सभागार में हास्य एवं तालियों की वर्षा के बीच केवल और केवल दुर्गाबाई भागवत का 'एकमेव' मुख ही रुआँसा दिखाई दे रहा था।

भाऊ पाध्ये ने उपर्युक्त प्रकाशन समारोह का राजा ढाले का भाषण अपनी खास व्यंग्यात्मक शैली में लिखकर रविवार के 'नवशक्ति' पत्र में छाप दिया। उन्होंने उसी लेख में यह भी भविष्यवाणी की कि, "अब राजा ढाले सचमुच नेता होगा बाबा।"

यह भविष्यवाणी जल्द ही सच साबित हो गई।

15 अगस्त 1972 यह दिन भारतीय स्वाधीनता का रजतजयंती के समारोह का दिन था।

किंतु हम सभी ने इस दिन को 'काले स्वाधीनता दिन' के रूप में मनाने का फैसला

किया। क्योंकि, विगत पच्चीस वर्षों के कालखण्ड में गाँव के बाहर स्थित झोंपडियों में घना-काला अँधेरा ही था। दलितों की वेदना, दीनता और दरिद्रता अभी भी समाप्त नहीं हुई थी। इसके विपरीत उन पर अमानुष अन्याय और अत्याचार हो रहे थे। इन अन्याय और अत्याचारों के सामने घुटने टेकने के स्थान पर निडर सीने से, प्राणों की परवाह किये बिना इनका मुकाबला किया जाना चाहिए, इस विचार का प्रसार-प्रचार करने के लिए अँधेरे में सड़ रहे हतवीर्य दलित युवकों की कलाई में बल और सीने में हिम्मत जगाने के लिए इस प्रकार का विद्रोह करना हमारे लिए आवश्यक ही था।

15 अगस्त 1972 को 'स्वाधीनता दिवस' के अवसर पर दलित बस्तियों से काले झण्डे निकाले जायेंगे और दलित युवकों को अपनी कमीज़ों पर काली पट्टियाँ लगानी होंगी, इस तरह के प्रचार करने के लिए हम सब हरेक मोहल्ले में प्रचार सभाओं का आयोजन करके घूम रहे थे।

'साधना' साप्ताहिक के जागृत पत्रकार डॉ. अनिल अवचट को हमारे इस 'काले स्वाधीनता दिन' की खबर लग गई और सनसनीखेज विशेषांक की तैयारी कर वे मुम्बई पहुँच गये। मुम्बई पहुँचते ही उन्होंने सिद्धार्थ छात्रावास में आकर हमसे मुलाकात की। डॉ. अवचट ने अपनी मंशा बताकर हमसे लेखन सहायता की माँग की। हमने भी उन्हें लेखन सहायता करना स्वीकार किया। किंतु हमने उनके सामने एक शर्त भी रखी कि, ''उन्होंने हमारे लेखन को बिना किसी फेरफार के छापना होगा।'' हमारी इस शर्त को डॉ. अनिल अवचट जी ने झट से मंजूर कर लिया। हममें से हरेक ने अपनी-अपनी योग्यता के अनुसार डॉ. अवचट को अपना लेखन सौंप दिया। इसी दौरान मैं बहुत बड़े संकट में फँस गया। अचानक ही मेरे पिता नामा मालू सोंडे लकवे के कारण बीमार हो गये। उन्हें वडाला के बी. पी. टी. अस्पताल में भर्ती करना पड़ा। वे बिस्तर से हिल या उठ-बैठ भी नहीं पाते थे। ऐसे में उनकी वाणी ने भी साथ छोड़ दिया। चौदह और पंद्रह अगस्त के दिन उनका स्वास्थ्य बहुत ही खराब था और इसी कारण मुझे उनकी खाट के पास ही बैठा रहना पड़ा। सोलह अगस्त के दिन दोपहर लगभग बारह बजे उनके प्राणपखेरू उड़ गये।

मेरे पिता चले गये और मेरे हाथ-पैरों ने ही जवाब दे दिया। परिवार के किसी पुराने ज्ञानी आदमी को अचानक मौत अपने शिकंजे में फँसा लेने पर हृदय कितनी यन्त्रणाओं से गुजरते हुए, सारा संसार असार, उदास और उजड़ा महसूस होता है, उस दिन मुझे इस बात का अनुभव हुआ।

मेरे पिता मेरे लिए प्रेरणास्त्रोत थे। 'मेरा बेटा बहुत पढ़ा है' ऐसा सभी को बताते रहते थे। वे इसी प्रकार सदैव मेरी प्रशंसा करते रहे, इसीलिए मैंने संसार से कुछ अलग करके दिखाने की ज़िद से दलित आंदोलन के रण में स्वयं को समर्पित कर दिया था।

15 अगस्त 1972 का स्वाधीनता के दिवस हमारे द्वारा 'काले दिन' के रूप में

दलित बस्तियों में मनाया जा रहा था। ऐसे में मेरे पिता सीधे-सीधे मौत का सामना कर रहे थे। मैं उस दिन अपने पिता के साथ था। किंतु 16 अगस्त 1972 के दिन पिता का निधन हो गया और वह दिन हमारे परिवार के लिए 'काला दिन' साबित हो गया।

23 अगस्त 1972 के दिन माझगाँव के मेरे कमरे के सामने की खुली जगह में ही मेरे पिता के जलदान विधि का कार्यक्रम हो गया। उपर्युक्त प्रसंग में बाबूराव बागूल, ज. वि. पवार, नामदेव ढसाल, दत्ताराम बारस्कर, दिनेश लखमापुरकर, अर्जुन डांगले, राजा ढाले, महादेव शिंदे आदि साहित्यकार मित्रों के मेरे पिता के लिए श्रद्धांजलिपरक वक्तव्य हुए। जलदान विधि के कार्यक्रम के उपरांत हम सभी माझगाँव डॉक के समीप माझगाँव पिअर में दलित आन्दोलन के बारे में विचार-विमर्श करने के लिए इकट्ठा हो गये।

दो-तीन घंटों तक घमासान चर्चा होती रही। ढाले और ढसाल ने बाबूराव बागूल के नर्म रवैये की कड़ी आलोचना की। परिवेश बहुत ही अधिक गर्म हो गया। आखिर बिना किसी नतीजे के बैठक समाप्त हो गई और हर कोई अपने-अपने घर चला गया।

उपर्युक्त सारा वृत्त बताने का कारण यह है कि 23 अगस्त 1972 के दिन तक तो 'दलित पैन्थर' नामक किसी संगठन की किसी ने भी स्थापना नहीं की थी। किंतु हम जिस 'दलित युवक मोर्चे' के नाम से दलित समाज के जनजागरण का कार्य करते थे, बाद में उसी युवक मोर्चे का रूपान्तरण 'दलित पैन्थर' नामक लड़ाकू संगटन में हो गया, यह भी उतना ही सत्य है।

तो यूँ हो गया कि

डॉ. अनिल अवचट द्वारा संपादित 'साधना' साप्ताहिक के स्वाधीनता रजत जयंती समारोह के विशेषांक में उनके संपादकीय के अलावा सब कुछ दलित साहित्य ही था। इसी कारण यह विशेषांक 'दलित साहित्य विशेषांक' के रूप में चर्चित हो गया। क्योंकि, इस अंक में हरेक गाँव में दलितों पर हो रहे अन्याय-अत्याचारों के विरोध में विद्रोह करनेवाले क्रुद्ध दलित युवकों का स्वर था। यह बलशाली स्वर और अधिक मुखर करनेवालों में राजा ढाले, अर्जुन डांगले, दया पवार, प्रह्लाद चेंदवणकर आदि मुम्बई के और त्र्यम्बक सपकाले जैसे मराठवाड़े के युवक थे।

कवि त्र्यम्बक सपकाले ने अपनी कविता में कहा था

''हे परमेश्वर,
तुम्हारे सामने मानवता पर
किये बलात्कार
तेरे चमचों ने
फिर भी तू नपुंसक ही !
- - - - - - - - - - - - - -

हम हैं ईश्वर के निर्माता (गॉड मेकर)!
देते हैं नोटिस तेरे नाम पर
नेग्लिजन्स ऑफ ड्युटी की
(कर्तव्य शून्यता की)
योर सर्विसेस आर नॉट रिक्वायर्ड
(तुम्हारी सेवाओं की आवश्यकता नहीं)''

किंतु 'साधना' पत्रिका के रजत जयंती समरोह के विशेषांक में राजा ढाले द्वारा लिखित लेख ने बहुत बड़ी सनसनी फैलाई।

'काला स्वाधीनता दिन' शीर्षक वाले इस लेख के कलेवर से सम्पूर्ण महाराष्ट्र की जातीयवादी प्रवृत्ति को झकझोर कर रख दिया। यह एक दृष्टि से ठीक ही हुआ। क्योंकि, इसी कारण दलितों को 'हरिजन' कहकर सहानुभूति दिखानेवाले उच्चवर्णियों की सहानुभूति वेश्याओं के एजंटो से भी कमअस्सल हैं। यही नंगा सच बाहर आ गया।

ढाले के लेख का मजमून निम्न प्रकार का था।

''लोगों की सहानुभूति प्राप्त करने हेतु स्वयं को दलित कहलवाना अलग है और हकीकत में दलित उपेक्षित बनकर जीना और संघर्ष के लिए सम्मुख होना अलग है। ब्राह्मण गाँव में ब्राह्मण महिला की साड़ी को खींचा नहीं जाता। खींचा जाता है बौद्ध महिला की साड़ी को और तो और इस अपराध के लिए सज़ा क्या है ? तो मात्र पचास रुपये का तावान। साला राष्ट्रगीत का अपमान करने पर तीन सौ रुपये तावान। साला राष्ट्रध्वज तो सिर्फ कपड़ा है। रंग विशेष में रंगा हुआ प्रतीक ही ना। इस प्रतीक का अपमान होने पर तीन सौ रूपये तावान। और सोन्ना गाँव की सोने जैसी हकीकत में चलती-फिरती औरत की साड़ी खींचने पर पचास रूपये तावान। इस प्रकार राष्ट्रध्वज का अपमान और राष्ट्रध्वज की ऐसी-तैसी करनी है क्या ? लोगों से ही राष्ट्र बनता है। राष्ट्र में रहनेवाले लोगों का दु:ख बड़ा है या राष्ट्र के प्रतीकों के अपमान का दु:ख बड़ा है ? कौन-सा दु:ख बड़ा है ? हमारी इज्ज़त की कीमत एक साड़ी की कीमत जितनी। इस कारण इस अपराध के लिए राष्ट्रध्वज के अपमान के लिए लगाये जाने वाले तावान से भी अधिक तावान और अधिक सज़ा होनी चाहिए। इससे क्या लोगों में राष्ट्रप्रेम टिकनेवाला है क्या ? उपर्युक्त मजमून के खिलाफ़ सबसे पहले आवाज उठाई वेश्याओं के लिए सहानुभूति दिखानेवाली दुर्गाबाई भागवत ने। क्योंकि, इसी लेख में राजा ढाले ने एक जगह दुर्गाबाई भागवत के बारे में लिखा था ''वेश्याओं को सामाजिक प्रतिष्ठा प्राप्त करवा दो, क्योंकि, वह समाज की जरूरत पूरी करती है। ऐसा कहनेवाली भागवतबाई वेश्याओं को वेश्या ही बनाए रखना चाहती है। उनका यह पतितोद्धार है, ऐसा जिस किसी को भी लगता हो उन्हें खुद ही यह व्यवसाय क्यों नहीं करना चाहिए ?'' अपने बारे में इस प्रकार का गंदा उल्लेख करने

वाले राजा ढाले को अच्छा सबक सीखाना होगा, ऐसा दुर्गाबाई भागवत को महसूस होना सहज था। किंतु उन्होंने समाचार पत्रों में स्वयं के नाम के बारे में वक्तव्य से संबद्ध कोलाहल किया होता तो उनकी और भी अधिक फजीहत हो जाती। इस फजीहत को उन्होंने बड़े सयानेपन से टाल दिया और राष्ट्रध्वज के अपमान की मशाल को आगे रखकर ढाले और साप्ताहिक 'साधना' के विरोध में ज़हर उगलना शुरू किया। दुर्गाबाई के क्रोध के कारण पुणे के अभाविपवाले भी क्रुद्ध हो गये, जनसंघ वाले भी नाराज़ हो गये, अब हम भी पीछे कैसे रह सकते हैं यह सोच-समझकर काँग्रेसवाले भी चिढ़ गये और कुछ ही पलों में संपूर्ण पुणे नगर साप्ताहिक 'साधना' के विश्वस्तों और संपादक पर टूट पड़ा। 'साधना' के कार्यालय पर जुलूस ले जाया गया। यदुनाथ थत्ते की प्रतीकात्मक अंतिम यात्रा निकालकर उनके पुतले को जला दिया।

इतना सब कुछ हो जाने पर यदुनाथ थत्ते जैसे साने गुरुजी के भक्त को भी त्यागपत्र न देना पडे, तो और क्या करना चाहिए? उन्होंने जो बातें छापनी नहीं चाहिए थीं, वही बातें गलती से छपी जाने की जिम्मेदारी को स्वीकार कर झट से त्यागपत्र दे दिया। किंतु इतना होने पर भी पुणे की पगड़ियाँ और उत्तरीय वस्त्र शांत नहीं हुए, तब एस. एम. जोशी को भी सार्वजनिक रीति से क्षमा माँगना भी पड़ा। किंतु इस तरह की माफ़ी माँगने से पूर्व उन्होंने जातीयवादियों की अल्पमात्रा में क्यों न सही पर निंदा की। अवश्य की थी, यह भी कुछ कम न था। (द्रष्टव्य : साप्ताहिक 'साधना' के 15 अगस्त 1972 से 9 सितम्बर 1972 तक के अंक)

यह सब लिखने का उद्देश्य यह है कि जिस लगन से, अनिल अवचट ने 'साधना' का विशेषांक निकाला था, उस पर पानी फेर दिया गया। परंतु यह लोग दलितों का आक्रोश दबा न सके। जिस 'साधना' साप्ताहिक ने दलितों और नवबौद्धों के दु:खों को, आँसुओं को और आक्रोशों को विश्वपटल पर मुखर करने का साहस दिखाया था, उनके कार्यालय पर सनातनियों द्वारा आक्रमण करना उसे नेस्तनाबूद करने का प्रयास करने का मतलब हम दलित साहित्यकारों को तथा समग्र दलित समाज की आवाज को हमेशा के लिए दबा देने का प्रयास करना था। किंतु कोई भी हमारी बुलंद आवाज़ को इतनी आसानी से ख़त्म नहीं कर सकता था। किसी मशाल को किसी मशाल को उलटा किया जाये तो उसकी ज्वालाएँ दुगुनी गति से ऊपर की ओर निकल पड़ती हैं। ठीक इसी तरह दलित युवकों की आवाज़ अप्रगतिशील लोगों के दबाव की परवाह किये बिना ऊपर की ओर निकल पड़ी, आसमान में मुखर हो गई। क्योंकि, हकीकत में मुम्बई के हम सौ-डेढ़ सौ दलित युवक पुणे जाकर वहाँ के इस अत्याचार को जबाव देने हेतु पुणे में पहुँच गये।

पौ फटते ही हम जयघोष करते हुए शिवाजीनगर से 'साधना' के कार्यालय तक पैदल चले गये। (शायद यह 3 या 4 सितम्बर 1972 का दिन होगा।) इस समय प्रत्येक

कार्यकर्ता के बाहु में ताकत, सीने में हिम्मत और आवाज़ में जोश था। जब हम 'साधना' के कार्यालय में पहुँच गये, तब नानासाहब गोरे और यदुनाथ थत्ते ने हमारा स्वागत किया। ज़रा से नाश्ते और चायपान के बाद एक छोटी बैठक भी हो गई और दोपहर में 'साधना' कार्यालय से सर्किट हाऊस तक जुलूस के आयोजन का निश्चय किया गया। इस निश्चय के अनुसार दोपहर के बाद एक ऐतिहासिक जुलूस का आरम्भ हो गया। इस जगह एक बात बहुत दृढ़ता से कहनी होगी कि, अब हम वास्तव के संघर्ष में कूद पड़े थे। इस कारण सभी का मत था कि दलित युवक मोर्चे के स्थान पर किसी बढ़िया नाम का संगठन होना चाहिए था।

'दलित पैन्थर' यह अभिधान किसे, कब और कहाँ सूझा, यह सवाल उतना महत्त्वपूर्ण सवाल नहीं है, फिर भी महाड के सम्मेलन में डॉ. म. ना. वानखेड़े ने निग्रो साहित्य और ब्लैक पैन्थर के बारे में जो लम्बा भाषण दिया था, वह हम दलित युवाओं को प्रेरणादायक एवं मार्गदर्शक साबित हुआ था। इसीलिए जब हमारा जुलूस शनिवार वाडे के सामने पहुँच गया और जब नामदेव ढसाल ने एक फ़िल्मी पोस्टर पर काला रंग पोत कर उसी पर लाल रंग के अक्षरों में 'दलित पैन्थर' के अक्षरों से युक्त झंडा लहराया तो हम सभी ने अपने-आप तालियाँ बजाकर स्वागत किया। 'दलित पैन्थर ज़िन्दाबाद' नारे से शनिवारवाडा के आसपास का क्षेत्र गुंजायमान हो गया।

इसी कारण जिन दलित साहित्यकारों ने शुरुआत से ही वास्तव के संघर्ष में कूदें मारी थीं, वे सभी दलित साहित्यकार अर्थात् नामदेव ढसाल, ज. वि. पवार, राजा ढाले, प्रह्लाद चेंदवणकर, अर्जुन डांगले, उमाकांत रणधीर आदि की तरह ही जो लोग साहित्यकार नहीं थे, किंतु सभा-सम्मेलनों में भाषण करनेवाले भाई संगारे, लतीफ खाटिक, रामदास सरोटे, पुणे के जयदेव गायकवाड और हकीकत में काम करनेवाले अन्य कार्यकर्ता आदि सभी लोग उस समय (अर्थात् शनिवार वाडे के समीप पैन्थर के झँडा के प्रसंग में) वहाँ जुलूस में खुद नारे दे रहे थे। मैं उन सभी लोगों को 'दलित पैन्थर' के मूल प्रवर्तक मानता हूँ।

अस्तु! कहने का तात्पर्य यह है कि, 'साधना' के कार्यालय से हम दलित युवकों का जो जुलूस निकाला गया, उस जुलूस ने पुणे में बड़ा कोहराम मचा दिया था।

हमारे जुलूस में निम्न नारे थे ।

"बोल दलित, बोल, हल्ला बोल,
जातीयवाद पर हल्ला बोल,
पुलिस राज पर हल्ला बोल,
जमींदार पर हल्लाबोल,
बोल मेरे भैया, हल्ला बोल
पूँजीवाद पर हल्ला बोल..."

इन नारों के जोश में, 'दलित पैन्थर' का झँडा लहराते हुए हमारा जुलूस सनातनियों की गलियों में से घूम रहा था। आसमान से हल्की-हल्की बूँदें बरस रही थीं और इधर नारे भी धुआँधार रीति से बरस रहे थे।

उस दिन मुख्यमंत्री वसंतराव नाईक सर्किट हाऊस में उतरे थे। किंतु हमने पहले ही निश्चय किया था कि उनसे मिलने की या उनसे निवेदन करने की कोई आवश्यकता नहीं है। सर्किट हाऊस के पास ही हमारे जुलूस को रोका गया। नामदेव ढसाल ने वहीं पर अत्यंत गाली-गलौज भरा भाषण देते हुए जुलूस का समापन कर दिया।

इस जुलूस के परिणामस्वरूप मुम्बई और पुणे के दलित साहित्यकार तथा दलित युवा कार्यकर्ता अब सवर्णों द्वारा दलितों पर किये जानेवाले अत्याचारों का सामना करने के लिए सिर पर कफ़न बाँधकर रास्ते पर उतर चुके हैं, यह समाचार प्रत्येक समाचार-पत्र में छप गया और समग्र महाराष्ट्र के दलित समाज में नई चेतना का तूफ़ान चलने लगा। मुम्बई और पुणे की तर्ज पर ही औरंगाबाद, नागपुर, परभणी, नांदेड, नासिक, सातारा, सांगली आदि तथा अन्य कई स्थानों पर जिस किसी शिक्षित युवा को लिखने की इच्छा होती, वह युवा कवि, लेखक फैंटेसी युक्त कविताओं की जगह दलित पैन्थर के रूप में ही वास्तविक लड़ाई के लिए रास्ते पर उतरने लगा था।

उपर्युक्त प्रकार से दलित पैन्थर का नेतृत्व अपने आप ही मुम्बई के दलित साहित्यकारों के हाथों में आ गया।

इतना कुछ बताने पर भी अब यह सवाल शेष रह जाता है कि उस समय के दलित पैन्थर के आगे लक्ष्य था या नहीं ? अगर था तो वह कौन-सा लक्ष्य था ?

इस सवाल का जवाब है कि, शुरुआत में पैन्थर नेताओं के सम्मुख इकलौता लक्ष्य था दलितों और बौद्धों पर उस समय हो रहे अमानुष अत्याचारों एवं बहिष्कारों पर प्रतिबन्ध लगाना, इस तरह के प्रतिबन्ध के लिए सरकार पर दबाव डालना, अत्याचारी सवर्ण समाज के मन में आतंक उत्पन्न करना, उसी तरह दलित, बौद्ध, गरीब लोग, महिलाएँ और पुरुष ग्रामीण बाहुबलियों की दादागिरी के सामने साथ ही पाटिल, जमींदार, साहुकार और महाजन आदि के सामने घुटने टेक रहे हैं, उनका मनोबल बढ़ाना। उन्हें 'मरेंगे या मारेंगे' जैसी लड़ाई के लिए खड़ा करना। वैसे देखा जाये तो हम सब इन बातों को अपनी कहानियों और कविताओं के माध्यम से पहले से ही कर रहे थे। किंतु अब इन बातों को सभा, सम्मेलन, जुलूस, पोस्टर आदि यथार्थ कृतियों का भी योग दिया गया। इसका मतलब यह है कि हमारा दलित साहित्य अब मात्र समाचार-पत्रों या मासिक पत्रिकाओं तक ही सीमित नहीं रहा, अपितु सीधे दलित समाज में, उनके चूल्हे तक जाकर पहुँचा गया। इस कारण अत्यंत कम समय में ही 'दलित पैन्थर' दलित समाज की तरह ही प्रगतिशील लोगों में भी दावानल की तरह फैल गया।

कल-परसों तक अपनी कविता, अपनी कहानी, अपना आलेख या कोई उपन्यास किस प्रकार से श्रेष्ठ था, ऐसा विचार करनेवाले दलित साहित्यकार हजारों की सभाओं में लोकप्रिय होने लगे, नेताओं के रूप में सुशोभित होने लगे, ख्याति के प्रकाश में डोलने लगे।

'दलित पैन्थर' की ऐसी बढ़ोत्तरी को, लोकप्रियता को कुछ लोग 'वह एक लहर थी' कहते होंगे तो मैं उनसे सहमत हूँ। किंतु 'वह लहर लक्ष्यहीन या दिशाहीन थी' ऐसा कोई कहेगा तो वह गलत है। क्योंकि, उनके इस कथन का मतलब 'दलित पैन्थर' के बारे में समग्रता से विचार न करना है। 'दलित पैन्थर' ने सीमित क्षेत्र का चयन किया था, यह भूल जाना है।

किंतु सीमित ही सही, लक्ष्य का पालन करते हुए 'दलित पैन्थर' को अनेक प्रसंगों का सामना करना पड़ा था। इन प्रसंगों का कारण यह था कि 'दलित पैन्थर' की बढ़ती ताकत से बहुत-सी राजनीतिक पार्टियों के मुँह से लार टपकने लगी थी।

इन राजनीतिक पार्टियों में अखिल भारतीय रिपब्लिकन पार्टी के सारे के सारे गुट शामिल थे, उसी तरह समाजवादी और प्रजासमाजवादी पार्टियाँ भी थीं। अखिल भारतीय कम्युनिस्ट पार्टी को भी ऐसा लगता था कि 'दलित पैन्थर' उन्हीं के झँडे के तले आ जायेगा, तो अखिल भारतीय काँग्रेस पार्टी भी 'दलित पैन्थर' को अपने अधिकार में लाने को बेकरार थी। किंतु 'दलित पैन्थर' के रूप में हम किसी भी राजनीतिक पार्टी से नहीं बँधेंगे और किसी को बाँधने नहीं देंगे, यह दृढ़ निश्चय हम लोगों ने किया था। शायद इसी कारण.....

'अखिल भारतीय रिपब्लिकन पार्टी' के कुछ कार्यकर्ताओं का कहना था कि 'दलित पैन्थर' ने रिपब्लिकन पार्टी ऑफ इंडिया के नेताओं को गालियाँ देने के स्थान पर उन्हें एक करने का प्रयास करना होगा और इसके उपरांत स्वयं को उस अखंड रिपब्लिकन पार्टी के प्रभावशाली युवा संगठन के रूप में समाज कार्य करते रहना चाहिए।

रिपब्लिकन पार्टी ऑफ इंडिया के कार्यकर्ताओं की उपर्युक्त सूचना वैसे तो रचनात्मक सूचना थी, योग्य थी, किंतु उस समय की स्थिति इस एकता के काम को अमली जामा पहनाने के योग्य नहीं थी।

दादासाहब रूपवते 'कैबिनेट मंत्री' के रूप में काँग्रेस में सुस्थिर हो चुके थे। तो आर. डी. भंडारे को इंदिरा गांधी ने राजनीतिक संन्यास लेने पर विवश कर बिहार का राज्यपाल बना दिया था। गवई और खोब्रागडे के बीच मनमुटाव तो था ही, तो बी. सी. कांबले स्वयं के दुरुस्त गुट को नादुरुस्त गुटों का स्पर्श भी कराने हेतु तैयार नहीं थे।

इस कारण रिपब्लिकन पार्टी के सभी गुटों को सर्वप्रथम एकत्रित करना और बाद में भंडारे जी द्वारा राज्यपाल पद का त्याग कर तथा दादासाहब रूपवते द्वारा मंत्री पद को

ठुकराकर उन्हें आर. पी. आय. 'रिपब्लिकन पार्टी ऑफ इंडिया' में शामिल हो जाना सम्भव ही नहीं था। इसलिए कभी भी अखंड होने की सम्भावना दिखाई न देनेवाली रिपब्लिकन पार्टी के आसरे एक युवा संगठन के रूप में 'दलित पैन्थर' को मेहनत करने की कोई भी आवश्यकता नहीं थी। 'दलित पैन्थर' संगठन तो अपने ही बल पर बढ़ रहा था।

किंतु किसी संगठन के जीवन में कभी ऐसी घटना भी होती है जिससे उस संगठन का वटवृक्ष आसमान में जाकर समा जाता है।

'दलित पैन्थर' के जीवनकाल में भी इसी प्रकार की अद्भूत घटना हो गई थी। इस घटना ने 'दलित पैन्थर' को केवल भारत में ही नहीं अपितु पूरे संसार में ख्याति प्रदान की। वह घटना थी सन् 1974 में मध्य मुम्बई लोकसभा चुनाव क्षेत्र में हुआ उपचुनाव।

सांसद आर. डी. भंडारे जी ने बिहार के राज्यपाल पद पर नियुक्ति होने से उन्होंने सांसद पद का त्यागपत्र दे देने के कारण इस चुनाव को बहुत बड़ा महत्व प्राप्त हो चुका था, वह भी निम्न दो कारणों से -

पहला कारण था मिल मजदूरों की लगातार बयालीस दिनों तक जारी रही हड़ताल। यह हड़ताल मिल मजदूरों की माँगों के लिए कम्युनिस्ट पार्टी के नेतृत्व में जारी थी।

दूसरा और महत्त्व का कारण था कि 'दलित पैन्थर' ने दलितों पर हो रहे अन्याय-अत्याचारों के लिए काँग्रेस पार्टी को उत्तरदायी ठहराया और काँग्रेस के विरोध में जबरदस्त प्रचार भी किया।

उपर्युक्त दोनों कारणों से मध्य मुम्बई निर्वाचन क्षेत्र का वातावरण पूर्णत: काँग्रेस के खिलाफ बन चुका था और बलवान काँग्रेस पार्टी को इस निर्वाचन में पराजय का मुँह देखना पड़ सकता है, इस प्रकार का ड़र दिल्ली काँग्रेस हाई कमान को लगने लगा था।

इसीलिए काँग्रेस हाई कमान मुम्बई प्रदेश काँग्रेस ने रिपब्लिकन पार्टी के दोनों गुट और शिवसेना से निर्वाचन के समय गठबन्धन किया था। फिर भी काँग्रेस के उम्मीदवार को जीत का आशावाद नहीं था। क्योंकि, मध्य मुम्बई के दो-तिहाई मतदाता दलित समाज के थे और उन सभी पर दलित पैन्थर का जबरदस्त प्रभाव था। दलित नेता लोग जिन्हें 'वोट दो' कहेंगे उन्हीं उम्मीदवार को मतदाता वोट देंगे, यही ड़र काँग्रेस को सता रहा था। इसीलिए काँग्रेस ने सीधे-सीधे 'दलित पैन्थर' संगठन की कार्यकारिणी से संपर्क किया।

काँग्रेस की टिकट पर चुनाव में खड़े उस समय के उम्मीदवार बैरिस्टर रामराव आदिक ने उनका एक विशेष आदमी एड. प्रेमानन्द आवले को हमारे पास भेज दिया। वडाला के फाईव्ह गार्डन में उसी रात हमारी विशेष बैठक सम्पन्न हो रही थी, वहीं वह

आवले हमारी टोह लेते हुए पहुँच गया।

हम सभी ने एक-दूसरे की ओर देखा। अंत में मात्र चर्चा ही करनी है, कोई हर्ज नहीं है, हम सभी ने इस प्रकार का मंतव्य प्रकट किया और आवले के कुर्ला स्थित घर पर चर्चा के लिए चले गये। उस समय रात के ग्यारह बज चुके थे।

बातचीत की शुरुआत में ही आवले ने कहा, दलित पैन्थर द्वारा बैरिस्टर रामराव आदिक को समर्थन घोषित करने पर पैन्थर की बढ़ोत्तरी के लिए अत्यावश्यक चीज़ों की सहायता काँग्रेस की ओर से की जाएगी। तत्कालीन मुख्यमंत्री वसंतराव नाईक ने इस तरह का संदेश भेजा हुआ है, यह भी आवले ने बताया। पैन्थर के नेताओं पर दायर मुकदमों को वापिस लेने हेतु भी प्रयास किये जायेंगे, इतना ही नहीं अपितु 5 जनवरी 1974 के दिन वरली के आम्बेडकर मैदान में होने वाली दलित पैन्थर की सभा का खर्चा-पानी भी काँग्रेस पार्टी ही करेगी, इस बात का आश्वासन भी आवले ने हमें दिया। आवले का संपूर्ण कथन हमने बड़ी शांति से सुन लिया।

किंतु, किसी प्रकार के अंतिम निर्णय का वह समय नहीं था। पाँच जनवरी की सभा के लिए अभी तीन-चार दिनों की देरी थी। हम अपना फैसला आपको बाद में सूचित करेंगे, ऐसा आवले से कह दिया और उनके घर से बाहर निकल गये।

हम सभी लोग पैदल ही कुर्ला रेल स्टेशन की ओर चले गये। वहाँ से अर्जुन डांगले चेंबूर के अपने घर की ओर चले गये। मैं हार्बर ब्रँच रेल के डॉकयार्ड के मेरे घर चला आया, राजा ढाले, नामदेव ढसाल, लतीफ खाटीक और ज. वि. पवार ये चार लोग वडाला के छात्रावास की दिशा में निकल गये ।

लेकिन हम सभी ने एक दूसरे से विदा लेते समय में अपने मन की बात साझा की। वह बात यह है कि काँग्रेस की सत्ता के खेत चरनेवाले जो धन और जाति से ऊँचे लोग देहातों में रहनेवाले दीन-दलितों पर अन्याय-अत्याचार कर रहे हैं उसी काँग्रेस के उम्मीदवार के लिए मध्य मुम्बई के उपचुनाव में किसी भी तरह का समर्थन घोषित नहीं करेंगे।

5 जनवरी 1974 का दिन आया। वरली के आम्बेडकर मैदान में दलित पैन्थर की बहुत बड़ी सभा प्रारंभ हो गई। आम्बेडकर मैदान के चारों ओर पुलिस का जबरदस्त पहरा था। क्योंकि वरली पुलिस लाईन के समीप के क्षेत्र में और दलितेतर बस्तियों में दलित पैन्थर विरोधी नारे लगानेवाले, उसी तरह हिंदू देवी-देवताओं का अपमान करनेवाले राजा ढाले की निन्दा करनेवाले बडे-बड़े बैनर जनसंघ की ओर से लगाये हुए दिखाई दे रहे थे। इस कारण दलित पैन्थर की सभा पर एक बहुत ही बड़े तनाव को देखा जा सकता था।

दलित पैन्थर के सामने काँग्रेस को समर्थन देना या तटस्थ रहना, ये दो ही विकल्प थे। क्योंकि दलित पैन्थर राजनीति विहीन सामाजिक संगठन था। ऐसे में उपचुनाव

की राजनीति में बिना उतरे दलित पैन्थर ने तटस्थ भूमिका को स्वीकार करने का निर्णय लिया। किंतु रामराव आदिक को ऐसा लगता था कि दलित पैन्थर का समर्थन उन्हें ही मिलेगा और वे इस चुनाव को बड़ी सहजता से जीत जायेंगे। ठीक यही शंका जनसंघ और हिंदू महासभा के उम्मीदवारों को भी थी। उन्होंने दलित पैन्थर के विरोध में जबरदस्त आतंक का वातावरण उत्पन्न कर रखा था। और इसी वातावरण का विस्फोट अगले कुछ ही क्षणों में दिखाई दिया। क्योंकि

दलित पैन्थर की प्रचंड सभा में राजा ढाले के भाषण देने हेतु खड़े होते ही, पुलिस की वर्दी में आये दो-चार लड़के सीधे सभामंच पर चढ़े और उनमें से एक ने राजा ढाले पर लाठी से हमला किया। उनके सिर को फोड़ दिया और इसी के साथ पूरी सभा में कोहराम मच गया। इसी कोहराम का लाभ उठाते हुए हमलावर भीड़ में से भाग गये। किंतु इधर-उधर भागने वाले लोगों पर एक ओर से पथराव हो रहा था और दूसरी ओर से पुलिस ने भीड़ को तितर-बितर करने के लिए छड़ी और लाठी भाँजनी आरम्भ की थी।

राजा ढाले का कोई भी अपराध न होते हुए भी उन्हें घायल अवस्था में ही पुलिस ने बंदी बनाया और लॉकअप में कैद कर लिया। पुलिस के इस ज़ुल्म-जबरदस्ती से वरली की दलित जनता बहुत क्रुद्ध हो गई और इसी क्रोध के परिणामस्वरूप वरली में भयानक दंगा हो गया। इस दंगे की प्रतिध्वनि सम्पूर्ण मुम्बई में सुनाई दी।

ज.वि. पवार ने मेरे घर आकर माँग की कि वरली का दंगा सुनियोजित ढंग से करवाने वाले जातीयवादी लोग और उन्हें छिपाने वाली हिंदुत्ववादी पुलिस और सरकार की कड़ी निन्दा करने के लिए 10 जनवरी 1974 के दिन नाँयगाव से एक जुलूस निकाला जाना चाहिए तथा उस जुलूस का नेतृत्व मुझे और अर्जुन डांगले को करना होगा।

मैं और अर्जुन डांगले दोनों भी निम्न सरकारी नौकर होने के कारण सार्वजनिक सभाओं में भाषण करना टाल देते थे। किंतु इस बात की क्षतिपूर्ति के रूप में ढाले-ढसाल के विस्फोटक भाषणों को मैं 'नवा काल' समाचार-पत्र में विस्तार से छपवाकर लोगों तक पहुँचाता था और इस तरह दलित पैन्थर के बढ़ोत्तरी में हाथ बँटाता था।

किंतु अब स्थिति इतनी परिवर्तित हो चुकी थी कि दलित पैन्थर के नेता के रूप में हम अपनी जिम्मेवारी को टाल नहीं सकते थे। क्योंकि, ढाले को पुलिस लॉकअप में कैद करके रखा गया था, जब कि ज. वि. पवार, भाई संगारे और नामदेव ढसाल को पकड़ने के लिए वॉरंट जारी हो चुका था। इसी कारण ये तीनों भूमिगत हो चुके थे। इसलिए मुझे और डांगले को ही नायगाँव के जुलूस का नेतृत्व करना होगा, ज. वि. पवार का यह कथन मैंने झट से मान लिया।

10 जनवरी 1974, भयानक धूप।

दस-दस, बीस-बीस लोगों की टोली में दलित युवक दलित पैन्थर के जुलूस के

लिए नायगाँव के मजदूर कल्याण केंद्र के मैदान में एकत्र हो रहे हैं। किसी के कन्धे पर दलित पैन्थर का झंडा झूल रहा है, तो कोई दलित पैन्थर का कपड़े से बना बैनर डूलाते हुए आ रहा है। हजारों लोगों का समूह नारों का कोलाहल करते हुए जुलूस के लिए सज रहा था।

जुलूस में शामिल होने के लिए युवकों की तरह ही औरतें, बच्चे और प्रौढ़ आदमी भी बड़ी मात्रा में उपस्थित हो चुके थे। जब मैदान से जुलूस बाहर आने लगा तब पुलिस ने हमारे जुलूस में शामिल हरेक कार्यकर्ता की कड़ाई से जाँच-पड़ताल की और इसके बाद ही उस-उस कार्यकर्ता को जुलूस में शामिल होने दिया।

वरली के दंगे को भड़काने वाले जातीयवादियों को, साथ ही पुलिस और निष्क्रिय महाराष्ट्र सरकार का निषेध करने हेतु हमारा जुलूस कड़े अनुशासन में निकल पड़ा था। नायगाँव की प्रमुख गलियों से हमारा जुलूस चल पड़ा और बाद में मुम्बई मराठी ग्रंथसंग्रहालय की इमारत को चक्कर लगा कर डॉ. बाबासाहब आम्बेडकर मार्ग से परल की दिशा से आगे-आगे सरकने लगा था।

जुलूस का अगला नोक परल स्थित लक्ष्मी कॉटेज नामक लम्बी इमारत के समीप तो अंतिम नोक परल नाके के समीपस्थ पेट्रोल पम्प के पास होगा। उसी समय नामदेव ढसाल, भाई संगारे, ज. वि. पवार और लतीफ़ खाटिक अचानक ही कहीं से जुलूस में शामिल हो गये और जोर-शोर से नारे लगाने लगे। उनके इस नाट्यमय आगमन से जुलूस में शामिल कार्यकर्ताओं में अधिक जोश बढ़ गया और पहले से भी ऊँची आवाज़ में वे नारे लगाने लगे। किंतु ...

उसी समय आस-पास की इमारतों से हमारे जुलूस पर सोडा-वॉटर की बोतलों और पत्थरों की धुआँधार बरसात होने लगी। जमीन पर गिरकर टूटने वाली बोतलों के काँच और टूटे पत्थरों के टुकड़े किसी के पैर में, किसी के घुटने में, तो किसी के मुँह में लगने लगे। जिसे ये काँच और पत्थर लगते वह खून से सराबोर हो जाता था। इस कारण जुलूस में शामिल कार्यकर्ता भी संतप्त हो गये। ऊपर से नीचे गिरनेवाले पत्थर लेकर वे आगे की इमारत की ओर फेंकने लगे। देखते ही देखते जुलूस का मार-ठुकाई में रूपान्तर देखकर पुलिस ने जुलूस में शामिल लोगों पर लाठियाँ भाँजनी शुरु की। उस समय मैं, ढसाल, संगारे, ज. वि. पवार और लतीफ़ खाटिक तथा अन्य साठ-सत्तर पैन्थर्स के साथ जुलूस के अगले हिस्से में थे और उप-आयुक्त बलसारा ने हमारे चारों ओर पुलिस का घेरा बनाया था।

जुलूस पर हो रहा पथराव जिस ओर से आ रहा था, उस लक्ष्मी कॉटेज की ओर संकेत करते हुए मैं बलसारा का ध्यान आकर्षित करते हुए जोर-जोर से कह रहा था कि, अजी, आप हमारे लोगों को क्यों मार रहे हो? वहाँ देखिए वहीं से सोडा-वॉटर की बोतलें

और पत्थर आ रहे हैं, वहाँ जाकर उन्हें पकड़िये, उन्हें मारिये।

बलासारा ने मेरी ओर दाँत चबाते देखते हुए मुझे गालियाँ दी और मानो कि मैं ही दंगा भड़का रहा हूँ, इस बात का आभास करते हुए उन्होंने अपना रिवॉल्वर मेरे पेट पर ही तान दिया।

किंतु मैंने भी उसकी उपेक्षा करते हुए बार-बार पथराव करनेवाले लक्ष्मी कॉटेज इमारत की ओर उनका ध्यान आकर्षिक करने का प्रयास कर रहा था। तब उन्होंने मुझे मेरे पास ही खड़े पुलिस के हाथों में सौंप दिया। पुलिस ने हाथों में मौज़ुद लाठियों, बेल्टों से और मुक्कों-लातों से मारना शुरू किया और बाद में मेरा गिरेबान पकड़कर उठाया और किसी गठरी को गाड़ी में फेंका जाता है ठीक उसी प्रकार पुलिस की वैन में फेंक दिया।

इसी जुलूस में एक बहुत ही खेदजनक घटना हो गई। वह यह कि, यहाँ के जातीयवादियों ने भागवत जाधव नामक पैन्थर के सिर में बहुत भारी पत्थर फेंककर उसकी अमानुष हत्या कर दी। (इस हत्या की घटना को अभी तक मुखरित नहीं किया गया है।)

किंतु ढसाल, संगारे, खाटिक, ज. वि. पवार और अन्य पैन्थर्स के सहित पचहत्तर लोगों को गिरफ्तार कर पुलिस की कोठरी में बंद किया। दूसरे दिन हम सभी को न्यायालय में खड़ा किया गया। न्यायालय ने हम सभी की जमानतें रद्द कर दीं और हमें और दो सप्ताह तक पुलिस कोठरी में रखने का आदेश दे दिया।

''वाह ! वाह रे !! सत्यमेव जयते !!!'' ऐसा कहते हुए हम सभी ने कुल मिलाकर सोलह रातें नायगाँव की पुलिस कोठरी में अन्य बहुत से अपराधी बन्दियों, कीड़ों और खटमलों की संगति में बिताईं तब कहीं जाकर न्यायालय ने (सत्तरहवें दिन) हम सभी की जमानत मंजूर करने की दया दिखाई।

इन सभी बातों से हम सभी को न्यूनाधिक संत्रस्त होना पड़ा यह सत्य होते हुए भी वरली के दंगे और दस जनवरी के हमारे जुलूस पर हुए पथराव तथा पुलिस के अत्याचारों के कारण काँग्रेस सरकार और काँग्रेस के प्रत्याशी के विरोध में मध्य मुम्बई के दलित मतदाताओं में असंतोष फैलाया और सभी दलित मतदाताओं ने इस उपचुनाव का बहिष्कार कर अपना क्रोध अभिव्यक्त किया, निषेध दर्ज किया। इस कारण काँग्रेस पार्टी को निश्चित रूप में मिलनेवाले वोट डाले ही नहीं गये और इस बहिष्कार का जो होना था वह परिणाम तो हो ही गया, वह निम्न प्रकार है

काँग्रेस के बाहुबली प्रत्याशी रामराव आदिक को करारी हार का सामना करना पड़ गया और जिन्हें चुनाव जीतने की कतई उम्मीद नहीं थीं, ऐसी कॉम्रेड रोज़ा देशपांडे (वामपंथी कम्युनिस्ट) संपूर्ण बहुमत से चुनकर आ गईं।

वामपंथी कम्युनिस्ट पार्टी को प्राप्त यह विजय सिर्फ और सिर्फ दलित पैन्थर के

आंदोलन के कारण और बयालीस दिनों की मिल मजदूरों की हाड़ताल के कारण प्राप्त हो गई। वास्तव में किसी वामपंथी पार्टी से हमारा कोई भी संबंध नहीं था।

किंतु काँग्रेस की हार के लिए दलित पैन्थर को जिम्मेवार ठहराया गया और दलित पैन्थर यह एक कम्युनिस्टवादी संगठन है, इस प्रकार की अफवाह चारों ओर जानबूझकर फैलाई गई।

उपर्युक्त अफवाह फैलाने में या इस प्रकार का प्रचार करनेवालों में आगे थे पूँजीवादी समाचार-पत्र, रिपब्लिकन पार्टी के सभी गुट और शिवसेना।

क्योंकि, काँग्रेस की हार शिवसेना और रिपब्लिकन पार्टी की भी हार थी। उक्त उपचुनाव में काँग्रेस-शिवसेना और रिपब्लिकन पार्टी (दोनों गुट) इस प्रकार का चुनावी गठबन्धन था।

विशेषकर रिपब्लिकन पार्टी के गवई और भैयासाहब आम्बेडकर नामक दोनों गुट और काँग्रेस में जाकर मंत्री एवं राज्यपाल बने क्रमश: दादासाहब रूपवते और आर. डी. भंडारे तथा उन्हीं के जैसे अन्य अनेक नेता और कार्यकर्ता के लिए दलित पैन्थर बहुत बड़ी चुनौती के रूप में अनुभव हो रहा था। क्योंकि इन सभी के आसनों और समाज में इनके वज़ूद को ही दलित पैन्थर के कारण संकट उत्पन्न हो चुका था।

उसी समय काँग्रेस पार्टी में भी दलित पैन्थर की बढ़ती लोकप्रियता के बारे में चिन्ता उत्पन्न हो रही थी। क्योंकि मुम्बई का यह तूफ़ान यदि सम्पूर्ण महाराष्ट्र में और उसके पश्चात् धीरे-धीरे संपूर्ण भारतवर्ष में पहुँच गया तो पूरा दलित समाज एकता से खड़ा होगा। ऐसा दलित समाज दलित पैन्थर के झँड़े तले एक हो जायेगा, तो काँग्रेस के 'एन् ब्लॉक' के वोट काँग्रेस के शिकंजे से हमेशा के लिए छूट जायेंगे और ये वोट छूट गये तो दिल्ली स्थित काँग्रेस हाई कमान के लिए बहुत बड़ा नुकसान साबित हो सकता था।

इसीलिए दलित पैन्थर का तूफ़ान जम गया तो उसे हमेशा के लिए ख़त्म करने के लिए या यहाँ है, वहीं पर रोकने के लिए काँग्रेस में शामिल दलित नेता और रिपब्लिकन पार्टी के नानाविध गुटों को एक बनाने के लिए अर्थात् रिपब्लिकन पार्टी की एकता बनाने का षड्यंत्र काँग्रेस हाई कमान ने रच डाला। उसके अनुसार काँग्रेस हाई कमान के आदेश से अट्ठारह या उन्नीस जनवरी 1974 के दिन मुम्बई के एमएलए होस्टेल में रिपब्लिकन नेताओं की एक प्रच्छन्न बैठक आयोजित की गई थी, आज भी यह बात कुछ विद्वान लोग स्वीकार करते हैं। (हम में उसी कालावधि में पुलिस के कोठरी में कैद थे, इस कारण हमें इस प्रकार की प्रच्छन्न बैठक की जानकारी प्राप्त ही नहीं हो सकती थी। क्योंकि इस तरह की प्रच्छन्न बैठकों के समाचार समाचार-पत्र में छपना दुर्लभ ही होता है।)

और ऐसा कहा जाता है कि इसी बैठक में दलित पैन्थर को ख़त्म करने का बीड़ा उठाकर ही ये नेतागण उठ खड़े हो गये थे। रातोंरात लाखों रुपयों का कोष जमा किया

गया। दलित पैन्थर के विरोध में पोस्टर्स छापकर उन्हें हर एक दीवार पर चिपकाया गया और रिपब्लिकन पार्टी के सभी गुटों की एकता होगी, इस प्रकार की डुगडुगी नुक्कड़ बैठकों में पीटी जाने लगी और एक रात सचमुच ही रिपब्लिकन एकता का एक लाख कार्यकर्ताओं का जुलूस निकल पड़ा। उस जुलूस का दादर की चैत्यभूमि (डॉ. बाबासाहब आम्बेडकर जी के शव के दहन स्थान) पर आगमन हो गया।

वहाँ पर एक सभा सम्पन्न हो गई और सभी दलितों ने डॉ. बाबासाहब आम्बेडकर जी की मूर्ति को साक्ष्य मान कर एकता की कसम खाई।

विगत अनेक वर्षों से जो एक दूसरे को देखते तक न थे, उन सभी रिपब्लिकन नेता लोगों को एक साथ देखकर रिपब्लिकन जनता का अपरिमित आनंद दिखाई देना अत्यंत सहज था। उन्होंने रिपब्लिकन एकता का जोशो-खरोश से स्वागत किया। (इस समय मैं औरंगाबाद में आयोजित 'अस्मितादर्श' के प्रथम सम्मेलन में उपस्थित था। वहीं पर आकाशवाणी से रिपब्लिकन एकता का समाचार सुनाई दिया।) यहीं से वास्तव में दलित पैन्थर की लोकप्रियता को नुकसान पहुँचने लगा और कहना पडेग़ा कि काँग्रेस हाय कमान का यह अक्लमंदी भरा दाँव आशातीत मात्रा में सफल हो गया।

क्योंकि, जिस दलित-बौद्ध समाज ने दलित पैन्थर की ताकत को बढ़ाया था, वही समाज दलित पैन्थर को अपना अलग क्षेत्र न रखते हुए रिपब्लिकन एकता का स्वागत करना होगा और उस एकता को बनाये रखने के लिए रिपब्लिकन पार्टी के युवा संगठन के रूप में सामाजिक कार्य करते रहना होगा, इसी प्रकार की अपेक्षा करने लगा। विगत अनेक वर्षों से नेताओं की आपसी फूट से परेशान दलित समाज की इस बारे में कोई भी गलती नहीं थी। किंतु इस प्रकार की एकता अब केवल असंभव हो गयी थी।

कारण यह था कि अब समय बहुत आगे निकल चुका था।

ढसाल-ढाले को अनपेक्षित रीति से प्राप्त अपरिमित ख्याति के कारण और इस ख्याति के पीछे-पीछे सहजता से चले आ रहे प्रलोभनों के कारण वे दोनों नेतृत्व के नशे से बाहर आने के लिए तैयार ही नहीं थे। क्योंकि मानते थे कि रिपब्लिकन एकता से दलित पैन्थर की ताकत थोड़ी भी कम नहीं हुई है। और कुछ अनुपात में यह सत्य भी था। क्योंकि नई पीढ़ी ने ही दलित पैन्थर को अपने सिर पर बैठा लिया था। क्योंकि दलित पैन्थर का स्वर उन्हीं का स्वर था।

रिपब्लिकन एकता होने के बाद भी दलित पैन्थर ख़त्म नहीं हो सकता, यह दिखाई देते ही दलित पैन्थर के विरोधियों ने ढसाल और ढाले इन शीर्ष नेताओं में ही फूट का बीज बोने का षड्यंत्र शुरू किया। इन षड्यंत्रकारियों में महाराष्ट्र टाइम्स जैसे समाचार-पत्र, शिवसेना का साप्ताहिक मार्मिक, रिपब्लिकन पार्टी के नेता और प्रजा समाजवादी पार्टी के नेता भी शामिल हो चुके थे।

यथार्थ में पी. एस. पी. वालों ने ही उनके साप्ताहिक 'साधना' के माध्यम से दलित पैन्थर संगठन को जन्म दिया था। दलित पैन्थर की बढ़ोत्तरी के लिए उन्होंने 'युवक क्रान्ति दल' नामक संगठन का आन्दोलन भी चलाया था। किंतु अब दलित पैन्थर अपने काम का रहा ही नहीं, ठीक इसके विपरित वह कम्युनिस्टों के हाथ का खिलौना बनने की अधिक संभावना है, ऐसे में दलित पैन्थर को ख़त्म करना ही उचित है, यही धारणा पी. एस. पी. वालों की बन चुकी थी।

इसीलिए डॉ. अनिल अवचट ने साप्ताहिक 'मनोहर' के एक अंक में नामदेव ढसाल किस प्रकार कम्युनिस्ट है तथा ढाले किस प्रकार आम्बेडकरवादी है, यही साबित करने के लिए कलम चलाई।

महाराष्ट्र टाइम्स ने तो ढसाल के ओवल मैदान के एक भाषण का 'आम्बेडकर जी ने ऐसा कहा था...' यह सन्दर्भ जानबूझकर टाला 'मैं कम्युनिस्ट हूँ,' ऐसा ढसाल के नाम से छाप दिया। लेकिन वास्तव में कुछ ऐसा हुआ था -

ओवल मैदान उच्चवर्गीय और उच्चविद्याविभूषित किंतु वामपंथी विचारधारा के कुछ युवक-युवतियों ने मनुस्मृति का दहन कर उस दिन को सॉलिडैरिटी डे (एकता दिन) के रूप में मनाया था। उन युवाओं के सामने ढसाल ने एक भाषण दिया था। इस भाषण में उन्होंने कहा था कि "महलों में रहनेवाले आप उच्चवर्गीय लोग कम्युनिस्ट हो ही कैसे सकते हो ? इस देश के दुःखी परिश्रमी, दरिद्री और हजारों साल मानवता से हीन हुए हम जैसे दलित लोग ही सच्चे अर्थ में मार्क्सवादी कम्युनिस्ट हैं।"

किंतु ढसाल के भाषण से ठीक डॉ. बाबासाहब आम्बेडकर का सन्दर्भ टाल कर महाराष्ट्र टाइम्स ने ढसाल को अर्थात् दलित पैन्थर को 'कम्युनिस्ट' के रूप में घोषित करने का प्रयास किया था।

इसी समाचार के आधार पर मार्मिककारों ने 'मार्मिक' के अंक में एक व्यंग्यचित्र छापा था और उसके नीचे लिखा था - "अरे अरे! ऐसा है क्या? यह पहले ही हमारे ध्यान में कैसे नहीं आया?"

"दलित पैन्थर यह एक कम्युनिस्ट विचारधारा का संगठन है" इस तरह की मशाल शिवसेना के हाथों में आ चुकी थी और जो जो दलित है वह वह कम्युनिस्ट है, इस तरह का आरोप कर शिवसेना ने दलितों को फिर से मारना शुरू कर दिया।

इस कारण मध्य-मुम्बई के उपचुनाव के बहाने वरली-नायगाँव में दलित-विरोधी दलितेतर जैसे दंगे फिर से शुरू हो गये। लोग तो जैसे अपनी मानवता ही भूल गये क्या ? ऐसे अनुभव होने लगे, इस तरह से दलितों पर प्राणघातक हमले होने लगे थे। तब दलितों ने भी एडी-चोटी का जोर लगाकर इन हमलों का प्रतिकार किया। जातीयवादियों ने दलितों के चॉलों की सीढ़ियाँ जलाना तक नहीं छोड़ा। तब तो दलितों को घर की मिर्च-

मसालों से लेकर रसोई में इस्तेमाल होनेवाले पत्थरों तक का प्रयोग करते हुए रास्ते पर उतरकर जातीयवादियों का मुकाबला करना पडा।

जब दलितों ने इस तरह से अन्याय-अत्याचारों के विरोध में नुक्कड़-नुक्कड़ और गली-गली में शिवसेना, हिंदू महासभा और जनसंघियों का कड़ा मुकाबला शुरू किया, तब कहीं जाकर उन लोगों के ध्यान में आया कि हरेक दलित को कम्युनिस्ट मानकर मारना इतना आसान काम नहीं है। इसीलिए इस परिस्थिति पर पुनर्विचार करने हेतु शिवसेना के शाखाप्रमुख और पार्षदों की एक बैठक 2 फरवरी 1974 के दिन आयोजित की गई। उसी बैठक का प्रतिवेदन महाराष्ट्र टाइम्स में 3 फरवरी के अंक में निम्न प्रकार से छपा था

''मुम्बई - शनिवार - नवबौद्धों को सब तरह की सुरक्षा मुहैया की जायेगी, यही निर्णय शिवसेना के शाखाप्रमुख और पार्षदों की आज की बैठक में लिया गया है। शिवसेनाप्रमुख बाळासाहब ठाकरे ने इस बैठक में मार्गदर्शन किया।

सभी दलित पैन्थर्स कम्युनिस्ट नहीं हैं, ऐसे में अन्य पैन्थर्स को समझकर, जो सामाजिक समता के लिए काम कर रहे हैं उन्हें इस बारे में मदद करनी होगी, इस तरह का मत भी इस बैठक में प्रस्तुत किया गया। ऐसी ज्ञानकारी प्राप्त हुई है।''

उपर्युक्त समाचार से साबित होता है कि महाराष्ट्र टाइम्स और शिवसेना ने दलित पैन्थर्स को कम्युनिस्ट सिद्ध कर वरली-नायगाँव के दंगे में दलितों को संत्रस्त किया था।

इसका परिणाम दलित पैन्थर कार्यकर्ताओं पर भी हो गया। क्योंकि कार्यकर्ता अब विचार करने लगे कि नामदेव ढसाल कम्युनिस्ट है, वह आम्बेडकरवाद की आड़ में कम्युनिज़्म बता रहा है तथा राजा ढाले ही सच्चा आम्बेडकरवादी है।

ठीक इसी समय मासिक पत्रिका 'आम्ही' का 1974 का दीपावली विशेषांक प्रकाशित हो गया। इस अंक में नामदेव ढसाल द्वारा लिखित 'दलित पैन्थर्स' का घोषणापत्र भी छपा था।

किंतु इस घोषणापत्र का राजा ढाले और उनके समर्थकों ने कम्युनिस्टवादी घोषणापत्र है, ऐसा निर्णय ले लिया। यह घोषणापत्र नागपुर में आयोजित दलित पैन्थर्स के पहले अधिवेशन में ही नकारा गया। इसे नकारा जानेवाला है, इस बात की जानकारी पहले ही प्राप्त होने के कारण इस अधिवेशन में ढसाल, डांगले, लतीफ़ खाटिक और मैं स्वयं गये ही नहीं थे।

यहीं से ढसाल गुट और ढाले गुट के रूप में दलित पैन्थर के दो गुट हो गये।

अर्थात् काँग्रेस, शिवसेना, रिपब्लिकन और पी. एस. पी. द्वारा किये गये दलित पैन्थर में फूट डालने के प्रयास सफल हो गये और दलित आन्दोलन के सागर में जो अनेक छोटे-बड़े द्वीप पहले ही इधर-उधर बिखरे पड़े थे, उन द्वीपों में और दो द्वीपों का इज़ाफा

हो गया। क्योंकि रिपब्लिकन एकता का ढोंग ख़त्म हो जाने पर थोड़े ही समय में रिपब्लिकन पार्टी में फिर से फूट हो गई थी।

दलित पैन्थर के आन्दोलन का यह पूरा इतिहास मैंने केवल इसीलिए बताया कि दलित साहित्य के निर्माण से दलित पैन्थर का जन्म हुआ था, किंतु दलित साहित्य पहले से ही प्रगतिशील भूमिका लेकर खड़ा रहा है, बड़े विस्मय की बात है कि उसी प्रगतिशील भूमिका का वे लोग ही कड़ा विरोध कर रहे हैं, जो स्वयं को आम्बेडकरवादी कहाते हैं।

●●●

3.

दलित पैन्थर अत्याचारी शक्ति का सिर कुचलता है

ज. वि. पवार

'दलित पैन्थर' समाज परिवर्तन करने के आकांक्षी, सामाजिक परिवर्तन करने हेतु तैयार गर्म खून के युवकों का क्रांतिकारी संगठन है। सामाजिक चौखट को तोड़ने की दुर्दम्य आकांक्षा से भड़के इस संगठन को इकतरफा ठोस भूमिका लेकर रास्ते पर किस कारण से उतरना पड़ा, इस बात को जान लेना अत्यंत महत्त्वपूर्ण है। यह जान लेने की कोशिश जातीयवादी शक्ति नही कर सकती । किंतु जो लोग पाव सदी से प्रगतिशीलता के नारे लगा-लगाकर अलग-अलग झंडों के तले एक होकर जातीयवादी लोगों के विरोध में लड़ाई लड़ रहे थे, वे लोग दलित पैन्थर के विरोध में खड़े होते देखकर उनके सामाजिक परिवर्तन के नारों के बारे में दया उत्पन्न होती है।

डॉ. बाबासाहब आम्बेडकर जी के विद्रोह से रिश्ता बताने वाली युवा पीढ़ी ने जब बिना किसी पूर्वाग्रह के जातीयवादियों का नंगा नाच देखा है, तब यह पीढ़ी इस जाति व्यवस्था से ऊब गई। उनकी आँखों के सामने उन्हीं की माता-बहनों को नग्न कर उन पर कोड़े बरसाने वाला, पुठ्ठे पर लात मारने वाला गाँव का गुंड़ा पाटिल दिखाई देता है। उसने कभी पढ़ा है वस्त्रहरण के समय कृष्ण भागते हुए आये थे। आज वही कृष्ण कहीं दिखाई नहीं देते। इस कारण दलित युवक का तन-बदन भड़क जाता है। दलित युवक चुनौतीपूर्ण भाषा का प्रयोग करते हुए वह इतिहास की ओर मुड़ता है।

यही दलित समाज बिलकुल चुपचाप रीति से उक्त प्रकार के अन्याय-अत्याचार विगत साढेतीन हज़ार वर्षों से सहन करते आया है। इस समाज को ईश्वर और नसीब जैसी अवधारणाओं के नीचे फँसाया गया। पाप-पुण्य, पुनर्जन्म के चक्कर में असहाय रीति से घूमाया गया। डॉ. बाबासाहब आम्बेडकर जी ने संघर्ष के लिए रास्ते पर लाये। किंतु एक

वर्ष में 1117 हत्याएँ देखकर, छोटे-बड़े पचास देहातों पर लगाये बहिष्कार सुनकर, सैंकड़ों बलात्कारों के प्रकरण पढ़कर, नारनवरे की मनुष्य बलि दिये जाने, अनेक लोगों को कुल्हाड़ी से काट दिये जाने, हज़ारों को गाँवों से निकाल दिये जाने, बावड़ी में फेंकी हुई विष्ठा और झोंपड़ियों को मध्यरात्रि में आग लगाकर उस आग से जान बचाने के लिए इधर-उधर भागते बूढे.लोग शिशु के पेट में भाले चलाकर उस आग में तड़पा तड़पाकर मारनेवालों की परम्परा का अनुभव कर यह युवक सशस्त्र होकर रास्ते पर उतरता है। एक तरफ की मारामारी की बात करता है। वह पैन्थर के रूप में तैयार हो जाता है।

दलित पैन्थर का जन्म ही इस व्यथा के कारण हुआ था। समय की आवश्यकता के रूप में यह संगठन गठित हुआ। यह व्यथा समाज के अत्यंत निचले स्तर की थी, इसीलिए इस स्तर में वह लोकप्रिय होने लगा। सच तो यह है कि इन युवाओं का भविष्य निश्चित होना बाकी है, विद्यालय-महाविद्यालयों से उन्हे स्नातक बनना है, ऐसे युवाओं पर अन्याय-अत्याचार के निर्मूलन की जिम्मेवारी आनी ही नहीं चाहिए थी। इनकी भावनाओं का ज्वालामुखी फटने से पहले ही किसी को तो इस काम को अपने हाथों में लेना चाहिए था। जब दलित युवक ने इसी आशा से अपनी नज़र चौतरफ़ा दौड़ाई तब उसे केवल और केवल अन्धकार ही दिखाई दिया। कोई भी राजनीतिक पार्टी एड़ी-चोटी का ज़ोर लगाकर सामाजिक विषमता के खिलाफ़ आवाज़ मुखरित नहीं करती, बीच-बीच में अनशन, सत्याग्रह आदि जैसे कार्यक्रम अवश्य किये जाते हैं, किंतु समाचार-पत्र में कॉलम लिखने के उपरांत धन्य होने के आनंद में सब कुछ भूल जाते हैं। सामाजिक व्यवस्था जैसी थी, वैसी ही रहती है। बार-बार कार्यक्रम देने के लिए वह व्यवस्था उसी प्रकार स्थिर रहे यही उनकी आशा होती है। कोई भी राजनीतिक पार्टी समस्या का समाधान करने के लिए किसी भी कार्यक्रम को अपने हाथों में नहीं लेती। अपनी-अपनी पार्टी का वज़ूद बनाये रखने के लिए यह नाटक किया जाता है। चुनावों को ध्यान में रखकर किये गये कार्यक्रम एवं उन कार्यक्रमों की सीमा हम जान सकते हैं। किंतु जब चिंतक और दार्शनिक लोग भी पराजित मानसिकता की रणनीति अपनाते हैं, तब बेचैनी बढ़ती ही जाती है। भारत एवं अन्य देशों में यही एक अंतर है। अन्य देशों में समाज परिवर्तन के लिए वहाँ के चिंतकों ने अपने प्राण तक बलिदान किये हैं। अनेकों ने कारावास भुगता है, तो अनेकों ने अपने वतन को भी छोड़ दिया है। भारत में राजनीतिक स्वाधीनता के लिए तो अनेकों द्वारा फाँसी पर चढ़ने के अनेक उदाहरण मिल जायेंगे, किंतु व्यक्तिगत स्वतंत्रता के लिए फाँसी पर चढ़ने का कोई उदाहरण प्राप्त नहीं होता और इसी कारण यह परंपरा दिन-ब-दिन जारी रहती है।

इस अन्यायी परंपरा को बनाये रखने में बुद्धिजीवी लोग अपना योगदान करते हैं। उदाहरण के लिए मंदा पाटणकर के बारे में समाजसेवकों के पास पिस्टल देकर स्त्रियों की

सुरक्षा करने में सरकार को मदद करनी चाहिए, इस प्रकार बुद्धिजीवी कह सकते हैं। किंतु दलित स्त्रियों को नंगा कर लताड़ा जाता है तब तथाकथित बुद्धिजीवियों के मस्तिष्क व्यवस्था की ओर गिरवी रखे जाते हैं। सुझाव के रूप में दलित युवकों के हाथों में पिस्टल दे दो इस तरह का या अन्य कोई विकल्प देने के लिए कोहराम नहीं मचाया जाता। इसका एकमात्र कारण है कि मंदा पाटणकर उच्चवर्णीय स्त्री थी। जातीयता का इस तरह से प्रचार करनेवालों तमाम बुद्धिजीवियों को किसी मैदान में सभी लोगों के सामने कोड़े लगाने चाहिए। जब बुद्धिजीवी विचार करने में अक्षम साबित होते हैं, तब तमाम स्त्री-जाति को तो एक होकर लड़ाई करनी चाहिए थी। सच तो यह है कि स्त्री-जाति कश्मीर से कन्याकुमारी तक एक ही है। उसकी इज्ज़त का वर्गीकरण नहीं होना चाहिए।

डॉ. बाबासाहब आम्बेडकर सभी बुद्धिजीवियों में श्रेष्ठ हैं। कथनी और करनी में समानता होनी चाहिए, यही उनकी भूमिका थी और इसी कारण वह 'जान जाये तो भी बेहतर' इस न्याय से रास्ते पर उतरे थे। इन्होंने महाड़ कालाराम मंदिर जैसे सत्याग्रह किये। किंतु इनके महापरिनिर्वाण के पश्चात् इनकी विरासत को बताने वाले लोग आपस में ही झगड़ने लगे। आम्बेडकरवादी आन्दोलन से अपना रिश्ता बतानेवाली रिपब्लिकन पार्टी अलग-अलग गुटों में विभाजित हो गई। समाज जीवन के तुकड़े-टुकड़े हो गये। राजनीतिक बिखराव छाने लगा। सामाजिक, राजनीतिक और धार्मिक जनजीवन भी बिखर गया और इसी कारण जब किसी रामदास नारनवरे की हत्या की जाती है, तब गुटों के गर्व में डूबे लोग इसी बात पर पहले विचार करते हैं कि, रामदास नारनवरे रिपब्लिकन पार्टी के किस गुट का कार्यकर्ता था। चुनावों को ध्यान में रखकर कार्यक्रम करनेवाली अन्य पार्टियों की तरह ही रिपब्लिकन पार्टी का भी व्यवहार होने लगा। परिणामत: यह पार्टी शक्तीविहीन हो गई और उसी ने आम्बेडकरवादी आन्दोलन को मार डाला।

आम्बेडकरवादी आन्दोलन को मार डालने की साजिश तो स्वयं आम्बेडकर जी के जीवितावस्था में ही रची गई थी। बाबासाहब के भव्य-दिव्य नेतृत्व में सारे दलित वर्ग एक होकर काम कर रहे थे। चर्मकार और मातंग आदि जातियों के लोग भी समता का झंडा लेकर रास्ते पर उतरे थे। महात्मा गांधी जी ने यह पहचान लिया था कि यदि तमाम दलित समाज एक झंडे के तले आ गया, तो आज या कल परिवर्तन की माँग करेगा। महात्मा गांधी दिल से सच्चे कट्टर हिंदू थे। इनकी इच्छा थी कि सामाजिक व्यवस्था की चौखट पर किसी प्रकार से कोई चोट ही न पहुँचे। समाज की चौखट पर प्रखर हमले कर उसे अस्त-व्यस्त करने में प्रवृत्त हुए डॉ. आम्बेडकर जी को देखते ही अत्यंत कट्टर गांधी जी ने विघटन के लिए तथाकथित महारेतर लोगों को डॉ. आम्बेडकर जी के झंड़े की छाया से दूर हटा लिया। गांधी जी ने 'हरिजन' नामक मुलायम गाली देकर आंदोलन को ही ख़त्म करने का नीच प्रयास किया। महात्मा गांधी जी ने दलितों का विघटन किया फिर

भी यह शोषित समाज फिर एक बार एक हो जायेगा, इसी उम्मीद से डॉ. बाबासाहब आम्बेडकर जी ने सन् 1952 में रिपब्लिकन पार्टी का प्रारूप बनाया और महार, चमार, मातंग, ढोर, कातकरी, आदिवासी आदि समुदायों के अधिकारों की रक्षा के लिए एक मंच का निर्माण किया। बाबासाहब आम्बेडकर जी के बाद रिपब्लिकन पार्टी एकजातीय, एकधर्मीय पार्टी बन गई और जातीयता को तोड़ने के लिए आगे चल पड़ी। बाबासाहब आंबेडकर जी की सन् 1952 की भूमिका दलित पैन्थर को स्वीकार है। वही तो सम्पूर्ण आन्दोलन का अधिष्ठान है। दलित पैन्थर संगठन भी अट्ठाईस करोड़ लोगों के भविष्य का विचार करता है। यदि यह अट्ठाईस करोड़ पददलित वर्ग एक हो जाता है और परिवर्तन की माँग करता है, तो ही यह देश 'देश' के रूप में अक्षुण्ण रहेगा।

आज देहातों में जो अन्याय हो रहा है वह केवल बौद्धों पर ही नहीं अपितु चमार और मातंग आदि पर भी होता है। दलित पैन्थर इन सभी प्रकार के अन्याय के विरोध में स्वर मुखरित करता है। जिस देहात में अन्याय होता है, उस देहात में दलित पैन्थर्स पहुँच जाते हैं। वहाँ के दलितों को अभयदान देते हैं। किसी पाटील को इस प्रकार के अन्याय का जिम्मेवार साबित करके उसे क्षमायाचना करने पर विवश करते हैं और भविष्य में इस प्रकार का अन्याय होने पर बाहुबल का प्रयोग किया जाएगा इस तरह का स्पष्ट संकेत भी देते हैं। अत्याचारी शक्ति का सिर फोड़ते हैं और इसी कारण केवल वाचावीर न रहनेवाले निडर सीने के एवं युवा रक्त के स्वर में अनेक बौद्धेतर युवा अपना स्वर मिला रहे हैं। सर्वहारा वर्ग के भविष्य के नज़रिये से यह एक क्रांतिकारी कदम है। इस बात का सबसे बड़ा प्रतीक विठ्ठल साठे जैसा कोई मातंग समाज का कार्यकर्ता अपनी सारी शक्ति के साथ दलित पैन्थर में शामिल हो जाता है।

केवल महाराष्ट्र ही नहीं, अपितु सम्पूर्ण भारत देश के आज के चित्र की ओर देखने पर एक बात बड़ी शिद्दत से नज़र आती है कि क्षत्रीय समाज के हाथों में देश का भविष्य है। भारत में क्षत्रिय समाज बहुसंख्य होने के कारण सरपंच से लेकर मंत्री तक के सारे पद इन्हें ही प्राप्त होते हैं। इस समाज के सामने एकमात्र आदर्श यह है कि चुनाव में जीतने पर पाँच वर्षों तक लाखों रूपये कमा सकते हैं। किंतु एक समय में यही समाज सत्यशोधक समाज के रूप में वैचारिक क्रांति का झंडा लेकर मैदान में उतरा था। महर्षि शिंदे (विठ्ठल रामजी शिंदे) के आंदोलन की पूरे बहुजन समाज में हलचल मची थी और इसी कारण इन लोगों के कर्तृत्वशक्ति ने और आम्बेडकरवादी आंदोलन ने मात्र दो तप (चौबीस वर्ष) के अंतराल में विस्मयकारी उड़ान भरी थी। यदि आज के राजनेताओं ने उक्त लोगों का आदर्श अपने सामने रखा होता तो देश का चित्र ही विशेष रूप से परिवर्तित हो चुका होता।

ब्राह्मण वर्ग इस अन्याय की ओर तटस्थ होकर देख रहा है। इस वर्ग को सम्पूर्ण

परिवर्तन नहीं चाहिए और मराठा समाज के समीप परिवर्तन क्या होता है, यह जानने का विवेक नहीं है। परिणामत: दलित समाज बीच में ही लटक रहा है। दलितों पर हो रहे अन्याय को दूर करने के लिए तथा सम्पूर्ण देश का भविष्य उज्ज्वल करने हेतु मराठा समाज को ज्ञान के क्षेत्र में ऊँचाई प्राप्त करना अत्यावश्यक है। बहुजन समाज के बाबा आढाव जैसे व्यक्ति ने ही विवेकी होकर ही काम नहीं चलेगा, कुर्सी की ओर बिना देखे दृढ़ विश्वास के साथ दलितों के विकास की ओर बढ़ना होगा।

इस मिट्टी के सबसे अधिक मनोरंजक खिलौनों में साम्यवादियों का समावेश होता है। इन लोगों ने यहाँ साम्यवाद को रंगाने में पच्चीस वर्षों तक कोलाहल मचाया। मंचों पर धर्मातीत भूमिका स्वीकार करनेवाले साम्यवादियों के कारखाने से बाहर निकलनेवाले मजदूरों को स्वजाति की याद दिलानेवाली बस्तियाँ तोड़ दी गईं होती, तो जातीयता के नाम पर आज हज़ारों समस्याएँ उत्पन्न न हुई होतीं। मात्र दस-बीस रुपयों के लिए मजदूर को मिल मालिक के पैर पकड़ने पडते हैं। मजदूर दो आने सूद पर कर्जा लेकर गणपति के लिए अपने गाँव-देहात जाते हैं। ऐसे में 'गणपति तो एक झूठ है' यह सच्चाई बताने में सकुचाते हैं। सत्य तो यह है कि इन दोनों को भी साम्यवाद का ज्ञान नहीं है। यदि साम्यवाद का ज्ञान इन्हें होता तो कारखाने में ही सत्यनारायण का व्रत नहीं किया होता। कोई भी धार्मिक भावना पर चोट करने के लिए तैयार नहीं होता। इस बात के उदाहरण के रूप में मुम्बई के गिरणगाँव को देखा जा सकता है। यह गिरणगाँव तो मजदूरों का है। कल-परसों तक इस क्षेत्र का नेतृत्व साम्यवादियों के पास था। आज वही नेतृत्व अत्यंत कर्मठ हिंदू के रूप में उभरी शिवसेना संगठन के पास आ चुका है। शिवसेना तो सीधे-सीधे हिंदुत्ववाद का प्रचार करती है। यदि साम्यवादियों ने गिरणगाँववासियों को विज्ञान-निष्ठा सिखाई होती तो आज इतनी सहजता से लाल रंग का केसरिया रंग में रूपांतर न हुआ होता।

समाज को आंदोलित कर निचले तबकों के लोगों को एक करनेवाले दलित पैन्थर के विरोध में अनेक संगठन खड़े होंगे। क्योंकि उन्हें जातीयता के रोग पर मरहम-पट्टियाँ साफ नामंजूर हैं। यह रोग अत्यंत पुराना रोग है। यह रोग रक्त के कण-कण में समाया हुआ है। उस रोग के नाश के लिए हम शस्त्रक्रिया करने के लिए तैयार हैं। इस काम में हम किसी की भी सहायता लेने के लिए तैयार हैं। किंतु इस बारे में शत्रु-मित्र की पहचान करना बहुत महत्त्वपूर्ण कार्य है।

यह देश हमारा है। इस देश पर सच्चा अधिकार हमारा ही है। बाहर से आये लोगों ने इस देश को बदनाम किया। उस पर जातीयता का कलंक लगाया। उसकी प्रतिमा को कुरूपता प्रदान की। उसके चेहरे को आमूल-चूल परिवर्तित किया। यही कुरूपता हमें बेचैन करती है और इसीलिए इस कलंक को मिटाने हेतु हम रास्ते पर उतरे हैं। बाबासाहब

के अनुसार इस देश को रेत के टीले का रूप प्राप्त हो चुका है। रेत के दो कणों में अपनापन नहीं होता। एक कण का दूसरे कण से कोई रिश्ता नहीं होता। उसी प्रकार भारत में किसी एक जाति के सुख-दु:ख का दूसरी जाति के सुख-दु:ख से कोई लेन-देन नहीं होता। रेत के इन दो कणों को जोडने का काम सीमेंट करता है। हम भी वही काम करेंगे। खून के फव्वारे से एक जाति को दूसरी जाति से जोडेंगे। एकरस करेंगे। सारा समाज एकरस नहीं हुआ, वह इसी तरह वर्गों-वर्गों में विभाजित रहा तो इस देश का कोई भी भविष्य नहीं है।

दलित पैन्थर संगठन दलितों का संगठन है। इसे लगता है कि देश की प्रत्येक स्त्री की इज़्ज़त अबाध रहनी चाहिए। वह स्त्री चाहे किसी भी जाति की हो, उसकी इज़्ज़त का वर्गीकरण नहीं होना चाहिए। दलित पैन्थर की तो स्पष्ट भूमिका है कि दलित स्त्री की साड़ी को हाथ लगानेवाले के हाथ काट दिये जायेंगे ही, किंतु कल यदि किसी ब्राह्मण स्त्री की साड़ी को हाथ लगायेगा, तो उसके भी हाथ काटने के लिए दलित पैन्थर्स ही आगे रहेंगे।

जातीयता जैसे पुराने रोग पर प्रहार करने हेतु वामपंथी आंदोलनों को एक होकर रस्ते पर उतरना होगा। इन सभी वामपंथियों को रंगभेद की लड़ाई प्रथम अपेक्षित होगी। वही लड़ाई हम भी लड़ रहे हैं। उन्हें हमें साथ देना ही होगा। जो इस तरह का साथ नहीं देंगे उनकी प्रगतिशीलता कागज पर ही शेष रहेगी। राजीनितिक पार्टियों का विचार करने पर दलित पैन्थर को आज रिपब्लिकन (सभी गुटों और उपगुटों सहित) पार्टी सोशलिस्ट, किसान-मजदूर और कम्युनिस्ट पार्टियाँ मित्र साबित होती हैं। इनमें से अनेक लोग हमें कलंकित कर रहे हैं। फिर भी वे सारे हमारे मित्र ही हैं। आज नहीं तो कल उन्हें अपनी गलतियों का एहसास हो जायेगा। वे हमारे शत्रु नहीं हैं, इसलिए उनसे लड़ाई-झगड़ा करने का कोई मतलब नहीं है। एक डर भी है कि मित्र पार्टियों में बीच-बीच में टकराव होते रहेंगे और लड़ाई बढ़ती जायेगी। किंतु हम मित्र पार्टियों में लड़ाई बढ़ने नहीं देंगे। उन्हें भी लड़ाई कर निरर्थक वाद-विवाद करते नहीं रहना चाहिए। मित्र निश्चित करने पर शत्रु की ओर उँगली दिखाना महत्त्वपूर्ण होता है। राजनीतिक पार्टियों तक ही कहा जाये तो सत्तासीन काँग्रेस, जनसंघ, हिंदू महासभा, शिवसेना और धर्म के नाम पर राजनीति करने वाली मुस्लिम लीग ये सारे के सारे हमारे शत्रु हैं। इसी तरह राष्ट्रवाद की निरर्थक चर्चा करनेवाला राष्ट्रीय स्वयंसेवक संघ और सभी जटाधारी, ढोंगी आचार्य रजनीश और दत्ता बाल जैसी टोलियाँ भी हमारी शत्रु ही हैं। इन ढोंगियों की चालाकी पर केवल भाई माधवराव बागल द्वारा ही हमला बोल कर काम नहीं चलेगा। अनेक भाई बागल तैयार होने चाहिए। क्योंकि जातीयता का समर्थन करनेवाले अनेक संगठन आज भी अपना अस्तित्व बनाये रखे हुए हैं। जाति और धर्म के नाम पर ये संगठन बड़े गर्व के साथ विचरण कर रहे हैं।

पैन्थर यह सब कुछ उखाड़ना चाहता है। हमारी यही इच्छा है कि यहाँ किसी भी जाति-धर्म के सम्मेलन नहीं होने चाहिए! राजनीतिक पार्टियाँ बिना नारियल चढ़ाये चुनाव के प्रचार अभियान शुरू नहीं कर सकती। इस कारण यह समस्या अत्यंत जटिल हो चुकी है। मुम्बई महानगर पालिका के चुनावों का परीक्षण किया जाये तो साफ दिखाई देगा कि, अप्रगतिशील शक्तियाँ उभरकर सामने आ रही हैं। जनसंघ जैसी हिंदुत्ववादी और परंपरावादी पार्टी बलशाली सिद्ध हो रही है। जब पैन्थर ने पुणे में शंकराचार्य को जूते दिखाये तब पैन्थर के विरोध में खड़ा संगठन भी शंकराचार्य का समर्थन कर रहा है। पिछली बार जब हमने गीता-दहन का आह्वान किया था, तब भी यह संगठन क्यों जलाते हो गीता इस प्रकार का वैचारिक आह्वान भी दे नहीं पाया।

ऐसी परिस्थिति में सर्वहारा वर्ग एक होकर परिवर्तन की माँग करने के लिए लड़ाई करेगा ऐसी आशा है। जैसे ही अप्रगतिशील शक्ति सिर ऊपर उठायेगी, वैसे ही उस सिर को कुचलने का काम वामपंथियों को करना होगा। आपस की फूट त्यागने पर ही नई हवा बहने की शुरूआत होगी। जाति-धर्म हीन समाज-रचना निर्माण हुए बिना अर्थात् शहरों से बाहर के देहातों में नई समाज व्यवस्था आये बिना यह संभव होगा ऐसा तो नहीं लगता।

दलित पैन्थर ने आज तक अनेक काम किये हैं। ब्राह्मण गाँव, भूगाँव, संगमनेर और पेठ जैसे गाँवों में जाकर 'जिम्मेवार' लोगों को धमकाया है, साथ ही छोटे-मोटे तीस मामलों को अपनी क्षमता से निपटाया है। गाँव-देहात में प्रत्यक्ष रूप में भेंट देने के उपक्रम के कारण महाराष्ट्र के लगभग सभी ज़िलों में दलित पैन्थर की शाखाएँ खुल चुकी हैं। दलित पैन्थर दिन-ब-दिन फैलता जा रहा है। आज वह अगणित लोगों का संगठन हो चुका है। आज अनेक युवक सिर पर कफ़न बाँधकर रास्ते पर उतरे हैं।

छात्र और उनके भविष्य के बारे में दलित पैन्थर अभी तक चिंतित है। दलित पैन्थर चाहता है कि विद्यालयों और महाविद्यालयों में दी जा रही शिक्षा और वास्तविक जीवन में व्याप्त खाई को समाप्त करने के लिए शिक्षा प्रणाली में आमूल-चूल परिवर्तन हो। विद्यालय और महाविद्यालयों के पाठ्यक्रम से रामायण और महाभारत को निकाल देना चाहिए। देवों और धर्मों के नाम पर दी जाने वाले छुट्टियों के स्थान पर डॉ. आम्बेडकर, महात्मा फुले, आगरकर, शाहू महाराज, महर्षि शिंदे आदि सुधारकों के नाम से छुट्टियाँ देनी चाहिए।

शिक्षा प्रणाली में परिवर्तन अर्थात् निश्चित रूप में किस बात का परिवर्तन होना चाहिए ? इस बारे में दलित पैन्थर के पास निश्चित कार्यक्रम भी है। किंतु वह कार्यक्रम मंजूर नहीं होगा, क्योंकि, केंद्र सरकार और राज्य सरकार के शिक्षा मंत्री ब्राह्मण ही होते हैं। शिक्षा मंत्रालय के सचिव ब्राह्मणेतर विशेषकर दलितवर्ग के होंगे तभी यह दृश्य

बदलेगा। बाबासाहब आम्बेडकर जी ने दलित समाज को ''शासन करनेवाली जनजाति बनना है'' इस प्रकार का संदेश दिया था। किंतु परंपरावादी शासक बाबासाहब आम्बेडकर के महापरिनिर्वाण के पश्चात् उनका प्रतिशोध ले रहे हैं। सच तो यह है कि शहर को साफ-सुथरा रखने का ठेका दलितों ने नहीं लिया है। कम पढे-लिखे किसी ब्राह्मण को भी साफ-सफाई का काम करना होगा। नौकरियों में व्याप्त जातीयवाद को ख़त्म करना ही दलित पैन्थर का लक्ष्य है।

कल-परसों तक सर्वसाधारण दलित जनता पर अन्याय हो रहा था। आज जो जवान सैनिक जी-जान लगाकर देश की सीमा पर लड़ाई करते हुए सुरक्षा में व्यग्र है, उस जवान पर भी अन्याय हो रहा है, उसे भी उसकी जाति का स्मरण हो जाये इतना क्रूर व्यवहार उसके साथ हो रहा है। सेना में भी जाति के नाम पर वर्गीकरण किया जाता है। सैनिक की कोई भी जाति नहीं होनी चाहिए। देश की सुरक्षा यही एकमात्र लक्ष्य इन सैनिकों के सामने होना चाहिए। किंतु महार पलटन और मराठा पलटन जैसे जातिवाचक नाम दिये जाते हैं। देश की सीमा के भीतर जिस प्रकार वह जाति-जाति में बँटा हुआ है, उसी तरह देश की सीमा पर भी बँटा हुआ है। जातिवाचक नामों के स्थान पर भीमू कांबले जैसे शूर-वीर के नाम से पलटनों नाम हों तो जवानों को प्रेरणा भी प्राप्त होगी। जवान अपने गाँव में लौटें तो उनका शेष जीवन मान-सम्मान से बीतना चाहिए। यदि जवानों पर इसी प्रकार के अन्याय होते रहे तो एक दिन वे भी ''हम किसके लिए सीमा पर लड़ रहें हैं?'' जैसे सवाल पूछने लगेंगे।

●●●

4.

दलित पैन्थर के कारण समाज आन्दोलनमय बना

भाई संगारे

'दलित पैन्थर' की स्थापना से ही मैंने इस आंदोलन में काम किया है। किंतु बाद में हमीं में फूट हो गई और पैन्थर का विभाजन हो गया। नेतृत्व की समस्या के कारण पैन्थर आंदोलन में मतभेद निर्मित हो गये। वैचारिक मतभेदों के कारण पैन्थर में फूट नहीं हुई। वह तो एक आभास है। सच तो यह है कि पैन्थर आंदोलन का नेता कौन बने, इस नेतृत्व की लालच के कारण ही पैन्थर के नेताओं में बैरभाव उत्पन्न हो गया। मैं ही सच्चा नेता हूँ। मेरे पीछे पूरा आंदोलन है। आंदोलन के सारे सूत्र मेरे ही हाथों में रहने चाहिए। इसी भाव से पैन्थर आंदोलन में नेतृत्व की प्रतियोगिता का आरम्भ हो गया और इसी कारण पैन्थर का विभाजन हो गया।

राजा ढाले ने नये आंदोलन 'मास मूवमेंट ' की स्थापना की, तो नामदेव ढसाल ने दलित पैन्थर में रहकर ही काम किया। इस फूट के कारण आंदोलन नेतृत्वहीन हो गया। ऐसे में विकल्प के रूप में जो नेतृत्व सामने आ गया, उसे ही जनता ने समर्थन दिया और इसी नये नेतृत्व के अंतर्गत भारतीय दलित पैन्थर की शुरुआत हो गई। ढसाल-ढाले और मुझ में मतभेद हो जाने से पैन्थर का नेतृत्व अन्य लोगों के हाथों में चला गया। भारतीय दलित पैन्थर का नेतृत्व आंदोलन को आगे नहीं ले जा पाया। ये नेतृत्व बौने साबित हो गये। लोगों ने हमारे विकल्प के रूप में रामदास आठवले जैसे लोगों को स्वीकार तो कर लिया। किंतु उन्होंने भी जनता की अपेक्षाओं की पूर्ति नहीं की। केवल नामांतर की समस्या पर अनेक वर्षों से लड़ते रहने के कारण आंदोलन एक ही समस्या के इर्द गिर्द गुँथ गया। केवल नामांतर की समस्या पर ही दलित समाज को कितने दिनों तक अगवा करेंगे ? नामांतर के अलावा जो समस्याएँ हैं, उन समस्याओं की ओर भारतीय दलित पैन्थर ने बिलकुल ध्यान नहीं दिया। हमने पैन्थर आंदोलन में शुरू के समय जो दबदबा उत्पन्न

किया था, उसी का लाभ बाद के नेतृत्व ने उठाया है। मानो आज का पैन्थर आंदोलन रूक-सा गया है। इसीलिए फिर एक बार मैं 'ढसाल-ढाले' एक होकर आंदोलन में काम करने का विचार कर रहे हैं।

दलित पैन्थर की स्थापना से जो दलित युवक शिवसेना जैसे अप्रगतिशील जातीयवादी संगठन में काम कर रहा था, वह दलित पैन्थर में आ गया था। दलित युवकों की प्रबल संघर्षशील शक्ति के रूप में दलित पैन्थर विख्यात हो चुका था। किंतु आज भारतीय दलित पैन्थर नीला झँड़ा और केसरिया झँड़ा एकसाथ लाने का सपना देख रहा है। भीम-सैनिकों और शिव-सैनिकों ने एक होना चाहिए, ऐसा रामदास आठवले जैसे पैन्थर नेता कह रहे हैं। सच तो यह है कि दलित पैन्थर का जन्म ही शिवसेना जैसे जातीयवादी संगठन के विरोध में हुआ है। शिवसेना और दलित पैन्थर एक नहीं हो सकते। जय भवानी, जय शिवाजी कहते हुए दलितों की झोंपड़ियों को आग लगाने वाले शिवसैनिक दलित पैन्थर के मित्र हो भी कैसे सकते हैं ?

आज का पैन्थर आंदोलन अजगर की तरह फैल गया है। इस आंदोलन को दलित समाज और उसकी समस्याओं से कोई सरोकार नहीं है। डॉ. बाबासाहब आम्बेडकर जी के विचारों के साथ प्रामाणिक रहना ही, दलित पैन्थर की भूमिका है। किंतु अभी नेतृत्व ने दलित समाज को दिशाहीन कर दिया है। पैन्थर की स्थापना के समय अर्थात् 1972 में आंदोलन में जो कार्यकर्ता थे, वे आज तटस्थ हो गये हैं। ऐसे कार्यकर्ताओं को सक्षम और समझदार नेतृत्व चाहिए। हम अर्थात् ढसाल-ढाले-मैं परसों एक सभा में एक जगह गये थे। तब हमारी सभा में बहुत बड़ी भीड़ आई थी। आंदोलन को फिर एक बार हमारा नेतृत्व चाहिए।

हममें फूट होने के कारण ही हम आंदोलन के बाहर फेंक दिये गये थे। आंदोलन से बाहर जाने के बाद का अनुभव हमारे पास है। आंदोलन से समाज बड़ा है। हममें फूट हो जाने पर समाज में भी एकता नहीं रही। पुनरुज्जीवनवादी विचार फैल रहे हैं। अप्रगतिशील संगठनों में बढ़ोत्तरी हो रही है। आज दलितों पर सुसंगठित रीति से क्रूरतम हमले हो रहे हैं। पहले तो किसी एक दलित पर अन्याय हुआ करता था, किंतु आज सामुदायिक रीति से सभी दलित बस्तियों पर हमले होते हैं। फिर एक बार दलित पैन्थर की स्थापना से पहले की अवस्था निर्मित हो चुकी है। यदि इन जातीयवादी हमलों का जवाब देना है, तो संगठित रीति से लड़ाई करने के अलावा अन्य कोई भी विकल्प नहीं है। दलित-विरोधी गठबंधन मजबूत हो रहे हैं ऐसे में हम पैन्थर आंदोलन से दूर रहें, यह समाज के हित में नहीं है। अब स्वार्थ की राजनीति का त्याग करना होगा। शत्रु और मित्रों की पहचान होनी चाहिए। तभी हम समाज के प्रवाह में टिके रह सकते हैं।

दलित पैन्थर की स्थापना हो गई। उसका महाराष्ट्र के सांस्कृतिक जनजीवन पर बहुत बड़ा प्रभाव पड़ा। दलित पैन्थर की स्थापना से दलितों में संघर्ष और स्वाभिमान का

भाव जागृत हो गया। बाबासाहब आम्बेडकर जी के महापरिनिर्वाण के पश्चात् दलित आंदोलन को दादासाहब गायकवाड जी ने सक्षम नेतृत्व प्रदान किया था। किंतु उनके बाद दलित आंदोलन को योग्य नेता प्राप्त नहीं हुआ। दलित पैन्थर आंदोलन के कारण दलित समाज आंदोलित हो गया। बाद में दलित नाम से जो छोटे-बड़े आंदोलन हुए उनका जननबीज भी दलित पैन्थर का आंदोलन ही है। अंगारे के रूप में जलता विद्रोह दलित समाज में भड़क रहा है इस बात की जानकारी शत्रु को करवाने का काम दलित पैन्थर ने किया है। दलित लेखक और कलाकारों की कलम को सक्षम करने का काम दलित पैन्थर ने किया है। जहाँ-जहाँ अन्याय होगा वहाँ-वहाँ पहुँचकर दलित पैन्थर ने अत्याचार करनेवालों की ठुकाई की है। इस कारण ऐसा दिखाई देता है कि दलित पैन्थर सर्वसाधारण मानव का सहायता केंद्र बना है।

आंदोलन में नेतृत्व विभाग महत्त्वपूर्ण होता है। मिट्टी को जीवित करने का काम, समाज को संघर्षशील करने का काम इस नेतृत्व के हाथों में आता है। इसलिए नेतृत्व को समस्याओं की जानकारी और व्याप्ति आदि का ठीक-ठीक आकलन होना चाहिए। समस्या को आंदोलन का रूप देने की क्षमता भी नेतृत्व में होनी चाहिए। किंतु पैन्थर में उत्पन्न नया नेतृत्व उस दृष्टि से नपुंसक सिद्ध हो चुका है। हमारी फूट का इतिहास देखकर मैं बेचैन हो जाता हूँ। जोगेंद्र कवाडे जैसा आदमी दलित आंदोलन को हाजी मस्तान के हाथों में सौंप रहा है। शायद कवाडे जी को डॉ. बाबासाहब आम्बेडकर जी के 'थॉट्स ऑन पाकिस्तान ' के विचार समझ ही नहीं आये होंगे। विगत दस-पंद्रह वर्षों से भारतीय दलित पैन्थर ने केवल नामांतर की समस्या में ही पूरे आंदोलन को गुँथ दिया है। प्रकाश आम्बेडकर का नेतृत्व तो केवल वंशवाद ही है। आज दलित समाज का प्रबोधन करना ही सबसे महत्त्वपूर्ण काम है। नये कार्यकर्ता उत्पन्न होने चाहिए। फिर एक बार नये सिरे से आपसी ईर्ष्या-द्वेष त्यागकर एक हो जाना होगा। तभी इस आंदोलन का भविष्य सुनिश्चित है।

दलित पैन्थर से बाहर होने पर मैंने 'प्रैक्टिकल सोशलिज़्म ' नामक संगठन की स्थापना की है। दलित पैन्थर कहने से किसी जाति विशेष का संगठन है, इस प्रकार का बोध होता है, किंतु 'प्रैक्टिकल सोशलिज़्म ' संगठन किसी एक जाति विशेष का संगठन नहीं है। जाति की समस्याओं से अलग समस्याओं पर भी मैंने संघर्ष किये हैं। इसी कारण अन्य प्रगतिशील आंदोलनों से भी मेरा संपर्क हो चुका है। मेरे अनुभव का क्षेत्र विस्तार पा चुका है। मैं अन्य आंदोलनों के साथ काम कर चुका हूँ। मैंने अन्य जाति-जनजातियों के मनुष्यों का भी विचार किया है। उनकी समस्याओं के समाधान के लिए संघर्ष किया है। आज मैं 'प्रैक्टिकल सोशलिज़्म ' नामक संगठन में काम कर रहा हूँ, किंतु हम सभी को एक होकर शत्रुओं के खिलाफ़ लड़ने की आवश्यकता मुझे महसूस होती है।

(लिप्यन्तरण - अरुण म. कांबले)

●●●

5.

नामान्तर के कारण आन्दोलन के नये आयाम

अरुण काम्बले

डॉ. बाबासाहब आम्बेडकर जी की कल्पना के अनुरूप प्रबल विपक्ष के रूप में रिपब्लिकन पार्टी अपनी जड़ें जमा नहीं पाई, वह एकजातीय ही रह गई। गठबन्धन और फूट की इस अवसरवादी राजनीति में रिपब्लिकन पार्टी का विनाश हो गया। रिपब्लिकन पार्टी दलित समाज की मूलभूत समस्याओं पर गंभीर नेतृत्व प्रदान नहीं कर पाई। यही इस पार्टी की त्रासदी है। इसी समय नये जोश से दलित साहित्य प्रकाशित हो रहा था। दलित साहित्य के कारण नई भावना और नये मार्गों का दर्शन होने लगा। इसी समय दलितों पर होने वाले अन्याय-अत्याचारों में भी बढ़ोतरी हो रही थी। पेरुमल समिति और ब्राह्मण गाँव-बावडा में घटी घटनाओं के कारण दलित युवाओं में क्रोध उत्पन्न हो चुका था। ऐसी संघर्षपूर्ण अवस्था में ही दलित पैन्थर का उदय हो गया था। दलित पैन्थर सामाजिक स्तर का सामूहिक हुँकार था। हरेक को लग रहा था कि हमारी ही भावनाएँ अभिव्यक्त हो रही हैं। दलित पैन्थर की स्थापना के समय उसका स्वरूप भी स्पष्ट नहीं था। यह आंदोलन धीरे-धीरे बढ़ता गया। मैं सन् 1970 से 1974 तक मुम्बई में नहीं था, अत: दलित पैन्थर की स्थापना में मेरा कोई भी योगदान नहीं था। दलित पैन्थर की स्थापना का श्रेय किसी एक व्यक्ति को नहीं दिया जा सकता, अपितु यह श्रेय उसकी स्थापना से पूर्व हो रहे सांस्कृतिक परिवर्तन को ही जाता है। इसमें सर्वाधिक हिस्सा दलित साहित्य का ही है। इसी समय मैं भी लिख रहा था।

जब दलित पैन्थर की शुरूआत हो गई तब हज़ारों की संख्या में युवकों ने दलित पैन्थर में प्रवेश किया। हरेक दलित युवक को यह अपने मन के असंतोष की अभिव्यक्ति को सक्षम रूप देनेवाला मंच महसूस हो रहा था। सभी युवक निड़र युवक थे। वैचारिक

स्तर पर अलग लेकिन एकदिल होकर काम करनेवाले युवकों के संगठन के रूप में शुरूआत के पैन्थर आंदोलन की ओर देखा जा सकता है।

दलित पैन्थर नामक आंदोलन का आक्रामक रूप वरली के दंगे के कारण लोगों के सामने आ गया। वरली का दंगा शिवसेना और दलित पैन्थर के बीच का दंगा था। इस समय वामपंथी शक्तियाँ दलित पैन्थर का समर्थन कर रहीं थीं। वरली दंगे के कारण दलित पैन्थर को बहुत बड़ा बल प्राप्त हो चुका था। भागवत जाधव और रमेश देवरूखकर जैसे युवाओं की कुर्बा़नी से दलित पैन्थर संगठन खड़ा हो गया। इस दंगे के कारण ही दलित युवाओं को अपनी प्रतिकार क्षमता का अनुमान हो गया, यथार्थ में पता चला, वास्तविक संघर्ष का अनुभव भी प्राप्त हो गया और इस दंगे के बाद दलित पैन्थर लड़ाकू संगठन के रूप में सुपरिचित हो गया था। इसीलिए नये जोश वाले के युवाओं का समूह दलित पैन्थर की ओर आकर्षित हो गया। रिपब्लिकन पार्टी का रूप ऐसा नहीं था।

वरली के दंगे के बाद के बलशाली पैन्थर आन्दोलन में दरारें पड़ गईं और फूट का आरम्भ हो गया। इस फूट का कारण कोई दार्शनिक कारण नहीं था। नामदेव ढसाल जैसा नेता मात्र अवसरवादी राजनेता था। उसकी सुस्पष्ट वैचारिक भूमिका नहीं थी। उस पर नक्सलवादियों का प्रभाव था। उसके स्वभाव में अनेक दोष थे। ढसाल कवि थे। इसी कारण उन्हें ख्याति भी प्राप्त हो गई थी। आन्दोलन के विस्तार के समय जिस ठोस निश्चय की आवश्यकता और गंभीर रणनीति होनी चाहिए, वह उनके पास नहीं थी। इसी कारण नामदेव ढसाल बाहर फेंके गये, वह केवल साम्यवादी विचारधारा के कारण नहीं। दलित पैन्थर का घोषणापत्र तो केवल बहाना है। इस घोषणापत्र को पहले सभी ने मंजूरी दी थी। किंतु बाद में फूट के कारण उसे नामंजूर किया गया। राजा ढाले ने ढसाल के कम्युनिज़्म का विरोध किया। ढाले ने अपनी भूमिका को एकनिष्ठ या कम्युनिस्ट शीर्षक पत्रिका में प्रस्तुत किया है। 1974 के नागपुर अधिवेशन में ढसाल को संगठन से बाहर निकाला गया। मैं उस समय ढाले के साथ था। अविनाश महातेकर, ज. वि. पवार, भाई संगारे और रामदास आठवले आदि हम सब एक थे। बाद में नेतृत्व की प्रतियोगिता और वैयक्तिक ईर्ष्या के कारण संगठन में असंतोष बढ़ता गया। इस कारण दूसरे चरण में भाई संगारे और अविनाश महातेकर को भी संगठन से निकाल दिया गया।

जून 1975 में आपातकाल घोषित किया गया। इस आपातकाल से मेरा विरोध था। आपातकाल के समय इंदिरा गांधी ने अनेक संगठनों पर पाबन्दी लगाई थी और अनेक कार्यकर्ताओं तथा नेताओं को कारावास दे दिया था। राजा ढाले को इस बात का डर था कि दलित पैन्थर पर भी पाबन्दी लग सकती है और उन्हें भी कारागृह में भेजा जा सकता है। इस कारण वे आपातकाल के समय पूरी तरह से निष्क्रिय बन चुके थे। उस समय महाराष्ट्र के मुख्यमंत्री पद पर शंकरराव चव्हाण जैसा आदमी था। वरली दंगे की भी

पूछताछ जारी थी। हम सरकार का विरोध करते हैं, तो वरली दंगे का कलंक पैन्थर पर लगाया जायेगा, इस प्रकार का डर भी राजा ढाले को सता रहा था। इसी हादसे में राजा ढाले ने दलित पैन्थर को ही विसर्जित कर दिया और 'मास मूवमेंट' नामक नये संगठन का प्रवर्तन किया। उन्होंने यह निर्णय बिना किसी को कुछ पूछे खुद ही ले लिया था। इतना ही नहीं उन्होंने किसी को भी पूछे बिना पत्रक पर हम सभी के नाम भी छापे। स्वयं रामदास आठवले ने ये पत्रक आवंटित किये हैं। हमने दलित पैन्थर के विसर्जन का विरोध किया और पैन्थर आन्दोलन को आगे चलाया।

1976 में औरंगाबाद में हमने एक बैठक बुलवाई। इस बैठक में मुझे नेतृत्व सौंपा गया। दलित पैन्थर को विसर्जित किये बिना उसे अलग मोड़ दिया गया और पैन्थर आन्दोलन को फिर एक बार मजबूत बनाने का प्रयास किया गया। इस प्रयास में हम सभी सफल हो गये। औरंगाबाद की बैठक में हमने जो निर्णय घोषित किये, वे पैन्थर आन्दोलन के गठन में अत्यंत महत्त्वपूर्ण साबित हो गये। वे निर्णय निम्न प्रकार से हैं -

(1) मूलभूत एवं आधारभूत उद्यमों-व्यवसायों का राष्ट्रीयकरण होना चाहिए।
(2) बौद्धों को केंद्र सरकार की सुविधाएँ प्राप्त होनी चाहिए।
(3) पाठ्यक्रम से जातीयवाद बढ़ानेवाला लेखन हटा देना चाहिए।
(4) 10+2+3 जैसा दलित विरोधी पाठ्यक्रम बंद हो जाना चाहिए।
(5) दलितों पर हो रहे अन्याय-अत्याचार खत्म हो जाने चाहिए। दलितों पर अन्याय-अत्याचार न हो इसलिए चल-न्यायालय और चल-पुलिस प्रणाली चलाई जानी चाहिए।
(6) मराठवाडा विश्वविद्यालय का नामांतर 'डॉ. बाबासाहब आम्बेडकर विश्वविद्यालय' ही होना चाहिए।

हमने इन प्रमुख माँगों से युक्त दस अनुच्छेदमय कार्यक्रम को मंजूर कर लिया। उस समय महाराष्ट्र के मुख्यमंत्री पद पर वसंतदादा पाटील थे। हमने अपने प्रतिनिधि मंडल के साथ वसंतदादा से साक्षात्कार किया। उन्हें मराठवाडा विश्वविद्यालय की माँग रुचिकर प्रतीत हो गई। लोगों की ओर से इस प्रकार की माँग होती है तो मराठवाडा विश्वविद्यालय का नामांतर किया जा सकता है, इस प्रकार का आश्वासन वसंतदादा पाटील ने हमें दिया और हम इस नामांतर के काम में लग गये। मराठवाडा विश्वविद्यालय का ''डॉ. बाबासाहब आम्बेडकर विश्वविद्यालय'' ऐसा नामांतर हो इसलिए औरंगाबाद में दलित पैन्थर ने जुलूस निकाला। इस जुलूस में युक्रांद (युवक क्रांति दल) नामक संगठन भी शामिल था। मराठवाडा विश्वविद्यालय की कार्यकारी समिति में नामांतर का प्रस्ताव पारित हो गया और पैन्थर संगठन को बल प्राप्त हो गया। इस प्रस्ताव के कारण दलित पैन्थर की आशाएँ हरी-भरी हो गईं। किंतु अप्रगतिशीलों ने इस नामांतर का विरोध किया। जगह-जगह पर

नामांतर के विरोध में दंगे भड़क उठे। अन्याय-अत्याचारों की अनेक घटनाएँ हो गई। दलितों की झोंपड़ियाँ जला दी गईं। कुछेक जगहों पर हत्याएँ भी की गई। आम्बेडकर जी के नाम के विकल्प के रूप में मौलाना आज़ाद और रामानंद तीर्थ जैसे दो नाम आगे किये गये।

1976 से 1986 के दशक में दलित पैन्थर ने नामांतर के बहाने संपूर्ण महाराष्ट्र में संगठन के जाले को मजबूती से बुना। हजारों जुलूस निकाल कर अपनी माँग को लोगों के सामने रखा। नामांतर संघर्ष के कारण दलित आन्दोलन को नया आयाम प्राप्त हो गया। नामांतर का संघर्ष हमारी अस्मिता का प्रतीक था। वह हमारी मुक्ति का संघर्ष था। यह संघर्ष स्वाधीन भारत के दलितों का सबसे बड़ा संघर्ष था। इस संघर्ष में अन्य जातियों-जनजातियों का भी सहभाग था। आदिवासी और खानाबदोश (घुमन्तू-विमुक्त) सभी नामांतर की समस्या पर हमारे साथ रास्ते पर उतरे थे। नामांतर के संघर्ष में दलितेतर समतावादियों का भी सहभाग था। नामांतर के लिए सन् 1977 में पैन्थर द्वारा आयोजित मुम्बई का जुलूस और सन् 1979 में औरंगाबाद में नामांतर के लिए किया गया सत्याग्रह इन दो घटनाओं का दलित पैन्थर के इतिहास में बहुत बड़ा महत्त्व है।

दलितों के अनेक संघर्ष असफल हो गये, नामांतर संघर्ष का परिणाम भी यही हुआ। किंतु नामांतर आन्दोलन के कारण बड़े पैमाने में शक्ति उत्पन्न हो गई। समतावादी आन्दोलन का निर्माण हो गया। लोग लाखों की संख्या में कारागृह में गये। यही इस संघर्ष की सफलता है। नामांतर के कारण दलित पैन्थर जैसा संगठन की सभी दलितों के संघर्षशील संगठन के रूप में पहचान हो गयी। किंतु दलितों के अन्य संगठन नामांतर समस्या पर तटस्थ रहे और दलित पैन्थर का आन्दोलन नामांतर की समस्या पर लड़ता रहा। मानो नामांतर की समस्या ही इस आन्दोलन का प्राणबिंदु सिद्ध हो गयी। इस बात का यह भी परिणाम हो गया कि पैन्थर आन्दोलन नामांतर की समस्या में ही उलझकर रह गया। नामांतर की समस्या को लेकर ही इस आन्दोलन को कितना संत्रस्त किया जाए, यह बात नेताओं की समझ में ही नहीं आई। इन नेताओं का इरादा यही था कि नामांतर का संघर्ष आगे बढ़ना चाहिए। क्योंकि नामांतर के संघर्ष का नेतृत्व दलित पैन्थर के पास था। मंडल आयोग संघर्ष का नेतृत्व बाबा आढाव ने स्वयं के पास ले लिया था। (क्योंकि दलित पैन्थर ने नामांतर संघर्ष का नेतृत्व एस. एम. जोशी के हाथों में देने से इन्कार कर दिया था।)

डॉ. बाबासाहब आम्बेडकर जी ने महाड का सत्याग्रह और नासिक के कालाराम मंदिर में प्रवेश के लिए भी सत्याग्रह किया। किंतु उन्हीं समस्याओं पर वे बार-बार संघर्ष करते नहीं बैठे। एक ही समस्या पर संघर्ष करते रहने के कारण आन्दोलन थम जाता है और लोगों की सहानुभूति कम होती जाती है तथा कार्यकर्ताओं का उत्साह भी कम होता

जाता है आदि बातों का नेतृत्व को ज्ञान होना चाहिए। महाड के चवदार (स्वादिष्ट) तालाब का सत्याग्रह और कालाराम मंदिर के प्रवेश का सत्याग्रह इन दोनों संघर्षों में बाबासाहब ने नया और व्यापक विकल्प दिया था वह विकल्प धर्मान्तर ही है। किंतु पैन्थर आन्दोलन में ऐसा कुछ नहीं हुआ। परिपक्व नेतृत्व का अभाव, पढ़ा-लिखा युवा कार्यकर्ता वर्ग नौकरी में उलझ गया और आन्दोलन में बेकार वर्ग बढ़ गया। इस बेकार और दरिद्र वर्ग को थामे रखना कठिन हो गया। निराश हुए अनेक युवा इस आन्दोलन में शामिल हो चुके थे। हममें गुण्डों जैसी प्रवृत्ति को समर्थन देनेवाले कुछ नेता भी थे। पैन्थर आन्दोलन को नया आयाम देना ही मेरा विचार था। मुझे लगता है कि संघर्ष के साथ-साथ विधायक-रचनात्मक काम होना चाहिए। इसीलिए मैंने डॉ. बाबासाहब आम्बेडकर विश्वविद्यालय की घोषणा की। किंतु यह घोषणा हमारे ही कुछ मित्रों को रास नहीं आई। नामांतर के विकल्प के रूप में डॉ. आम्बेडकर विश्वविद्यालय नामक नये विश्वविद्यालय की स्थापना की जा रही है, इस प्रकार का भ्रम उत्पन्न किया गया और पैन्थर में मेरा ही विरोध होने लगा। सच तो यह है कि मैंने सभी से अकेले में चर्चा की थी और आम्बेडकर विश्वविद्यालय के लिए सभी ने समर्थन भी दिया था। किंतु मेरे प्रयासों का विरोध किस कारण हुआ, यही मेरी समझ में नहीं आता। मुझे बदनाम करके आन्दोलन से दूर करने के प्रयास किये गये।

जब शरद पवार मुख्यमंत्री थे, तब दलित पैन्थर ने नागपुर में एक बहुत बड़ा जुलूस निकाला था। इस जुलूस के परिणामस्वरूप महाराष्ट्र शासन ने डॉ. बाबासाहब आम्बेडकर ग्रन्थ प्रकाशन समिति की स्थापना की। मैं प्रारम्भ से ही इस समिति का सदस्य हूँ। इस समिति ने चौथे खण्ड का प्रकाशन किया। ''रिडल्स् इन हिंदूइज्म'' बाबासाहब के इस निबंध पर पूरे महाराष्ट्र में तूफ़ान मचा। अमरावती के लोगों ने नागपुर खण्डपीठ न्यायालय में इस निबन्ध के विरोध में रिट दाखिल की थी। यही समाचार महाराष्ट्र टाइम्स में छपा और माधव गडकरी ने झट से लोकसत्ता समाचार-पत्र में 'रिडल्स् इन हिंदूइज्म' के विरोध में लिखा। इस कारण वातावरण। और भी गरमा गया। 'रिडल्स् इन हिंदूइज्म' के बहाने फिर एक बार सवर्ण और दलितों में उग्र संघर्ष हो सकता है, इस तरह का भय उत्पन्न हो गया। दोनों ओर के जुलूस और माँगे बढ़ती ही जा रही थीं। इस कारण डॉ. बाबासाहब आम्बेडकर ग्रन्थ समिति की बैठक हुई। इस बैठक में मैंने आम्बेडकरवादी विचारों का भरसक समर्थन किया। 'रिडल्स् इन हिंदूइज्म' निबंध में विद्यमान सादे स्वल्प-विराम, पूर्ण-विराम तक टालने का हमें अधिकार नहीं है, मैंने इस प्रकार की भूमिका अपनाई। किंतु हममें से कुछ लोगों ने बाबासाहब जी के विचारों के विपरित बर्ताव किया। हम सरकार के साथ हैं, सरकार ही सर्वश्रेष्ठ है, आम्बेडकर जी ने अपने मन की उद्विग्नभरी अवस्था से ही 'रिडल्स् इन हिंदूइज्म' का लेखन किया है। वे आज जीवित होते तो, उन्होंने इस प्रकार का लेखन नहीं किया होता, ऐसी भूमिका हमारे कुछ बड़े लोगों ने

अपनाई। इस सभी बातों के परिणाम स्वरूप मुख्यमंत्री शंकरराव चव्हाण ने परिशिष्ट 'रिडल्स् इन हिंदूइज्म' को न छापने का निर्णय ले लिया।

'रिडल्स् इन हिंदूइज्म' के मामले में दलित आन्दोलन को प्राप्त सफलता महत्वपूर्ण थी। 'रिडल्स् इन हिंदूइज्म' के कारण ही जनता और नेताओं में एकता का भाव उत्पन्न हो गया और यहीं से भारतीय दलित पैन्थर ने दलित एकता परिषद के आयोजन का प्रारम्भ किया।

सारी दलित जनता को एक साथ लेकर ही हमें आगे बढ़ना होगा। तभी मूलतत्ववादी, धर्मान्ध, फासिस्ट, सनातनी विचारों को हम जीत पायेंगे। देश के अस्तित्व की समस्या ही सर्वसाधारण लोगों के अस्तित्व की भी समस्या है। हम सबसे पहले मानव को ही महान् मानते हैं। मुझे ऐसा लगता है कि आज देश में अप्रगतिशील, प्रतिक्रान्तिवादी विचार बड़े वेग से फैल रहे हैं, ऐसे में दलित आन्दोलन के पास अधिक गहरी नींव पर खड़े रहने के अलावा और कोई विकल्प नहीं है।

(लिप्यन्तरण - अरुण म. कांबले)

●●●

6.

कार्यकर्ताओं का त्याग ही आन्दोलन का प्राण है

रामदास आठवले

भारतीय दलित पैन्थर संगठन दलित युवाओं की 'लड़ाकू शक्ति' है। भारतीय दलित पैन्थर ने कार्यक्रमों के माध्यम से दलित समाज का विश्वास हासिल कर लिया है। प्रारम्भ का पैन्थर आन्दोलन भावनात्मक स्वरूप का था, किंतु आज का पैन्थर संगठन मजबूत नींव पर खड़ा है। आज पैन्थर तो महाराष्ट्र के बाहर भी काम कर रहा है। दलित पैन्थर संगठन भारतीय स्तर पर काम कर रहा है। हमने 'दलित पैन्थर' का 'भारतीय दलित पैन्थर' में नाम-परिर्वतन किया। यह संगठन लोगों के संख्यात्मक बल पर साथ ही सही दिशा लेकर खड़ा है। हमारा यह संघर्ष आम्बेडकर, बुद्ध और फुले के सम्यक् विचारों का संघर्ष है। हमारे देश के पचहत्तर प्रतिशत लोग निम्न स्तर का जीवन जी रहे हैं। जिस समाज का और लोगों का सामाजिक, आर्थिक और राजनीतिक शोषण हुआ है, हो रहा है उनके पक्ष में पैन्थर खड़ा होता है। दलितों को संगठित कर बुनियादी सामाजिक परिवर्तन के लिए हम संघर्ष कर रहे हैं। सम्यक् क्रान्ति ही हमारा संकल्प है।

भारतीय दलित पैन्थर राजनीति से दूर नहीं है। संसदीय गणतंत्र पर हमारा भरोसा है। जनतान्त्रिक मार्ग से ही हम अपनी समस्याओं के समाधान पाना चाहते हैं। हम दलितों के हितों की राजनीति करते हैं। हमारी जाति राजनीतिक जनजाति बननी चाहिए, इसलिए हम प्रयासरत हैं। आज दलित पैन्थर दलितों के पक्ष में संघर्ष करनेवाली बहुत बड़ी राजनीतिक शक्ति है। हमारे हज़ारों कार्यकर्ता बिना किसी आशा के समाजसेवा कर रहे हैं। हम दलितों की समस्याओं को जानकर उनके विकास का कार्यक्रम चला रहे हैं, हमें लोकसभा और विधानसभा के चुनावों में असफलता प्राप्त हुई है, किंतु महानगरपालिका और नगरपालिका के चुनावों में हमें सफलता प्राप्त हुई है। आज महाराष्ट्र में भारतीय दलित

पैन्थर के एक सौ उन्नासी पार्षद हैं।

भारतीय दलित पैन्थर ने मराठवाडा विश्वविद्यालय को डॉ. बाबासाहब आम्बेडकर जी का नाम दिये जाने के लिए बड़ा आन्दोलन सदैव जारी रखा है। नामांतर के लिए पैन्थर ने समय-समय पर अनेक स्तर पर संघर्ष किये हैं। नामांतर का संघर्ष मात्र बाबासाहब के नाम तक ही सीमित नहीं है, वह तो समता का संघर्ष है। नामांतर के बहाने हम समाज-परिवर्तन की भाषा सभी जाति-जनजातियों के लोगों को समझा रहे हैं। नामांतर का संघर्ष जिस प्रकार लड़ाई है, उसी प्रकार वह संघर्ष समाज प्रबोधन का संघर्ष भी है। नामांतर के आन्दोलन के कारण दलित समाज के स्वाभिमान में एक बार फिर उबाल आया है। हम नामांतरवादी हैं। हमारे बाल-बच्चों से लेकर बूढ़ों तक सभी लोग नामांतर की माँग कर रहे हैं। भारतीय दलित पैन्थर बाबासाहब जी के समता सैनिक दल का ही काम कर रहा है।

दलित साहित्य और दलित पैन्थर ये दोनों अभिजनों के विरोध के आन्दोलन हैं। पैन्थर के आन्दोलन के कारण अनेक दलित लेखकों को प्रेरणा प्राप्त हुई है। दलित साहित्य के कारण भी दलित पैन्थर को ही नहीं अपितु सभी दलित संगठनों को एक ऐतिहासिक दस्तावेज़ प्राप्त हुआ है। दलित साहित्य भी एक सांस्कृतिक आन्दोलन ही है। हमारा मत है कि दलित साहित्य की वृद्धि ही होनी चाहिए। दलित साहित्य को परिवर्तन की प्रेरणा देनी चाहिए।

दलितों को राजनीतिक आरक्षण देने में सभी राजनीतिक पार्टियों का बहुत बड़ा स्वार्थ निहित है। दलितों को आरक्षण दिया तो उनकी सहानुभूति प्राप्त की जा सकती है। इस प्रकार के आरक्षण से दलितों में गुटबाजी उत्पन्न करने में भी वे सफल हो रहे हैं। राजनीतिक सत्ता के स्वार्थ के लिए वे दलित समाज को एक तरह से खत्म करने निकले हैं। इस बात पर सभी दलितों को अन्तर्मुख होकर विचार अवश्य करना चाहिए और इसीलिए वे आरक्षण का विरोध करने को तैयार नहीं हैं। किंतु नौकरी और शिक्षा से सम्बद्ध जो सुविधाएँ हैं, उन सुविधाओं के प्रति उच्चवर्ण के लोगों के बहुत बड़े गुट का विरोध ही है।

कुछ राजनीतिक पार्टियाँ दलितों में मतभेद उत्पन्न करने का काम करती हैं, इस बात पर सभी दलितों को एक-साथ विचार करना होगा। शिक्षा और नौकरी के विषय में आरक्षण का विरोध करना ग़लत है। इस कारण जनतन्त्र को जबरदस्त धक्का देने का काम कुछ शक्तियों की ओर से हो रहा है। इस बात का हम निषेध करते हैं। यदि आरक्षण का विरोध करने की नीति विरोधी त्याग नहीं देते तो इस देश की एकता के लिए ही संकट उत्पन्न होगा क्या, इस प्रकार की शंका उत्पन्न हुए बिना नहीं रहती।

बौद्धों के आरक्षण और सुविधाओं के बारे में कहा जाये तो धर्मान्तरित बौद्धों ने धर्म परिवर्तन किया हो तो भी उनकी वित्तीय अवस्था में कोई भी परिवर्तन नहीं आया है

और इसीलिए समता पर आधारित बौद्ध धम्म का स्वीकार करने वाले सभी बौद्धों के लिए केंद्र सरकार और इस देश की सभी राज्य सरकारों द्वारा विविध सुविधाएँ और आरक्षण घोषित करना अत्यंत आवश्यक है। केंद्र सरकार द्वारा बौद्धों को सुविधाएँ प्रदान की जानी चाहिए इसलिए भारतीय दलित पैन्थर के एक प्रतिनिधि मंडल ने भारत के प्रधानमन्त्री से माँग की थी और प्रधानमन्त्री ने भी आश्वासन दिया था कि "इस समस्या पर पूरी तरह से विचार करने के उपरान्त मेरी सरकार उचित निर्णय करेगी।" इस समस्या के बारे में हम फिर से प्रधानमन्त्री से मिलेंगे और यदि हमारी माँग नहीं मानी गई तो बौद्धों के आरक्षण तथा सुविधाओं के लिए हम पूरे देश में प्रखर आन्दोलन चलायेंगे।

मराठवाडा विश्वविद्यालय नामांतर, मंडल आयोग, भूमिहीन खेतिहर मजदूरों का संघर्ष, आदिवासी और बंधुआ मजदूरों का संघर्ष, झोंपड़पट्टी की समस्याएँ, बौद्धों के लिए सुविधाएँ और महिला मजदूरों की समस्याएँ हमारे सामने हैं तथा इन समस्याओं के समाधान के लिए पैन्थर आत्मविश्वासपूर्ण रीति से संघर्षरत है। दलित समाज की सारी समस्याओं के समाधान मात्र संघर्ष से नहीं हो सकते।

आज पूरे देश में जातीयवादी शक्तियों के द्वारा दलितों को खत्म करने का षड्यन्त्र रचा जा रहा है। छत्रपति शिवाजी महाराज का नाम लेकर महाराष्ट्र की परम्परा को कलंकित करने का प्रयास अखिल भारतीय मराठा महासंघ जैसे एक संगठन की ओर से हो रहा है, इस बात का हमें खेद है।

मराठा समाज को एक कर मराठा समाज की समस्याओं के समाधान के लिए मराठा महासंघ प्रयासरत हो तो उसे हमारा समर्थन ही प्राप्त होगा। किंतु यदि मराठा महासंघ दलितों के विरोध में मराठा समाज के अन्त:करण में ज़हर बो कर 'दलित-मराठा' संघर्ष का निर्माण करने का प्रयास करता है, तो हम कड़ा विरोध किये बिना नहीं रहेंगे। यदि वे दलित समाज को समझने में गलती करते हैं, तो यह गलती उन्हीं की आत्महत्या साबित होगी। महाराष्ट्र के बहुजन समाज का कल्याण करने, पतितों को पावन करने, दीन-दुर्बलों का पक्ष लेने की भूमिका मराठा महासंघ की होगी तो हम मराठा महासंघ के साथ मित्रता करने के लिए भी तैयार हैं।

आज की परिस्थिति का विचार करते हुए देश के सभी दलितों द्वारा डॉ. बाबासाहब आम्बेडकर जी की भूमिका को समझ लेने का प्रयास करना बहुत जरूरी है। देश के सारे श्रमजीवी लोगों द्वारा एक होने और एक होकर देश की सत्ता हाथ में लिए बगैर उनकी समस्याओं का समाधान नहीं हो सकता। डॉ. बाबासाहब आम्बेडकर जी के सपने साकार करने हेतु देश के सभी दलितों को एक करने के लिए पैन्थर प्रयासों की मर्यादाओं का उल्लंघन कर रहा है और हम ऐसी प्रतिज्ञा भी करते हैं कि एक-न-एक दिन हम सभी दलितों को एक किये बगैर नहीं रहेंगे।

दलित पार्टी और दलित संगठनों की एकता तो होनी ही चाहिए, हम यही भूमिका दलित पैन्थर की स्थापना से ही प्रस्तुत कर रहे हैं। दलितों की सारी पार्टियाँ एक हों और गाँव-देहात के, शहर-शहर के लोगों की सुरक्षा कर उन्होंने उन लोगों का भरोसा जीत लिया होता, सत्ता, प्रतिष्ठा और स्वार्थ के लालच के कारण उस समय के नेताओं ने समाज को बेचने का प्रयास न किया होता, बाबासाहब जी का मार्ग त्यागकर वे गलत मार्ग पर न चले होते तो दलित पैन्थर के पैदा होने की बिल्कुल भी जरूरत नहीं थी।

अनेक बार दलित नेताओं में एकता बनाने का प्रयास किया गया। ये प्रयास कुछ अनुपात में सफल भी रहे। किंतु बहुत समय तक यह एकता बनी नहीं रही। सिद्धान्तों और आन्दोलन पर सच्चा प्रेम हो, तो ही एकता की प्रक्रिया सफल हो सकती है, यही मेरा प्रामाणिक मत है। जिस समय अपने नेतृत्व के लिए सिद्धान्त और आन्दोलन की उपेक्षा कर पार्टी या संगठन चलाने का प्रयास किया जाता है, तो नेता को समाज से भी अधिक स्वयं का नेतृत्व ही महत्वपूर्ण प्रतीत होता है।

भावना के आधार पर जो नेता खड़े होते हैं, वे नेता उन आन्दोलनों को सैद्धांतिक एवं वैचारिक अधिष्ठान प्राप्त करा देने में अक्षम सिद्ध होते हैं। ऐसे नेताओ के बारे में भी विचार करने की नौबत अब जनता पर आ चुकी है। सभी पर्टियाँ और संगठन एक होने के लिए तत्पर हों, तो हम भी तैयार है। समस्या केवल इतनी-सी है कि एक कैसे हों ? और किसे किसका नेतृत्व करना चाहिए ? नेतृत्व करने हेतु ही आन्दोलन में काम करना होता है, ऐसा मेरा मत नहीं है। जिसमें क्षमता होगी, जो नैतिकता का पालन करते हुए आन्दोलन को सही दिशा में ले जाने को तैयार है, उसका नेतृत्व स्वीकार करने को मैं तैयार हूँ। किंतु मैं आँखें बंद करके किसी के नेतृत्व को स्वीकारने के लिए तैयार नहीं हूँ।

आज भी जिनका वजूद है, ऐसी सभी पार्टियों और संगठनों को एक करने का प्रयास दलित पैन्थर ने अनेक बार किया है और ऐसा प्रयास हम नहीं छोड़ेंगे। यदि डॉ. बाबासाहब आम्बेडकर जी की संकल्पना की रिपब्लिकन पार्टी खड़ी होती है, तो भारतीय दलित पैन्थर रिपब्लिकन पार्टी के 'युवा मोर्चे' के रूप में काम करेगा। इसीलिए हम इस तरह के आवाहन कर रहे हैं कि एकता की किसी भी प्रक्रिया में हम ज़रा भी पीछे नहीं रहेंगे। समय की आवश्यकता पहचान कर रिपब्लिकन पार्टी के सभी गुटों का एक हो जाना आज अत्यन्त महत्वपूर्ण साबित होगा। सभी दलित संगठनों की एकता तो होनी ही चाहिए, किंतु इस एकता के साथ-साथ गरीबी रेखा के नीचे रहनेवाले इस देश के पचासी प्रतिशत लोगों में एकता स्थापित करने का हमारा प्रयास रहेगा।

हमें यही प्रतीत होता है कि आज़ादी के बाद के चालीस वर्षों में इस देश के भ्रष्ट सत्ताधारियों ने जनसाधारण के विकास को गति देने के स्थान पर उनके जीवन में दु:ख और दरिद्रता के आघात करने का भयानक कार्य किया है। देश की बेइज्जती करनेवाली

इस सत्ता को चुनौती देने के लिए हम सब सिर उठाकर खड़े रहने का प्रयास कर रहे हैं।

डॉ. बाबासाहब आम्बेडकर जी की भूमिका को सिर-आँखों पर रखकर हम अपने आन्दोलन को आगे बढ़ाने का प्रयास कर रहे हैं। देश की सत्ता जब तब दलितों और श्रमिकों के हाथों में नहीं आती, तब तक विकास हो ही नहीं सकता, डॉ. बाबासाहब आम्बेडकर जी के उपर्युक्त सूत्र के आधार पर ही हम इस देश के पचासी प्रतिशत लोगों को एकता के सूत्र में बाँधते हुए अपने देश को समृद्ध करने के लिए, अपने देश में सामाजिक तथा आर्थिक समानता की स्थापना हेतु चरम संघर्ष करने का प्रयास कर रहे हैं।

●●●

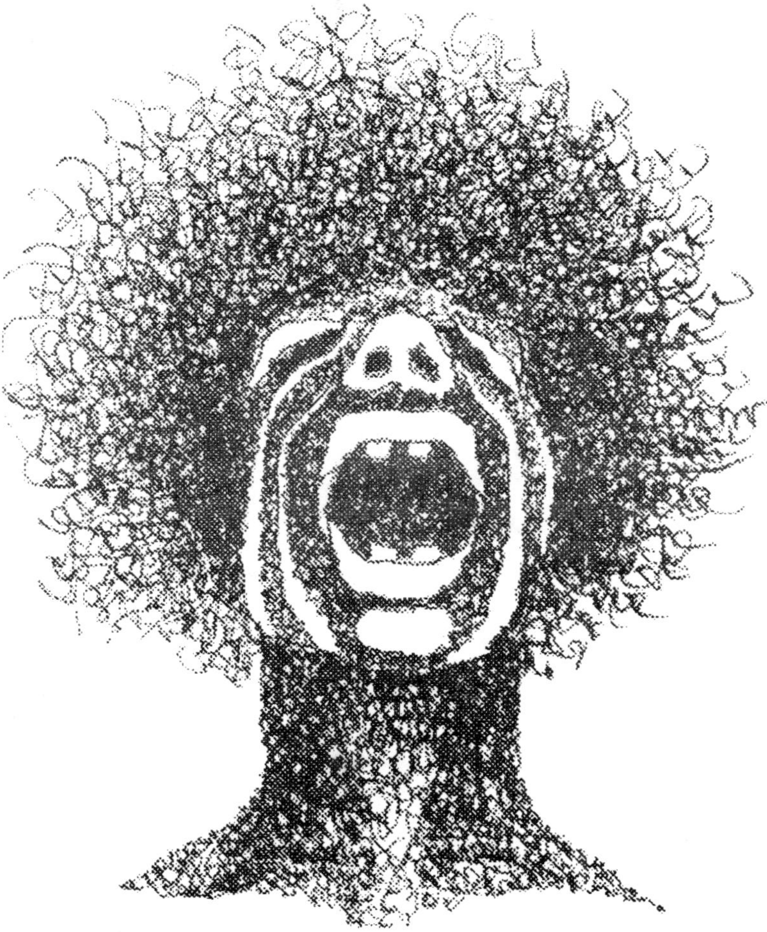

7.

दलित पैन्थर और आम्बेडकरवाद

भालचन्द्र फड़के

मेरी लघुशोध परियोजना का विषय है 'आम्बेडकरवाद का उद्भव और विकास।' इस नये अध्ययन से मैंने जाना कि डॉ. बाबासाहब आम्बेडकर जी ने जो राजनीतिक-सामाजिक आन्दोलन चलाये और उन्होंने जिस दर्शन को लोगों के सम्मुख प्रस्तुत किया, उसी से आम्बेडकरवाद की रचना हुई है। महाड के धर्मसंगर के बाद जो आन्दोलन हुए, नानाविध दस्तावेजों के आधार पर उन आन्दोलनों का आदि से अन्त तक का इतिहास लिखना बहुत बड़ी चुनौती ही है! किन्तु उसको स्वीकार कर काम करना होगा। इसके बिना आम्बेडकरवाद का स्वरूप वस्तुनिष्ठ रीति से विशद नहीं कर पायेंगे।

दलित साहित्य की तरह ही 'दलित पैन्थर' भी आम्बेडकरवाद के प्रभाव के कारण निर्मित संगठन है। अर्थात् दलित पैन्थर भी आम्बेडकरवाद की ही सन्तान है। "वर्णहीन, वर्गहीन समाज का निर्माण किये बिना सच्ची स्वाधीनता नहीं आयेगी" डॉ. बाबासाहब आम्बेडकर जी यही कहा करते थे। डॉ. बाबासाहब आम्बेडकर जी ने स्वाधीन भारत का सपना देखा था, किन्तु इस वास्तविकता को नकार कर काम नहीं चलेगा कि, दुर्भाग्यवश उनका यह सपना सच नहीं हुआ। 'दलित पैन्थर' के घोषणापत्र में भी यही वेदना अभिव्यक्त हुई है। इस घोषणापत्र में उन्होंने कहा है कि "1947 से 1973 तक का दीर्घकाल है। छब्बीस वर्षों के इस कालखण्ड में राष्ट्रीय आन्दोलन की पूँजी पर काँग्रेस सरकार लगातार एकछत्र राज कर रही है। चार पंचवर्षीय योजनाएँ, पाँच आम चुनाव और तीन युद्ध स्वाधीनता के इस गर्दभ-पच्चीसी के काल में हो चुके हैं। किन्तु दलितों की समस्याओं और आम जनता की समस्याओं को इस सरकार ने जैसे-थीं उन्हें वैसे ही रखा है। अपने हाथों की सत्ता को येन-केन-प्रकारेण बनाये रखने से अधिक अन्य किसी भी उद्देश्य को

इस सरकार ने महत्व नहीं दिया। इसके विपरीत इसके लोकराज्य की, समाजवाद की, गरीबी हटाओ की, हरित क्रांति की गप्पें मार कर इस सरकार ने दलितों, भूमिहीनों, खेतिहर मजदूरों और मजदूरों के सिर पर पैर रखकर उन्हें कुचला है। उनके जीवन से खेलकर, सौदेबाजी कर इन्हीं में से उँगली पर गिनने योग्य लोगों को लालच देकर इन सभी के वजूद को नेस्तनाबूद करने का ही प्रयास किया है। धार्मिक, जातीय, अलगाववादी बातों का उपयोग करके जनतान्त्रिक एकात्मता के लिए संकट निर्माण किया है। जिस जनतन्त्र में मानव को मान-सम्मान, सत्ता-सम्पत्ति, प्रतिष्ठा प्राप्त नहीं होती, वहाँ व्यक्तित्व विकास, समाज विकास करना नामुमकिन हो जाता है, देश की मिट्टी के कण-कण को अपने खून से सींचनेवाले को भूखा-कंगाल रहना पड़ता है, पैरों तले की जमीन और सिर पर के छप्पर से महरूम रहना पड़ता है, नाक की सीध में चलनेवालों को टूट कर गिर जाना पड़ता है, माँ-बहनों की अस्मत की धज्जियाँ उड़ते देखना पड़ता है, ऐसी स्वाधीनता को स्वाधीनता नहीं कह सकते। आज तो 1989 का वर्ष चल रहा है, फिर भी इस दशा में कोई अन्तर नहीं पड़ा है। दलितों की समस्याओं का तो कोई समाधान नहीं हुआ, किन्तु इन समस्याओं में नई समस्याओं का इजाफ़ा जरूर हुआ है। रोटी, कपड़ा, मकान, पानी जैसी दलितों की मूल समस्याओं का समाधान हो पाया है क्या ? नौकरियों में आरक्षित स्थानों का सिद्धान्त स्वीकार कर लेने पर भी संविधान सम्मत स्थान भरे जा चुके हैं क्या ? ''अब भी आरक्षित स्थानों का अनुशेष पूरा करने के लिए प्रयास करते रहेंगे'' जैसे नारे चुनावों को सामने रखकर ही लगाये जाते हैं या नहीं ? जमीनों का हस्तान्तरण करने की समस्या का कोई स्थायी समाधान हुआ है क्या ? दलितों पर हो रहे अत्याचारों का सिलसिला कभी थमा है क्या ? सामाजिक बहिष्कार, बस्तियाँ जलाना, हत्याओं का सत्र चलाना जैसी घटनाएँ नहीं हो रही हैं क्या ? देश के सभी नागरिकों की तरह दलितों को मानवता के अधिकार प्राप्त हुए हैं क्या ? दलितों की साक्षरता का अनुपात घटा है या बढ़ा है ? और इस प्रकार की अनेक समस्याएँ आज भी उसी तरह ही हैं।

संविधान समिति में संविधान के प्रारूप का समापन करते समय डॉ. बाबासाहब आम्बेडकर ने कहा है - ''अल्पसंख्यों के अधिकारों की रक्षा के बारे में मुझे कुछ कहना है। अल्पसंख्यों के पास एक तरह की स्फोटक शक्ति है। यदि कदाचित् इस शक्ति का विस्फोट हो गया तो इस राज्य की मूलभूत संरचना को खतरा होगा। यूरोप के इतिहास के अनेक उदाहरण मैं दे सकता हूँ। भारत के अल्पसंख्यों ने बहुसंख्यों का शासन स्वीकार किया है। आयरलैण्ड के होनेवाले विभाजन को टालने के लिए संधियों का दौर चल रहा था। उस समय रेडमण्ड ने कार्सन से कहा - ''प्रोटेस्टण्ट अल्पसंख्यों के लिए आप सुरक्षा की किसी भी व्यवस्था की माँग कीजिए, किन्तु हमारा आयरलैण्ड अखण्ड रहने दीजिए।'' उसी समय कार्सन ने जवाब दिया कि ''भाड़ में जाये तुम्हारी सुरक्षा की व्यवस्था। हमें

आपका राज्य ही नहीं चाहिए।'' किन्तु भारत के किसी भी अल्पसंख्यक गुट ने इस प्रकार की भूमिका को स्वीकार नहीं किया है। हमने निष्ठापूर्ण रीति से बहुसंख्यों का शासन स्वीकार किया है और हमें इस बात की जानकारी है कि यह शासन बहुसंख्य लोगों की जाति का शासन है। यह बहुमत केवल राजनीतिक बहुमत नहीं है। इसलिए सत्ताधारी बहुसंख्यों को अल्पसंख्यों के बारे में पक्षपाती रवैया नहीं अपनाना चाहिए।'' अत: उनका अनुरोध था कि दलितों को विकास के समान अवसर प्राप्त होने चाहिए। दलितों की मुक्ति के लिए सर्वग्राही क्रान्ति की आवश्यकता उन्हें अनुभव हो रही थी। किन्तु इसी के साथ ही उनका जनतान्त्रिक प्रणाली पर अटूट विश्वास था। डॉ. बाबासाहब आम्बेडकर जी कहा करते थे कि ''किसी भी राजनीतिक क्रान्ति से पूर्व धार्मिक और सामाजिक क्रान्ति अवश्य होती है, इस बात का इतिहास गवाह है। किन्तु भारत में केवल राजनीतिक सत्ता-परिवर्तन मात्र हो गया। जिस सर्वग्राही सांस्कृतिक क्रान्ति की आवश्यकता है, वह तो अभी तक नहीं हुई। इसी कारण इस देश की बहुसंख्य जनता भयानक दरिद्रता में डूब चुकी है। अन्धविश्वास, दैववाद, कर्मकाण्ड, शोषण, जादू-टोना आदि अजस्र शक्तियों के शिकंजे में वह बँध चुकी है। इस दलित-शोषित जनता को स्वराज्य का सूरज कब दिखाई देगा ? दलित पैन्थर्स का कहना था कि हृदयपरिवर्तन या उदारमतवादी सम्पूर्ण शिक्षा के कारण हमारा शोषण नहीं थमेगा। हम प्रबोधन की मशाल हाथों में लेकर जनता को ही क्रान्ति-युद्ध के लिए तैयार करेंगे, उन्हें एकत्र करेंगे और उनमें एकता निर्मित कर वांछित लक्ष्य प्राप्त करेंगे। सहूलतें-सुविधाओं की माँगें, आवेदन-प्रार्थनाएँ, चुनाव, सत्याग्रह आदि साधनों-उपकरणों के माध्यम से सामाजिक व्यवस्था को बदल डालेंगे। बाबासाहब जी को भी यहाँ की शोषणयुक्त सामाजिक व्यवस्था परिवर्तित चाहिए थी। राजनीतिक सत्ता-परिवर्तन वैसे तो बहुत आसान होता हैं, किन्तु सामाजिक व्यवस्था का परिवर्तन अत्यन्त कठिन होता है। बाबासाहब जी को यह स्पष्ट रूप से दिखाई देने लगा था कि, इस देश में सामाजिक व्यवस्था को परिवर्तित करने के जो आन्दोलन चलाये गये, वे बहुत समय तक टिक नहीं सके हैं। क्योंकि, जिनके पास राजनीतिक सत्ता है, वित्तीय सहायता है, निर्माण के संसाधनों की मिल्कीयत है, वे व्यवस्था-विरोधी आन्दोलनों को प्रभावहीन करने के नानाविध मार्गों को अपनाते रहते हैं। साधारणतया ये मार्ग कौन-से होते हैं

(1) येन-केन-प्रकारेण आन्दोलन को दबाया जाए।

(2) 'फूट डालो और राज करो' की भेदनीति का प्रयोग करके आन्दोलन को कमजोर बनाना।

(3) आन्दोलन करनेवाले नेताओं की प्रतिमा को दूषित करना, उनका चारित्र्यहनन करना और आन्दोलन संरचना को ढीला-ढाला करना।

(4) लालच देकर नेताओं में फूट डालना।

(5) सदैव यही बताते रहना कि क्रान्ति के लिए धीमी गति के मार्गों को अपनाना चाहिए। आमूल-चूल परिवर्तन के विरोध में अपनी भूमिका स्वीकार करते रहना। आन्दोलन के साथ झूठी और दिखावे की मित्रता के सम्बन्ध जोड़ना।

(6) सैद्धान्तिक ऊहापोह करते रहना और आन्दोलन के उपक्रमों का अनुपालन न हो इसलिए काँटें बोते रहना।

(7) आन्दोलन में किसी-न-किसी कारण से उपेक्षित और वंचित कार्यकर्ताओं को अपने में मिला लेना और आन्दोलन को समाप्त करने में उन्हीं का इस्तेमाल करना।

(8) आन्दोलन में शामिल लोगों के दिलों में कलह के बीज बोकर उस आन्दोलन को मूल से उखाड़ देना।

उपर्युक्त नानाविध मार्गों का संकेत केवल इसलिए दिया है, क्योंकि दलित पैन्थर्स आन्दोलन को अभिजात व्यवस्था के नानाविध व्यूह-रचनाओं से मुठभेड़ करनी पड़ती है।

किसी अभिजात आलोचक ने 'एक पृथक् दृष्टिकोण' शीर्षक से एक आलेख लिखा है। (द्रष्टव्य - इकॉनॉमिक एण्ड पोलिटिकन वीकली, 4-5-1974) इस आलेख में कहा गया है कि ''हम सभी शोषण से पीड़ित गुटों का प्रतिनिधित्व कर रहे हैं, इस प्रकार का दावा दलित पैन्थर्स कर रहे हैं। अनुसूचित जाति के लोगों की संख्या पैंतीस लाख से भी अधिक है और उनमें सत्तावन उपजातियाँ समाविष्ट हैं। उनमें महार पैंतीस प्रतिशत, मातंग तैंतीस प्रतिशत, चमार बाईस प्रतिशत और शेष अन्य उपजातियाँ हैं। यह स्वाभाविक है कि महारों के युवकों के संगठन के रूप में दलित पैन्थर संगठन निर्मित हुआ है। अत: दलित पैन्थर्स को महारेतर दलितों का प्रतिनिधि नहीं माना जा सकता। महाराष्ट्र के दलितों में महार-मातंग, महार-चमार संघर्ष चलता ही रहता है। बाबासाहब जी के आवाहन पर बहुसंख्य महारों ने बौद्ध धर्म को स्वीकार किया। रिपब्लिकन पार्टी ऑफ इण्डिया में भी इसी जाति (महार) की प्रधानता है। अनेक गुटों में विभाजित रिपब्लिकन पार्टी में व्यक्ति-महत्ता बढ़ गई, स्वार्थ बढ. गया और दलित पैन्थर ने इस पार्टी के विरोध में विद्रोह कर स्वयं का पृथक् कार्यक्रम रचा।'' इस आशय के बारे में विचार करने पर स्पष्ट हो जाता है कि दलित पैन्थर्स संगठन की ओर अभिजात समालोचक किस दूषित दृष्टि से देखते थे। डॉ. बाबासाहब आम्बेडकर जी के नेतृत्व में जो भी आन्दोलन खड़े हुये, उन सभी आन्दोलनों पर इसी प्रकार का दुराग्रह कर मुहर लगाई है। एलिनौर ज़ेलिएट के शोध-प्रबन्ध का शीर्षक ही मूलत: है 'डॉ. आम्बेडकर एण्ड महार मूवमेण्ट' । यह शीर्षक ही गलत है। डॉ. बाबासाहब आम्बेडकर जी ने अनेक बार यह स्पष्ट रूप से कहा है कि हमारा संघर्ष दलितों की मुक्ति का संघर्ष है और दलितों का मुक्ति संघर्ष, मानव-

मुक्ति के संघर्ष का एक हिस्सा है। दलित पैन्थर्स के संविधान और कार्यक्रमों के बारे में इस पुस्तिका में कहा गया है कि हमारा मुक्ति-संघर्ष सर्वग्राही क्रान्ति चाहता है। अंशत: परिवर्तन असंभव है और वह हमें चाहिए भी नहीं। हमें तो सम्पूर्ण क्रान्तिकारी परिवर्तन चाहिए। सामाजिक अपमान से बाहर निकलने के साथ ही हमें वित्तीय-राजनीतिक-सांस्कृतिक केन्द्र में अपना अधिकार स्थापित करना होगा। आम्बेडकरवाद को सर्वग्राही क्रान्ति चाहिए। दलित पैन्थर्स के कथनानुसार जाति, धर्म, वर्ण आदि से विहीन, शोषणमुक्त, सुखी, समृद्ध, सुसंस्कृत और विज्ञाननिष्ठ समाज के निर्माण के लिए दलित-श्रमिक वर्ग की राजसत्ता स्थापित करना, आम्बेडकरवाद के उद्देश्य की प्रधान विशेषता है।

वैसे देखा जाये तो दलित पैन्थर का जन्म होना अपरिहार्य था। वह समय की एक आवश्यकता थी। 'पैन्थर्स' की स्थापना में जिन लोगों का सहभाग था, उनमें से एक कार्यकर्ता ज. वि. पवार लिखते हैं - ''विगत साढे.तीन हजार वर्षों से दलित वर्ग यह अन्याय, यह अत्याचार सहते आया है बिलकुल चुपचाप सहते आया है। उसे ईश्वर और प्रारब्ध की अवधारणा के नीचे दबाया गया। पाप, पुण्य, पुनर्जन्म के चक्कर में असहाय बनाकर भटकाया गया। डॉ. बाबासाहब आम्बेडकर जी ने मिट्टी के इस ढेले में प्राण फूँके। उनकी शिराएँ तन गईं और वे संघर्ष के लिए रास्ते पर उतारे। वह मानव बना, इतना ही नहीं अन्य लोगों को भी मानव बनना चाहिए इसलिए अट्टहास करने लगा। आम्बेडकरवाद मानवता की श्रेष्ठता को एक जीवन मूल्य मानता है। पैन्थर्स ने भी इसी दर्शन को अपनाया। ''मानव ने मानव के साथ मानव जैसा व्यवहार करना चाहिए'' इस धम्मसत्य को उन्होंने अपनाया था।

'दलित पैन्थर्स' का आन्दोलन सदैव चुनौतियाँ देते हुए आक्रामक रूप धारण करता गया। जब पुणे में पैन्थर ने शंकराचार्य को जूते दिखाए तब बवाल मच गया। ऐसा ही कोहराम राजा ढाले के 'साधना' में छपे आलेख ने भी कोहराम मचाया। ढाले ने लिखा है - ''साला, राष्ट्रध्वज तो नीरा कपड़ा है। रंग विशेष में रंगा हुआ एक प्रतीक। उस प्रतीक का अपमान होने पर बड़ा जुर्माना और सोन्ना गाँव की सोने जैसी यथार्थ में चलती-बोलती महिला की साड़ी को खींचकर उसे नंगा किया तो मात्र 50 रुपये का जुर्माना! इस राष्ट्रध्वज से क्या फायदा और इसकी ऐसी-तैसी करनी है क्या ? राष्ट्र तो लोगों से ही बनता है। राष्ट्र के निवासी लोगों का दु:ख बड़ा है या उसके प्रतीक के अपमान का दु:ख बड़ा है?'' इस आलेख पर अत्यन्त तीव्र प्रतिक्रियाएँ हो गई, निषेध किये गये। 'साधना' का कार्यालय जलाया गया। यदुनाथ थत्ते जी ने त्यागपत्र दे दिया। किन्तु ढाले ने जो सवाल पूछा उसका जवाब किसी ने भी नहीं दिया। प्रा. सरोजिनी वैद्य ने लिखा था कि ''उन (दलितों) पर हुए अन्याय और अत्याचारों की करुण कहानियाँ एक निश्चित ठप्पे की होती हैं।'' (साधना, 2-9-1972) दलितों की बस्तियाँ जलाना, उनसे मार-पीट

करना, दलित महिलाओं की नग्न सवारी निकालना, उनका बलात्कार करना आदि अत्याचार और उनकी करुण कहानियाँ निश्चित ठप्पे की होती हैं, ऐसा मानना, हिंदू मानसिकता का लक्षण है, यदि ऐसा कहा जाये तो क्या वह ग़लत साबित हो सकता है ? ज. वि. पवार लिखते हैं ''देश की हरेक औरत की अस्मत अक्षुण्ण रहनी चाहिए चाहे वह किसी भी जाति या धर्म की औरत हो। उसकी अस्मत का वर्गीकरण नहीं होना चाहिए।'' 'स्त्री-मुक्ति' आम्बेडकरवाद की अन्यतम विशेषता है। दलितों और स्त्रियों को मानव के रूप में इज़्ज़त से जीवन जीने देना चाहिए, यही उनकी माँग थी। 9 सितम्बर 1972 के साधना के अंक में एस. एम. जोशी ने अग्रलेख लिखा है। इस लेख का शीर्षक है - 'तंजोभंग का पाप हम नहीं करेंगे।' राष्ट्रध्वज का अभिजात समाज व्यवस्था से और सरकार से समीकरण बैठाने की ढाले से ग़लती हो रही है। ऐसे कहकर एस. एम. जोशी आगे लिखते हैं - ''बहुसंख्य सवर्णों की ओर से जो पाप और अत्याचार हो रहे हैं उनके बारे में कौन सवाल पूछेगा?'' इस सवाल का जवाब किसी ने दिया है क्या ? 'आम्ही' के सम्पादक बाबूराव बागूल लिखते हैं ''विश्व कितने वेग से आगे बढ़ रहा है! परन्तु भारतीय लोग मृतप्राय सामन्ती संस्कृति के संस्कार सीने से चिपकाये हुए हैं।'' दलितों पर होनेवाले अत्याचारों का मूल इसी व्यवस्था में छिपा है। इसी व्यवस्था को किसलिए बदलना है ? कारण कि आम्बेडकरवाद के लिए केवल मानव ही आदरणीय है! जिस मानव को यहाँ की धर्म-व्यवस्था ने अस्पृश्य माना, दीन-हीन माना उस मानव को इज़्ज़त मिलनी चाहिए, इसीलिए दलित पैन्थर का संघर्ष चल रहा था। बाबूराव बागूल लिखते हैं ''इस युग की महान् सामर्थ्य उसे प्राप्त होनी चाहिए और सभी तरह के शोषणों से, बन्धनों से उसे मुक्ति मिलनी चाहिए और उसे उसकी स्वयंभू महानता प्राप्त होनी चाहिए।'' आम्बेडकरवाद ठीक यही उद्देश्य हमारे सम्मुख रखता है।

डॉ. बाबासाहब आम्बेडकर जी के महापरिनिर्वाण के पश्चात् रिपब्लिकन पार्टी में विघटन की प्रक्रिया प्रारंभ हुई। रमेश आवाड़ अपने आलेख में कहते हैं (1972 के आसपास) रिपब्लिकन पार्टी की गुटबन्दी और मारामारी अपने शीर्ष पर पहुँच गई थी और रिपब्लिकन पार्टी दलितों की समस्याओं पर निश्चित भूमिका नहीं अपना सकती और यदि अपनाती भी है, तो राजनीतिक अथवा अन्य स्वार्थ के लिए ही रिपब्लिकन नेता गाल बजाने से अधिक कोई काम करेंगे भी नहीं, इस बात का भरोसा होने से दलित समाज का युवा वर्ग रिपब्लिकन पार्टी में रहते हुए कुछ कर पायेगा, इस बारे में पूरी तरह से निराश हो चुका था।'' (मित्रता से परे) इसीलिए इस निराशा की स्थिति से बाहर आने के लिए दलित पैन्थर्स का उदय हो चुका था। बावडा के बहिष्कार प्रकरण के बारे में पार्टी के नेताओं ने किस कारण मौन व्रत धारण किया था, यही समझ में नहीं आता। जहाँ अन्याय होता है, वहाँ उस अन्याय के विरोध में संघर्ष करना चाहिए, यही आम्बेडकरवाद

की विशेषता है। ऐसे में दलितों पर हो रहे अत्याचारों को पार्टी नेताओं ने चुपचाप देखते रहने का काम किया यही बात युवा अन्त:करणों को स्वीकार नहीं हुई। लेबर कैम्प के दो बौद्ध युवाओं मोरे और आवले ने ब्राह्मण गाँव और बावड़ा के दलितों पर हुए अत्याचारों की ओर ध्यान आकर्षित करने के लिए निदर्शन किये। (द्रष्टव्य 'साधना' 15-8-1972) यहाँ की राजनीतिक और सामाजिक व्यवस्था पर सदैव हमले करने का काम पैन्थर्स ने किया। किन्तु उन्हीं के हिंसक हमलों के कारण पैन्थर्स की विरोधी प्रवृत्ति को सिर उठाने का मौका मिल गया। रिपब्लिकन नेताओं को तो पैन्थर्स के लिए किसी प्रकार की सहानुभूति भी नहीं थी। काँग्रेस पार्टी के आरक्षित पदों पर बैठनेवाले खैरे, बारस्कर, व्हटकर आदि नेता लोग कहने लगे कि पैन्थर्स के आन्दोलन की चिन्ता हम क्यों करें ? पैन्थर्स तो रिपब्लिकन पार्टी का सिरदर्द है। ये नेता चमार, मातंग और धेड़ समाज के होने के कारण यह भी कहते थे कि महारों की आपसी लड़ाई से हमारा कोई भी रिश्ता-नाता नहीं है। किन्तु यह रवैया ही ग़लत था। डॉ. बाबासाहब आम्बेडकर जी ने भारतीय संविधान में अनुसूचित जातियों के लिए लोकसभा में, विधानसभा में आरक्षित निर्वाचन-क्षेत्र निर्मित करने के लिए जी-जान से संघर्ष किया था, इस बात का आरक्षित निर्वाचन क्षेत्रों से जीत कर आनेवाले काँग्रेस पार्टी के नेताओं को विस्मरण हुआ था क्या ?

डॉ. बाबासाहब आम्बेडकर जी ने अपने आन्दोलन को जो वैचारिक अधिष्ठान दिया था, उसी को दलित पैन्थर्स ने अपनाया था। इसी कारण इसमें किसी प्रकार की शंका हो ही नहीं सकती थी कि डॉ. बाबासाहब आम्बेडकर जी ने जिन समस्याओं को प्रस्तुत किया था, उन्हीं समस्याओं को दलित पैन्थर्स ने दुबारा प्रस्तुत किया था। दलित पैन्थर्स ने गतिशील कार्यक्रम स्पष्ट किया था, उसका अनुपालन प्रभावशाली रीति से करने का उनका प्रयास सफल नहीं हो पाया। दलितों पर हो रहे अत्याचारों के मामलों को अंजाम देने के लिए उनके पास अपर्याप्त संसाधन थे और न ही धन था, न संख्याबल था, न ही जनसंचार के आधुनिक माध्यम ही थे, ऐसी अभावयुक्त परिस्थिति में दलित पैन्थर को भी डॉ. बाबासाहब आम्बेडकर जी की तरह ही अनेक समस्याओं से गुजरना पड़ा। डॉ. बाबसाहब आम्बेडकर जी ने हिंदू धर्म, हिंदुओं की गीता, मनुस्मृति आदि ग्रंथों, हिंदुओं के पुराणों आदि पर शक्तिशाली हमले किये। वरली में दंगे हो गये और पुलिस ने बी. डी. डी. चॉल के दलित मर्द-औरतों को बुरी तरह से मारा-पीटा। प्रदेश काँग्रेस की बैठक में तिरपुडे ने सरकार और पुलिस की कड़ी आलोचना की। मुम्बई स्थित 'एसोसिएशन ऑफ डिफेन्स ऑफ डेमॉक्रेटिक राइट्स' संस्था के नवरोज़ मोदी ने 'इकॉनॉमिक एण्ड पोलिटिकल वीकली' के 19-1-74 के अंक में बी. डी. डी. चॉल के दलितों पर जो अत्याचार किये थे, उन पर भाष्य करते हुए कहा है कि, ''पुलिस का आचरण समर्थनीय नहीं था, इतना ही नहीं यह आचरण पक्षपातपूर्ण भी था। 10 जनवरी के निषेध जुलूस पर

पथराव हुआ, वह निन्दनीय था।'' पैन्थर्स का कार्यकर्ता भागवत जाधव मारा गया। इस दंगे की न्यायालयीन जाँच होनी चाहिए, पुलिस पर कार्यवाही होनी चाहिए, ढाले-ढसाल पर दर्ज आरोपपत्र खारिज़ करने चाहिए, आदि माँगें इस संस्था ने अपने आलेख में प्रस्तुत की थीं। (द्रष्टव्य इकॉनॉमिक एण्ड पोलिटिकल वीकली 19-01-1974) इस आलेख में जो कहा गया है, वह यथार्थ चित्र आंकता है। उस आलेख में मोदी लिखते हैं, जब तक अनुसूचित जातियाँ ऐसे शोषण को चुपचाप सहन करती हैं, तब तक उन्हें सरकार की सहानुभूति प्राप्त होती है, किन्तु जब यही जातियाँ शोषण के विरोध में संगठित होने लगती हैं तो उनके विद्रोह के झण्डे के लहरते ही यही सरकार इन संगठित हो रही जातियों की आवाज़ बन्द करने हेतु दबाव डालने की नीति अपनाती रहती है। ऐसे में राजनीतिक दृष्टि से संगठित होने के अलावा उनके सम्मुख कोई अन्य विकल्प नहीं रह जाता। दलित पैन्थर्स के उदय के साथ ही शिवसेना से उनका संघर्ष भी उत्पन्न हो गया। शिवसेना ने पैन्थर्स पर आरोप किया कि उन्होंने महाराष्ट्र की एकात्मता को बारूद लगाकर उड़ा द्रिया और जातीय तनाव बढ़ाया है। तो पैन्थर्स ने शिवसेना पर आरोप किया कि शिवसेना सवर्ण हिंदुओं का संगठन है और उसे दलितों की समस्याओं की चिन्ता नहीं है। जनवरी 1974 में मुम्बई के मजदूर विभाग में लोकसभा का उपचुवान घोषित हो गया। डॉ. बाबासाहब आम्बेडकर जी के भूतपूर्व सहयोगी आर. डी. भण्डारे की बिहार के राज्यपाल पद पर नियुक्ति थी।

''अंग्रेजी शासन में व्यवस्था जितनी क्रूर नहीं थी, उससे सौ गुनी अधिक क्रूर आज दलितों के प्रति हो सकती है क्योंकि उत्पादन की नसें नौकरशाही, न्याय प्रणाली, फौज, पुलिस और इन सभी के लिए पूरक सामंत, पूँजीपति, धर्मपिता आदि हिंदू सामंतशाही के हाथों में हैं। इसीलिए दलितों की अस्पृश्यता की समस्या मात्र मानसिक दासता की समस्या नहीं रही है।'' यह वक्तव्य सच है। दलितों को दास बनानेवाली वर्ण व्यवस्था के, जातिव्यवस्था के और वर्ग व्यवस्था के जो शिकंजें हैं, उन्हें जड़ से उखाड़ने के लिए दलित पैन्थर्स तैयार हो गये थे। मतदान के बहिष्कार के कारण काँग्रेस-रिपब्लिकन पार्टी-शिवसेना का प्रत्याशी पराभूत हो गया और कम्युनिस्ट पार्टी की रोज़ा देशपाण्डे उपचुनाव जीत गईं। पैन्थर्स के विरोध में जो क्षोभ निर्मित हो गया, उसके पीछे पैन्थर्स की बढ़ती ताकत का एहसास था। 20-04-1974 के 'इकॉनॉमिक एण्ड पोलिटिकल वीकली' के अंक में मोईन शकीर ने इस घटना का विश्लेषण करनेवाला आलेख लिखा। उनका कहना है कि दलित पैन्थर्स के कारण यह बात स्पष्ट हो गई कि, दलित जाति-जनजातियों के 'आहे रे' ('सधन') और 'नाही रे' ('अभावग्रस्त') वर्गों के बीच गहरी खाई निर्मित हो चुकी है। रिपब्लिकन पार्टी में जो तीन गुट थे वे सहूलियत-सुविधा और जातीय राजनीति में फँस गये थे, यह बात भी स्पष्ट हो गई और दलित पैन्थर्स की बढ़ती ताकत

रिपब्लिकन पार्टी के भविष्य के लिए संकट होगी, यह भी स्पष्ट हो चुका था। 'केसरी' के संपादकीय अग्रलेख (30-01-1974) में लिखा है कि "रिपब्लिकन पार्टी के नेताओं ने सत्ताधीशों के साथ मित्रता करने का पैंतरा न आजमाया होता और अछूत वर्ग के आर्थिक, सामाजिक तथा शैक्षिक सुधारों पर कुछ समय तक ध्यान केंद्रित किया होता, तो रिपब्लिकन पार्टी की यह दुर्दशा न होती।" इस भाष्य का अर्थ केवल इतना ही है कि रिपब्लिकन पार्टी सभी दलितों-शोषितों की जातिहीन पार्टी होनी चाहिए, यह डॉ. बाबासाहब जी का सपना सच्चाई में नहीं उतर पाया।

जैसे-जैसे दलित पैन्थर प्रभावशाली होने लगा, वैसे-वैसे पैन्थर्स के आन्दोलन को निष्क्रिय करने के प्रयास तेज़ हो गये। कुछ लोगों ने आरोप लगाया कि पैन्थर्स का आन्दोलन आततायी, अविचारी, विघातक एवं विप्लववादी आन्दोलन है। किन्तु पैन्थर्स ने आम्बेडकरवाद की शक्ति अर्जित की थी, यह बात आरोप करनेवालों की समझ में नहीं आई। कुछ लोगों ने आरोप लगाया कि "पैन्थर्स के नेता मूलगामी मार्क्सवादियों की चंगुल में फँस गये हैं।" कुछ लोगों का कहना था कि "पैन्थर्स ने राजनीति और धर्मनीति में गफ़लत की है।" रमेश आवाड ने 'बीयॉण्ड फ्रेण्डशिप' के अंक में एक मुद्दा बड़ी शिद्दत से पेश किया है। वे कहते हैं, "रिपब्लिकन पार्टी की 'व्यक्ति-माहात्म्य' की विरासत दलित पैन्थर ने त्याग देनी चाहिए। क्योंकि, रिपब्लिकन पार्टी में फूट निर्मित हो गई है और जो गुट-उपगुट निर्माण हो गये हैं, वे उन लोगों के नाम से अंकित हो गये हैं।" बाबासाहब जी तो हमेशा कहा करते थे कि "व्यक्ति से देश बड़ा होता है और व्यक्ति-पूजा राजनीति में विद्यमान विवेकवाद के लिए बाधक होती है।" 'दलित पैन्थर्स' की गति भी रिपब्लिकन पार्टी की तरह ही हो गई और उसमें फूट पड़ गई। डॉ. बाबासाहब आम्बेडकर जी का दर्शन और उस दर्शन की नींव पर खड़े आन्दोलन न फैले इसलिए काँग्रेस और प्रतिगामियों के प्रयास जारी हैं, यही ढाले का तर्क था। 'दलित पैन्थर' इस संगठन को विसर्जित करके ढाले जी ने 'मास मूवमेंट' नामक संगठन की स्थापना की। नामदेव ढसाल का पैन्थर गुट अलग हो गया। इस ऐतिहासिक यथार्थ का विचार करने पर एक समस्या और उत्पन्न होती है कि डॉ. बाबासाहब आम्बेडकर जी के दर्शन की मशाल लेकर दलितों की समस्या का समाधान करने हेतु समग्र क्रान्ति का प्रारम्भ कौन करेगा ? आम्बेडकरवाद की पताका इस देश में फहरती रहेगी या नहीं ? बाबासाहब जी का भारत देश से संबंधित सपना वास्तव में सच होगा या नहीं ?

●●●

8.

दलित पैन्थर और रिपब्लिकन पार्टी

भूषणकुमार जोरगुलवार

15 अगस्त 1947 के दिन भारत को स्वाधीनता प्राप्त होने के पश्चात् मानव की प्रतिष्ठा, समता, सामाजिक न्याय और बन्धुता के तत्वों के आधार पर यहाँ के संविधान का निर्माण किया गया। जनतान्त्रिक संघराज्य में जाति, धर्म, भाषा जैसे भेदभाव का विचार किये बिना सभी नागरिकों को समान अधिकार प्रदान किये गये हैं। भारत में दलितों की समस्या एक विकट समस्या बनी हुई है। आठ करोड़ से अधिक दलित जनता के स्वास्थ्य, सुरक्षा और आशा-आकांक्षाएँ उसमें सम्मिलित हैं। दलितों का पिछड़ापन नष्ट कर उन्हें अन्य वर्गों के बराबर लाने का प्रयास करना सरकारी रणनीति के मार्गदर्शन तत्व के रूप में स्वीकार किया गया है। सार्वजनिक जीवन में अस्पृश्यता को समाप्त करने की बात संविधान में उद्घोषित की गई है और सार्वजनिक स्थानों पर अस्पृश्यता पहले की तरह ही कायम है। उन पर होनेवाले अत्याचार, सामाजिक बहिष्कार, मारपीट, स्त्रियों की बेइज्ज़ती, जानलेवा हमले आदि आज भी रुके नहीं हैं। ये सब होते हुए भी भारतीय समाज में विद्यमान आर्थिक, सामाजिक एवं शैक्षिक दृष्टि से पिछड़े अन्य वर्गों की तुलना में अस्पृश्य समाज अत्यन्त जागृत एवं संगठित समाज है। शैक्षिक प्रसार के कारण इस समाज से असाधारण साहित्यकार, राजनेता, प्रशासक, प्राध्यापक बड़े अनुपात में सामने आ रहे हैं। इस वर्ग के शिक्षितों विशेषतया बौद्ध युवाओं के मन सवर्णों द्वारा दलितों पर होनेवाले अन्याय-अत्याचारों के कारण क्रोध से न भड़क उठे तो ही विस्मय होगा। भारत के अधिकांश शहरी शिक्षितों ने अपनी गलतफ़हमी बना ली है कि भारत में विद्यमान अस्पृश्यता अब नष्ट होने चली है। अपनी इस खुशफहमी को वे शहरों में अस्पृश्यता को हेतुत: पाला नहीं जाता यह साधार बताते हैं । भारत के भविष्य की दृष्टि से यह शहरी

शिक्षित जितनी जल्दी हो सके उतना जल्दी इस भ्रम से बाहर निकले, तभी भला होगा। दुर्भाग्य है कि भारतीय विचारकों में भी इस समस्या के बारे में उदासीनता ही है। इनकी तुलना में पाश्चात्य विचारकों ने इस विषय का अधिक ठोस और सांगोपांग अध्ययन प्रस्तुत किया है। किन्तु उनके इस अनुसन्धान का प्रधान हेतु अपने देश की सरकार की रणनीति को निर्धारित करने में सहायता करना होने के कारण भारत के सामाजिक आन्दोलनों की दिशा निर्धारित करने में इस अनुसन्धान का कोई उपयोग ही नहीं होता है। भारतीय विचारकों की तुलना में भारतीय राजनेताओं को दलितों के आन्दोलनों में अधिक रस दिखाई देता है। किन्तु ये लोग राजनेता होने के कारण इनकी भूमिका दलगत लाभ-हानि के हिसाब से निश्चित होती है। सत्ताधारी वर्ग की स्वार्थी एवं संकुचित प्रवृत्ति, सर्वसाधारण लोगों में व्याप्त जाति-निष्ठा के दृढ़मूल संस्कार, दलितों में संगठित और जिम्मेदार नेतृत्व के अभाव और क्रुद्ध युवाओं के अतिवाद आदि के कारण भारत के दलितों की समस्या का स्वरूप दिन-प्रतिदिन अधिकाधिक स्फोटक बनता जा रहा है।

भारतीय संविधान के अनुसार दलितों को अन्य वर्गों के बराबर राजनीतिक अधिकार प्राप्त हुए हैं। अस्पृश्यता का पालन करना कानूनन अपराध निश्चित किया गया है। उनके शैक्षिक और आर्थिक विकास के लिए विशेष सहूलतें और सुविधाएँ प्रदान की गईं। स्वाधीनता के बाद के कालखण्ड में परिवर्तित इस परिस्थिति में दलितों के आन्दोलन का लक्ष्य और रणनीति क्या होनी चाहिए, इस प्रकार का सवाल खड़ा हो जाता है। इस कालखण्ड में डॉ. बाबासाहब आम्बेडकर जी ही दलित आन्दोलन के सर्वसम्मत नेता और प्रवक्ता थे। तब सहज ही इस परिस्थिति में नये लक्ष्य-रणनीति को निर्धारित करने की जिम्मेवारी उन्हें ही अपने कन्धों पर उठानी पड़ी। किन्तु दुर्भाग्य की बात है कि इस सन्दर्भ में उनके विचार और रणनीति पर्याप्त स्पष्ट होने से पूर्व ही उनका महापरिनिर्वाण हो गया। हिन्दू कोड बिल के मामले में मन्त्रिपरिषद से त्यागपत्र देकर बाहर आने के बाद डॉ. आम्बेडकर जी ने अपने कार्य के तीन अंग स्वीकारे। वे हैं "शिक्षा का प्रसार, धर्मान्तर और संगठन।" इससे पूर्व ही उन्होंने शिक्षा के प्रसार की दृष्टि से पीपल्स एजुकेशन सोसाइटी की स्थापना की थी और इस समय तक इसके कार्य की व्याप्ति भी पर्याप्त बढ़ चुकी थी। परिणामतः दलित समाज के छात्र बहुत बड़ी संख्या में उच्च शिक्षा की ओर मुड़ रहे थे। जीवन के अत्यन्त आखिरी समय में उन्होंने हिन्दू धर्म का त्यागकर बौद्धधर्म की दीक्षा ली तथा अपने हजारों अनुयायियों को भी धर्मान्तर के लिए प्रेरित किया। 'शेड्यूल्ड कास्ट फेडरेशन' को विसर्जित कर रिपब्लिकन पार्टी की स्थापना करने की योजना भी इसी समय तैयार की। डॉ. आम्बेडकर जी के पश्चात् उनके अनुयायियों ने भी उन्हीं की दिशा में अपना काम आगे भी जारी रखा। ऐसा होते हुए भी रिपब्लिकन पार्टी का संविधान, लक्ष्य और उद्देश्य अभी तैयार होना बाकी था। चुनाव और संघर्ष आदि के बारे

में रिपब्लिकन पार्टी को अन्य दलों के साथ किस प्रकार के सम्बन्ध रखने होंगे, इसका कोई चित्र स्पष्ट नहीं हो पा रहा था। शैक्षिक सहूलियतें और प्रातिनिधिक संस्थाओं तथा सरकारी नौकरियों में आरक्षण के माध्यम से आत्मविकास का अवसर प्राप्त होते ही दलित समाज में नानाविध वर्ग निर्मित हो गये। उनकी आशा-आकांक्षाओं का प्रतिबिम्ब दलित आन्दोलनों में दिखाई देना सहज था। तब स्वभावत: अगले आन्दोलनों की दिशा एवं उद्देश्य आदि के बारे में रिपब्लिकन पार्टी के कार्यकर्ताओं में अत्यन्त तीव्र मतभेद उत्पन्न हो गये। पार्टी के नानाविध गुटों की भूमिकाओं का समन्वय कर उनकी एकता बनाये रखने में नेता लोग असमर्थ साबित हो गये। इसी कारण किसी समय बलवान और संगठित इस पार्टी की ऐसी दुर्दशा हो गई।

1927 के महाड के चवदार तालाब के सत्याग्रह से डॉ. बाबासाहब आम्बेडकर जी का सामाजिक जीवन प्रारम्भ हुआ। वह 1937 के प्रान्तीय विधि मंडल के चुनावों तक चला। उन्होंने इस दृष्टि से बहिष्कृत हितकारिणी सभा के माध्यम से प्रयास भी किये। किन्तु जब चुनावों की राजनीति सामने आई, तब आम्बेडकर जी ने अपनी रणनीति में परिवर्तन किया। श्रमजीवियों को अपना संघर्ष सफल रीति से करना हो तो जाति-पाँति, धर्म, देश आदि भेदों को तरजीह दिये बिना सारे मज़दूर एक ही हैं, ऐसी वर्ग भावना सभी के मन में कूट-कूट कर भरकर अपना संगठन अभेद्य होना चाहिए, यह मार्क्सवादी व्यापक भूमिका आम्बेडकर जी ने स्वीकार की और 1937 के वर्ष में स्वतन्त्र मजदूर पार्टी की स्थापना की। कुछ दिनों के पश्चात् डॉ. बाबासाहब आम्बेडकर जी वायसरॉय की सलाहकार समिति में नियुक्त हुए और स्वतन्त्र मजदूर पार्टी समाप्त हो गई। 1942 के वर्ष में नागपुर में शेड्यूल्ड कास्ट फेडरेशन की स्थापना करनी पड़ी। क्योंकि यह बात असम्भव है कि भारतीय परिवेश मार्क्सवादी विचारों के लिए पोषक नहीं है, यहाँ आर्थिक दृष्टि से शोषित सभी जन-समुदाय वर्गीय स्तर पर एकत्र नही आ पायेंगे, इस बात का एहसास बाबासाहब को हो चुका था। बाबासाहब जी ने जाति पर आधारित भूमिका स्वीकार की फिर भी एक अर्थ में दलितों के वांछित लक्ष्य के लिए परिस्थिति से किया समझौता मात्र थी। अपने किसी भी आन्दोलन की नींव जाति पर न हो यही बाबासाहब की मनोकामना थी। इसीलिए उन्होंने अपने अनुयायियों को शेड्यूल्ड कास्ट फेडरेशन को विसर्जित करके रिपब्लिकन पार्टी की स्थापना करने की सलाह दी।

रिपब्लिकन पार्टी के निर्माण के पीछे डॉ. बाबासाहब आम्बेडकर जी की जो मनोकामना थी वह इस पार्टी में खरी नहीं हो पाई और अन्तत: रिपब्लिकन पार्टी भी शेड्युल्ड कास्ट फेडरेशन ही बनी रही। इस बात का प्रधान कारण यह है कि इस पार्टी को व्यापक भूमिका प्रदान करने में सक्षम नेता ही नहीं मिला। रिपब्लिकन नेताओं की प्रधान पूँजी ही बाबासाहब जी का सहवास और आम्बेडकरवादी आन्दोलन से रिश्ता थी।

नानाविध समस्याओं पर ध्यानाकर्षक रीति से बोलनेवाला और लिखनेवाला कोई अन्य नेता उत्पन्न ही नहीं हुआ। इतना ही नहीं समग्र आम्बेडकरवादी आन्दोलन को समझनेवाला नेतृत्व भी दुष्प्राप्य है। परिणामत: रिपब्लिकन पार्टी के आन्दोलनों के सम्बन्ध में कतिपय गलतफ़हमियाँ लेकर ये लोग काम करते थे। इनमें प्रधान गलतफ़हमी है ''रिपब्लिकन पार्टी भारतीय राजनीति की सन्तुलित शक्ति है'' यह इस बात को जोर देकर प्रस्तुत किया जानेवाला सिद्धान्त है। किस राजनीतिक पार्टी के हाथों में सत्ता के सूत्र देने हैं, इस बात का निर्धारण करनेवाले भी हम ही हैं, इसी विचार के कारण ''हम ही सत्ता को अपने हाथों में क्यों न लें?'' इस विचार का जन्म हो गया। किन्तु यथार्थ यह है कि रिपब्लिकन पार्टी या आम्बेडकरवादी आन्दोलन भारतीय राजनीति की 'सन्तुलित शक्ति' कभी भी नहीं बन पाया। रिपब्लिकन नेताओं की इस गलतफ़हमी को समय रहते ही निकाल देनेवाला दूरदर्शी नेतृत्व इस पार्टी को मिला होता तो रिपब्लिकन पार्टी की यह दुर्दशा टाली जा सकती थी। रिपब्लिकन पार्टी की दुर्दशा का एक महत्त्वपूर्ण कारण है कि 'सत्ता का लालच'। इसी लालच के कारण रिपब्लिकन नेताओं द्वारा सभाओं और सम्मेलनों में बाबासाहब जी के वचनों की बरसात होने लगी। बाबासाहब जी के ''आप शासनकर्त्री जनजाति बनो'' इस वचन का सन्दर्भ देकर अपनी स्वार्थी राजनीति के लिए दुश्मनों के साथ भी की गई युक्ति का पाप बाबासाहब जी के माथे पर थोपा जाने लगा। सत्ता की यह लालच अन्तत: इन लोगों को काँग्रेस के आंगन में ले गयी।

वास्तव में देखा जाये तो बाबासाहब जी का सम्पूर्ण दलित आन्दोलन उन्हीं के कथनानुसार ''समाजवादी समाज रचना करने के सूत्र को व्यक्त करनेवाला आन्दोलन है।'' बाबासाहब जी का आदेश था कि ''भारत में समाजवादी समाज रचना निर्माण करने के लिए संसदीय जनतन्त्र और बौद्ध धर्म इन दो उपकरणों का उपयोग करना होगा।'' किन्तु बाबासाहब जी के बाद के दलित नेतृत्व को समाजवादी समाज रचना का मतलब ही समझ में नहीं आया। इसलिए बाबासाहब जी के इस आदेश का परिपूर्ण पालन इन नेताओं ने किया है, ऐसा दिखाई नहीं देता। बाबासाहब जी की एक असाधारण रचना के रूप में भारतीय संविधान की ओर यही लोग हृदय की गहराइयों से आदरपूर्वक देखते थे, इस बात की भी सन्तोषजनक पुष्टि नहीं मिलती। इसका कारण यह है कि बाबासाहब जी ने एक पृथक् मन:स्थिति में इस संविधान का निर्माण किया था। इतना ही नहीं अनेक स्थानों पर बाबासाहब जी के सामने कोई विकल्प भी नहीं था। बाबासाहब जी की रचना के रूप में संविधान की ओर देखनेवालों को इस बात को हमेशा याद रखना होगा कि संविधान को स्वीकार करने के बाद एक साल के भीतर ही बाबासाहब जी ने ''इस संविधान को जला डालो'' ऐसा कहा था। इस बात का स्मरण दलित नेताओं को नहीं है, ऐसा हो ही नहीं सकता। क्योंकि बाबासाहब जी ने अपने इस वक्तव्य से संविधान के बारे

में अपनी दहकती हुई प्रतिक्रिया व्यक्त की थी। इस बात का एहसास होते हुए भी समाजवादी समाज रचना के लिए संवैधानिक चौखट से परे और संसदीय राजनीति की मर्यादाओं के परे कुछ करना ही होगा, इस बात को दलित नेता भूल गये हैं। मात्र बाबासाहब जी की रचना के रूप में संविधान के बारे में और संविधान की सभी मर्यादाओं के बारे में उन्हें बहुत अधिक प्रेम और आदर है ऐसा कहना पृथक् है और राजनीति में कुल मिलाकर इनके आचरण से यह साबित करना पृथक् कार्य है। क्योंकि जब दलित नेताओं के लाभ का प्रश्न हो, तब यह संविधान बाबासाहब जी ने लिखा है, इसलिए उसे अत्यन्त पवित्र मानना और जिस समय लाभ नहीं होता, उस समय अलग-अलग प्रकार की कलाबाजियाँ लगाना सर्वविदित हो चुका है। ''बुद्ध के बाद इन्दिरा गान्धी'' और ''बाबासाहब जी के बाद यशवंतराव चव्हाण'' इस प्रकार के नारे लगाकर मूल संविधान की प्रकृति से असंगत होते हुए भी बयालीसवें संविधान संशोधन का सार्वजनिक रीति से समर्थन करना, इस संशोधन के लिए विपक्ष का मत लेने की आवश्यकता भी नकारना आदि सारी बातें आम्बेडकर जी की संविधान रचना के बारे में प्रेम एवं आदर को निश्चय ही नहीं दर्शाती हैं।

आज के दलितों की समस्याओं का समाधान भारत की आज की विषम समाज व्यवस्था को नष्ट किये बिना हो ही नहीं सकता और इसके बिना दलित आन्दोलन को जातीय स्तर से व्यापक वर्गीय स्तर पर ले जाया नहीं जा सकता। इसलिए आज दलितों के आन्दोलन को इस समाज व्यवस्था को तोड़कर सामाजिक-आर्थिक न्याय पर आधारित क्रान्तिकारी आन्दोलन का स्वरूप प्राप्त करना अत्यावश्यक है। यह आन्दोलन मात्र अछूतों के आरक्षण और सहूलतों के लिए संघर्ष करेगा तो उससे अछूत और बौद्ध समाज के केवल दो से ढाई प्रतिशत शिक्षित लोगों को ही लाभ होगा, वह भी ईमानदारी से अनुशेष की भर्ती हुई तो। अगणित अछूतों के पाले में वही पराधीनता, वही दरिद्रता और वही अपमान शेंष रहेगा। उन्हें मुक्त करने का मार्ग आरक्षण और संसदीय राजनीति के परे है। इस बात का एहसास दलित नेताओं को नहीं है, यह अत्यन्त खेद की बात है। इससे भी अधिक खेद इस बात का है कि आम्बेडकर जी के नाम से ही उनका वजूद है और यथास्थिति को कायम रखने का प्रयास इस नेतावर्ग के द्वारा हो रहा है। यह शिक्षित दलित वर्ग पूर्णत: मानसिक रूप से टूट चुका है। उच्चवर्ग में प्रवेश करने के लिए उसे अपने समाज, रिश्तेदारं, इतना ही नहीं किसी हालात में अपने माता-पिता भी नहीं चाहिए। उसे इन सभी बातों पर शर्म आती है। जिनके परिश्रम पर उसने शिक्षा प्राप्त की, उन्हें ही लताड़ने की उसकी तैयारी है। इस बात के कतिपय सम्माननीय अपवाद भी हैं, किन्तु बहुसंख्य लोगों की यही स्थिति है। इस परिवर्तन को इसी शिक्षित वर्ग का ही विरोध है। इस आमूल-चूल परिवर्तन के बिना देहात में रहनेवाले अपने माता-पिता के पैरों की

बेड़ियाँ नहीं तोड़ पायेंगे, इस बात की हल्का-सा एहसास होते हुए भी वह इस परिवर्तन का विरोध कर रहा है। किसी समाज में सुख और लोलुपता के पीछे भागनेवाला वर्ग उत्पन्न होने पर वह समाजद्रोही किस प्रकार बनता है, इसका जीता-जागता उदाहरण रिपब्लिकन-काँग्रेस और इसी बीच जनता पार्टी के दलित नेता और उनके इर्द गिर्द घुमनेवाला दलित शिक्षित युवा है।

बाबासाहब आम्बेडकर जी के बाद रिपब्लिकन आन्दोलन कम्युनिस्ट-विरोध के आधार पर चलाया गया। कम्युनिस्ट-विरोध यही आन्दोलन का प्रधान सूत्र एवं लक्ष्य था। इस कम्युनिस्ट-विरोध से के कारण उनको आम्बेडकर जी के समाजवादी समाज-रचना उत्पन्न करने का लक्ष्य विस्मृत हो चुका है। वास्तविक स्थिति यह है कि दलित नेताओं का कम्युनिस्ट-विरोध भी प्रामाणिक विरोध नहीं है। उनका कम्युनिस्ट-विरोध भी अपनी सुविधा की राजनीति का ही एक हिस्सा है। दादासाहब गायकवाड़ जी को अन्तरंग शिकंजे में फँसाकर उन्हें काँग्रेस के आंगन में आश्रय लेने के लिए मजबूर किया गया। 1967 के बाद काँग्रेस और कम्युनिस्टों के गठबन्धन की दृष्टि से वातावरण बनने लगा। 1969 में यह गठबन्धन पक्का हो गया। 1971 के रूस-भारत करार से इस गठबन्धन पर मुहर लग गई। 1971 के चुनाव में रिपब्लिकन पार्टी काँग्रेस के साथ थी और काँग्रेस कम्युनिस्टों के साथ थी। इस बात का यही मतलब निकलता है कि काँग्रेस-कम्युनिस्ट-रिपब्लिकन ये सारे राजनीति में मित्र ही थे। 1977 के चुनावों में दादासाहब रूपवते कॉम्रेड डांगे की कम्युनिस्ट पार्टी के साथ थे और रा. सु. गवई की रिपब्लिकन पार्टी आर. डी. भण्डारे और बुद्धप्रिय मौर्य के काँग्रेस के साथ थी। बी. सी. कांबले जनता पार्टी के साथ करार कर चुके थे और जनता पार्टी नम्बुद्रीपाद की मार्क्सवादी कम्युनिस्ट पार्टी के साथ थी। तो राजाभाऊ खोब्रागड़े जनता पार्टी के साथ संसदीय चुनावों की राजनीति कर रहे थे। यह सारी बात तफसील से देखने के बाद दलित आन्दोलन सचमुच कम्युनिस्टों के विरोध में है, ऐसा नहीं कहा जा सकता। डॉ. बाबासाहब आम्बेडकर जी के नाम से दलितों को कम्युनिस्ट-विरोधी संगठन बनाने पर मजबूर करनेवाले और वास्तविकता में कम्युनिस्टों से मित्रता की राजनीति करनेवाले किन लोगों से विश्वासघात कर रहे थे ? स्वयं से ? बाबासाहब से ? या दलित जनता से? इस बात का एक बार पूरी तरह से विचार किया जाना चाहिए।

दलितों के आन्दोलनों को समाप्त करने के लिए सत्ता और सम्पत्ति के आधार पर खड़े वर्ग को प्रयास करना चाहिए, इस बारे में खेद करने की कोई आवश्यकता ही नहीं है। क्योंकि उन लोगों से किया जानेवाला संघर्ष भी एक युद्ध ही होता है। किन्तु भारत में यह युद्ध अत्यन्त विचित्र है। दलित जनता के आन्दोलन को समाप्त करने हेतु यहाँ धनवान सत्ताधारी वर्ग सामने नहीं आता, बल्कि, सामने आते हैं, दलितों की अलग-अलग

पार्टियों-उपपार्टियों में बँटे हुए नेता लोग। दलित पैन्थर का आन्दोलन समाप्त करने के लिए नेता अपने-अपने वैयक्तिक मतभेद भुलाकर पार्टी के अनुशासन और सैद्धान्तिक भूमिका को टालकर ये एक हो गये। एक ओर शरद पवार की सहायता से रूपवते-गवई पैन्थर के विरोध में चले गये, तो दूसरी ओर पैन्थर द्वारा नामदेव ढसाल को निकाल देने के कारण नागपुर में राजाभाऊ खोब्रागड़े ने आनन्द प्रकट किया। जो बी. सी. कांबले अब तक रिपब्लिकन एकता का मज़ाक उड़ाते थे, वह भी एक ही रात में रिपब्लिकन एकता के लिए तैयार हो गये। दलित पैन्थर के आन्दोलन में आम्बेडकर जी के मन की आग, नकार, विद्रोह और नवनिर्माण की अभिव्यक्ति थी। यद्यपि उनके आन्दोलन की कोई दिशा नहीं थी, यह भी सच था, तथापि उसे ज़िन्दा रखने पर उसे दिशा देना भी कोई कठिन कार्य नहीं था। दलित नेताओं के शिक्षित वर्ग के हित की राजनीति के विपरीत दलित नेतृत्व द्वारा घृणित, अगणित, अनपढ़, मजदूर, भूमिहीन और खेतिहर मजदूर, आदि से मिलकर दलित पैन्थर खडा किया था जिसमें एक सहज प्रतिक्रिया थी। दलित पैन्थर की सभाओं में बहुत बड़ी भीड़ इकट्ठी होती थी। वह भीड़ केवल हिंदू देवताओं को दी जानेवाली गालियाँ सुनने के लिए नहीं, अपितु रिपब्लिकन पार्टी और अन्य दलों के दलित नेताओं को भी दी जानेवाली गालियों को सुनने के लिए होती थी। उनके कुल आचरण पर ही ये पैन्थर्स सवालिया निशान लगाते थे। उनका यह आचरण ठीक या गलत इस बात का विचार भी न करते हुए एक बात स्पष्ट हो जाती है कि दलित जनता के मन में दलित नेताओं के बारे में असन्तोष का लावा उफन रहा था। दलित जनता की अधूरी और दलित नेताओं ने जिनको असम्भव बना दिया, ऐसी इच्छाओं और आकांक्षाओं का आंशिक ही सही, पर पैन्थर के आन्दोलन में प्रतिबिम्ब दिखाई दिया। 1950 में राजनीतिक जनतन्त्र का कंकाल नष्ट करने के लिए बाबासाहब जी ने आगे आनेवाले समाज के भविष्य का कथन किया था, जो सपना देखा था, इसका आंशिक ही सही दलित पैन्थर मूर्त रूप था। दलित नेता और उनके पाले हुए कार्यकर्ताओं के विरोध में साधारण शोषित जनता, इस प्रकार का संघर्ष का स्वरूप था। किन्तु दुर्भाग्य है कि पैन्थर आन्दोलन टूटा नहीं, अपितु तोड़ा गया। पैन्थर को तोड़ देना और यथास्थिति बनाए रखना यह धनवान सत्ताधारी वर्ग की ज़रूरत होती है। किन्तु यह धनवान सत्ताधारी वर्ग पैन्थर को तोड़ने के लिए सामने आता और पैन्थर को नैष्ठिक नेतृत्व प्राप्त हो जाता, तो जाति-पाँति की सीमाओं को लाँघकर आम्बेडकर जी का वांछित वर्ग संघर्ष उदित हो सकता था। किन्तु दलित पैन्थर का आन्दोलन तोड़ने के लिए धनवान सत्ताधारी वर्ग ने दलित आन्दोलन के गद्दारों को ही साथ लिया और इस कार्य में वह वर्ग सफल रहा। इस बात का मलतब यह है कि दलित नेताओं का शिक्षित वर्ग जिस प्रकार से दलितों के आन्दोलन को बढ़ने नहीं देता था, ठीक वैसे ही दलित आन्दोलन को तोड़ने के लिए अन्य पार्टियों के सभी दलित

नेता एक होते हैं और दलित आन्दोलन टूट जाने पर अपने-अपने खेमे में वापस जाते हैं। संसदीय राजनीति को लक्ष्य मानकर आम्बेडकर जी के समाजवादी समाज़-रचना के लक्ष्य से समझौता करते समय इन दलित नेताओं की आम्बेडकरवादी निष्ठा आड़े नहीं आती। साम्यवादियों को सहायता करते समय बाबासाहब जी के विचारों की उन्हें परवाह नहीं होती। धनवान सत्ताधारियों से अपने सम्बन्धों को अक्षुण्ण रखते समय उन्हें आम्बेडकर जी के नाम का विस्मरण हो जाता है किन्तु दलित पैन्थर के आन्दोलन को तोड़ने के लिए ये सारे एक हो जाते हैं। अर्थात् जिन आम्बेडकर महोदय की अपनी सारी ज़िन्दगी दलितों के आन्दोलन बढ़ाने में गुज़र गई, उन्हीं के चेलों को दलितों के आन्दोलन को बढ़ाना ठीक नहीं लगता। ऐसा आन्दोलन बनने के आसार नज़र आते ही, उसे तोड़ने के लिए यही नेता सबसे आगे होते हैं।

प्रारम्भ में दलित पैन्थर का आन्दोलन, उसके समर्थक माने या ना माने, किन्तु कुछ सीमा तक जाती विरोधी आन्दोलन था। 1947 के बाद खुले रूप से जातीय संघर्ष में उतरा यह दलित पैन्थर पहला ही जाती विरोधी संगठन था। भारत के इतिहास में इस प्रकार के जातीय संगठनों की बहुत लम्बी परम्परा है। वैसे देखा जाये तो भारतीय स्वाधीनता का इतिहास ही सम्पूर्णत: जातीय संगठनों का, उनके आन्दोलनों का और जाति-चयन का इतिहास है। इस पृष्ठभूमि के आधार पर दलित पैन्थर को दोषी ठहराना उचित नहीं है। पूरी भारतीय राजनीति ही मूलत: जातीय नींव पर खड़ी होने की वज़ह से जन साधारण का संगठन करने के दो ही प्रभावशाली विकल्प शेष रह जाते हैं। एक जाति और दूसरी भाषा या प्रान्त। कोई संगठन जब कभी अपनी जातीय या प्रान्तीय सीमाएँ लाँघकर अधिक से अधिक व्यापक स्वरूप धारण करने लगता है, तब-तब उस संगठन के अस्तित्व का ही संकट घहराने लगता है। शेड्यूल्ड कास्ट फेडरेशन का रूपान्तर रिपब्लिकन पार्टी में हो जाने के बाद वह संगठन ही समाप्त हो गया। दलित पैन्थर का संगठन जब जातीय स्तर से वर्गीय स्तर पर कूदने के पैन्तरे में था, तभी उसके टुकड़े-टुकड़े हो गये।

रिपब्लिकन पार्टी की राजनीति और उसके दावँ-पेंच जाँच लेने पर एक बात दिखाई देती है कि रिपब्लिकन पार्टी के लक्ष्य और रणनीति तथा दावँ-पेंचों की समस्या उसकी समस्या न रहकर काँग्रेस की सत्ता की और काँग्रेस के नेताओं की समस्या बन गई। इसी कारण दलित पैन्थर का आन्दोलन मुम्बई जैसी जगह पर बढ़ने लगता है, तो रिपब्लिकन पार्टी के सारे गुट पैन्थर की ठुकाई करने के लिए एक होते हैं तथा पैन्थर के टूट जाने पर अपने-अपने गुट में वापस चले जाते हैं। इससे दो बातें स्पष्ट हो जाती हैं। पहली बात यह है कि रिपब्लिकन पार्टी में जातीय राजनीति करना असम्भव है। क्योंकि बहुसंख्य जनजाति किसी अल्पसंख्य जनजाति को राजनीतिक स्तर पर सुसंगठित होने देगी, यह इस व्यवस्था में सम्भव दिखाई नहीं देता। सभी अल्पसंख्यक जनजातियों को विघटित

रखकर ह्री सत्ता प्राप्त करने के लिए ज़रूरी जातीय राजनीति मात्र और मात्र बहुसंख्य जनजाति ही खेल पाती है। दूसरी बात यह है कि रिपब्लिकन पार्टी या दलित पैन्थर किसी की सहायता के बिना जीवित नहीं रह सकता। अब सवाल रहा मदद का। तो इस प्रकार की मदद किसे और किस स्तर पर करनी चाहिए, यह अवस्था और अपने अन्तिम लक्ष्यों को ध्यान में रखकर ही की जानी चाहिए।

रिपब्लिकन पार्टी के नेताओं ने पार्टी के आत्मनिर्भर आन्दोलन से लाभ नहीं होगा, यही मानकर काँग्रेस से मित्रता कर लाभ उठाने की रणनीति अपनाई। यही उनका कार्यक्रम था। इस कार्यक्रम को अवसरवाद भी कहा जा सकता है। इस कार्यक्रम से सवर्ण प्रगतिशील नेताओं का भी लाभ होता है। उन्हें बालकों का उपनयन संस्कार बिना टाले, दलित-मित्र की उपाधि अनायास ही मिल जाती है। सारे समाज को सहृदयता, शान्ति, सहकार्य के द्वारा ही चलना चाहिए, इस प्रकार की प्रजातान्त्रिक भाषा भी बोलने आती है। जैसे 1969 में महात्मा गान्धी जी के जन्मशती के वर्ष में सरकार ने सभी देहातों के सरपंचों और पटवारियों से हमारे गाँव में अस्पृश्यता नहीं मानी जाती, हरिजनों को कुएँ-पोखर से पानी भरने दिया जाता है, मन्दिरों में प्रवेश करने दिया जाता है, ऐसा कहलवाया गया। ऐसा स्वयं 'हरिजन सेवक संघ' के एक सेवक ने ही एक स्थान पर कहा था। इस पद्धति से सरकार अछुतों की समस्याओं से परहेज करती है। किसी प्रकार का आचरण नहीं किया तो भी चलता है। काम के कारण नवबौद्धों को जितने लाभ मिलते हैं, उन लाभों में नेताओं को अधिक लाभ मिलते हैं, अन्यों को कम लाभ मिलते हैं। सरकारी तन्त्र में ऐसा अपरिहार्य रीति से होता ही है और इन्हीं बातों से नेता और कार्यकर्ताओं में अन्तर पैदा होने लगता है तथा झगड़े शुरू हो जाते हैं। काँग्रेस सरकार को नवबौद्धों के लिए कार्यक्रम चलाते समय इस बात का ध्यान रखना पड़ता है कि इन कार्यक्रमों से सवर्णों के समर्थन से हाथ न धोना पडे। इस रणनीति के तहत नवबौद्धों पर होनेवाले अन्याय की उपेक्षा करनी पड़ती है। लाभ पर ध्यान देकर उसकी कीमत के रूप में सामाजिक अन्याय के विरोध में होनेवाले व्यापक संघर्ष से ही इन नेताओं ने खुद को अपनी पार्टी से दूर रखा है। किन्तु दलित पैन्थर को दलित नेताओं की यह भूमिका स्वीकार नहीं थी, इसी बात का अनुभव 'दलित पैन्थर की भूमिका' नामक पुस्तिका से प्राप्त होता है।

विगत कतिपय वर्षों से सवर्णों में एक वर्ग-विशेष का उदय हो रहा है, जो सदैव ही स्वयं को प्रगतिशील (मंच से) साबित करने के प्रयास में रत होता है। स्वयं को दलितों के प्रति, उनकी समस्याओं के प्रति कितनी आस्था है, यह बात सदैव शब्दों के माध्यम से प्रकट करता रहता है। किन्तु आचरण के बारे में विचार करने पर ये लोग कितने दम्भी हैं, इस बात का प्रमाण मिलता है। उनका स्वयं का बैठना-उठना, सहकार्य-सम्बन्ध, मित्रता आदि कदाचित् ही अपनी जाति की परिधि से बाहर होती है। प्रधानतया, दलित साहित्य

के बारे में भावुकता से और आस्था से मंच पर गाल बजाने वाले, शब्दों द्वारा जबरदस्त समर्थन करनेवाले, कभी-कभी परम्परागत, रूढ़िगत जीवन जीनेवाले सवर्णों को विशेषतया ब्राह्मण समाज को गालियाँ बकनेवाले निजी जीवन में दलित साहित्य और बौद्ध धर्म का भद्दा मज़ाक उड़ाते हैं। एक तरह से मंच से ''हमने दलितों को कैसे धोखा दिया'' जैसी विजयी मुद्रा में घूमते दिखाई देते हैं। इस बात के निश्चय ही सम्माननीय अपवाद हैं। किन्तु दुर्भाग्य है कि बहुसंख्य सवर्णों की यही रणनीति है। ये लोग डॉ. आम्बेडकर जी, उनकी विद्वत्ता, दलितों की समस्याओं, अस्पृश्यता, सवर्णों के अत्याचार जैसे विषयों पर हमेशा बोलते तो रहते हैं किन्तु आचरण के बारे में जानबूझकर सैंकड़ों कोस दूर रहते हैं। इस बात का ज़िन्दा उदाहरण मराठवाडा विश्वविद्यालय नामान्तर का प्रकरण प्रस्तुत है। ऐसे में आज के दलितों को समय रहते ही ऐसे दम्भियों से चौकन्ना रहना आवश्यक है।

सभी महापुरुषों की उन्हीं के अनुयायियों द्वारा खींच-तान होती आई है और बाबासाहब आम्बेडकर जी भी इस बात के अपवाद नहीं हैं। आज के दलित समाज की समस्याएँ चाहे वे सामाजिक समस्याएँ हों या राजनीतिक समस्याएँ हों या आध्यात्मिक समस्याएँ हों, इनका समाधान धर्म और जाति की चौखट में नहीं हो सकता। इस बात को डॉ. बाबासाहब आम्बेडकर जी ने 1952 के चुनाव की पराजय के बाद ही समझ लिया था। विज्ञाननिष्ठ दृष्टिकोण, वर्गीय चेतना और सम्पूर्णत: निधर्मी संघर्षशील मानवतावाद की सहायता से ही दलितों के आन्दोलन को गति प्राप्त होगी। इसीलिए बाबासाहब को शेड्यूल्ड कास्ट फेडरेशन का व्यापक पार्टी में रूपान्तर करना था। किन्तु दुर्भाग्य की बात है कि शेड्यूल्ड कास्ट फेडरेशन का नामकरण केवल रिपब्लिकन पार्टी के रूप में कर जातीय राजीनीति का ही प्रत्याभरण लिया जा रहा है। गाँव के बाहर के सभी दलितों को और आर्थिक शोषण से त्रस्त लोगों को इस पार्टी ने कभी भी जोड़कर नहीं रखा।

आज की सदैव बदलती हुई अवस्था में इस दलित आन्दोलन के सम्मुख नानाविध नई चुनौतियाँ उत्पन्न हुई हैं। इस आन्दोलन में इस अवस्था को समझकर आन्दोलन को दिशा प्राप्त हो, ऐसे नवचिन्तन का अभाव है। इसी कारण ऐसा अनुभव होता है कि इस आन्दोलन को अनेक बार गति मिलती है, किन्तु यह आन्दोलन फिर से ठण्डा हो जाता है। यह सब कुछ एक-दो बार नहीं हुआ है, बल्कि अनेक बार होते हुए आप सभी ने देखा भी है। इसका कारण दिशाहीन गति हो सकता है। जन-साधारण के आन्दोलन सामाजिक पुनर्रचना के आन्दोलन होते हैं। इन आन्दोलनों की अपनी स्वयं की गति और दिशा भी होती है। नेतागण जब समाज की नानाविध समस्याओं पर जन-संगठन कर आन्दोलन उत्पन्न कराते हैं, तब उन्हें सदैव बदलनेवाले यथार्थ का ध्यान होना चाहिए। हम आम्बेडकर जी के विचारों को गतिमान विचार मानते हैं। हम मार्क्स द्वारा प्रतिपादित विरोध-विकास के दर्शन का मूल ढाई हज़ार वर्ष पूर्व के बुद्ध के दर्शन में खोजकर दिखाते

हैं। डॉ. राम मनोहर लोहिया के जातिहीन और वर्गहीन समाज के निर्माण के सपनों की चर्चा करते हैं, किन्तु वास्तव में हम उस तरह का आचरण नहीं करते। अत: जनता के आन्दोलनों को दिशा देने के लिए विचार और आचार में एकता होनी चाहिए। यह अपने आप नहीं होगा। इसके लिए भगवान बुद्ध, कार्ल मार्क्स, डॉ. आम्बेडकर जी और डॉ. लोहिया जी के विचार तो आज उपलब्ध हैं ही, किन्तु इसके लिए यथार्थ का सम्यक् आकलन कर नेतृत्व को नया चिन्तन करने की आवश्यकता है। इस नये चिन्तन की आवश्यकता केवल दलित आन्दोलन को ही है, ऐसा नहीं है, अपितु सभी श्रमिकों और मजदूरों के आन्दोलनों को भी विशेष आवश्यकता है। इस देश के मजदूरों और दलितों के आन्दोलन अलग-अलग दिशाओं में जाएँ, यह मजदूरों और दलितों दोनों के लिए भी किफायती नहीं है। तभी उनका गत्यावरोध टल सकेगा। आज तक ये आन्दोलन एक-दूसरे के विरोध में न सही, लेकिन अलग-अलग मार्गों पर चलते रहने के कारण ही शहरी मजदूरों के आन्दोलन आर्थिक वाद-विवाद के शिकंजे में फँस चुके हैं। समाज की भौतिक नींव के आमूल-चूल परिवर्तन के लिए आम्बेडकरी विचारों की किसी-न-किसी बहाने विस्मृति होने के कारण दलित आन्दोलन हवा में तलवार चलाता दिखाई देता है। अत: इस देश में गरीबों के विरोध का संघर्ष हाथों में हाथ डालकर ही जाना अटल है। इस समाज की पुनर्रचना किये बिना इस देश की गरीबी खत्म नहीं होगी और इस देश की जातिप्रथा के अन्त की भी कोई सम्भावना नहीं है। क्योंकि गरीबी और जातिप्रथा इस व्यवस्था की जुड़वा सन्तानें हैं। इस व्यवस्था को वैसे ही बनाये रखकर गरीबी और जातिप्रथा को समाप्त नहीं किया जा सकता।

समान नागरिकता के दलितों के अधिकार अब विधिसम्मत हो चुके हैं। इसके बाद का संघर्ष अधिक जटिल संघर्ष है। शिक्षा की सुविधायें प्राप्त हो चुकी हैं, नौकरियों में भी सुविधाएँ प्राप्त हो चुकी हैं, इसका मतलब वैचारिक प्रगति की सम्भावना निर्मित होती है। किन्तु सम्भावना निर्माण होने से प्रगति होती ही है, ऐसा तो नहीं है। सम्भावना होने पर भी प्रगति क्यों नहीं होती इस सवाल का जवाब अन्य लोगों से झगड़ा कर के नहीं मिल सकता। वह तो आत्मपरीक्षण से ही मिल सकता है। अछुतों को विधिसम्मत समानता प्राप्त होने के उपरान्त भी सवर्ण हिन्दू समाज को उन्हें हृदय से समान नहीं माना है। सवर्ण हिन्दुओं के समाज ने हमें हृदय से समान रूप से स्वीकार करना चाहिए, इसके लिए केवल संघर्ष पर्याप्त नहीं है। उसके लिए सुजनता और कृतज्ञता की भी आवश्यकता है। उठते-बैठते हिन्दू धर्म को गालियाँ देकर, गान्धी-नेहरू को तुच्छ कहकर काँग्रेस की छत्रछाया के नीचे रहना और सत्ता की राजनीति के लिए समझौते करना, जैसी पद्धति संगठन की शक्ति नहीं बढ़ाती, सुजनता भी बढ़ाती नहीं और अधिकारों का एहसास भी नहीं बढ़ाती। किन्तु इसलिए हमें अपने नेता, अपने संगठन और अपनी कार्य पद्धति के बारे में चिन्तन करना चाहिए।

दलितों के सम्मुख सबसे बड़ी समस्या आर्थिक दरिद्रता की समस्या है और यह समस्या मात्र अछुतों की नहीं है, वह अठहत्तर प्रतिशत खेतिहर मजदूरों की और दस प्रतिशत औद्योगिक मजदूरों की समस्या है। यह समस्या आदिवासियों की भी समस्या है। इस बारे में जाति और सम्प्रदाय की परिधि से बाहर निकले बिना दलित संगठन कुछ भी नहीं कर सकते। सवर्ण हिन्दुओं को अछुतों का भरोसा जीतने में सफलता नहीं प्राप्त हुई, किन्तु अछूत समाज की एक जाति-जनजाति को भी अन्य जाति-जनजाति का भरोसा जीतना नहीं आया, इस बात का भी एक बार मूल्यांकन किया जाना चाहिए।

अन्ततोगत्वा दलित आन्दोलन के मिस से कतिपय प्रश्न सामने आते हैं, वे इस प्रकार से हैं दलितों को दलित के रूप में आन्दोलन में उतरना है या उन्हें अपना दलितत्व समाप्त करना है ? अस्पृश्यता बनाये रखनी है या अस्पृश्यता को समाप्त करना है ? दलितों के संगठनों ने भी शेष सारे समाज को अछूत मानकर स्वयं से दूर रखा है। किसी भी राजनेता के बारे में, सामाजिक दर्शन के बारे में और किसी भी राजनीतिक संस्था के बारे में हममें से किसी को भी ममता न हो, इस बात की चिन्ता इन संगठनों ने की है।

समाज जीवन का प्रवाह कभी भी नहीं रूक सकता। वह सदैव आगे ही आगे बढ़ता जाता है। जिस प्रकार यह प्रवाह वेदों तक नहीं रूका, उसी प्रकार बुद्ध तक भी नहीं रूक सकता। यह प्रवाह बाबासाहब के बाद भी चलता ही रहेगा। कुछ समस्याओं का समाधान एक मार्ग से होता है, कुछ समस्याओं का समाधान अन्य मार्ग से भी होता है। अछुतों के शक्तिशाली संगठन का निर्माण कर जिन समस्याओं का समाधान होना सम्भव था, उनका समाधान हो चुका है। इन संगठनों की परिधि को लाँघकर जिन समस्याओं का समाधान करना है, उनके लिए पुराने मार्ग उपयोगी सिद्ध नहीं हो सकते। जो चुनौतियाँ दलित वर्ग के सम्मुख उपस्थित हैं, उन चुनौतियों का स्वरूप सांस्कृतिक, सामाजिक, राजनीतिक और आर्थिक है। बहुत बड़ा वैचारिक संघर्ष किये बिना इन समस्याओं का समाधान नहीं हो सकता। अछूत और दलित समाज में उत्पन्न बुद्धिमान अनुसन्धाता, कुशल वक्ता, उच्च श्रेणी के खिलाड़ी, कवि, कलाकार और साहित्यकार आदि का एक समूह जब तक हीन-ग्रन्थि त्यागकर समाज में आत्मविश्वासपूर्वक विचरण नहीं करेगा, तब तक भारत का मानसिक परिवेश समता की दृष्टि से नहीं खुला होगा, यह आशा सफल होनी अत्यन्त कठिन है। डॉ. बाबासाहब आम्बेडकर जी का अपवाद छोड़ देने पर अभी भी उस दृष्टि से बहुत बड़ी यात्रा तय करनी शेष है। राजनेताओं की अपेक्षा साहित्यकारों और दार्शनिकों का इस समाज में वज़ूद यही मेरे लिए सर्वाधिक महत्त्वपूर्ण बात है। इस सन्दर्भ में बाबासाहब जी के नाम के आगे की उपाधियों की माला, उनके नाम पर विद्यमान ग्रन्थ, उनके द्वारा स्थापित शैक्षिक संस्थाएँ, उनका समृद्ध निजी ग्रन्थालय आदि सारी बातें मेरे लिए अत्यन्त महत्त्वपूर्ण बातें हैं।

●●●

9.
दलित पैन्थर और ब्लैक पैन्थर

भास्कर जाधव

मुझे इस बात का अनुभव नहीं होता कि 'दलित पैन्थर' ने आर्थिक, राजनीतिक और सामाजिक समस्याओं के बारे में एक सर्वव्यापी भूमिका स्वीकार की है। यही अनुभव होता है कि भूमिका को स्वीकार करने के बारे में उनमें अस्वस्थता और संघर्ष चल रहा होगा। उनके द्वारा विगत स्वाधीनता दिवस के अवसर पर प्रकाशित किया हुआ निवेदन अनेक प्रयासों के उपरान्त मुझे देखने तक के लिए उपलब्ध नहीं हो पाया। किन्तु उनमें से 'मागोवा' (सिंहावलोकन) में प्रकाशित नामदेव ढसाल का आलेख, 'बियॉण्ड फ्रेण्डशिप' में प्रकाशित ज. वि. पवार का आलेख अन्य कतिपय अद्यतन आलेख और पैन्थर द्वारा प्रकाशित निवेदन पर आधारित साप्ताहिक 'साधना' में प्रकाशित दो आलेख मैंने पढ़े हैं। इस सीमा को ध्यान में रखते हुए मैं यह आलेख लिख रहा हूँ।

'मागोवा' में प्रकाशित नामदेव ढसाल के आलेख में (और उन्हीं के 'गोलपिठा' शीर्षक कविता संकलन की कविताओं में) मार्क्सवादी शास्त्रीय क्रान्तिकारी विचारों द्वारा ऊर्जस्वित शक्तियों को ढसाल यद्यपि 'अछूत' मानते ही नहीं हैं और गठजोड़ बनाकर चलना होगा, ऐसी उनकी भूमिका है। तथापि दलितों की मूलभूत समस्याओं के बारे में दलित पैन्थर ने सर्वग्राही भूमिका को लोगों के सामने प्रस्तुत ही नहीं किया है। अभी भी वह प्रतिक्रियात्मक और प्रतीकात्मक अवस्था में ही हैं।

अमेरिका के 'ब्लैक पैन्थर्स' के आन्दोलन ने 1966 में समग्र कार्यक्रम की शुरुआत की। उस कार्यक्रम में काले लोगों और पददलित समूहों के जीवन की पुनर्रचना की माँगों का अन्तर्भाव है। (उस कार्यक्रम के महत्वपूर्ण अंश को मैंने परिशिष्ट -3 के रूप में प्रस्तुत किया है।) इस प्रकार के समग्र कार्यक्रम को आज भी दलित पैन्थर ने शुरू नहीं किया है।

दलितों पर होनेवाले घृणित सामाजिक अत्याचारों के सवालों पर ही वर्तमान दलित पैन्थर्स काम कर रहे हैं। ये काम और अन्य अभियान तो आवश्यक हैं ही। किन्तु ये अत्याचार हमारे देश की आज की व्यवस्था के अत्यन्त घृणास्पद परिणाम हैं और ये समाज-व्यवस्था को आमूल-चूल परिवर्तित करने के लिए रास्ते के रोड़े हैं, यह समझ लेना चाहिए और उस-उस दिशा में करने योग्य जुगाड़, संगठन, संघर्ष-प्रकार, संघर्ष-प्रारूप, नित्य और नैमित्तिक मित्र, नित्य एवं नैमित्तिक शत्रु, इस प्रकार का समग्र विचार करने के उपरान्त ही शीघ्रता से उठाये जानेवाले कदम उसी दिशा की ओर चल पड़ते हैं या नहीं, इस बात की जाँच-परख होनी चाहिए।

अमेरिका के 'ब्लैक पैन्थर्स' ने प्रारम्भिक काल में प्रयुक्त काले लोगों की सत्ता इस नारे के स्थान पर काले लोगों की सत्ता और जनता की सत्ता इस नारे को स्वीकार किया। गोरी साम्राज्यवादी अमेरिका का विदेश में और स्वदेश में भी पराजय किये बिना इस समस्या का समाधान नहीं हो सकता, यह भूमिका स्वीकार की है। काले लोगों के आन्दोलन का संक्षिप्त सिंहावलोकन और एंजेला डेविस के साक्षात्कार का कुछ अंश परिशिष्ट के रूप में दिया गया है। दलित पैन्थर्स अभी भी इस तरह से विचार नहीं करते। ऐसे में दलितों की मूलभूत समस्याओं के समाधान के लिए उन्होंने आरम्भ किया है, ऐसा तो कहा ही नहीं जा सकता।

दलित स्थान, दलित विश्वविद्यालय आदि के बारे की माँगें दलितों की मूलभूत समस्याओं के समाधान के मार्ग के रूप में प्रस्तुत की जाती हैं, इस बात को समझने का प्रयास करना होगा। दलितों को आत्मनिर्भरता पूर्वक जीवन व्यतीत करना आना चाहिए। मात्र एक समय की रोटी के लिए, चिथड़े के लिए, झोंपड़ी के लिए शहर और बड़े देहातों में रहनेवाले बाहुबलियों की इच्छा पर निर्भर रहना पड़ता है, यही पहली महत्त्वपूर्ण बात है। वर्तमान समय में इनका पूरा जीवन ही पराधीन जीवन है। वर्तमान व्यवस्था में स्वामित्व संबंधों के बारे में हमारे संविधान ने सभी को अभय दिया है। संविधान में हो रहे संशोधनों को ध्यान में रखकर भी वर्तमान शिक्षा प्रणाली के माध्यम से मेहनत के बारे में, परिश्रम कर जीवन-यापन करने के बारे में नफ़रत सिखाई जाती है। बिना मेहनत किये बना-बनाया खानेवाले गाड़ी-बंगलेवाले लोग आज के 'आदर्श' बन चुके हैं। परिवार की परिभाषा बदलकर गगनचुम्बी अट्टालिकाएँ एक इंच मात्र नीचे लाने की घोषणा मात्र से ही पति-पत्नियों के विधिसम्मत विवाह सम्बन्ध-विच्छेद तलाक में परिवर्तित हो रहे हैं। इनमें मन्त्रियों से लेकर सभी उच्चपदाधिकारी लोगों का समावेश होता है।

औरतों के बदन का चलचित्रों, उपन्यासों, समाचार-पत्र के इश्तेहारों के ज़रिये वासनामय नग्न प्रदर्शन करवाना यही आज की संस्कृति है। शराब की दुकानें और लॉटरी के टेबल चलाकर विकास के लिए धन इकट्ठा किया जा रहा है। ओबेरॉय शेरेटन और

उसी तरह के चार सितारा, पाँच सितारा होटल खोलने के लिए सीमेंट-टीनों का अभाव नहीं है। किन्तु गटर बनाने के लिए सीमेंट उपलब्ध नहीं है या छप्पर बनाने के लिए टीन उपलब्ध नहीं है। टायर और खुले भागों के अभाव में वर्तमान समय में गाँव-देहातों में एस. टी. बस बन्द कर दी गई हैं। किन्तु एम्बेसेडर, फियाट जैसी गाड़ियों की बहुतायत के कारण हम लोग रास्ते पर चल भी नहीं पाते। संसद में 'छोटी गाड़ी' कब आयेगी ? को लेकर वाद-विवाद चल रहा है। इस प्रकार की सामाजिक रचना अक्षुण्ण रखकर 'दलित स्थान' के लिए भूमि कहाँ प्राप्त होगी ? और दलित विश्वविद्यालयों में कौन और कौन-सा पाठ्यक्रम पढ़ाएगा? इन सभी बातों का जड़ से विचार करने पर ही दलितों की समस्याओं का समाधान निश्चित है।

दलित साहित्य के आन्दोलन का फैलाव रिपब्लिकन पार्टी के गुटों-उपगुटों की परिधि के बाहर हुआ है। नवशिक्षित और स्वाभिमान को प्रकट करने के लिए उत्साहित बौद्ध युवाओं के लेखन और पठन की क्षुधा शान्त करने की यह ऐतिहासिक आवश्यकता दलित साहित्य के आन्दोलन ने पूरी की है। दलित साहित्य के पीछे दलित समाज-जीवन का सर्वव्यापक अधिष्ठान है। अलग-अलग वैचारिक निष्ठाओं से युक्त लोगों को इस आन्दोलन ने एकत्रित किया। विचारों से कम्युनिस्ट आण्णा भाऊ साठे को दलित लेखक माना गया। पैन्थर्स में से अनेक कवि और साहित्यकार पहले दलित साहित्यकार के रूप में ही सम्मुख आये।

दलित साहित्य और पैन्थर्स दोनों गिरते-गिरते सम्भलते हुए आगे बढ़ रहे हैं। दोनों के बारे में भी परिपूर्ण विचारों की स्थिति अभी भी निर्मित नहीं हुई है। दलित साहित्य के माध्यम से दलितों की सर्वव्यापक एकता का समर्थन बाबूराव बागूल और अन्य साहित्यकार खुले दिल से करते हैं। ये साहित्यकार दलित पैन्थर्स आन्दोलन को सर्वव्यापी संघर्ष का स्वरूप प्रदान करने का प्रयास कर रहे हैं, इस बात को असंदिग्ध रूप से कहा जा सकता है, यह बात पूरी तरह से ठीक नहीं है।

भारत जातियों में विभाजित है। यह विचार यहाँ के समाज-जीवन के एक अंग का वर्णन करनेवाला है। इतना ही है और शेष कुछ भी नहीं, इसका यही अर्थ होता है, यह उचित नहीं है। हम सम्पूर्ण हिन्दू धर्म की सभी जातियों का विचार करते हैं। हर जाति में अमीर-गरीब, मालिक-नौकर, इस प्रकार का विभाजन वर्तमान समय में भी बढ़ते हुए अनुपात में स्पष्ट रूप से दिखाई दे रहा है। पुराने चातुर्वर्ण्य के ब्राह्मण, क्षत्रिय और वैश्यों की कुछ जातियों में से कपितय जातियाँ कुछ अनुपात में पुरानी जगह पर ही हैं। यह सच होने के बावजूद वर्गीय नींव पर खड़े हैं और उल्टे विभाजन भी गति से हो रहा है। यही आज का प्रधान यथार्थ है।

हिन्दू धर्म की जातियाँ जन्म पर आधारित हैं। महाराष्ट्र के किर्लोस्कर की बेटी

मोरारजी देसाई के घर की बहू बन सकती है। वसंतराव नाईक, शेषराव वानखेडे, नरेन्द्र तिड़के आदि की पत्नियाँ ब्राह्मण जाति की महिलाएँ हैं। किन्तु महाराष्ट्र का खानदानी मराठा अपने ही खेत में काम करनेवाले खानदानी खेतिहर मजदूर को अपनी कन्या विवाहस्वरूप नहीं देता अथवा ब्राह्मण अधिकारी अपनी ही उपशाखा के चपरासी को अपनी कन्या प्रदान नहीं करता। यह सब कुछ बुजुर्गों द्वारा सुनिश्चित विवाहों के बारे में लिखा है। सच तो यह है कि विवाह तो लड़के लड़कियों की निजी बात होती है। चर्मकार फैक्ट्री में चर्मकार समाज के आदमी को ही मजदूर के रूप में काम करना पड़ता है और उसे मजदूर के रूप में होनेवाला कष्ट तो होता ही है तथा तनख्वाह भी अन्य मजदूर की तरह ही मिलती है। वरिष्ठ बौद्ध अधिकारी माता-पिता और रिश्तेदारों को अपना परिचय ही नहीं देते और चोरी-छिपे विवाह कराते हैं। बाटा की फैक्ट्री में चर्मकार थोड़े ही हैं ! बौद्ध अधिवक्ता भी बौद्ध अभियुक्त का अच्छी तरह से शोषण ही करता है। सहकारी चीनी मिलों में मराठा या माली मजदूर सिफारिश से नौकरी पर लग जाता है, तो भी वेतन आयोग के अनुसार तनख्वाह पाने के लिए हड़ताल करता ही है, लाठियाँ खाता है और कारावास में भी रहता है। इसका मतलब यह है कि भारत बड़े वेग से परिवर्तित हो रहा है।

किल्वेन मनी में जलाये गये चालीस बूढे, महिला और बच्चे अछूत हैं, यह सत्य ही है। किन्तु मजदूरी में बढ़ोत्तरी माँग करनेवाले ज़िन्दा जलाये जाते हैं और ऐसे संविधान का संरक्षक उच्च न्यायालय उन जमींदारों को बाइज़्ज़त बरी कर देता है। धुलिया ज़िले के शहादे-तलोदे इलाके के आदिवासियों को बन्धुआ मजदूरी करनी पड़ती है। पन्द्रह दिनों की सद्य:प्रसूता स्त्री पर गूजर लोग बलात्कार करते हैं। इस प्रकार के अनेक अत्याचारों के उदाहरण 'माणुस' पत्रिका के एक विशेषांक में छपे हैं। आदिवासियों की जमीनों को छीनकर गूजर लोग अमीर हो गये हैं, किन्तु पाटिलवाड़ी मामले में आदिवासी गोलियों का शिकार हो गया। गूजर लोगों को अदालत ने बाइज़्ज़त बरी कर दिया और अपने साथ तीर-कमान रखनेवाले आदिवासियों को अनेक वर्षों तक कारावास की सज़ा भुगतनी पड़ी।

'हरित क्रान्ति' का डुग्गी पिटनेवाले पंजाब-हरियाणा में, प्रधानमन्त्री इन्दिरा गान्धी के उत्तर प्रदेश में, चर्मकार खेतिहर मजदूर जब मरे हुए जानवरों के शव खींचकर ले जाने के लिए दी जानेवाली तनख्वाह को बढ़ाने की माँग करते ते हैं, न्यूनतम मजदूरी के क्रियान्वयन का पक्ष लेते हैं, तो अत्याचार हो रहे हैं।

इस बात का मतलब यह हुआ कि आजकल जाति को अधिक महत्त्व नहीं दिया जाता, सामाजिक व्यवहार से जाति समाप्त तो नहीं हुई है, पर उसमें बदलाव जरूर हुआ है, इसी बात के सबूत के रूप में कुछ उदाहरण प्रस्तुत किये हैं। दलितों की मुक्ति का लक्ष्य रखनेवालों को बदलते हुए यथार्थ को समझ लेना जरूरी है। इसीलिए कि जाति-जनजातियों

की रचना सभी जातियों के सिर का बोझ है और इस बोझ को फेंक देने का संघर्ष चिपकू, जानलेवा और दीर्घकाल तक चलनेवाला संघर्ष है।

उच्च जातियों के प्रतिष्ठापक अपने पुराने शोषण के अधिकारों को नये रूप में बनाये रखने के लिए ही जाति का आश्रय ग्रहण करने का प्रयास करते रहेंगे। उच्च जातियों के लोग गरीबों के सांस्कृतिक पिछडेपन का लाभ उठाकर उन्हें भड़कायेंगे। झगड़े करने के लिए इन गरीबों को आगे भेजकर ये इज्ज़तदार लोग पीछे रहेंगे। किन्तु वर्गीय आन्दोलनों के चलते इन्हीं इज्ज़तदारों की ही क्षमता बढ़ती जायेगी। उनके और दलितों के जीवन की समान समस्याओं पर हो रहे संघर्ष का गठबन्धन अत्यन्त महत्त्वपूर्ण है। अर्थात् यह दोहरा क्रम है। किन्तु इसके लिए दोनों तरफ़ से सहायक परिवेश निर्माण हो रहा है, यह समझ लेना आवश्यक है। दलितों की नानाविध जातियों-जनजातियों में एकता बनानी सम्भव है और सच तो यह है कि यह एकता अत्यन्त आवश्यक भी है। ऊपर उच्च-नीच जातियों के सन्दर्भ में विचार किया गया है। जाति के सन्दर्भ में 'दलित' शब्द में सभी पहले से ही अछूत वर्गीकृत जातियाँ एवं वर्गीकृत जनजातियाँ आदिवासी एवं खानाबदोश घुमन्तू जनजातियाँ शामिल हैं, जिनके बारे में विचार करने पर उनकी एकता बनाना बिलकुल भी कठिन नहीं है। ये सारे समाज बहुतांश भूमिहीन, खेतमजदूर, गरीब किसान अर्थात् ग्रामीण मजदूर कहे जा सकनेवाले वर्ग में समाविष्ट होते हैं, बड़े लोगों के खेतों पर सालभर या साल के बहुत बड़े कालखण्ड में खेतिहर मजदूर के रूप में या सार्वजनिक कामों पर मजदूर के रूप में परिश्रम करते रहते हैं। ये सारे के सारे सामाजिक अत्याचारों के शिकार हो जाते हैं। ऐसे में जीवन के रोज़मर्रा के तथा समग्र परिवर्तन के कार्यक्रम पर उनमें एकता का निर्माण हो सकता है।

किन्तु ऐसी एकता को निर्माण करने के लिए किये जानेवाले आवाहन और उपक्रम व्यापक होने चाहिए। इन विभागों की रोज़मर्रा की ज़िन्दगी की समस्याओं को पकड़नेवाले होना चाहिए। इस उपक्रम के खिलाफ़ काम करनेवाला अपनी जातिवाला होने पर भी उसे हटाकर आगे बढ़ने का भरोसा निर्मित करनेवाला होना चाहिए। मैं पन्द्रह वर्षों से देहाती इलाके में कोतवाल, ज़िला परिषद तथा सिंचाई विभाग के मेमार, नगरपालिका मजदूर, खेतिहर मजदूर, अकाल मजदूर और नानाविध उद्योगों के मजदूरों में काम कर रहा हूँ। इन लोगों में सभी जाति-जनजातियों के लोग हैं। अनेक संगठनों में प्रान्तीय स्तर का पदाधिकारी हूँ। सभी ओर से मैं यही महसूस करता हूँ और इन संगठनों के मेरे काम में मेरी जाति कभी भी आड़े नहीं आई।

दलित पैन्थर्स का आज का आवाहन केवल बौद्धों के लिए ही है और उन्हीं के युवाओं तक ही पहुँच रहा है। उपर्युक्त रीति से उन्होंने समझबूझ से काम लिया, आवाहन की दिशा बदल दी और इस सारे समाज को आमूल-चूल परिवर्तन करनेवाले क्रान्तिकारी

की भूमिका स्वीकार कर इस काम के संघर्षकारी और लिपिक दोनों प्रकार के काम करने की सिद्धता करने पर ही पैन्थर्स आन्दोलन में कूद पड़े तो ही वे यह कार्य कर पायेंगे। और वह करने के लिए पैन्थर्स का नाम लिया ही जाना चाहिए, ऐसी भी नहीं है। पैन्थर्स इस प्रकार की सिद्धता कर पायेंगे? यही सवाल है।

धर्म और समग्र परिवर्तन :-

महाराष्ट्र के बौद्ध समाज ने बाबासाहब जी के नेतृत्व में अनेक दशकों तक आन्दोलन में भागीदारी कर राजनीतिक दृष्टि से जागरूकता अर्जित की है। (महार समाज की पुरानी ग्राम रचना में खेती का प्रधान उत्पादन में स्थान केवल सेवा तक ही सीमित था। उससे भी कुछ सहायकारी विशेषताएँ उत्पन्न हो गईं, किन्तु यह प्रश्न पृथक् है।) दलितों की, अछुतों की अन्य जातियों को, आदिवासियों को केवल बौद्ध धर्म के आवाहन पर एक नहीं बनाया जा सकता। उन्हें किया जानेवाला आवाहन त्रिसरण पंचशील से प्रारम्भ करने पर कठिनता ही उत्पन्न होगी। क्योंकि, आजकल तो बौद्ध धर्म को महारों ने ही स्वीकार किया है। फहमी या गलतफहमी से पालन किया जानेवाल धर्म (अर्थात् परम्परा, रूढ़ि या लोकाचार) रुधिर की गहराई में समाया होता है। वह धर्म तो चला जाता है, किन्तु दूसरे धर्म के आवाहन की बुनियाद पर नहीं। मुझे मुट्ठीभर शिक्षित लोगों की एकता अपेक्षित नहीं है, तो सारे समाज की एकता ही मेरा अभिप्राय है। यदि पैन्थर्स लक्ष्मी माता का उद्धार कर आवाहन प्रारम्भ करेंगे तो मातंग समाज के लोगों को एकता का आवाहन उचित लगेगा? कर पायेंगे वे इसे ?

अधिक गहराई से विचार करने पर आज के समय में धर्म हमारे जीवन का नियन्त्रणकर्ता नहीं रहा है, यह जान लेना होगा। ऐसा नहीं है कि मात्र मनुस्मृति में या भगवद्‌गीता में लिखा है अथवा शंकराचार्य ने कहा है, इसीलिए अस्पृश्यता का पालन किया जाता है। वह एक परम्परा से अन्त:करण को पड़ी हुई आदत है और लेनिन ने कहा है कि ''आदत अत्यन्त प्रतिगामी बात है।'' यह आदत जैसे स्पृश्यों में है, वैसे ही अस्पृश्यों की नानाविध जातियों में भी है। इसीलिए जातियों के विरोध में सांस्कृतिक संघर्ष सारी जाति संस्था के विरोध में दलितों के लिए किया जानेवाला दीर्घकाल संघर्ष है।

अमेरिका के काले लोगों ने धार्मिक आवाहन पर स्वयं को खड़ा करने के प्रयोग किये, अन्तत: ब्लैक पैन्थर्स का संगठन नई रणनीति के आधार पर ही निर्मित हो गया। (द्रष्टव्य परिशिष्ट 1)

बौद्ध धर्म का प्रबोधन (जागरण) इस धर्म को अपनाने में आचारात्मक स्तर पर ही शेष रहा है। इस बात को व्यथा के रूप में प्रस्तुत किया है। हमारे समय में उससे पृथक् घटने की सम्भावना भी फैण्टेसी है। इस प्रकार का इतिहास है कि चीन के कन्फ्युशियस

नियमों से आचरण करनेवाले एक कर्मठ बौद्ध जमींदार को गाँव की सबसे सुन्दर स्त्रियों द्वारा नग्नावस्था में पिसे हुए आटे का ही सूप जरूरी लगता था। बौद्ध जापान से ही फासिज्म उत्पन्न हुआ है। आग्नेय (दक्षिण-पूर्व) एशिया के कुछ बौद्ध देशों में क्रूरता के प्रतीक तानाशाह सेनापति हैं। श्रीलंका में बौद्ध धर्म के मंदिरों के सामने भिखारियों की कतारें लगती हैं।

इसका मतलब यह नहीं है कि धर्म बुरा है। धर्म का तुलनात्मक अध्ययन किया जाये तो बौद्ध धर्म अनेक कारणों से अन्य धर्मों से श्रेष्ठ है। किन्तु प्रधान समस्या यह है कि आज के युग में 'नियन्त्रक शक्ति' के रूप में धर्म का कोई स्थान नहीं रहा है। व्यक्तिगत जीवन में जो अच्छा लगता है, उस धर्म का पालन कीजिए, किन्तु जाति-जनजातियों के दलितों में एकता का निर्माण करने के लिए धर्म नींव के रूप में काम नहीं दे सकता। इस प्रकार का दुराग्रह करना भी एकता की दृष्टि से उचित नहीं होगा।

क्रान्तिकारी संघर्ष करने में अग्रणी :-

सच्चे वामपन्थी आन्दोलन के रूप में मजदूर वर्ग के नेतृत्व में भूमिहीन, खेतिहर मजदूर, गरीब किसान आदि वर्गों को साथ लेकर, वर्तमान देश के नव-उपनिवेशवादी वृत्ति की अधीनता बढ़ानेवाली, पूँजीवादियों और पूँजीयुक्त किसानों के हितों का रक्षण करनेवाली, करोड़ों लोगों को फाके काटने पर विवश करनेवाली, देश की दलित-श्रमिक समुदायों की प्रगति रोकनेवाली सरकारी व्यवस्था समाप्त कर पूँजीयुक्त जनतान्त्रिक क्रान्ति को पूरा करने का स्पष्ट उद्देश्य रखनेवाला और सारी योजनाओं को इसी दृष्टि से संचालित करनेवाला क्रान्तिकारी आन्दोलन है।

इस प्रकार की क्रान्ति विदेशियों की सम्पत्ति को अपने कब्जे में लेगी, विदेशी और देशी ऋणों को बिखेर देगी, बड़े उद्योगों का राष्ट्रीयकरण करेगी, श्रम के आधार पर खेती का पुन:आवंटन करेगी, वर्तमान शोषण के सम्बन्ध में सांस्कृतिक रचना-सम्बन्धों को बिखेरकर नया समाज, नया मानव, नई संस्कृति का निर्माण करेगी। इस तरह की क्रान्ति मजदूर और ग्रामीण श्रमिकों के 'समुदाय वर्ग' के रूप में, संगठित होकर, ज्ञानी होकर ही संघर्ष के साधन निर्मित किये बिना, आत्मनिर्भरता से लड़े बिना सम्भव नहीं है। इस तरह की पार्टियाँ अभी बननी हैं। वर्तमान वामपन्थी पार्टियाँ, वामपंथी नेता क्रान्ति के साधन सिद्ध नहीं होंगे अपितु यही वर्ग संगठित होकर सच्ची पार्टियाँ उत्पन्न कर सकेंगे।

क्रान्ति के इस बुनियादी वर्ग में पैन्थर्स जिन समुदायों की अस्मिता को अभिव्यक्त करते हैं, वे पिछड़े समुदाय हैं। जब तक ये समुदाय क्रान्ति के इस संघर्ष में नहीं उतरेंगे, तब तक उनमें विद्यमान संघर्षशील मजदूर और शिक्षित युवाओं द्वारा क्रान्ति का व्रत लेकर

आगे न आने से यह क्रान्ति ही नहीं होगी। क्रान्ति प्रतीक्षा कर रही है। उसका प्रसव कर सकनेवाले क्रान्तिकारी घटकों की कमी है। संघर्षशील, ज्ञानी संगठित शक्ति के रूप में क्रान्ति कार्य में नेतृत्व करेंगे क्या, यही सच्चा सवाल है।

प्रस्थापितों के प्रयास :-

शिवसेना और दलित पैन्थर दोनों संगठन युवाओं की आकांक्षाओं को और असन्तोष को अभिव्यक्त करनेवाले संगठन हैं। शिवसेना का नेतृत्व साधन-सामग्री से लैस प्रस्थापितों से सम्बन्धित था, वह पूँजीवादी व्यवस्था से सौदा करने का प्रयास कर रहा था। पैन्थर का प्रधान संघर्ष गाँव-देहातों में हो रहे अन्याय के विरोध में आज भी चल रहा है। किन्तु प्रस्थापित लोगों ने पैन्थर्स को भड़काऊ उपाधि देकर इस आन्दोलन में विद्यमान अराजकवादी तत्त्वों को बढ़ावा दिया ताकि इसी में उसका अन्त होना चाहिए, वे पैन्थर्स के भीतर विद्यमान कमज़ोर नस को और कुछेक अनुभवहीन सक्रिय युवाओं को अपनी चंगुल में लेना चाहते हैं। यही चौकन्ने रहने का वक्त है।

दलित पैन्थर्स का अन्य युवा संगठनों की तुलना में राजनीतिक दृष्टि से जागरूक और अटूट बौद्ध समाज के कुछ क्रुद्ध युवाओं का आन्दोलन होने के कारण उसे व्यापकता प्राप्त हो गई। किन्तु इसमें संगठन कौशल, विचार की एकता और अनुशासन के बारे में बहुत-सी खामियाँ हैं। दलित पैन्थर के भविष्यकालीन संघर्ष के बारे में अनेक संकेत ऊपर ही किये जा चुके हैं। सूत्र में कहना चाहें, तो ये बातें निम्न प्रकार से हैं

(1) रिपब्लिकन पार्टी में विद्यमान व्यक्तिवाद, अहं ग्रन्थि, नेतृत्व की होड़, बड़बोलापन आदि के बारे में आत्मवास्तवीकरण कर संगठन का सम्यक् गठन और घटे हुए इतिहास का वस्तुनिष्ठ मापन।

(2) सभी दलितों को एक करने के लिए दलित समाज की बुनियादी माँगों को हासिल करने का रास्ता और साधन-सामग्री आदि का साफ-साफ विचार।

(3) विद्यमान दलित समाज की बुनियादी समस्याओं का समाधान संसदीय प्रजातन्त्र में ही सम्भव है क्या ? यदि नहीं है, तो विकल्पों पर भी विचार करने की अटलता।

(4) बौद्ध धर्म के प्रबोधन के आयाम पर समग्र दलित जनता में एकता का निर्माण होना सम्भव है क्या ? यदि नहीं है, तो सही निर्णय लेने की आवश्यकता। (बौद्ध धर्म के बारे में डॉ. बाबासाहब आम्बेडकर जी ने काठमाण्डू (नेपाल) के अपने व्याख्यान में 'मार्क्सवाद और बौद्ध धर्म' में विद्यमान समानताओं को ध्यान में रखकर सामाजिक परिवर्तन के साधनों के बारे में हिंसा और अहिंसा के भेद पर

ज़ोर देकर जो विवेचन कर के मार्क्सवाद के विकल्प के रूप में बौद्धधर्म का रास्ता दिखाया है, उस स्वाधीनता संग्राम के चालीस वर्षों के अनुभवों एवं संविधान लागू होने के बाद के सैंतीस वर्षों के अनुभव के सन्दर्भ में निरपेक्ष एवं तटस्थ समालोचना की आवश्यकता है।)

(5) अत्याचारों के बारे में अभियान छेड़ते समय जिस इलाके में अत्याचार हुआ है उस घटना से सम्बन्धित मुजरिम को सज़ा होनी चाहिए। यह काम करते समय वहाँ के जागरूक लड़ाकू ग्रामीण युवाओं से और मजदूरों से, बुनियादी परिवर्तन का काम करनेवाले संगठनों से सम्पर्क कर भविष्यकाल में अत्याचार न हों, इस बात का निश्चय हो इस तरह की परिस्थिति निर्मित करने की दृष्टि से विचार और आचरण करना।

(6) भारतीय समाज के समग्र परिवर्तन के प्रति निष्ठा रखनेवाले युवा छात्र संगठनों के साथ बन्धुत्व का रिश्ता, ट्रेड युनियन एवं ग्रामीण मजदूरों के वर्गीय संगठनों का अग्रणी होकर काम करना और बन्धुत्व का भाव निर्मित करना।

(7) समाज के समग्र परिवर्तन का यह मार्ग अत्यन्त कठिन है। जीवन के सभी क्षेत्रों में ऑक्टोपस की तरह कुण्डली मारनेवाले प्रस्थापितों के साथ रोज़मर्रा के तथा अन्तिम संघर्षशील, कभी-कभी प्रस्थापितों का रक्षण करनेवाली दण्डशक्ति से, पुलिस से, न्यायप्रणाली, कारागृह आदि सभी से पंगा लेने का, अनामिक बलिदान के लिए सदैव तत्पर रहने का रास्ता है इस बात की अनुभूति रखकर गठन का निर्माण।

(8) विश्व के नानाविध मुक्ति-संग्रामों का अध्ययन यद्यपि अमेरिका में रंगभेद से उत्पन्न संघर्ष और भारत के दलितों का संघर्ष इन दोनों में कुछ मूलभूत अन्तर है। उनके अनुभवों से सीखने की तैयारी, उनके संघर्ष की गलतियों को टालकर आगे चलने के लिए प्रयास करना। जैसे

परिशिष्ट 1 : काले रंग वालों की सत्ता से जनता की सत्ता :-

'ब्लैक पैन्थर्स' नानाविध स्थितियों से गुज़र चुका है। डॉ. मार्टिन लुथर अथवा उनके ईसाई धर्म की बुनियादी भूमिका पर आधारित अहिंसात्मक परिवर्तन की तथा ब्लैक-मुस्लिम की कट्टरपन्थी धार्मिकता की बुनियाद पर इस आन्दोलन के व्यर्थता-बोध का आकलन कर वे ब्लैक पैन्थर्स का नया विचार लेकर आगे आए। पुलिस का आतंक समाप्त करने के लिए बन्दुकें साथ लेकर निग्रो लोगों की बस्तियों में गश्त लगाना, गोरे दुकानदारों से सख्ती से माल लूटकर काले रंगों के बच्चों के लिए नाश्ते और भोजन

की व्यवस्था करना आदि कार्यक्रम भी किए।

आज कल तो कर वसूलने के लिए आनेवाले लोगों को नंगा करके वापस भेजने जैसे नानाविध आन्दोलन भी ये लोग करते हैं। इन लोगों ने सालों-साल कारावास भुगता है। इनमें से अनेक कार्यकर्ता पुलिस की गोलियों के शिकार भी हुए हैं। ये लोग चुनाव भी लड़ते हैं। किन्तु अभी भी ये लोग झुके नहीं हैं। उनका एक नेता जॉर्ज जैक्सन अपनी आयु के सत्रहवें वर्ष से ही तेरह वर्षों के लिए कारागृह में बन्दी था। कारागृह में ही वह मार्क्सवादी बन गया। अन्तत: अमेरिकन सरकार ने उसकी हत्या की।

ब्लैक पैन्थर्स का 'काले लोगों की सत्ता' यह नारा था। सन् 1967 में डेमोक्रैटिक पार्टी की एक सभा में दंगा करने के मामले में ब्लैक पैन्थर्स के नेता बॉबी सोल ने कहा कि ''हमारा संघर्ष काले रंग के लोगों की सत्ता के लिए नहीं है, अपितु जनता की सत्ता के लिए है।'' और उसके पश्चात् वे एक-दूसरे को लिखे पत्रों का समापन 'पॉवर टू दी पीपल' इस पदबन्ध से करने लगे। उन्होंने मार्क्सवाद और लेनिनवाद को निर्देशक सिद्धान्तों के रूप में स्वीकार किया।

परिशिष्ट 2 : एन्जेला डेविस के साक्षात्कार का लघु-अंश

पृष्ठभूमि : जॉर्ज जैक्सन के छोटे भाई जोनाथन जैक्सन ने सत्रह वर्ष की आयु में ही सोलेदाव कारागृह में बन्दी अपने भाई के साथ अन्य काले रंगों के लोगों पर चल रहे मुकदमे के वक्त उन्हें अदालत से कारागृह ले जाते समय सिपाही पर गोलियाँ चलाई। सिपाही मारा गया और साथ में जोनाथन जैक्सन भी मारा गया। शहीद जोनाथन जैक्सन के पास से जिस स्टेनगन को बरामद किया गया, वह स्टेनगन एन्जेला डेविस की स्टेनगन थी, इस आरोप में एन्जेला डेविस पर भी मुकदमा चलाया गया। वह मुकदमा विश्वभर में विख्यात हो गया बाद में एन्जेला डेविस बाइज्जत बरी हो गई। इसी मुकदमे में पैरोल पर छूटने के बाद एन्जेला डेविस का साक्षात्कार 'मुहम्मद स्पीक्स्' नामक पत्रिका में प्रकाशित हो गया। इस साक्षात्कार में एन्जेला डेविस द्वारा कहे हुए कुछ वाक्य निम्न प्रकार से हैं। (यह साक्षात्कार लाल निशान पत्रिका के 25 जून 1972 के अंक में प्रकाशित हुआ था।)

''अमेरिकी समाज के अत्यन्त निचले स्तर पर विद्यमान हम काले रंग के लोगों को जो बहुत ही गरीबी की जिन्दगी जीनी पड़ रही है, उस जिन्दगी का पूँजीवादी सत्ता की रचना से अत्यधिक सम्बन्ध है, इस बारे में मुझे पूरा भरोसा है। इस गरीबी और जुल्म से मेरे समाज की मुक्ति होनी चाहिए और वांशिक द्वेष करनेवाली पुलिस के शिकंजे से हमारी मुक्ति करानी है, तो हमें अमेरिकी पूँजीवाद को नष्ट करना होगा। जिस सामाजिक

रचना में मुट्ठीभर पूँजीवादी अधिक अमीर बनते जाते हैं और उनके लिए परिश्रम उठानेवाली जनता विशेषकर काले रंग के लोग अपनी परिस्थिति में पर्याप्त सुधार नहीं ला सकते, ऐसी सामाजिक रचना ही नष्ट की जानी चाहिए।"

"आज अमेरिकी सरकार आग्नेय एशिया के गोरेतर (काली) जनता का अपने जीवन का नियमन करने का अधिकार अत्यन्त क्रूरता से नकार रही है। जिस प्रकार सैकड़ों वर्षों तक हमें दबाया गया उसी प्रकार उनको भी दबाया जाता है। सरकार द्वारा शुरू किये गये इस वंशवादी-साम्राज्यवादी युद्ध में काले रंग के लोगों को सख्ती से भाग लेना ही पड़ता है, इस बात को मेरा कड़ा विरोध है। मैं कम्युनिस्ट हूँ।"

"पूँजीवादी सत्ता और उसके दबाव की संस्थाओं को पूरी तरह से उखाड़कर फेंके बिना काले रंग के लोगों की मुक्ति नहीं हो सकती, इस बात का मुझे भरोसा हो जाने के बाद मैं कम्युनिस्ट पार्टी के चेगे गेवारी लमुम्बा विभाग (काले) में शामिल हो गई। काले रंग के लोगों को प्राथमिक माँगों पर संगठित करना ही इस विभाग का एक कार्य है। किन्तु इसके साथ ही हमारे दुश्मनों को समाप्त करने के लिए स्वाधीनता सेनानियों की सेना गठित करना भी इस विभाग का कार्य है। यह कार्य पूरा करने के लिए हमें गोरे रंग के अमेरिका की प्रगतिशील शक्तियों के साथ हमें सहयोग भी करना होगा।"

परिशिष्ट 3 : ब्लैक पैन्थर्स के कार्यक्रम का महत्त्वपूर्ण अंश

(1) हमें स्वाधीनता चाहिए, काली और दबी हुई जनजातियों का भविष्य बनाने का अधिकार हमें चाहिए।

(2) हमें अपनी जनता के लिए पूरे वक्त का रोज़गार चाहिए। अमेरिकी संघ सरकार की यह जिम्मेवारी है। यदि अमेरिकी उद्योजक इस जिम्मेवारी का निर्वाह नहीं कर सकते तो उत्पादन के संसाधन समाज के हवाले कर देने चाहिए। हम उत्पादन संगठित कर सभी को रोज़गार और उच्च स्तर का जीवन देंगे।

(3) हमारी काली और दबी-कुचली जनजातियों की पूँजीवादी लोग जो लूट कर रहे हैं, उस लूट को हम समाप्त करना चाहते हैं।

(4) मानवों के निवास के लिए उचित व अच्छे मकान हमें चाहिए।

(5) अमेरिका की वर्तमान सड़ी समाज व्यवस्था में सच्चे रूप में ज्ञान मिलना चाहिए, इस प्रकार की शिक्षा का प्रबन्ध हमें चाहिए। हमें अपना सही इतिहास और आज के समाज में अपनी भूमिका को समझ सकें इस प्रकार की शिक्षा चाहिए।

(6) सभी काले रंग के लोगों और दबे-कुचले लोगों को पूरी और मुफ्त वैद्यसंबंधी सेवा-सुविधाएँ मिलनी चाहिए।

(7) अमेरिका के सभी काले रंग के लोगों और अन्य रंग के सभी दबे-कुचले लोगों पर पुलिस के होने वाले अत्याचारों को समाप्त करना है।

(8) अमेरिका द्वारा चलाये गये सभी आक्रामक युद्धों को समाप्त करना है।

(9) अमेरिका के संघ, प्रान्त, स्थानीय और सैन्य कारागृहों में बन्दी सभी काले रंग के लोगों की तथा गरीब लोगों की मुक्ति चाहिए। इस देश के कानून के अनुसार जो तथाकथित आरोप हम लोगों पर किये गये हैं, उन आरोपों के बारे में पंचों के सम्मुख मुकदमे चलाने होंगे।

(10) हमें धरती, रोटी, मकान, शिक्षा, वस्त्र, न्याय, शान्ति और आधुनिक प्रौद्योगिकी पर पूरे समाज का नियन्त्रण चाहिए।

●●●

10.

दलित पैन्थर और मराठा महासंघ

बा. ह. कल्याणकर

'दलित पैन्थर्स' आम्बेडकरवादी आन्दोलन का बहुत बड़ा विद्रोह था। था इस शब्द का मैं जानबूझकर प्रयोग कर रहा हूँ। क्योंकि आज सारा आम्बेडकरवादी आन्दोलन ठण्डा हो चुका है। वह और ठण्डा न पड़े और न थमे, यह मुझ जैसे मानव की इच्छा है। क्योंकि मैं दबाये गये मानवों के सभी आन्दोलनों को अपने आन्दोलन के रूप में स्वीकार करता हूँ। ये आन्दोलन शक्तिशाली होने चाहिए, यही मेरी इच्छा है। अपनी इच्छा होना पृथक् है। आज उस प्रकार की परिस्थिति नहीं है, मुझे इस बात का पूरा ज्ञान है। जब बर्फ पिघलने लगती है, तो नदियाँ भी दोनों किनारों से पूरी भर के बहने लगती हैं, इसी प्रकार का हमारा अनुभव आम्बेडकरवादी आन्दोलन से सभी भारतीय जनता को अनुभूत हुआ था।

डॉ. बाबासाहब आम्बेडकर जी का व्यक्तित्व, कृतित्व और उनके विचार भारतीय समाज के सभी दबे हुए घटकों को अवसान प्राप्त करा देनेवाला है। अज्ञान का अन्धकार जम गया था। सारा समाज इसी अन्धकार में सिकुड़ चुका था। युगों-युगों से अज्ञानान्धकार की तुहिन भूमि को तोड़ने का काम डॉ. बाबासाहब आम्बेडकर जी ने किया। उन्होंने भारतीय संविधान में जन-साधारण को बहुत बड़ा स्थान प्रदान किया। किन्तु आज वही मार्गदर्शक सिद्धान्त संविधान के पन्नों में ही सिकुड़ गये हैं। डॉ. बाबासाहब आम्बेडकर जी के विचारों में नये भारत की माँग थी। काँग्रेस पार्टी को परम्परा और पुरातन मतवाद निकट लगा। इसमें डॉ. बाबासाहब आम्बेडकर का द्रष्टापन था। भारतीय काँग्रेस पार्टी की अपनी सीमाएँ थीं। राष्ट्र-कल्याण से भी अधिक पार्टी के कल्याण और पार्टी के कल्याण से भी अधिक अपने वंश के कल्याण की ओर ही काँग्रेस पार्टी के प्रमुख नेताओं का रुझान रहा है। इसी कारण उनके वंश के हाथों में ही सत्ता के सूत्र रहे हैं। डॉ. आम्बेडकर

ने कहा था, ''इस देश में जनतान्त्रिक सत्ता है। किन्तु इस जनतन्त्र ने स्वयं की बुद्धि से काम लेने के स्थान पर अपने हाथों और पैरों को एक ही पार्टी से जकड़ लिया है। उस पार्टी के विचार और उसके आचरण के बारे में कठोर आलोचना कर न्याययुक्त निर्णय देने की इसकी मंशा नहीं है। मेरे विचार में इसे एक बहुत बड़ी व्याधि ने जकड़ लिया है। वह एक भयानक रोग ही है। इस रोग ने हमारे लोगों को पूरी तरह से पस्त कर दिया है। रथ दो पहियों के बिना ठीक ढंग से चलता ही नहीं है। ठीक इसी तरह किसी भी देश में दो प्रभावशाली पार्टियों के बिना उस देश का काम ठीक-ठाक चलता ही नहीं है।''

डॉ. बाबासाहब आम्बेडकर जी के विचार और आन्दोलन के प्रभाव दलित समाज पर तो ही, अपितु दलितेतर समाज में भी नया सामाजिक अभिसरण प्रारम्भ हो गया। दलित समाज जाग उठा। वह अपने अधिकारों की भाषा बोलने लगा। गौतम बुद्ध, महात्मा फुले, राजर्षि शाहू महाराज, कर्मवीर भाऊराव पाटील, महर्षि विठ्ठल रामजी शिन्दे और डॉ. बाबासाहब आम्बेडकर जी के विचारों और कार्य का कुल मिलाकर सम्पूर्ण समाज पर जो प्रभाव पड़ा, वह अत्यन्त महत्त्वपूर्ण था ही, उसी प्रकार वह सामाजिक समानता के आन्दोलन को गति और शक्ति देनेवाला था। इसी कारण दलित समाज में शिक्षा की लगन पैदा हो गई। दलितों के बच्चे महारवाडे और माँगवाड़े से निकलकर पाठशाला में पहुँच गये। यह हजारों वर्षों के तिमिर में प्रकाश की पहली किरन थी। इन लोगों को प्रकाश की राह मिल चुकी थी। डॉ. बाबासाहब आम्बेडकर जी के विचार ही इस समाज का शस्त्र भी था और शास्त्र भी था।

1970 के आस-पास दलित समाज की पहली पीढ़ी पढ़-लिखकर तैयार हो चुकी थी। डॉ. बाबासाहब आम्बेडकर जी ने मुम्बई और औरंगाबाद में जिन शिक्षा संस्थाओं की स्थापना की, वे संस्थाएँ इस पीढ़ी के लिए विश्वविद्यालय सिद्ध हो गई। ग्रामीण इलाकों से शहरों में आ चुके और शहर के बदलते परिवेश तथा भाग-दौड़ भरे जगत् की वायु का प्राशन कर ये युवा लड़के एक विद्रोह के रूप में उभरने लगे। अपनी समानता के अधिकार के लिए वे अपने पैरों को मजबूत बनाने लगे। नये जगत् की पुकार बनने के लिए उनकी जिव्हाएँ तड़पने लगी।

डॉ. बाबासाहब आम्बेडकर जी द्वारा प्रदत्त युगीन मन्त्र ''पढ़ो, संगठित बनो और संघर्ष करो'' इस पीढ़ी के हृदय में उतरने लगा, फलने लगा। इन नौजवानों के होठों पर समानता का गाना चलने लगा। अपने अधिकारों के लिए संघर्ष करनेवाले युवाओं के संगठन के रूप में दलित पैन्थर्स नामक संगठन का निर्माण हो गया।

'दलित पैन्थर्स' की स्थापना महाराष्ट्र के दलित युवाओं के जीवन की सर्वाधिक महत्त्वपूर्ण घटना है। दलित पैन्थर्स की स्थापना तत्कालीन दलित नेतृत्व के विरोध में युवा पीढ़ी द्वारा दी गई जबरदस्त प्रतिक्रिया ही थी, जैसे यह सच है, वैसे ही सवर्ण हिन्दू समाज

के लिए उन्होंने 'अब हम पैन्थर्स हो चुके हैं, अन्याय करोगे, तो स्मरण रहे!' इस तरह का जबरदस्त समाचार दिया। यद्यपि यह सच है कि निश्चय ही बाद में दलित पैन्थर्स की सीमाएँ उजागर हो गईं, तथापि मैं यह मानता हूँ कि दलित युवाओं की सामर्थ्य को जगानेवाला तथा उसे अपनी सामर्थ्य की पहचान करा देनेवाला यह आन्दोलन है। ''माते भवती भिक्षां देहि'' की तर्ज पर अधिकार प्राप्त नहीं होते। आपको अपना तेज प्रकट करना ही चाहिए। अजापुत्र बकरे की बलि दी जाती है, सिंह की बलि नहीं दी जाती। डॉ. आम्बेडकर के इसी विचार की बुनियाद पर दलित पैन्थर्स संगठन उत्पन्न हुआ। यह कहना अतिशयोक्ति नहीं होगी कि आम्बेडकरवादी आन्दोलन में बाद में जो शाखाएँ बनीं और दलित नेताओं में जो फूट पड़ी, इस पृष्ठभूमि पर दलित पैन्थर्स ने निश्चय ही अपनी पृथकता साबित की है। दलित पैन्थर्स के पैरों तले की मिट्टी शोषण की मिट्टी थी। हजारों वर्षों से चले आ रहे अन्याय की थी। बेइज्जती की जिन्दगी की थी और यह जीवन दलितों पर थोपा गया था। जब युवाओं का एक समूह यह सारा बोझा फेंक देने की भाषा बोलने लगा तब पूरे महाराष्ट्र में दलित पैन्थर्स ने एक तूफ़ान पैदा कर दिया था।

दलित पैन्थर्स का काम प्रधानता से शहरों में बड़े पैमाने पर चल रहा है। आज के ग्रामीण यथार्थ में अभी तक वे उतर ही नहीं पाये हैं। किसी भी आन्दोलन की अपने आसपास के सामाजिक यथार्थ की कुछ स्वाभाविक सीमाएँ होती ही हैं। दलित पैन्थर्स को भी इन सीमाओं से ज़ूझना पड़ा। शहरी मंच पर ग्रामीण पुनर्रचना के विचारों को प्रस्तुत करना अब उपयोगी नहीं है। उसके लिए अत्यन्त निम्न स्तर के समाज में कूदने की आवश्यकता है।

वास्तव में आज मराठा महासंघ और शिवसेना ऐसे संगठन हैं, जो ग्रामीण समाज में समान भूमिका में उतर रहे हैं। ग्रामीण जीवन के यथार्थ में इनके लिए अनन्त सम्भावनाएँ हैं। वैसी सम्भावनाएँ और अवसर दलित पैन्थर्स के लिए अत्यन्त कम थे। क्योंकि गाँव-देहात के बाहर रहनेवाला समाज एक तो संख्या में कम ही है और दूसरे आर्थिक दृष्टि से विपन्न भी है। दबा हुआ समाज है। अन्य बहुसंख्य समाज के आगे दलित पैन्थर्स की ताकत को खड़ा करना आज का सबसे कठिन काम है। ठीक इसके विपरीत शिवसेना और मराठा महासंघ के लिए ग्रामीण समाज खुला क्षेत्र है। क्योंकि ग्रामीण समाज के विपक्ष लगभग समाप्त ही हो चुके हैं। ऐसे में निराश ग्रामीण युवा शिवसेना या मराठा महासंघ के बैनर के तले इकट्ठा होने लगा है।

दलित पैन्थर्स यह अभिधान जातिवाचक नहीं, अपितु वर्गवाचक अभिधान है और सैद्धान्तिक दृष्टि से यह अभिधान उचित भी है। किन्तु वास्तव में सच्चाई यह है कि दलित पैन्थर्स माने महार युवा लड़कों का संगठन है, इस प्रकार सारे समाज के लोग घृणा के भाव से बोलते रहते हैं। इसी भाव को कायम रखने के लिए दलित पैन्थर्स संगठन का

उत्साही वर्ग दिन-रात काम कर रहा है। मातंग, बुरुढ़, आदिवासी और वैसे ही अन्य दलित घटक दलित पैन्थर्स के पास भी नहीं ठहरते हैं या उन्हें दलित पैन्थर्स में मिलाकर लिया नहीं जाता। इस बात का आत्मपरीक्षण इससे जुड़े लोगों को ही करना पडेग़ा।

दलितों के हितों के लिए काम करनेवाले संगठन के रूप में जिस प्रकार दलित पैन्थर्स का नाम लिया जाता है, ठीक उसी प्रकार मराठा समाज के हितों का काम करनेवाले संगठन के रूप में मराठा महासंघ नामक संगठन सामान्यतया 1980-81 के आस-पास सामने आया। उस समय महाराष्ट्र के मुख्यमन्त्री बैरिस्टर अब्दुल रहमान अन्तुले थे। सामाजिक रणनीति के रूप में मराठा महासंघ के जन्म का कारण जितना था, उससे कहीं अधिक राजनीतिक दबाव गुट के रूप में मराठा महाससंघ की भूमिका थी। मराठों पर हो रहे अन्याय को दूर करने के लिए हमें अब संगठित होना चाहिए। मराठों की लगभग सारी जातियाँ मराठा महासंघ में शामिल हैं। दलितों को दी जानेवाली छात्रवृत्तियाँ और आरक्षण बन्द करो। इस तरह के नारे देते हुए केसरिया ध्वज फहराते हुए मराठा महासंघ के नेता पूरे महाराष्ट्र में छा गये। जिस प्रकार मराठा महासंघ की उत्पत्ति के पीछे सामाजिक सन्दर्भ हैं, ठीक उसी प्रकार राजकीय सन्दर्भ भी निश्चय ही हैं।

यद्यपि दलित पैन्थर्स ने अपने आन्दोलन का केन्द्र नागरी (शहरी) समाज में निर्मित किया था, तथापि दलित पैन्थर्स के आन्दोलन का ग्रामीण समाज पर भी बहुत बड़ा प्रभाव पड़ा। दलित पैन्थर्स के नेताओं के आक्रामक भाषण, गरम बोल और लड़ाई के पैत्तरे के कारण दलित समाज जाग उठा। सवर्ण समाज भी चौकन्ना हो गया, किन्तु उसे चेतना भी मिलने लगी। सवर्णों की दलितों से ये अपेक्षाएँ थी कि महार-मातंगों को हमारे समाने झुककर रहना चाहिए, हमारा आदर करना चाहिए, अपना-अपना स्तर संभालना चाहिए। किन्तु दलित पैन्थर्स सवर्णों की उपर्युक्त अपेक्षाओं को चूर-चूर कर रहे थे। दलित पैन्थर्स की गालीयुक्त भाषा पर सवर्ण समाज भी आक्रामक होने लगा। गाँव-देहातों में दलितों पर सार्वजनिक बहिष्कार करना प्रारम्भ हो गया।

मराठवाड़ा विश्वविद्यालय के नामान्तर के आन्दोलन के समय काँग्रेस पार्टी के एक विधायक मित्र से मेरी चर्चा हुई थी। मैं उन्हें मराठवाड़ा विश्वविद्यालय को डॉ. बाबासाहब आम्बेडकर जी का नाम प्रदान करना कितना उचित है, यही बात समझा रहा था। उनमें और मुझमें एक तरह से कड़ा शास्त्रार्थ होने लगा था। वह क्रुद्ध होकर कहने लगे, ''अहो, दलित पैन्थर्स की टोली जिजामाता और शिवाजी महाराज के बारे में क्या बोल रही है और आप उन लोगों का पक्ष ले रहे हैं ? यह ठीक नहीं है। पैन्थर्स के इन गुण्डों की ठुकाई करनी चाहिए।'' मैंने उनसे कहा, ''देखिए, आप जो कह रहे हैं, वह सच भी हो सकता है। दलित पैन्थर्स मात्र गाली प्रदान करने को ही संघर्ष मानते होंगे तो इसलिए डॉ. आम्बेडकर जी को जिम्मेवार कैसे माना जा सकता है?'' यह सुनते ही मेरे विधायक

मित्र नरम हो गये। उसी विधायक मित्र ने बाद में मुझसे बात करते हुए कहा, "चाहे जो हो, भारत के सभी विश्वविद्यालयों को डॉ. आम्बेडकर जी का नाम दिया जाना चाहिए। इस काम के बिना भटों (ब्राह्मणों) की मस्ती कम नहीं होगी।" 1978 में "मराठवाड़ा विश्वविद्यालय को डॉ. आम्बेडकर का नाम नहीं देना चाहिए।" कहनेवाले मेरे विधायक मित्र परसों भारत के सभी विश्वविद्यालयों को डॉ. बाबासाहब आम्बेडकर जी का नाम देने की भाषा बोल रहे थे, इस बारे में किसी को भी आश्चर्य हो सकता है। इसका कारण भी आसान था। आर. एस. एस. के गुट के लोग मेरे विधायक मित्र के खिलाफ़ षड्यन्त्र रच रहे थे और इन षड्यन्त्रों के कारण ही मेरे विधायक मित्र की यह प्रतिक्रिया थी। हमारे इस मराठा विधायक की मानसिकता को समझकर ही आज के इन संगठनों का स्वरूप जान लेना चाहिए। नामान्तर के प्रस्ताव के विरोध में आप नहीं बोलेंगे, इतना मत-परिवर्तन मैंने अपने विधायक मित्र के विचारों में कर पाया, इस बात का यहाँ विशेष उल्लेख किया जाना चाहिए। उन्होंने अनुकूल बोलने का धीरज नहीं दिखाया, पर उन्होंने (मुझे दिये वचन के अनुसार) विरोध भी नहीं किया।

दलित पैन्थर्स के लिए सवर्ण समाज से अत्यन्त तीखी प्रतिक्रिया आ गई। मुझे लगता है कि यह भी दलित पैन्थर्स के आन्दोलन की सामर्थ्य का प्रतीक ही है। यह बात सच ही है कि सवर्ण समाज की नींद हराम करनेवाले दबावगुट का निर्माण दलित पैन्थर्स ने किया था। मुम्बई-पुणे और अन्य शहरी इलाके के समाचार-पत्रों और संगठनों ने दलित पैन्थर्स का समर्थन किया, यह एक यथार्थ है। दलितों के आन्दोलनों के साथ हमें रहना चाहिए, उनकी यह भावना उचित ही थी। गायरान (गायों के चरने की जगह) की समस्या, अस्पृश्यता-निर्मूलन की समस्या, एक गाँव एक पनघट, दलितों से सहिष्णुता का व्यवहार, उनकी शिक्षा की समस्या, दलित छात्रों की छात्रवृत्ति में इजाफ़ा जैसी समस्याओं को लेकर दलित पैन्थर्स लड़ रहे हैं और सवर्ण समाज अपनी नपुंसक परम्परा का समर्थन ही कर रहा था। उनके मर्मस्थल पर पैन्थर्स का आक्रामक वार हो रहा था। उनके पारम्परिक अहंकार प्रतिशोध लेने के लिए चेत रहे थे। इन सारी बातों के परिणामस्वरूप दलित-सवर्ण दंगे भड़कने लगे। मुम्बई के वरली इलाके में हुआ दंगा, इस बात के उदाहरण के रूप में प्रस्तुत किया जा सकता है। 1985 के अन्त में औरंगाबाद में शिवसेना के जुलूस के कारण से दंगा भड़क उठा। इस दंगे को हिन्दू-मुस्लिम दंगे का रूप प्राप्त हो गया। ऐसे में मेरे एक प्राध्यापक मित्र, जो आर. एस. एस. के विचारों के हैं, उन्होंने मुझसे कहा था, हम ब्राह्मण बुद्धिमान हैं, हम केवल आप लोगों को 'हाथ में डण्डे लो ' कहते हैं। बाद में हम कॉलोनी के अपने घर में बैठकर शाम को सात बजे दंगों के समाचार सुनते हैं। डण्डे भी तुम्हारे और फूटनेवाले सिर भी तुम्हारे ही हैं और बाद में शान्ति-जुलूस निकालकर दंगों का शमन करने के लिए आवाहन करने हेतु हम ही आगे रहते हैं। ऐसा

कहते हुए उन्होंने मेरे आगे हाथ करते हुए कहा, दे ताली ! किस तरह से दंगे में अपने हाथों में लाठी ली जाती है, ठीक उसी प्रकार उन्होंने मेरा हाथ अपने हाथों में लिया।

मराठा महासंघ की स्थापना भी एक प्रतिक्रिया के रूप में ही हो चुकी थी। मुसलमानों के लिए अलग कानून और हमारे लिए अलग कानून ऐसा नहीं होगा। सभी के लिए समान नागरी कानून होना चाहिए। ऐसी मराठा महासंघ, शिवसेना और राष्ट्रीय स्वयंसेवक संघ की माँग है। मुसलमानों ने इस देश में चुपचाप रहना होगा या उन्हें पाकिस्तान में जाना पड़ेगा। इस तरह का अन्तिम संकेत वे अपने-अपने मंचों के भाषणों से देते रहते हैं।

मराठा समाज अभी भी शिक्षा में पिछड़ा हुआ है। मराठा महिलाओं में तो शिक्षा न के बराबर है और मराठा किसान के हालात तो बहुत ही दयनीय हैं। अपने से अधिक दलित और उनमें भी विशेषकर महार समाज के लोग, आर्थिक और सामाजिक दृष्टि से दबे होते हुए भी, शिक्षा के क्षेत्र में आगे बढ़ रहे हैं, उन्हें छात्रवृत्तियाँ प्राप्त हो रही हैं, नौकरियों में आरक्षण प्राप्त हो रहा है। इन सभी बातों से "दलितों के कारण नौकरियों में तथा शिक्षा क्षेत्र में हमारा स्थान नष्ट हो रहा है।" मराठा समाज में इस तरह की गलतफ़हमी फैलाई जा रही है। मराठा किसान समाज का और दलित समाज का सच्चा दुश्मन कौन है, इस बात पर कोई खुलासा नहीं करना चाहता। दोनों समाजों के उपेक्षित और भूखे युवाओं को महज़ रोटी के टुकड़े के लिए आपस में लड़ाया जा रहा है और जो इन दोनों के समान रूप से दुश्मन हैं, उनके बच्चे गैर-अनुदान (नॉन-ग्रैण्टेड) सिद्धान्त पर आधारित निजी अभियान्त्रिकी (इन्जीनीयरिंग) और चिकित्सा (मेडिकल) महाविद्यालयों में लाखों रूपयों का दान देकर पढ़ रहे हैं।

जिनके पास अमित सम्पत्ति है, ऐसे लक्ष्मी-पुत्रों को व्यावसायिक ज्ञान और जीवन के स्वर्णावसर बेचने का षड्यन्त्र सम्पूर्ण गरीब समाज के विरोध में किया जा रहा है, किन्तु यह बात इन दोनों समाजों को कोई भी नहीं बताता है। गरीब किसान के बच्चों को शिक्षा और नौकरियों से तोड़नेवाले षड्यन्त्रों के विरोध में मराठा महासंघ या शिवसेना की कोई भी भूमिका नहीं है। दलित पैन्थर्स ने भी इस सन्दर्भ में कोई ठोस भूमिका निभाई या कार्य किया है, ऐसा हमारे सुनने में भी नहीं आया।

अनेक मराठा मित्रों ने मुझे बताया है कि दलितों ने अस्पृश्यता निर्मूलन कानून का लाभ गलत तरीके से उठाया है और उसका यह भी कहना था कि इसी बात की संगठित प्रतिक्रिया नामान्तर आन्दोलन के कारण से दलितों के घरों में आग लगाने के रूप में हो गई। कुछ हद तक उसका कहना सच भी था। किन्तु इस कानून के लिए दलितों का इस्तेमाल किया किसने ? दलितों को ग़लत मुकदमे दायर करने के लिए किसने प्रवृत्त किया ? हिन्दू महिलाओं की तुलना में दलित महिलाओं पर ही अधिक बलात्कार क्यों होते हैं ? मेरे इन सवालों के जवाब देने में उनकी दिलचस्पी नहीं रही। यह तो ऐसी

मिसाल हुई कि, इस व्यवस्था में हमारी ही दादागिरी चलनी चाहिए। मुसलमानों और दलितों की सरकार ने बहुत खुशामद की है और उनकी यह खुशामद हम बहुत दिनों तक चलने नहीं देंगे। इस प्रकार के खुले बयान कहते हुए मैंने मराठा महासंघ के नेताओं को सुना था। मराठा महासंघ के एक बड़े नेता ने भरी सभा में कहा था, यदि मुसलमान हमारी महिलाओं को छूयेंगे भी, तो हम भी उनकी महिलाओं को रास्ते पर घूमने में नहीं देंगे।

यह सुनकर मैंने मराठा महासंघ के कार्यकर्ता से पूछा, "आपके नेता का यही कर्तृत्व है क्या? अन्ततः आप दोनों समाज के पुरुष महिलाओं को ही सतायेंगे। उनका शोषण करेंगे। महिलाओं की ही बलि जायेगी। आप पुरुष तो सबकुछ कर के भी मासूम बने रहेंगे। क्या यही है, आप लोगों का पौरुष?" अर्थात् वह कार्यकर्ता मेरे मत से सहमत हो गया। मराठा महासंघ की भूमिका की यही विडम्बना है। इससे यही साबित होता है कि, मराठा महासंघ के लिए कोई भी सिद्धान्त मायने नहीं रहता। केवल 'जाति' नामक तत्व ही मराठा महासंघ के सिद्धान्त का प्राणतत्व है। 'जय भवानी' 'जय शिवाजी' ये दो नारे मराठा महासंघ ने दिये हैं। मानो भवानी और शिवाजी महाराज मराठों की निजी सम्पत्ति है।

पुराने ढर्रे पर समाज का पुनरुज्जीवन करना ही इन संगठनों के काम का मर्म है। शिवाजी महाराज को केवल मराठा समाज तक ही सीमित करने की ज़िद में हम शिवाजी महाराज को ही छोटा बना रहे हैं, यह बात इन व्याकुल लोगों की समझ में नहीं आता। वस्तुतः शिवाजी महाराज की सेना में सभी जातियों और धर्मों के लोग थे। अफज़लखान के अंगरक्षकों में शंकरराव मोहिते और पिलाजी मोहिते ये दो मराठा थे, तो सेना में शिवाजी महाराज के चाचा मम्बाजी भोसले थे। ऐसे में शिवाजी महाराज मात्र हम मराठों के ही हैं, ऐसा कहना मराठों के अज्ञान को ही साबित करता है। इन बातों से यही स्पष्ट होता है कि शिवाजी महाराज उनकी समझ में नहीं आये। इन बातों से यही साबित होता है कि इतिहास के बारे में हमारा ज्ञान कितना कच्चा है। पूर्वजों द्वारा किये गये पराक्रम पर हमारी अनेक पीढ़ियाँ जीवित हैं और मिथ्या अभिमान को बनाये रखने का यह लक्षण समाज को आगे नहीं ले जा सकता। अपने समाज का सुधार निश्चय ही नहीं किया जा सकता।

मराठा महासंघ का वज़ूद मात्र प्रतिक्रिया के रूप में सामने आया है और उसी गति से अब उसकी लहर भी हट रही है। किसी भी प्रगतिशील और सर्वसमावेशक सिद्धान्त की निष्ठा का अभाव होने पर जो होता है ठीक वही आज मराठा महासंघ के साथ हुआ है। मात्र मंच की शोभा बढ़ाने के लिए चार लोगों को नेता के रूप में गाल बजाने का अवसर प्राप्त हो, नेता के रूप में जाति के शिखर पर किसी की तो स्थापना हो, केवल इसी

लक्ष्य से प्रेरित हुए उत्साही लोगों के संगठन के रूप में मराठा महासंघ ने थोड़ा-बहुत काम किया है। मराठा समाज का भावनात्मक प्रत्याभरण भी उन्हें प्राप्त हुआ है। ऐसे होते हुए भी यह नहीं दिखाई देता कि उनका संगठन बढ़ा है और इस संगठन के कारण उनका समाज भी आगे बढ़ा है, ऐसा भी नहीं दिखाई देता। दिलचस्प लोगों की दिलचस्पी निकल चुकी। मराठा महासंघ के कतिपय कार्यकर्ता एक बार शिवजयन्ती के उपलक्ष्य में मेरे पास आये और मुझसे कहने लगे, ''सर, हमारे गाँव में मराठा महासंघ की ओर से हम शिवजयन्ती मना रहे हैं। दलितों के लोग भीमजयन्ती बड़े पैमाने पर मनाते हैं, तो हमें भी लगा कि हमें शिवजयन्ती भी उनसे अधिक पैमाने में मनानी चाहिए। अपना आदमी ही व्याख्यान के लिए लाने का निर्णय भी हमने लिया है, इसीलिए सबसे पहले हम आपके पास आये हैं। आप ना नहीं कह सकते।'' कार्यकर्ता उत्साह से बतिया रहे थे। मैंने उनका कहना बड़ी शान्ति से सुना और उनसे पूछा, ''क्या जी, शिवाजी महाराज जी ने स्वराज्य की स्थापना की, यह सच है?''

कार्यकर्ताओं ने कहा, ''जी, हाँ बिलकुल सच है।''

''तीन सौ-साढे तीन सौ वर्ष पूर्व स्वयं शिवाजी महाराज को मराठा महासंघ स्थापित करने की आवश्यकता महसूस नहीं हुई। यद्यपि सच में उन्हें यह महसूस होना चाहिए था, तथापि उन्होंने यहाँ की जनता के स्वराज्य की स्थापना की। अब आप ही बताइए कि, आज के मराठा बुद्धिमान हैं या शिवाजी महाराज बुद्धिमान थे?'' कार्यकर्ता लोग शरमिन्दा हो गये। एक कार्यकर्ता ने तो कहा, ''सर, आप जो कहते हैं, सत्य ही है।''

''सभी जातियों की समान समस्याओं से ग्रस्त युवाओं को संगठित करना आज की जरूरत होते हुए भी आप लोग अपनी ऊर्जा को जाति के संगठन में ही क्यों व्यर्थ करते हो ? यद्यपि मैं मराठा हूँ, तथापि मराठा महासंघ के मंच पर और शिवाजी महाराज मात्र हमारे ही हैं ऐसा माननेवालों के संगठन में शिवाजी महाराज पर व्याख्यान देने के लिए नहीं आ सकता। क्योंकि यदि शिवाजी महाराज इस समय होते, तो उन्होंने मुझे ऐसा काम करने पर तोप से बाँधकर उड़ा दिया होता। आप ग्राम पंचायत की ओर से शिवजयन्ती मनायेंगे तो मैं अवश्य आऊँगा। मेरी इन बातों को सुनते ही सभी कार्यकर्ता हँस पड़े और उन्होंने अपने कार्यक्रम में वांछित परिवर्तन करवा लिया। उपर्युक्त घटना से यही साबित होता है कि, समाज को उचित दिशा देनेवाले लोगों के अभाव में समाज सैलाब के पानी की तरह ढलान की ओर किस तरह बहता जाता है।

मराठा महासंघ हो या राष्ट्रीय स्वयंसेवक संघ हो, वे बह चुकी व्यवस्था में इतिहास के चक्र पीछे खींचने के प्रयास की दिशा में ले जानेवाले सामाजिक प्रयास हैं। ब्राह्मणसभा,

पतितपावन संगठन, विश्व हिन्दू परिषद, जमात-ए-इस्लाम हो या मुस्लिम लीग हो, ये सारे संगठन जातीय और धार्मिक बुनियाद पर खड़े हैं। पराई जाति और पराये धर्म से नफ़रत करना ही इन संगठनों के वज़ूद दिखाई देता है।

अब तो शिवसेना राजनीतिक पार्टी के रूप में उभरकर सामने आ रहा महाराष्ट्र के हिन्दुओं का संगठन है। एक नेता, एक संगठन यही इनका सिद्धान्त है। मुम्बई और ठाणे के शहरी इलाके के मराठी लोगों के पिछड़ेपन को रोकने के लिए शिवसेना काम करती रही। इस बात का परिणाम यह हुआ कि मुम्बई और ठाणे की महानगरपालिका पर शिवसेना का झँड़ा लहराने लगा। शिवसेना को अब विधानसभा पर झँडा लहराने की लगन है। महाराष्ट्र में इस तरह की लगन लगाने की राजनीतिक अवस्था उत्पन्न हो चुकी है।

यही सच है कि आज महाराष्ट्र की सत्ता के विरोधी 'रुझान' से युक्त युवा वर्ग शिवसेना की ओर खींचा जा रहा है। मुझे लगता है कि इस बात के कारण विरोधी पार्टी की नकारात्मक राजनीति में ही हैं। महाराष्ट्र की राजनीतिक पार्टी के लिए इतना बड़ा भाटा इससे पहले बहुत कम बार दिखाई दिया होगा। न के बराबर विरोधी पार्टियाँ अपने ही वज़ूद पर विडम्बना का परदा डाले फुटकल जुलूसों के रूप में सन्तोष मना रही हैं। इस पृष्ठभूमि पर शिवसेना का आक्रामक पैंतरा युवाओं को अपने निकट लगता है, तो इसमें आश्चर्य की कोई बात नहीं है। एक तो अपनी ओर की कोई भी राजनीतिक पार्टी कार्यकर्ताओं का प्रबोधन करती ही नहीं है। अपने कार्यकर्ताओं को उद्‌बोधन किया जाना चाहिए, इस प्रकार की किसी भी पार्टी की मानसिकता नहीं रही है। इस कारण सैद्धान्तिक बुनियाद के अभाव में युवा वर्ग केसरिया ध्वज में लटक जाता है, तो उसे दोष नहीं दिया जा सकता। ग्रामीण हो या शहरी दोनों इलाकों के युवाओं पर इस फासिस्ट व्याधि की छाया दिखाई दे रही है।

जातीय और धार्मिक स्तर के संगठनों की फ़सल आज जिस गति से फैलती जा रही है, उसे देखते हुए यह बात स्पष्ट रूप से प्रकट होती है कि हमारी धर्म-जाति-निरपेक्ष राजनीति सम्पूर्णतया असफल हो चुकी है और मुझे ऐसा लगता है कि इसके मूल कारण विरोधी पार्टियों के साथ-साथ सत्ताधारी पार्टी ने जिस कमजोर और वोट बैंक की राजनीतिक भूमिका को अपनाया है, उसी में हैं। संविधान सभा के समापन भाषण में डॉ. बाबासाहब आम्बेडकर जी ने कहा था - "जहाँ राष्ट्र का अस्तित्व होता है, वहाँ बन्धुभावना उत्पन्न हो सकती है। बन्धुभावना का ही अस्तित्व न हो तो समानता और स्वाधीनता के अस्तित्व का कोई अर्थ रहेगा?"

बन्धुभावना का अर्थ है, स्नेह का रिश्ता। आपस में एकता का रिश्ता सँभालनेवाली जनता होती है। मात्र भूगोल को भूगोल से जोड़ने से राष्ट्र की अवधारणा अस्तित्व में नहीं

आ सकती। हमारी धर्मनिरपेक्ष राजनीति के सामने धर्म के सिद्धान्त पर काम करनेवाली धार्मिक सत्ता ने बहुत बड़ी चुनौती खड़ी की है। इसी कारण पंजाब हर रोज खूनी हत्या-काण्डों का दरिया पार कर रहा है। शिवसेना "हिन्दू धर्म के लोगों को आज अपने हाथों में हथियार उठाने चाहिए।" इस तरह का आवाहन करते हुए एक धर्म की शक्ति की चुनौती खड़ी कर रही है। प्रगतिशील, समाजवादी और स्वाधीनताप्रिय जनता के लिए यह बहुत बड़ी चुनौती है।

आजकल सम्पूर्ण समाज में अराजक का तूफ़ान चल रहा है। सारी विचारधाराएँ अपने-अपने पिंज़रें लेकर खड़ी हैं। सिद्धान्त जाये गड्ढे में, किन्तु अपने हित-सम्बन्धों की रक्षा होनी चाहिए। इस प्रतियोगिता में देश से बड़ी पार्टी और लोगों के हित से बड़ा संगठन साबित हो जाता है। हमारे छोटे-छोटे स्वार्थ महान् हो जाते हैं। मराठा महासंघ मराठों का संगठन, शिवसेना हिन्दुओं का संगठन और दलित पैन्थर का संगठन इससे आगे गणित जाता ही नहीं है। सिद्धान्त केवल परदे या मुखौटे साबित होते हैं। परदों में छिपी चमड़ी महत्त्वपूर्ण होती है। दलितों के हितों से अधिक महत्व श्रेष्ठ साबित होता है। किसी पार्टी का टिकट मराठा समाज से अधिक महत्त्व स्वार्थ को मिलता है। हिन्दुओं के नाम पर नेता का स्थान प्राप्त होता हो तो वह लाभदायक ही सिद्ध हो जाता है। यह जातीय और धार्मिक चुनौती समाजवादी मूल्यों के लिए बहुत बड़ी चुनौती है। इस चुनौती का मुकाबला नहीं किया गया तो इस देश के टुकड़े-टुकड़े होने का और हमारी आज़ादी छीन जाने का संकट उत्पन्न हो जायेगा। फासिस्ट ताकत का मुकाबला करने के लिए जातीय-धार्मिक आधार लेनेवाले संगठनों पर नकेल कसनी पडेग़ी। हमारी आज़ादी को सामाजिक समानता का आधार देना होगा। वरना अब्राहम लिंकन के कथनानुसार "गिरता हुआ मकान बहुत दिनों तक नहीं टिक सकता" इस संकट को जानबूझकर समझना होगा। संसदीय जनतन्त्र को आर्थिक न्याय का आधार दिये बिना वह नहीं टिक सकेगा। स्वाधीनता, समानता और बन्धुभावना जैसी अवधारणाएँ मात्र मंच पर दी जानेवाली घोषणाएँ साबित न होते हुए वे सारी अवधारणाएँ हम सभी भारतीयों के जीवन का अनुभव बननी चाहिए तभी हमारा राष्ट्र एक आदर्श 'राष्ट्र' बन पायेगा।

फासिस्ट प्रवृत्ति द्वारा हमारे सारे समाज-जीवन को खोखला बनाने का काम जारी है। धर्माधारित सारे गुट अपने पुराने रंग फिर से अपने चेहरे पर पोतने में ही व्यग्र हैं। इसी कारण अन्धविश्वासों को धार्मिक विश्वास के नाम पर बढ़ावा दिया जा रहा है। व्यक्ति का मिथ्या-गौरव बढ़ाया जा रहा है। लोगों के हाथों में सत्ता देने के स्थान पर एक घराने के हाथों में ही सत्ता सौंपकर सम्पूर्ण देश को सुलाने का प्रयास किया जा रहा है। जॉन स्टुअर्ट मिल ने कहा था, "हममें से कोई एक व्यक्ति चाहे कितना भी बड़ा क्यों न हो, उसके

चरणों में अपने सारे स्वाधीनता के पुष्प अर्पित नहीं करने चाहिए अथवा अपनी संस्थाओं को मटियामेल करने के अधिकार उसे नहीं देने चाहिए।'' भारतीय लोगों को इस चेतावनी को भली-भाँति पहचानने की आवश्यकता है। बड़े व्यक्तित्व पर श्रद्धा रखने वाले लोगों को पहले जाति और धर्म की दलदल से बाहर निकलने की सख्त ज़रूरत है। अपने इर्द-गिर्द के जीवन और विचारों का विकास ही शिवाजी महाराज की रणनीति का, मार्क्सवाद का और आम्बेडकरवाद का विकास साबित हो सकता है। वहीं पर रुक जाने को मृत्यु के अलावा कोई अन्य भी नाम नहीं दिया जा सकता।

●●●

11.
दलित स्त्री

ज्योति लांजेवार

उन्नीसवीं सदी में स्त्री से संबद्ध सुधारों की आवश्यकता अनुभव की जाने लगी। किन्तु भारत के इतिहास में पहला प्रयास मुहम्मद तुगलक के शासनकाल में हुआ था। मुहम्मद तुगलक के इन प्रयासों के कारण ही उसे 'पागल' या 'लहरी' साबित किया गया। यहाँ के पाखण्डी शास्त्री-पण्डितों ने तथा मुल्ला-मौलवियों ने सख्ती से सती बन्दी के प्रयासों को व्यवहार से त्याग दिया। कुविख्यात अल्लाउद्दीन खिलजी ने वेश्या व्यवसाय पर पाबन्दी लगाई। इतना ही नहीं उसने फरमान जारी कर दिया था कि वेश्याओं ने विवाह करना ही चाहिए। किन्तु यह प्रयास भी असफल हो गया।

पूरे दो हजार वर्षों के इतिहास में बादशाह अकबर ने स्त्री के बारे में सुधारों के बहुत बड़े अनुपात में प्रयास किये। उसने 'ऐन-ए-अकबरी' नामक ग्रन्थ की रचना कर हिन्दू स्त्रियों के साथ-साथ मुसलमान स्त्रियों के लिए भी अभूतपूर्व अधिकार प्रदान किये। किन्तु जब-जब इस प्रकार के सुधारों के लिए कोई कटिबद्ध होकर मैदान में आ जाता तब-तब सारा समाज उसके विरोध में खड़ा हुआ दिखाई देता है। अकबर की मृत्यु के पश्चात् दोनों (हिन्दू और मुस्लिम) धर्मों के मूलतत्ववादी ऐय्याश होते ही गये। दोनों धर्मों के शासनकर्ताओं की पराजय के बाद अंग्रेज आये और उन्होंने कतिपय सुधार किये। ये सुधार उस युग में अत्यन्त महत्त्वपूर्ण साबित हुए।

म. गान्धी जी के आन्दोलन में स्त्रियों ने मिल जुलकर हिस्सा लिया। आगरकर, रानडे, राजा राममोहन रॉय, धोण्डो कर्वे आदि ने स्त्रियों से संबद्ध के बारे में सुधारों के प्रयास किये। किन्तु उन सुधारों की परिधि मात्र सफेदपोश लोगों तक ही सीमित रही। विधवा-विवाह, बाल-विवाह-निषेध, स्त्री-शिक्षा, सती-प्रथा-पाबन्दी आदि के रूप में

शहरी, सफेदपोश स्त्रियों का ही विचार हो रहा था। सर्वसाधारण, बहुजन, अछूत और ग्रामीण स्त्रियों का विचार करने के लिए महात्मा जोतिबा फुले को जन्म लेना पड़ा। डॉ. बाबासाहब आम्बेडकर जी को दलित-अछूत स्त्रियों का विचार करना पड़ा।

महात्मा जोतिबा फुले जी ने स्त्री-पुरुष-समानता के संघर्ष के साथ-साथ शूद्रों-अतिशूद्रों के संघर्ष को भी महत्त्वपूर्ण स्थान प्रदान किया। उन्होंने प्रौढ़-विवाह, विधवा-विवाह, पतिताओं-परित्यक्ताओं की विकट और महीन समस्याओं, अनाथालय आदि सभी क्षेत्रों में स्वयं अग्रणी बनकर प्रत्यक्ष रूप से काम किया। संस्थाओं की स्थापना की और कार्यकर्ताओं को भी प्रशिक्षित किया। आज जिस प्रकार पैन्थर जैसे लड़ाकू दलित पुरुषों के संगठन की आवश्यकता है, ठीक वैसे ही दलित पैन्थर की महिला वाहिनी की आवश्यकता मुझे महसूस हो रही है। महिला पैन्थर के कारण दलित स्त्रियों पर होने वाले क्रूर अन्यायों-अत्याचारों के लिए सशक्त वाणी प्रदान की जा सकती है।

आज मध्यवर्गीय स्त्रियों के पास पर्याप्त समय, पर्याप्त धन, पर्याप्त विश्राम उपलब्ध होने के कारण उनके संगठन शक्तिशाली बन चुके हैं। इन मध्यवर्गीय स्त्रियों के संगठन धर्म और संस्कृति के बन्धनों से जकड़े जा चुके हैं। सच्चे अर्थ में दलित स्त्री ही शोषित स्त्री है। दलित स्त्री, दरिद्रता के कारण, अस्पृश्यता के कारण, अज्ञान के कारण तथा 'स्त्री' होने के कारण उस पर हर तरह का अन्याय होता रहता है।

दलित, मजदूर, आदिवासी, खानाबदोश-घुमन्तू-विमुक्त स्त्री के लिए आज न्याय प्राप्त होना अत्यन्त कठिन हो चुका है। मध्यवर्ग की स्त्रियों के संगठन नाममात्र हैं। दलित स्त्रियों के लिए इस प्रकार के तथाकथित संगठन कुछ भी नहीं कर सकेंगे। दलित स्त्रियों पर होनेवाले अन्यायों के निवारण के लिए, दलित स्त्रियों को सुशिक्षित एवं संगठित करने हेतु आज दलित स्त्रियों का ही दलित पैन्थर जैसा लड़ाकू संगठन बनाना आवश्यक है।

मध्यवर्गीय स्त्री-संगठनों की कमियाँ और खामियाँ

मध्यवर्गीय स्त्री-संगठन प्रायः 'दहेज' की ही अवधारणा के चारों ओर लट्टू की तरह घूमते नज़र आते हैं। दहेज के कारण अत्याचार करना, ज़िन्दा जलाना, हत्या करना या आत्महत्या के लिए मजबूर करना जैसे संकट स्त्रियों के भाग में आते हैं। इसमें दलित स्त्रियों का समावेश नहीं है। आजकल दरिद्रता के कारण दलित समाज में भी दहेज प्रथा आरम्भ हो चुकी है यह भी मध्यवर्ग की ही मेहरबानी है। दहेज के विरोध में आन्दोलन करनेवाली तथाकथित उच्चवर्ग की स्त्री खोजने पर भी नहीं मिलेगी। जुलूस का नेतृत्व करनेवाली कोई उच्चवर्गीय स्त्री अपनी चार-पाँच सखियों के साथ होती है और जुलूस में शामिल शेष सारी स्त्रियाँ दरिद्र और दलित स्त्रियाँ होती हैं। यही आजकल के स्त्री-

आन्दोलन का दृश्य है।

इसका अर्थ यही है कि ये मध्यवर्गीय स्त्रियों के आन्दोलन दलित स्त्रियों के कारण ही पुष्ट और सफल होते हैं। किन्तु इन आन्दोलनों का लाभ दलित स्त्रियों को कभी मिल पाता है, यह निश्चित रूप से कह नहीं सकते। अत्याचारग्रस्त दलित स्त्री का परिवार ही उसके अत्याचार-विरोधी आन्दोलन में शामिल होता है। ऐसी भटकी हुई दलित स्त्रियों को एक करने के लिए 'महिला पैन्थर' की आवश्यकता है। किसी दलित स्त्री को दहेज के कारण विवाह करने से नकारा गया है, इसलिए कोई जुलूस निकाला गया है, इस प्रकार का दृश्य कहीं भी नहीं दिखाई देता।

दहेज के लिए बहुओं को मारने वाले, उन पर अत्याचार करनेवाले लोग दलितों में दुर्लभ हैं। विधवा, परित्यक्ता दलित स्त्रियों के लिए 'पाट' लगाने (पुनर्विवाह) की सुविधा प्राचीन काल से ही उपलब्ध होने के कारण वह मैं नहीं कहनेवाला दलित पुरुष भी नहीं है अथवा "उस स्त्री को न्याय मिलना ही चाहिए" इस माँग को लेकर जुलूस भी नहीं निकालने पड़ते। जिनके लिए जुलूस निकाले जाते हैं, वे सारी स्त्रियाँ मध्यवर्गीय और उच्चवर्गीय ही होती हैं। इस कारण यह समस्या दलित स्त्रियों की है, ऐसा कहा नहीं जा सकता। हो सकता है कि दलित समाज में भी इस प्रकार की घटनाएँ अपवाद स्वरूप होती भी होंगी।

किन्तु यह तो एक सच है कि कामवाली का संगठन हो या स्त्री-अत्याचार विरोधी संगठन हो, उन संगठनों को अमीर और दलितेतर स्त्रियों के सन्दर्भ में ही संघर्ष करने के लिए खड़ा किया जाता है, आवाज़ उठाई जाती है, नगरों में कोहराम मचाया जाता है। किन्तु इन मामलों के परिणाम कभी भी किसी को भी पता नहीं चलते। इन जुलूसों में उच्चवर्गीय, स्वयं को खानदानी घोषित करनेवाली स्त्रियाँ कभी भी शामिल नहीं होती हैं। जुलूसों में तो शामिल होने के लिए दरिद्र, अनपढ़, दलित और आदिवासी स्त्रियों को लालच देकर, झूठे वादे कर मजबूर किया जाता है और इन्हीं स्त्रियों के बल पर ये संगठन नामचीन होते हैं तथा परिपुष्ट होते हैं। यह बात तो निर्विवाद सत्य है।

कामवाली स्त्रियों की अनेक समस्याएँ हैं, यह स्वीकार है। यह भी सच है कि उनकी समस्याओं का समाधान करने के लिए संगठन चाहिए। किन्तु ये संगठन 'कामवाली' के रूप में हर साल उसके लिए वेतनवृद्धि, चाय, तीज-त्योहारों में कपडे, तोहफे, बीमारी की छुट्टियाँ, ज्यादा से ज्यादा प्रसूति के लिए छुट्टियाँ आदि माँगों पर ही बल देते हैं।

मुझे एक बात पर ऐतराज है कि इन कामवालियों में से 'गोण्ड' स्त्रियाँ अथवा कामवाली के रूप में काम करने वाली अन्य स्त्रियाँ अपने मालिक की 'जाति' जाँच लेती हैं। "बाई जी आप बौद्ध हैं, बौद्धों के घर हम काम नहीं कर सकतीं।" कहकर निकल जाती हैं। ज़रूरत होते हुए भी जाति के कारण कामवाली मिलती ही नहीं है। ऐसे में स्त्रियों

के संगठन चलानेवाली स्त्रियाँ कामवाली के वेतन और अन्य सुविधाओं के बारे में चिन्ता का वहन करती हैं क्या ? यदि कामवाली के मन में विद्यमान जातीयता के ज़हर को ये स्त्रियाँ निकाल नहीं सकतीं, तो ऐसे संगठनों की ज़रूरत ही क्या है ? क्या उनमें व्याप्त जातीयता को समाप्त करना और मानसिक दासता से बाहर निकालना संगठन का काम नहीं है ? देवदासी प्रथा, मुरळी, जोगतीण, भावीण, वेश्या आदि की समस्याओं पर इन संगठनों ने कौन-सा काम किया है ? ये काम ये संगठन नहीं करते हैं तो इन संगठनों का दलित स्त्रियों के लिए कौन-सी उपयोगिता है ?

महिला पैन्थर की आवश्यकता

उपर्युक्त सभी मामलों के कारण दलित स्त्री की वास्तविक समस्या जैसी थी वैसी ही रहती है। एक तो पैसा न होने के कारण मध्यवर्गीय स्त्री-संगठन उसे अपने निकट नहीं आने देते। दूसरे अपनी गुहार लगाने गईं स्त्रियों का अन्दाजा लेकर बहुत अधिक ख्याति के योग्य मामला है या नहीं, इस तरह की जाँच-पड़ताल कर मदद करने का वादा प्राप्त होता है। तब तक पाँच दस बार चक्कर भी हो जाते हैं। उधार का पैसा भी टायपिंग, प्रसिद्धि आदि में ही खर्च हो जाता है। कम से कम इस काम के लिए तो 'महिला पैन्थर' की आवश्यकता है। कदाचित् आज तक मध्यवर्गीय स्त्री को दलित स्त्री की समस्याएँ समझ में नहीं आई होंगी।

इस कारण 'दहेज और उसके परिणाम,' 'कामवाली और उसकी समस्याएँ' इतने ही सीमित क्षेत्र में वे भटक रही हैं। स्त्री के रूप में उन पर होने वाले अत्याचारों के साथ-साथ दलित के रूप में होनेवाला उनका शोषण इन मध्यवर्गीय स्त्री-संगठनों की खुली आँखों से दिखाई नहीं देता, यह बड़े अचरज की बात है।

आज की दलित स्त्री की अवस्था तो अत्यन्त कुंठीत है। यान्त्रिकीकरण और औद्योगिकीकरण के कारण शहरों की ओर भागनेवाला समाज निराश्रित एवं निराधार बनता जा रहा है। शहर की संस्कृति इस समाज को जीवन के बारे में स्थिरता प्रदान नहीं कर सकती। तिस पर शहरों में सामाजिक सुरक्षा की समस्या भी उत्पन्न हो गई है।

अट्टालिकाओं में रहनेवाली, सम्मान से जीवन जीनेवाली मध्यवर्गीय स्त्रियों को सुरक्षा प्राप्त होती है। दरिद्र और अज्ञानी दलित स्त्रियों को उनके काम के लिए मजदूरी के लिए, आजीविका के लिए घर से बाहर जाना ही पड़ता है, परिश्रम करना ही पड़ता है, ऐसी स्त्रियों पर अन्याय-अत्याचार-बलात्कार जैसी घटनाओं में इज़ाफा हो रहा है। मध्यवर्गीय स्त्रियों के संगठन इन पीड़ित स्त्रियों को मदद करने की जगह नानाविध रूप में धोखा दे रहे हैं। इसी कारण प्रभाहीन साबित हो चुके नेतृत्व की ओर से दलित स्त्रियों की समस्याओं का समाधान हो ही नहीं सकता, यह बात सूरज की रोशनी की तरह साफ है।

इन सभी बातों के लिए नैष्ठिक एवं प्रामाणिक नेतृत्व की आवश्यकता के रूप में महिला पैन्थर होना ही चाहिए।

दलित स्त्री की समस्याएँ

दलित स्त्री की समस्याएँ उसके अपने गार्हस्थ्य जीवन से प्रारम्भ होती हैं। चाहे वह स्त्री पढ़ी-लिखी हो या अनपढ़ हो। दलितेतर स्त्रियों के दु:ख की तुलना में इनका दु:ख निश्चय ही अत्यन्त दारुण दु:ख है।

आजकल पढ़ी-लिखी दलित स्त्री भी स्वतन्त्रता से विचरण नहीं कर सकती। यदि वह आत्मविश्वास और विवेक के बल पर अपने क्षेत्र में स्वतन्त्रता से कदम भी रखती है, तो उसकी निन्दा की जाती है। उसे 'फोरवर्ड' समझा जाता है। इसका पति भी गलतफहमी में फँस जाता है। किसी सभा या नौकरी के स्थान से घर जाने के लिए देर हो जाती है तो 'वे क्या कहेंगे?' इसी बात का डर उसे सताता रहता है। इन सभी बातों से आज की दलित स्त्री को जो मानसिक दु:ख पहुँचता है, जो मतभेद और वैचारिक संघर्ष निर्मित होते हैं, ये सारी बातें उसे अपने पति से दूर होने के लिए विवश कर देती हैं। इसी कारण आजकल ग्रामीण एवं दलित स्त्रियों में तलाक का अनुपात अधिक दिखाई देता है। ऐसी तलाकशुदा या परित्यक्ता स्त्रियों के लिए आज किसी भी प्रकार के आश्रमों का प्रबन्ध नहीं है। अगर होगा, तो भी बहुत ही कम और दलितेतरों के लिए ही है। मेरे विचार में महिला पैन्थर इस आवश्यकतों को पूरा कर पायेगा।

नौकरी के बहाने जिस विभाग में काम करना पड़ता है वहाँ की परिस्थिति भी भयानक ही है। स्त्री के रूप में और उस पर भी दलित के रूप में उसकी उपेक्षा ही की जाती है। वह चाहे जितनी भी बुद्धिमान हो तो भी उसकी कला या उसके सद्गुणों की क़द्र दलितेतर करते ही नहीं। उनका उसकी ओर देखने का घृणित नज़रिया भी अभी तक नहीं बदला है।

सामाजिक, औद्योगिक अथवा शैक्षिक नौकरी के मिस से पुरुषों के साथ विचरण करते हुए स्वयं को बचाते-बचाते उनसे पूरी तरह से निराशा होती है। ऐसी स्थिति में उन्हें होनेवाली घुटन, तबादले या बरखास्ती की धमकियाँ, मेमो आदि सारी बातें उसके लिए असहनीय हो जाती हैं। नौकरी के लिए ये सहन करते रहना उसके प्राणों पर बन आता है। ऐसी अवस्था में उसे मदद का हाथ देने के लिए एक भी दलित स्त्री-संगठन नहीं है। मानसिक प्रताड़ना से उसका जीना दूभर हो जाता है। उसका आत्मबल बढ़ाने के लिए 'महिला पैन्थर' की अत्यन्त आवश्यकता है। दलित स्त्री के पारिवारिक बन्धन अब शिथिल हो रहे हैं। किन्तु आज भी वह पीछे ही रह जाती है, इसका प्रधान कारण है, पुरुष वर्ग। वह स्नातक होगा, कुशल प्रशासकीय अधिकारी होगा, किन्तु उसकी भावना संबंधी

और वैचारिक पात्रता अभी भी सीमित ही है। इस कारण 'कुछ करना है'', हमें किसी न किसी क्षेत्र में अग्रणी बनना है जैसी उसकी आकांक्षाएँ मन में ही लुप्त हो जाती हैं। इस कारण उसका मानसिक तनाव बढ़ते जाता है। उसके लिए उसे करने पड़ रहे संघर्ष की पुरुष वर्ग को कम से कम दखल तो देनी ही चाहिए। उस पर विश्वास करके, उसे मानसिक मुक्ति देकर, उसके विकास का मार्ग अवरुद्ध न करके, उसके काम में मदद कर उसे प्रोत्साहन देना होगा।

आज की दलित स्त्री की अस्मिता और एहसास जागृत हो गये हैं। किन्तु आज के जुलूस, आन्दोलन, सभा आदि से स्त्रियों और दलितों की समस्याओं को ठीक ढंग से समझा नहीं जा सकता। क्योंकि, दलित स्त्रियों का इस प्रकार का एक भी संगठन विद्यमान नहीं है। इस कारण स्त्रियों की समस्याओं का समाधान करना कठिन हो चुका है।

ग्रामीण दलित स्त्री की समस्याएँ

शहर की स्थिति कुछ बदली हुई प्रतीत होती है, किन्तु देहातों में आज भी कोई अन्तर नहीं आ पाया है। दरिद्रता, अज्ञान, जाति व्यवस्था, सामाजिक रूढ़ियों का प्रभाव, अन्धविश्वास आदि बातें देहाती इलाको में ही अधिक अनुपात में दिखाई देती हैं। अशिक्षा के कारण आज भी बडे.अनुपात में अन्धश्रद्धा विद्यमान है। बीमार बच्चे दवाई से ठीक नहीं होते, बल्कि देवऋषि उन बच्चों को ठीक-ठाक कर देंगे, यही इन लोगों की श्रद्धा है। ये औरतें सूर्यग्रहण या चन्द्रग्रहण के समय दान माँगने जाती हैं। यहाँ अपनी बेटियों को देवता के लिए अर्पित करना, खण्डोबा के लिए मुरली के रूप में अपनी बेटियों को अर्पित करना, यल्लम्मा का आमन्त्रण आना, इसी कारण उसका विवाह देवता के साथ करा देना, उसे 'देवदासी' बनाकर पूरे गाँव की 'भोगदासी' बनाना, उसकी देह में देवता का संचार होना, मुर्गों और बकरों की मन्नतें करना, जैसी अनेक अनिष्ट रूढ़ियाँ आज भी विद्यमान हैं।

बहुसंख्य देहाती दलित स्त्रियाँ परिस्थिति के कारण अन्य लोगों के खेतों पर मजदूरी करने के लिए जाती हैं। उनके अज्ञान और मजबूरी का लाभ उठाकर उन्हें मजदूरी के बराबर पैसे भी नहीं दिये जाते। कभी कभी तो उन्हें मालिक और मुकादम की वासना का शिकार भी होना पड़ता है। जिससे उनका सम्पूर्ण जीवन ही बरबाद हो जाता है।

सफाई मजदूर स्त्रियों, रोजगार गारंटी योजना की मजदूर स्त्रियों, तम्बाकू गोदाम में काम करनेवाली स्त्रियों, बीड़ी बाँधनेवाली स्त्रियों का आर्थिक और यौन शोषण होता है। इस प्रकार का शोषण झेलनेवाली स्त्रियाँ अधिकतर दलित स्त्रियाँ ही होती हैं। इसका मूल कारण शिक्षा का अभाव और परिस्थिति ही है। रोजगार के अन्य साधनों के अभाव में इस प्रकार के काम करना अनिवार्य हो जाता है। इन बातों का परिणाम भी उन्हें ही भुगतना

पड़ता है। इस बारे में दलित समाज शरर्मिन्दा नहीं होगा। क्योंकि किसी न किसी कारण दलितों पर होनेवाले अन्याय की परम्परा के रूप में ही ये सारी घटनाएँ होती रहती हैं। सिर्फ पेट की खातिर अपना बदन बेचने की नौबत किसी दलित स्त्री पर आती है, इससे ज्यादा शर्म की बात हो ही नहीं सकती।

जिस भारतीय समाज ने हजारों वर्षों से स्त्री को मानव अधिकारों से वंचित रखा है, उस समाज को शर्म नहीं आती है तो भी चलेगा, किन्तु दलितों को तो शर्म आनी ही चाहिए। इसलिए अपनी आय का निश्चित अंश बचाकर उस स्त्री को प्रदान करना चाहिए तथा उसके जीवन को इन वासनाग्रस्त गीदड़-भेड़ियों से सुरक्षित रखने का प्रयास करना होगा और ऐसे प्रयासों के लिए 'महिला पैन्थर' जैसा संगठन आवश्यक है।

औरत ही औरत की अव्वल दुश्मन है। वह स्वयं ही कभी-कभी स्त्री के नैतिक और सामाजिक अध:पतन की जिम्मेदार रहती है। उसे भलाई-बुराई का ध्यान नहीं रहता। यदि होता है तो भी उसके परिणामों की प्रखरता महसूस नहीं होती। छोटे-बड़े महिला मण्डल तो गली-गली में दिखाई देते हैं। ऐसे महिला मण्डलों के काम के रूप में होता क्या है, गुटों में अगरबत्ती जलाने और प्रतिमा को पुष्पमाला चढ़ाने जैसी प्रतियोगिताएँ लेना बस इतना ही काम होता है। ऐसे संगठन अन्याय के विरोध में किस प्रकार संघर्ष कर सकते हैं ?

देवदासी स्त्री की समस्याएँ :-

भारत में देवदासी परम्परा अत्यन्त प्राचीन काल से विद्यमान है। देवदासी को नित्य-सावित्री माना जाता है। वह कभी भी विधवा नहीं होती। इसी कारण विवाह के समय मंगलसूत्र के मणियों को उसी के हाथों पिरोये जाने की परम्परा है। यह अन्धश्रद्धा ही है। देवदासी के हाथों मंगलसूत्र पिरोने से किसी की मृत्यु तो नहीं रुक सकती।

देवदासी को कर्नाटक में बसवी कहते हैं। भोई (कहार), बेरड़, मातंग आदि देवदासी को 'गादिया' कहते हैं, तो आन्ध्र प्रदेश में उसे 'बोगम' या 'सानी' कहा जाता है। तमिलनाडु में 'वैल्लाल' और 'कैकोल' नामक जातियों की स्त्रियों को देवदासी बनाया जाता है। मध्यप्रदेश में 'कसबी' या 'गायन', उड़िसा में 'गुणी', बंगाल में 'वैलावी', कोंकण में 'भावीण' अथवा 'जोगतीण' और महाराष्ट्र में खण्डोबा नामक देवता के लिए अर्पित 'मुरळी' हैं। इन सभी देवदासियों का आचरण सभी जगह एक जैसा ही होता है। कुछ देवदासियों की निष्ठा देवता के लिए होती है, कुछ देवदासियों की नहीं।

ऐसा माना जाता है कि बालों में 'बट' (जटा) हो जाना देवी (यल्लमा) का आमन्त्रण होता है। कुछ देवदासियाँ अन्धश्रद्धा और अज्ञान तथा दरिद्रता और परम्परा के कारण बन जाती हैं। धनवान पुरुषों की वासना का शमन करने के लिए देवता का आधार लेकर गरीब

और निम्न जातियों की लड़कियों द्वारा उनकी इच्छा के विरुद्ध वेश्या-व्यवसाय करवाना, उसे गृहस्थी करनी हो तो भी 'देवता का कोप होगा' जैसी झूठी धमकियाँ देकर, उसे हमेशा के लिए भोगदासी बनाने के काम सदैव से चले आ रहे हैं।

कुछ देवदासियाँ सम्पत्ति की लालच के कारण तथा स्वच्छन्द जीवन जीने की प्रवृत्ति से इस व्यवसाय को अपनाती हैं। इस प्रथा के विरोध में दो मुद्दों को लेकर संघर्ष किया जा सकता है -

1) अन्धश्रद्धा एवं अज्ञान को दूर करना।

2) बाहरी लालच की शिकार स्त्रियों का उद्‌बोधन करना।

इन दोनों मुद्दों पर काम करने के लिए 'महिला पैन्थर' की आवश्यकता है।

बाबा आढाव नामक समाज सुधारक ने आज इस देवदासी प्रथा के विरोध में आन्दोलन चलाया है। क्या स्त्री-मुक्ति-आन्दोलन में देवदासियों और वेश्याओं की समस्याओं का समावेश नहीं हो सकता? मजदूर, दलित और आदिवासियों की अनेक समस्याएँ हैं। इन समस्याओं पर संघर्ष करनेवाली दलित स्त्रियों द्वारा दलित स्त्रियों के लिए चलाये जानेवाला दलित स्त्रियों का संगठन बनाना आज की घड़ी में महत्वपूर्ण कार्य है।

आदिवासी स्त्रियों की समस्याएँ

यद्यपि आदिवासी स्त्री अनपढ़ होती है, तथापि वह धर्मप्राण, अन्धश्रद्धायुक्त और परम्पराओं से चिपकी हुई नहीं है। इस बारे में वह अन्य स्त्रियों से अधिक मुक्त है। खुले आँचल का ढोंग नहीं और सभ्यता का शहरी स्वाँग भी नहीं है। वह तो मुक्तता से जीवन जीती है। उसके विवाह के दहेज के लिए उसका पिता त्रस्त नहीं है। इसके विपरीत विवाहेच्छुक लड़का ही दहेज देता है। यदि लड़के वाले के पास दहेज के पैसे नहीं होते तो लड़का लड़की के पिता के पास 'लाम्बड़ा' (बन्धुआ) रहता है और दहेज की राशि जमा होने तक अपने ससुर के पास कठोर परिश्रम करता रहता है। सरकारी स्तर पर आदिवासी स्त्री का सुधार हो रहा है। अब आदिवासियों को साफ-सफाई, ठीक-ठाक प्रबन्ध और शिक्षा का महत्त्व समझ में आ रहा है। यदि दलित महिला पैन्थर का गठन होता है, तो इन आदिवासी स्त्रियों को संगठित कर एक नई शक्ति उत्पन्न की जा सकती है।

बंजारा स्त्री की समस्याएँ

बंजारा स्त्री के पैरों में बेड़ी होती है, जिसे वे 'वाकड़ी' नाम से पुकारते हैं। कन्धे तक बड़ी-बड़ी चूड़ियाँ भी होती हैं। इन लोगों की मान्यता है कि पूर्वजन्म के पाप के रूप में ही स्त्री का जन्म प्राप्त हुआ है। आज भी बंजारा स्त्री गुलामों की अवस्था में ही है। पैरों

में जकड़ी बेड़ी और हाथों की बड़ी-बड़ी चूड़ियों के कारण नहाते हुए भी हाथों को साफ करना कठिन हो जाता है।

ऐसे में रूढ़ि और धर्म से अधिक दाद-खुजली जैसे रोगों को खाद-पानी मिलता है। इस जनजाति में पहले बेटी के पैदा होते ही उसे मार डालने की प्रथा थी। सरकार के हस्तक्षेप और कानून से यह प्रथा समाप्त हो गई। गजभर घुँघट डालना, गृहस्वामी के जूते संभालना, दहलीज की ओट से बोलना इस प्रकार की इस स्त्री की स्थिति है। बंजारा स्त्री को शिक्षा और मार्गदर्शन प्राप्त हो तो वह इन अन्यायी बन्धनों से मुक्त हो सकती है। महिला पैन्थर यह काम कर सकता है।

दलित आन्दोलन का सहयोग

उच्चवर्णीय और उच्चवर्गीय स्त्रियों का नेतृत्व सर्वसाधारण दलित स्त्री के हित का नेतृत्व नहीं है। इसी तरह पढ़ी-लिखी दलित स्त्रियों ने भी अपने-अपने संकीर्ण घोंसलें बनाये हैं। कुछ संगठन और मण्डल तो केवल नाम के लिए हैं। अपनी चारों ओर ख्याति और इज्ज़त का चक्र पैदा कर ये जी रहे हैं। दलित स्त्री पढ़-लिखकर अनपढ़ दलित स्त्री से दूर चली गई है और दूर जा भी रही है। शहर की सुरक्षित स्त्री ग्रामीण स्त्री की भावनाओं को समझने में अक्षम है।

इस कारण शहरी और ग्रामीण अनपढ़ स्त्री 'उपेक्षित' ही है। इन स्त्रियां पर होनेवाले अन्याय-अत्याचार की सूचना लेनेवाला पढ़ा-लिखा दलित वर्ग कितना है ? स्वयं के स्वार्थ के लिए दलितों के कन्धों पर बन्दूकें रखकर धीरे से गोली चलानेवाले इज्जतदार लोग, गोली चलानेवाले हम तो नहीं हैं, पर आपके ही लोग हैं। ऐसा कहकर तौबा कर लेते हैं और यह बात दलितों की समझ में नहीं आती।

शहर में गरीब, मजदूर, श्रमजीवी स्त्री सुरक्षित नहीं है, तो देहातों में भी ग्राम सेविका, परिचारिका, शिक्षिका भयभीत जीवन जी रही हैं। इस समस्या की ओर उच्चवर्णीय और उच्चवर्गीय स्त्री-संगठनों का ध्यान जाता ही नहीं है। अकाल, महँगाई, नेता को हटाओ, बेलन जुलूस, घड़ा जुलूस आदि में ही ये संगठन फँस गये हैं। इस कारण दलित आन्दोलन को स्त्रियों की समस्याओं पर संघर्ष करना जरूरी है।

दिन-ब-दिन बढ़ते व्यसन (बुरी आदतें), शराब का असर और गन्दी बातों का सामना करने के लिए दलित महिला पीछे नहीं रहेंगी। महिला संगठन का निर्माण होने पर उसके लिए यह संघर्ष करना अनिवार्य काम होगा। यह संघर्ष परम्परा के विरोध में तो है ही, साथ ही पौरुष के विरोध में भी होगा। सख्ती के वेश्या-व्यवसाय के विरोध में, अस्पृश्यता के विरोध में और अन्याय-अत्याचार के विरोध में महिला पैन्थर संघर्ष कर सकेगा।

दलित साहित्य में चित्रित स्त्री :-

आण्णा भाऊ साठे से लेकर आज तक दलित साहित्य में चित्रित दलित स्त्री विद्रोही है। उसका यह विद्रोह अलग-अलग रूपों में दिखाई देता है। इज्ज़त पर दाग लगते देखकर, गरीबों पर अन्याय होते देखकर, देश के लिए, समाज के लिए लड़ाकू प्रेमी को देखकर, देशद्रोह, समाजद्रोह होते देखकर, क्रुद्ध, झपट्टा मारनेवाली विद्रोही नायिका दलित साहित्य में चित्रित हुई है। आण्णा भाऊ साठे रचित उपन्यासों में सोना, सई, मंगल, हरणा जैसी विद्रोही नायिकाएँ आज की कलम को प्रेरित करती हैं।

दलित लेखिका या दलित महिला साहित्यकार संख्या में बहुत ही कम हैं। कुमुद पावडे अपनी रचना 'अन्त:स्फोट' के माध्यम से उद्विग्न और सन्तप्त स्त्री का प्रतिनिधित्व करती हैं। मल्लिका अमर शेख 'मला उद्‌ध्वस्त व्हायचयं' में दलित, दलित पैन्थर आन्दोलन और कार्यकर्ताओं के बारे में सुस्पष्ट रीति से लिखती हैं। हीरा बनसोडे, मीना गजभिये, ज्योति लांजेवार आदि ने अपनी अर्थवान कविताओं के माध्यम से दलित स्त्री की व्यथा और वेदना का चित्रण किया है।

नारायण सुर्वे, दया पवार, लक्ष्मण माने, बाबूराव बागूल, शंकरराव खरात, शरणकुमार लिम्बाले आदि सिद्धहस्त रचनाकारों ने अपनी कलम से स्त्री की सक्षमता और स्त्रीत्व के अटल सौन्दर्य को स्थान-स्थान पर साकार किया है। दलित साहित्य के माध्यम से दलित स्त्री की लड़ाकू प्रवृत्ति, आक्रामक तेवर, विद्रोह और मुकाबले की शक्ति चित्रित हुई है। दलित लेखकों ने दलित स्त्री पर हो रहे अत्याचारों और बलात्कारों का चित्रण करते समय उसे दुर्बल दिखाकर काम नहीं चलेगा। दलितेतर साहित्यकारों ने चित्रित की 'अबला' अब 'सबला' हो चुकी है, इस बात का ध्यान 'दलित लेखकों' को रखना ही होगा।

व्याघ्र की माना उसी की तरह शूर होती है। भूख लगने पर भी वह घास नहीं खाती। वह अपनी इज्जत से ही जीती है। किसी भी अवस्था में लड़ने के लिए तैयार होती है। 'दलित पैन्थर' लड़ने के लिए अग्रेसर होता है, तो 'दलित महिला पैन्थर' पीछे नहीं रहेगा। उसे केवल प्रतीक्षा है उचित अवसर , उचित मार्गदर्शन और उचित सहयोग की ।

●●●

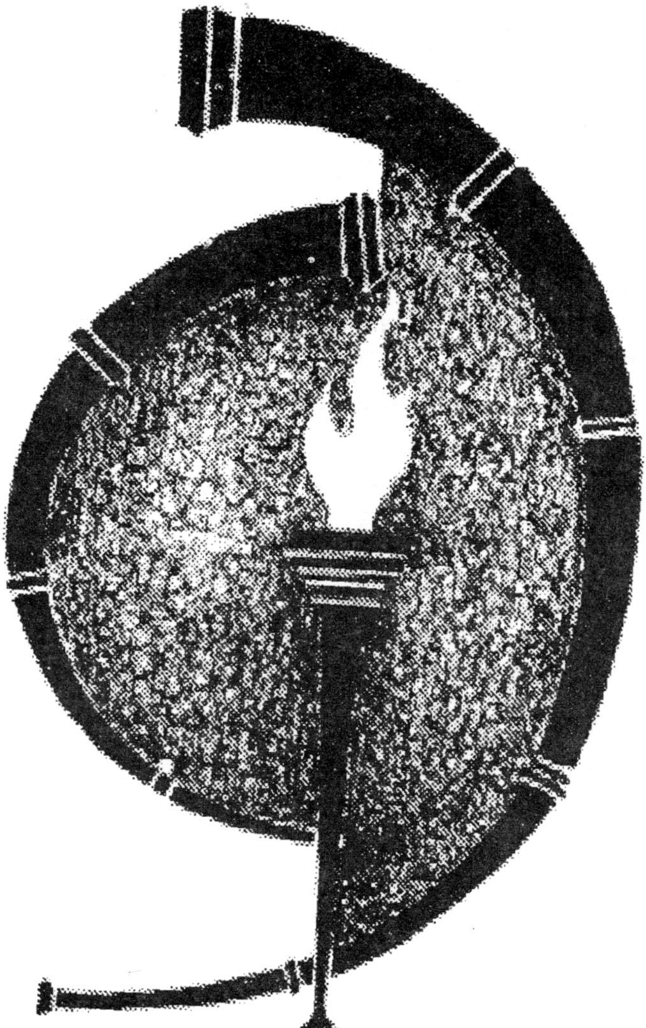

12.
आम्बेडकरवाद ही दलित पैन्थर की प्रेरणा

यशवन्त मनोहर

भारतीय समाज हजारों वर्षों के संस्कारों के कारण भूतकालजीवी समाज बन चुका है। हमने अपनी सुविधा के लिए काल के तीन विभाग भूतकाल, वर्तमानकाल और भविष्यकाल बनाये हैं। किन्तु भारतीय समाज मात्र भूतकाल में ही विचरण करता हुआ दिखाई देता है। भारतीय समाज का भविष्य नहीं है, क्योंकि वह भूतकाल की सीमाओं से बाहर निकलता ही नहीं। भारतीय समाज का वर्तमान भी नहीं है, क्योंकि भूतकाल से बाधित न हो ऐसा एक भी कण उसके वर्तमान मानसिक कोष में विद्यमान नहीं है। समता, बन्धुता, न्याय और बुद्धिप्रामाण्य के लिए सिर पर कफ़न बाँधकर किसी सिपाही की तरह लड़ना और भूतकाल के नाम से ध्वजा फहराने में किसी प्रकार की आपत्ति नहीं हो सकती। किन्तु इस भारतीय समाज का भूतकाल अमानुषता की अन्तहीन यात्रा, विषमता की अखण्ड भक्ति और पाखण्ड की श्रद्धामयी पूजा है।

इस प्रकार के समाज के जीवन का हर एक क्षण क्रान्तिकारी संगठन का भय अपने हृदय में लेकर विचरण करता है, इसीलिए क्रान्तिकारी संगठन उत्पन्न ही न हो, इसी उद्देश्य से ऐसा समाज स्वाधीन व्यवस्था चलाता है और दृष्टिपथ से परे इस प्रकार का कोई संगठन उत्पन्न हुआ तो भी उस संगठन की हत्या करने के लिए ऐसा समाज अपने पास की फौज़ का प्रयोग करता रहता है। इस प्रकार के संगठन में फूट डलवाकर उसे निष्क्रिय करने की पर्याप्त कुशलता भी इस समाज के पास होती है। मूल्यात्मक परिवर्तन से घबरानेवाले इस समाज का यह स्थायी भाव होता है। इस कारण उपर्युक्त संकटों के सामने हार जाना अथवा उपर्युक्त संकटों पर विजय प्राप्त करना, ये दो ही विकल्प किसी भी क्रान्तिकारी संगठन के भाग में आ सकते हैं। दलित पैन्थर के भाग में भी वही अवश्य आ सकता है।

हिगेल के सूत्र में विद्यमान थिसिस शक्तिमान और चालाक होते हुए और 'एण्टिथिसिस' के अपरिपक्व होने के कारण 'एण्टिथिसिस' मार खाता है या पराजित होता है। पैन्थर एण्टिथिसिस था। किन्तु अत्युत्साह, अति-आकुलता और वैचारिक अप्रगल्भता के कारण इस भारतीय एण्टिथिसिस को पराजित होना पड़ा। किसी भी बाबा के कारण पैन्थर में फूट पड़ी हो, उसे इसी समाज के 'थिसिस' ने तोड़ा होता है और थिसिस किसी न बदलनेवाले स्वभाव का नाम होता है।

डॉ. बाबासाहब आम्बेडकर जी के एक महान् अनुचर डॉ. म. ना. वानखेड़े के ब्लैक पैन्थर के बारे में भाषण से पैन्थर शब्द प्रचलित हो गया और पैन्थर बहत्तर के वर्ष में तैयार हो गया। आम्बेडकरवादी आन्दोलन खण्ड-विखण्ड हो गया। छोटे-छोटे नेताओं में बडे-बड़ेस्वार्थ उत्पन्न हो गये। आम्बेडकरवादी समाज का शैक्षिक और धार्मिक प्रबोधन किसी कोने में पड़ा रहा और राजनीति की अन्धी आँख-मिचौली का खेल प्रारम्भ हो गया। आम्बेडकर की ज्ञान-आराधना की विरासत की उपेक्षा की गई। आम्बेडकरवादी आन्दोलन की अवस्था ग्राम बह गया और नाम रह गया (गाव वाहून गेले, नाव राहून गेले) हो गई। ऐसे सम्वेदनाहीन और सूने समय में दलित पैन्थर का जन्म हुआ। किन्तु पैन्थर ने भी आर. पी. आई. (रिपब्लिकन पार्टी ऑफ इण्डिया) की गलतियों की ही युवावस्था-सुलभ नई आवृत्ति का निर्माण किया। गालियों की बौछार करनेवाली सभाएँ प्रारम्भ हो गईं। विश्लेषण के स्थान पर भावुकता (सेण्टिमेण्टैलिज़्म) का प्रवाह मोहक सिद्ध हो गया। मरुस्थल में ऊष्ण भावनाओं का तूफ़ान बहुत बड़ा सौन्दर्य साबित हो गया। प्रारम्भ में इस तूफ़ान के समय में पैन्थर्स ने भी विश्लेषणात्मक दृष्टि से पैन्थर की ओर नहीं देखा। भावना की लोकप्रिय लहर पर पैन्थर भी बहता ही चला गया। शान्त मस्तिष्क से पैन्थर का दर्शन सुनिश्चित करने का प्रयास करना और संगठन की टिकाऊ संरचना के बुनियादी तत्त्व सुनिश्चित करने का प्रयास करना जैसी बातों की ओर पैन्थर ने ध्यान ही नहीं दिया। लोगों का भावनात्मक प्रत्याभरण और धूर्त राजनीतिक प्रत्याभरण के दोहरे प्रत्याभरण की मृगमरीचिका के पीछे आन्दोलन दौड़ता ही चला गया और समकालीन युग में किसी क्रान्तिकारी संगठन की मूल अर्थवत्ता ठीक किस बात में समायी होती है, इस बात की उपेक्षा के कारण इस प्रकार के अस्तित्व के अर्थ से ही पैन्थर पराया होता चला गया।

नेतृत्व के विषय में स्वार्थ का उष:काल तत्कालीन युवाओं में उत्पन्न होता देखते ही 'आम्बेडकर या मार्क्स' इस सवाल के हथौड़े से पैन्थर को तोड़ डालना आसान हो गया। धन का लालच देकर पैन्थर का गला रस्सी के फँदे से फाँसा जा सकता है, यह बात चालाकों के ध्यान में आते ही अगले कार्यक्रमों के केशों से आन्दोलन का गला चिरना शुरू हो गया। एक सपना ख़त्म हो गया। पैन्थर का आन्दोलन मटियामेट हो गया।

आज के समय में पैन्थर की अनिवार्य आवश्यकता है, किन्तु कल के पैन्थर की आज जरूरत नहीं है। आज आम्बेडकरवादी पैन्थर की आवश्यकता है। आम्बेडकरवाद ही इस राष्ट्र की मानवता का सर्वश्रेष्ठ घोषणापत्र है। भारतीय सामाजिक क्रान्ति का आन्दोलन आम्बेडकर जी ने निरीश्वरवाद के रणक्षेत्र में लाकर खड़ा किया है। उन्होंने धर्म संस्था का त्याग किया और नास्तिक बुद्ध-विचारों का अनुकरण किया। बुद्धिप्रामाण्यवादियों की नीति ही धम्म है। समता, स्वतन्त्रता, बन्धुता और न्याय ये सभी जीवन मूल्य बुद्धिप्रामाण्यवाद के सन्दर्भ में सुनिश्चित किये जाने चाहिए। पैन्थर को आम्बेडकरवादी प्रबोधन के बुनियादी तत्त्व आन्दोलन के प्राण के रूप में स्वीकार करने चाहिए और उस दिशा से समाजप्रबोधन का अखण्ड कार्यक्रम सुनिश्चित करना चाहिए। आम्बेडकरवाद ही समग्र सामाजिक क्रान्ति का दर्शन है। इसे आम्बेडकरवादी समाजवाद भी कहा जा सकता है। इस दर्शन में जीवन के सभी अंगों की प्रस्तुति है। आम्बेडकर जी का अर्थविचार मात्र उनके अर्थविचार में ही नहीं, अपितु उनके सम्पूर्ण राजनीतिक विचार, सामाजिक विचार और शैक्षिक विचार में भी व्याप्त है। उनका सामाजिक चिन्तन जिस प्रकार आर्थिक चिन्तन है, उसी प्रकार उनका राजनीतिक चिन्तन भी आर्थिक चिन्तन ही है। संसदीय जनतन्त्र के माध्यम से ही यह आम्बेडकरवादी समाजवाद आज की अवस्था में अधिक प्रभावशाली ढंग से साकार हो सकता है। आम्बेडकरवाद की यह मूल घटना तफसील से समझ लेने की जरूरत है। इसी से आम्बेडकर-मार्क्स इस प्रकार का विवाद उत्पन्न होने की आवश्यकता ही नहीं पडेगी।

आम्बेडकरवाद ही पैन्थर का दर्शन होना चाहिए। इसीलिए आनेवाले कुछ वर्षों में आम्बेडकरवाद की सांगोपांग बौद्धिक चर्चा और प्रस्तुति करने की महती आवश्यकता है। आजकल इस देश की हलक में साम्प्रदायिकता का ज़हर डाला जा रहा है। इस देश की मानवता के गले में धर्मान्धिता की फाँस कसी जा रही है। अन्धश्रद्धा की देसी-परदेसी शराब पिला-पिलाकर युवाओं को नशे में रखने के सफल प्रयोग हो रहे हैं। सौ-डेढ़ सौ वर्षों के प्रबोधन के काल में प्रतिगामी शक्तियों ने अपना सिर बुलन्द नहीं किया था, किन्तु आजकल ये सिर बुलन्द हो रहे हैं। प्रतिक्रान्ति (काउंटर रिवोल्यूशन) के मकरपाश में देश हवालदिल हो चुका है। भारतीय खोमेनी शक्तिमान हो रहे हैं। अन्धकार और भी घना हो रहा है। उजाला दुर्बल हो रहा है। मानवता-विरोधी शक्तियाँ और भी अधिक अमानुष हो रही हैं और दलितों के साथ ही इस देश के शोषितों को अपने विचार और अपना आचरण सुनिश्चित करने में अड़चनें उत्पन्न हो रही हैं। ठीक यहीं से पैन्थर को अपने कन्धों पर प्रबोधन की अग्निध्वजा का वहन करना आवश्यक है। इस मार्ग से पैन्थर की आवश्यकता और सार्थकता के युद्धपर्व साकार होने चाहिए।

हिन्दू धर्म की परिधि में विद्यमान अन्य कतिपय परिवर्तनवादी आन्दोलन जिस

प्रकार क्रान्ति के विरोध में काम करते रहते हैं, उसके नेतागण भी जिस प्रकार एक विघातक समय-यापन की भूमिका अदा करते रहते हैं, उसी प्रकार दलितों में भी धार्मिक बन्धनों में अटकी हुई मानसिकता भी क्रान्तिविरोधी की तरह ही काम करती रहती है। बुद्ध, डॉ. आम्बेडकर और धर्मान्तर के बारे में 'जात्युच्छेदक निबन्ध' शीर्षक पुस्तक में सावरकर क्या कहते हैं, उसे पैन्थर्स को दलितों को समझाना होगा। ऐसा हो जाने पर दलितों में विद्यमान आर. एस. एस. का कोई आदमी दलितों को "सावरकर को बाबासाहब के बराबर ही पूजनीय मानना चाहिए" इस प्रकार आन्दोलन को सिद्धान्त से गिराने वाला और आन्दोलन को प्रतिगामियों के दरवाजे में बाँधनेवाला वक्तव्य नहीं करेगा। हेडगेवार और आम्बेडकर इन दोनों में विद्यमान अन्तर को अगले पैन्थर को लोगों को समझाना होगा। अन्यथा हेडगेवार की जन्मशती उत्सव समिति के सदस्य होने के लिए दलित लोगों में ही प्रतियोगिता प्रारम्भ हो सकती है। गीता के बारे में आम्बेडकर जी की भूमिका क्या थी, यह भी समझाना होगा। अन्यथा कोई परम्पराधर "बाबासाहब ने गीता से प्रेरणा प्राप्त की", इस तरह से आम्बेडकरवादी आन्दोलन का मुख मलीन करनेवाले वक्तव्य करते ही रहेंगे।

आम्बेडकरवाद की परिधि में समा नहीं सकती ऐसी कोई समस्या पूरी दुनिया में नहीं है। इस परिधि में किसान आता है, खेतिहर मजदूर आता है, अल्पभूधारक लोगों की यन्त्रणाएँ आती हैं, स्त्रियों की सारी समस्याएँ आती हैं और मजदूरों के दु:ख आते हैं। शोषितों की सामाजिक, आर्थिक, धार्मिक और शैक्षिक जैसी सारी समस्याओं के समाधान के लिए आम्बडेकरवाद विद्यमान है। पैन्थर को आम्बेडकरवादी होना चाहिए और किसी भी प्रकार का शोषण समाप्त करने के लिए उसे एड़ी-चोटी का जोर लगाना होगा। "धम्म नीति और बुद्धिप्रामाण्यवाद" इस नीति की बुनियाद आदि बातें पैन्थर की आधारशिलाएँ होनी चाहिए।

कुछ अच्छी बातें भी पैन्थर के नाम पर जमा हैं। ये बातें और अधिक सफल स्तर से पैन्थर के नाम पर जमा होनी आवश्यक हैं, किन्तु इसके लिए पैन्थर का नेतृत्व वैचारिक रूप से अधिक शक्तिशाली होना चाहिए। मनुष्यों का संख्याबल तो होना ही चाहिए, किन्तु उससे भी बड़ी विचार शक्ति है। शोषणसत्ता उपर्युक्त दोनों के गठबन्धन के सामने टूट जाती है। हमारे सामने डॉ. बाबासाहब आम्बेडकर जी महान नेतृत्व का एक आदर्श उदाहरण है। आचार-विचार का विशुद्ध आम्बेडकरवाद ही किसी व्यक्ति को पैन्थर का सफल नेतृत्व प्रदान कर सके जिससे आदर्श नेता प्राप्त हो। इसके नेतृत्व पर बहरनेवाली आम्बेडकरवादी विचारधारा होनी चाहिए। इस प्रकार के पैन्थर की आवश्यकता है।

●●●

13.

मराठवाड़ा विश्वविद्यालय का नामान्तर आंदोलन

कमलाकर काम्बले

राजा ढाले जी ने छोटे-से कारण की वज़ह से दलित पैन्थर संगठन को बरखास्त कर दिया। उस समय उन्हें कम-से-कम अपने निकटस्थ सहयोगियों की सलाह तो लेनी चाहिए थी अथवा पूछताछ करनी चाहिए थी। पैन्थर आन्दोलन पूरे महाराष्ट्र में फैल चुका था। लोगों में, विशेषकर युवाओं में इस आन्दोलन ने 'घर' कर लिया था। इस कारण यह संगठन लोकमानस से बरखास्त नहीं हो पाया।

ढाले जी द्वारा पैन्थर बरखास्ती की घोषणा करने के साथ ही अरुण काम्बले, भाई संगारे, रामदास आठवले, उमाकान्त रणधीर, एस. एम. प्रधान, एड. प्रीतम कुमार शेगाँवकर, वामन निम्बालकर, टी. एम. काम्बले जैसे पैन्थर-कार्यकर्ताओं ने इस बरखास्ती पर आपत्ति उठाकर "हम इस संगठन और आन्दोलन को चलायेंगे" इस प्रकार की घोषणा की। मुम्बई के आकाशवाणी केन्द्र से पैन्थर आन्दोलन चलाये जाने की घोषणा की गई। 'भारतीय दलित पैन्थर' के नाम से नई उम्मीद के साथ संगठन का निर्माण करने का काम प्रारम्भ किया, उन्हें सफलता भी प्राप्त हो गई। पथ-अवरुद्ध करने की रणनीति कम हो गई और संगठन में वैचारिक नेतृत्व को अवसर प्राप्त हो गया तथा आन्दोलन को एक प्रकार की इज्जत भी प्राप्त हो गई। यह स्मरण मात्र इसलिए है क्योंकि नामान्तर प्रस्ताव से पूर्व 'भारतीय दलित पैन्थर' ने प्रा. अरुण काम्बले के नेतृत्व में काम करना प्रारम्भ किया था। प्रा. अरुण काम्बले और उनके सहयोगी बुद्धिवादी और समझदार थे। उन्होंने अत्यन्त कुशलता से आन्दोलन के निर्माण कार्य का प्रारम्भ किया। अनेक राज्यों के युवाओं से सम्पर्क कर आन्दोलन को और भी अधिक मजबूत करने का प्रयास किया।

1977 साल के मई महिने में पैन्थर ने पहली बार मुम्बई में नामान्तर की सार्वजनिक

माँग की। बाबासाहब जी का औरंगाबाद का शैक्षिक कार्य देखते हुए विश्वविद्यालय का नाम निर्धारित करते हुए अन्य दो-तीन नामों के साथ-साथ डॉ. बाबासाहब आम्बेडकर जी का नाम भी संसूचित किया गया। इस घटना का सन्दर्भ देकर मराठवाड़ा विश्वविद्यालय को डॉ. बाबासाहब आम्बेडकर जी का नाम दिया जाना चाहिए, इस प्रकार की माँग पैन्थर ने की। आगे चलकर 15 अगस्त 1977 के दिन तत्कालीन सचिवालय पर जुलूस निकालकर मुख्यमन्त्री वसन्तदादा पाटील जी को दलित पैन्थर के एक प्रतिनिधि मण्डल ने एक निवेदन दिया और नामान्तर की माँग की। वसन्तदादा पाटील जी ने ''इस बारे में सहानुभूतिपूर्वक विचार करेंगे'' इस प्रकार का आश्वासन दे दिया। इस बीच महाड़ नामक स्थान पर आयोजित बौद्ध साहित्य सम्मेलन में अन्य प्रस्तावों के साथ-साथ मराठवाडा विश्वविद्यालय को डॉ. बाबासाहब आम्बेडकर का नाम दिया जाना चाहिए इस प्रकार की माँग रखी गई।

इस समय इस माँग का औरंगाबाद के भारतीय दलित पैन्थर के साथ-साथ अन्य सभी संगठनों, छात्रों, युवाओं, विचारकों और साहित्यकारों ने भी समर्थन किया और यथाशक्ति इस बात की तैयारी भी करने लगे। मुख्यमन्त्री वसन्तदादा पाटील जी ने महाड़ सुवर्ण महोत्सव के अवसर पर नामान्तर के सवाल पर हम विचार कर रहे हैं, इस प्रकार की घोषणा भी की। 17 जुलाई 1977 के दिन औरंगाबाद के सरस्वती भुवन महाविद्यालय के मैदान में ही एक बैठक आयोजित की गई। मराठवाड़ा विद्यार्थी कृति समिति की इस बैठक में अन्य ग्यारह माँगों के साथ-साथ मराठवाड़ा विश्वविद्यालय को डॉ. बाबासाहब आम्बेडकर जी का नाम देने की माँग भी एकमत (सार्वमत) से सम्मत की गई। इसी विद्यार्थी कृति समिति की समन्वय समिति ने 18 जुलाई 1977 के दिन मराठवाडा विश्वविद्यालय में जुलूस ले जाकर निवेदन दिया और नामान्तर की माँग की। इस विद्यार्थी कृति समिति में भारतीय दलित पैन्थर के साथ-साथ युवक क्रान्ति दल, अ. भा. वि. परिषद, दलित एवं दलितेतर युवा-छात्रों के संगठन थे।

'बुक्टा' नामक दलित प्राध्यापकों के संगठन ने भी इसी दिन विश्वविद्यालय में जुलूस निकालकर विश्वविद्यालय कार्यकारिणी और कुलपति महोदय के सामने नामान्तर का पक्ष रखा था।

22 जुलाई 1977 के दिन भारतीय दलित पैन्थर का एक जुलूस विभागीय समाज कल्याण अधिकारी के कार्यालय पर भी ले जाया गया तथा लगभग चार घण्टों तक पैन्थर्स के कार्यकर्ताओं ने धरना देकर नामान्तर की माँग की। आगे चलकर 2 सितम्बर 1977 के दिन भारतीय दलित पैन्थर औरंगाबाद के भडकल गेट से जुलूस निकालकर विभागीय आयुक्त कार्यालय गये और आयुक्त को निवेदन देकर नामान्तर की माँग की। बाद की सार्वजनिक सभा में एड. प्रीतम कुमार शेगाँवकर, प्रा. गंगाधर गाडे, प्रकाश

थोरात, आण्णाराव लामतुरे आदि ने भाषण किये।

गंगाधर गाडे के नेतृत्व में एक प्रतिनिधि मण्डल ने कुलपति और विश्वविद्यालय कार्यकारिणी के सदस्यों से मिलकर नामान्तर की माँग की। इस समय पैन्थर की ओर से महाराष्ट्र की प्रत्येक सार्वजनिक सभा में अन्य माँगों के साथ-साथ नामान्तर की माँग की जाने लगी।

परिणामत: 18 जुलाई 1977 के दिन सभी निवेदनों पर निर्णय लेने हेतु कुलपति और विश्वविद्यालय कार्यकारिणी की बैठक सम्पन्न हो गई और इस बैठक में मराठवाड़ा विश्वविद्यालय को ''डॉ. बाबासाहब आम्बेडकर जी का नाम दिया जाए'' इस प्रकार का प्रस्ताव पारित हुआ और उस प्रस्ताव को महाराष्ट्र सरकार की ओर भेजा गया। नामान्तरवादियों के पक्ष में यह सीमित सफलता मिल गई।

मराठवाडा विश्वविद्यालय के नामान्तर का प्रस्ताव पारित होते ही एक सार्वजनिक सभा में गंगाधर गाडे जी ने ''इस प्रस्ताव का श्रेय पैन्थर को जाता है'' इस प्रकार का मत प्रकट किया। इस कारण जातीयवादी हिन्दू छात्र चिढ़ गये। इस बारे में गंगाधार गाडे जी से प्रतिक्रिया पूछने पर उन्होंने कहा, ''भारतीय दलित पैन्थर ने पूरी प्रामाणिकता के साथ नामान्तर का प्रयास किया था। अन्य लोगों के सहकार्य को हमने कभी भी नकारा नहीं और नकारेंगे भी नहीं। किन्तु प्रधानता होने के कारण नामान्तर का श्रेय पैन्थर को जाता है, ऐसा कहने में गलती ही क्या है?'' नामान्तर की माँग का श्रेय किसे जाना चाहिए ? यह प्रश्न मेरे विचार में गौण था। विश्वविद्यालय कार्यकारिणी द्वारा छात्रों की नानाविध माँगों में से मात्र नामान्तर की माँग को स्वीकार करने से जातीयवादी हिन्दू छात्र झल्ला गये, चिढ़ गये और यहीं से सच्चे अर्थों में असन्तोष आरम्भ हो गया। किन्तु इस असन्तोष का बहुत ज्यादा तनाव नहीं बढ़ा। विश्वविद्यालय द्वारा ही नामान्तर का प्रस्ताव पारित करने से इस माँग को बल प्राप्त हो गया और सम्पूर्ण महाराष्ट्र में नामान्तर की माँग बल पकड़ने लगी। वसन्तदादा पाटील जी ने इस माँग को गम्भीरता से लिया और नामान्तर का प्रारूप भी तैयार करवाया। 'दोनों सभागृहों में दीपक' इस न्याय से 'मराठवाडा' शब्द को अस्मितावादियों के लिए अक्षुण्ण रखकर 'डॉ. बाबासाहब आम्बेडकर मराठवाड़ा विश्वविद्यालय' इस प्रकार का अनौपचारिक प्रस्ताव तैयार किया था। ठीक इसी समय महाराष्ट्र की राजनीति ने करवट बदली और प्रगतिशील जनतान्त्रिक दल के नेता शरदराव पवार महाराष्ट्र के मुख्यमन्त्री बन गये। उन्होंने जल्द ही सद्भावना से 27 जुलाई 1978 के दिन नामान्तर प्रस्ताव को दोनों सभागृहों में रखा और यह प्रस्ताव बिना किसी विरोध के पारित भी हो गया।

27 जुलाई 1978 के दिन ऐतिहासिक प्रस्ताव पारित होने से पूर्व 26 जुलाई 1978 के दिन एक बैठक का आयोजन किया गया और उस बैठक में नामान्तर का

प्रस्ताव स्वीकार किया गया। इस बैठक में मुख्यमन्त्री शरद पवार, सभापति शिवराज पाटील, रा. सु. गवई, भूतपूर्व मुख्यमन्त्री वसन्तदादा पाटील और नासिकराव तिरपुड़े विद्यमान थे।

27 जुलाई 1978 के दिन विधानसभा में नामान्तर का प्रस्ताव रखते हुए शरद पवार ने कहा, ''डॉ. बाबासाहब आम्बेडकर जी ने राष्ट्र की महती सेवा की है। शिक्षा के क्षेत्र में उनकी सेवा से दलित समाज में जागृति और स्वाभिमान उत्पन्न हो गया है।'' इस प्रकार गौरव करते हुए उन्होंने आगे कहा, ''नामान्तर के कारण मराठवाड़ा विश्वविद्यालय मात्र दलितों का स्थान बनेगा, यह आशंका व्यर्थ है। मराठवाड़ा विश्वविद्यालय की अस्मिता, नाम, गरिमा और धर्मनिरपेक्ष स्वरूप अक्षुण्ण बना रहेगा।'' इस प्रकार का आश्वासन भी दिया था। नामान्तर का प्रस्ताव पहले की सरकार ने ही पारित किया था, यह बताते हुए कृतज्ञता ज्ञापन करने हेतु मुख्यमन्त्री जी ने आगे कहा, नामान्तर का निर्णय पहले की सरकार ने ही निश्चित किया था। नामान्तर का निर्णय अनौपचारिक चर्चा से ही सुनिश्चित किया गया था और वह निर्णय नकारना उस सरकार का उद्देश्य नहीं था।

इस ऐतिहासिक प्रस्ताव के समर्थन में वासुदेवराव देशमुख, यशवन्तराव मोहिते, मधुकरराव चौधरी, उत्तमराव पाटील, बाळासाहब देसाई, श्रीमती जयवन्तीबेन मेहता, डॉ. कुमार सप्तर्षि और पां. ना. राजभोज आदि के भाषण हुए थे।

विधिमण्डल (विधान सभा और विधान परिषद) के बाहर महाराष्ट्र ही नहीं अपितु सम्पूर्ण देश की सारी आम्बेडकरप्रेमी जनता ने इस प्रस्ताव का स्वागत किया और सम्माननीय शरद पवार का अन्त:करणपूर्ण रीति से कृतज्ञता-ज्ञापन किया।

नामान्तर का प्रस्ताव पारित होने के दिन दलित और नामान्तरवादी जनता खुशियाँ मना रही थी कि अचानक मराठवाड़ा क्षेत्र के कुछ वयोवृद्ध और ज्येष्ठ अस्मितावादियों ने नामान्तर के हत्याकाण्ड की योजना का नींव रखी। उन्होंने ग़लतफहमी फैलाना आरम्भ किया कि यह विश्वविद्यालय अब महारों का होगा, कुलपति और कुलसचिव भी महारों के ही होंगे। इस प्रकार का हास्यास्पद एवं मूर्खता का प्रचार सहेतुक रीति से करना आरम्भ कर जातीय शत्रुता को खाद-पानी देकर, समाजकण्टकों को वटगलाकर मराठवाड़ा क्षेत्र में दलितों का हत्याकाण्ड करवाया। सामान्यतया सन्तों की भूमि का गौरव प्राप्त करनेवालें इन लोगों ने सन्तों को शर्मिन्दा कराने का नृशंस कार्य करनेवालों को प्रेरणा देकर उन्हीं का ही अपने समाचार-पत्रों के माध्यम से गौरवगान करना प्रारम्भ किया।

नामान्तर के लिए विरोध किस कारण हुआ, इस बारे में बताते हुए एड. प्रीतम कुमार शेगाँवकर जी ने कहा ''मराठवाड़ा क्षेत्र के ज्येष्ठ एवं श्रेष्ठ माने जानेवाले लोगों ने जानबूझकर गलतफहमियाँ फैलाकर नामान्तर-विरोधी वातावरण बनाया। अपने समाचार-पत्रों का उपयोग मात्र और मात्र नामान्तर-विरोध के लिए ही करवाकर मुट्ठीभर नामान्तर-

विरोधी लोगों के समाचार सम्पूर्ण पृष्ठ के रूप में छपे जाने लगे। इसके विपरीत नामान्तरवादियों की आवाज दबाने का प्रयास किया गया। केवल जातीयवाद के कारण ही नामान्तर का विरोध किया गया।'' गंगाधर गाड़े भी इसी प्रकार की प्रतिक्रिया प्रकट करते हैं ''नामान्तर के लिए लोगों को विरोध नहीं था, दो-चार आदमियों को ही विरोध था। इन्हें मराठवाड़ा क्षेत्र का नेता बनना था, इसीलिए उन्होंने नामान्तर का विरोध किया।'' मुट्ठीभर लोगों के विरोध के कारण किस तरह मराठवाड़ा क्षेत्र धू-धू कर जलने लगा? इस संवाल के जवाब में एड. शेगाँवकर ने बताया - ''यह विरोध मुट्ठीभर लोगों का विरोध था यह सत्य है, किन्तु इन लोगों ने अपने समाचार-पत्रों के माध्यम से और अपने रिश्तेदारों के माध्यम से दंगे करवाये। घर जलाये गये, लोगों को जिन्दा जलाया गया और जानबूझकर हर देहात के मराठा युवाओं को भड़काकर दंगों को और भी ज्यादा समय तक और भी ज्यादा विस्तृत एवं व्यापक रूप देकर अपना स्वार्थ साधा गया। गाँव-गाँव में जो दंगे हो गये वे नामान्तर के विरोध में न होकर दलितों के विरोध के लिए हो गये थे। उन्हें दलितों की प्रगति और शिक्षा पहले से ही जलाती थी। नामान्तर प्रस्ताव तो एक बहाना भर था।''

इसी सवाल का जवाब देते हुए गंगाधर गाडे कहते हैं - ''जय भवानी, जय शिवराय के नारे लगाते हुए आज अमुक स्थान पर दंगा हो गया, आगजनी हो गई, लोगों की हत्या हो गई, कहीं बहिष्कार किया गया जैसे कुछ सच्चे, कुछ झूठे किन्तु जातीयवादी युवाओं को भड़कानेवाले समाचारों को औरंगाबाद के समाचार-पत्रों ने छापा। जिस कारण दंगे और भी तीव्र हो गये। सच्चाई तो यह है कि मात्र दलित विरोध के लिए दंगे हो चुके थे। किन्तु सम्पूर्ण मराठवाड़ा क्षेत्र के लोग नामान्तर का विरोध करने हेतु सिद्ध हो गये।'' इस प्रकार के समाचार छपकर आ गये। इतना ही नहीं ''नामान्तर विरोधी विद्यार्थी कृति समिति'' के बारे में भी समाचार-पत्रों के माध्यम से ही पहली बार छपकर सामने आया।

प्रा. सुधीर गव्हाणे ने एक निजी चर्चा में कहा है - ''सच्चे अर्थों में आज तक नामान्तर हत्याकाण्ड ठीक ढंग से उजागर नहीं हुआ है। रामधन समिति के सामने भी कभी कभी झूठी जानकारी ही दी गई है। मैंने इस हत्याकाण्ड की जानकारी एकत्र की है और शीघ्र ही इस जानकारी को प्रकाशित करने वाला हूँ।''

27 जुलाई से 7 अगस्त के बीच के समय में दलितों की जान-माल का नुकसान बहुत बड़े पैमाने पर हुआ था। इस समय के दंगों को बहुत ही क्रूरता से अंजाम दिया गया। इस बारे में पूरी जानकारी केन्द्रीय सरकार की रामधन समिति ने इकट्ठा की है। उससे भी अधिक जानकारी पीपल्स एज्यूकेशन सोसाइटी की ओर से 'नामान्तरविरोधी अत्याचारी आन्दोलन' शीर्षक पुस्तिका प्रकाशित कर दी गई है जो लोकन्यायालय के सम्मुख रखी है।

नामान्तर हत्याकाण्ड के समय पैन्थर की कौन-सी भूमिका थी ? इस सवाल के जवाब में एड. प्रीतम कुमार शेगाँवकर ने कहा, ''आरम्भ में हत्याकाण्ड सरकार रोकेगी, ऐसा ही हमें लगा था, किन्तु सरकार इस काम में अक्षम साबित हो गई। दंगे मात्र मराठवाड़े में ही नहीं हुए अपितु नासिक, मनमाड़, नागपुर जैसे स्थानों पर भी हुए। पुलिस ने उस समय सवर्णों का ही पक्ष लिया। ऐसे में हम सबने मिलकर सरकार पर चारों ओर से दबाव बनाया। जहाँ-जहाँ दलित संगठन थे, वहाँ-वहाँ हमले नहीं हुए। विशेष बात तो यह है कि दलित पैन्थर की छावनियों ने इस अन्याय का प्रतिकार भी किया। 'अपनी रक्षा के लिए दलितों को हथियार मुहैया किये जाये' इस प्रकार की माँग हमारी नेता माईसाहब आम्बेडकर जी (डॉ. बाबासाहब आम्बेडकर जी की द्वितीय पत्नी शारदा कबीर) ने की।''

इस सवाल के जवाब में गंगाधर गाडे ने कहा, ''हम जनता से शान्ति बरतने का आवाहन कर रहे थे। मगर हमारे इस आवाहन के समाचार उस समय के मराठवाड़ा के समाचार-पत्रों में नहीं छापे। हमने अनेक देहातों में जाकर लोगों को धीरज बँधाया। शान्तता समिति की बैठकों में नामान्तर दंगों के सूत्रधारों पर वैचारिक (बौद्धिक) हमले भी किये। इसी कारण ये सूत्रधार नरम हो गये।''

नामान्तर प्रस्ताव के पश्चात् हुए इस 'दलित हत्याकाण्ड' के अनेक पहलू हैं। इसके हरेक पहलू पर एक-एक अनुसन्धान ग्रन्थ लिखा जा सकता है। नामान्तर हत्याकाण्ड के बाद भी पैन्थर ने अपनी भूमिका का त्याग नहीं किया। उन्होंने सदैव समविचारी मित्रों को निकट रखते हुए नामान्तर का संघर्ष और भी अधिक उग्र करने के लिए नानाविध मार्गों का अनुसरण करना आरम्भ किया। 15 अगस्त 1978 के दिन नामान्तर के लिए मराठवाड़े के प्रत्येक ज़िले में बहुत बड़े जुलूस निकाले गये। विशेषकर औरंगाबाद, उस्मानाबाद और बीड़ ज़िलों में आयोजित जुलूसों में लोग बहुत बड़ी संख्या में शामिल हुए थे। औरंगाबाद की प्रकट सभा में बोलते समय डॉ. माईसाहब आम्बेडकर जी ने नामान्तर प्रस्ताव की कार्यान्वियन की माँग करते हुए कहा, ''विद्यार्थी कृति समिति के छात्रों ने शरद पवार से 'कुर्सी छोड़ने' के लिए कहा तो क्या वे मुख्यमन्त्री पद की कुर्सी छोडेंग़े ? नामान्तर का तो विरोध होगा ही। इस विरोध की परवाह किये बिना शरद पवार को नामान्तर करना चाहिए।'' पैन्थर के कार्यकर्ताओं ने सम्पूर्ण मराठवाड़े का दौरा कर लोगों को धीरज बँधाया, उनके मन का भय दूर किया। जो दलित संगठित नहीं थे, उन्हीं पर हमले हुए इस प्रकार के सत्य का प्रचार कर पैन्थरवालों ने पैन्थर की 'छावनियाँ' निर्मित की। ''जहाँ गाँव, वहाँ छावनी'' और ''नामान्तर करेंगे या फिर मरेंगे'' जैसे नारे दिये गये। अपना संगठित जुलूस निकालते समय पैन्थर का लक्ष्य केवल सरकार ही थी। उन्होंने किसी भी सवर्ण व्यक्ति को संत्रस्त नहीं किया। इस बारे में प्रा. ई. बी. काम्बले

अपने पुस्तक में लिखते हैं, ''पैन्थर ने नामान्तर की माँग के लिए जुलूस, अनशन, रास्ता-बन्दी, घेराव और नानाविध पत्रक प्रकाशित कर मराठवाड़ा विश्वविद्यालय को डॉ. बाबासाहब आम्बेडकर जी का नाम दिया जाना चाहिए इस तरह की अटल भूमिका स्वीकार की है। इस माँग का पीछा करते हुए कभी भी, कहीं भी, हिंसा होने नहीं दी। सामाजिक जान-माल का नुकसान नहीं किया।

पैन्थर के कार्यकर्ताओं ने नामान्तर प्रस्ताव का कार्यान्वयन होना चाहिए, इसलिए बहुआयामी प्रयास किये। हर 15 अगस्त, 26 जनवरी, 6 दिसम्बर, 14 अक्टूबर, 14 अप्रैल जैसी दिनांकों के दिन कभी तहसील कार्यालय पर तो कभी मन्त्रालय पर जुलूस निकाले। अत्यन्त अनुशासित रूप में पैन्थर्स ने लाखों स्त्री-पुरुषों के जुलूस लेकर सरकार पर दबाव बनाया। ऐसे में अनेक मुख्यमन्त्रियों ने केवल ''हम नामान्तर का समर्थन करते हैं, उचित समय आने पर नामान्तर कर ही देंगे'' इतना ही आश्वासन दिया। शरद पवार, वसन्तदादा पाटील, अब्दुल रहमान अन्तुले, बाबासाहब भोसले और अब शंकरराव चव्हाण सभी मुख्यमन्त्रियों ने नामान्तर करने के केवल आश्वासन ही दिये हैं।

जुलाई 1978 से नवम्बर 1979 तक प्रा. अरुण काम्बले, रामदास आठवले, गंगाधर गाडे, प्रीतम कुमार शेगाँवकर, उमाकान्त रणधीर, रमेशचन्द्र परमार, टी. एम. काम्बले और यशपाल सरवदे ने मराठवाड़ा के दौरे कर नामान्तर के लिए अनुकूल वातावरण बनाने का प्रयास किया।

पैन्थर्स नामान्तर का प्रयास मात्र मराठवाडे तक ही सीमित न रखते हुए उसे सम्पूर्ण भारत में ले गये। दिल्ली, गुजरात, कर्नाटक, मध्यप्रदेश, गोवा, आन्ध्रप्रदेश, तमिलनाडु आदि राज्यों से नामान्तर के समर्थन में जुलूस निकाले गये। इतना ही नहीं लन्दन में भी नामान्तर के लिए जुलूस निकाला गया था। इस जुलूस के लिए लन्दन निवासी कृष्णा गमरे प्रयासरत थे। नामान्तर की समस्या, सामाजिक समस्या है और वह समता के संघर्ष का एक भाग है, इसी भूमिका से पैन्थर्स ने इस समस्या की ओर देखा है। 'सामाजिक एकात्मता का मार्गक्रमण' इस पुस्तक में प्रा. ई. बी. काम्बले लिखते हैं - ''...पैन्थर ने पूरा मराठवाड़ा, पश्चिम महाराष्ट्र और विदर्भ इस नामान्तर के लिए जागृत किया था। सभी स्थानों में 'आग' लगाई थी। पैन्थर नामक बाबासाहब की भीमसेना अपने पिता के नाम को साकार करने के लिए संघर्षरत थी। नामान्तर की माँग के लिए जो कुछ दलित युवाओं के संगठन आगे आये थे उनमें दलित पैन्थर अग्रभागी था।''

भारतीय दलित पैन्थर और नामान्तरवादी विद्यार्थी-नागरिक कृति समिति की ओर से 6 दिसम्बर 1979 के दिन सत्याग्रह कर 'डॉ. बाबासाहब आम्बेडकर मराठवाड़ा विश्वविद्यालय' नाम का फलक विश्वविद्यालय के द्वार पर लगाने का निश्चय किया गया। सम्पूर्ण महाराष्ट्र और अनेक प्रान्तों में इस विराट सत्याग्रह के बारे में जनजागृति की

गई। नागपुर की नामान्तरवादी छात्र-नागरिक कृति समिति ने प्रा. जोगेन्द्र कवाड़े जी के नेतृत्व में लाँगमार्च (नागपुर से औरंगाबाद लम्बी यात्रा) निकालने का निश्चय किया। मुम्बई, पुणे और नासिक से भी औरंगाबाद के लिए लाँगमार्च निकल चुके थे।

6 दिसम्बर 1979 की सुबह सभी सत्याग्रहियों के जत्थे के जत्थे औरंगाबाद में उपस्थित हो चुके थे। सत्याग्रही इतनी बड़ी संख्या में आ चुके थे कि केवल इसी कारण से दो स्थानों पर सत्याग्रह करना पड़ा। भडकल गेट-आम्बेडकर पार्क में डॉ. माईसाहब आम्बेडकर के नेतृत्व में सत्याग्रह हुआ, तो क्रान्ति चौराहे पर बाबा आढाव, सुभाष लोमटे, कुमार सप्तर्षि, प्रा. मोतीराज राठोड़, प्रा. बापूराव जगताप, प्रा. अविनाश डोलस, प्रा. फ. मुं. शिन्दे आदि के नेतृत्व में सत्याग्रह हुआ। पुलिस ने अपने सारे बल का प्रयोग करके क्रान्ति चौराहा और भडकल गेट स्थित कार्यकर्ताओं पर लाठियों से हमला किया। सत्याग्रहियों को बन्दी बनाया गया। बन्दी बनाये सत्याग्रहियों को औरंगाबाद के मध्यवर्ती कारागार के परिसर में रखा गया। इसके अलावा विसापुर, येरवदा और नासिक के कारागारों में भी सत्याग्रहियों को बन्दी बनाकर रखा गया। सरकार के सारे कारागार कम पड़ गये। औरंगाबाद में लाखों लोगों को उन्हीं के गाँवों में भेजने के लिए मुफ्त में ही सुविधा प्रदान की गई। यदि कार्यकर्ता अपने गाँव जाने के लिए तैयार न हुए तो उन पर लाठियाँ भाँजते हुए बसों में बलपूर्वक बैठाया जाता था। नागपुर से निकला हुआ लाँगमार्च एक नदी के पुल पर ही रोककर उन पर बड़ी क्रूरता से लाठियों से हमला किया गया। इससे भागे हुए सत्याग्रही दोपहर के समय औरंगाबाद पहुँचे। इस सत्याग्रह को दबाने का सरकार का प्रयास असफल साबित हो गया। इस सत्याग्रह के कारण दलितों की एकता में बढ़ोत्तरी हो गई। इसके अलावा दलित-दलितेतरों में एकता होकर नामान्तर-विरोधियों के मुँह पर कसकर थप्पड़ भी लग गया। यह मुझे आज भी स्मरण हो आता है कि उस समय औरंगाबाद शहर को युद्धभूमि का रूप प्राप्त हुआ था। किन्तु सरकार द्वारा इस सत्याग्रह को भले ही सम्वेदनहीन और भावहीन अन्तःकरण से देखने के बावजूद इस सत्याग्रह की सूचना पूरे देश और विश्व को भी प्राप्त हुई थी।

इस महासत्याग्रह के उपरान्त भी पैन्थर ने अपना नामान्तर का संघर्ष जारी ही रखा। उन्होंने नामान्तर विरोधियों की वैचारिक रीति से प्रताड़ना की। 'राष्ट्रीय स्मारक', स्वतन्त्र विश्वविद्यालय, मराठवाड़े के अस्मिता इस प्रकार के विरोधियों के प्रचार का मजाक उड़ाते हुए इन हास्यास्पद विकल्पों को एवं प्रचार का पाखण्ड उजागर किया। इसके मूल में किस प्रकार जातीयवादी ही इस बात को पैन्थरवालों ने बताना शुरू किया।

महाराष्ट्र के विधिमण्डल के प्रत्येक अधिवेशन (ग्रीष्मकालीन, वर्षाकालीन और शीतकालीन) के कभी पहले दिन तो कभी अन्तिम दिन नामान्तर के लिए पैन्थर ने लाखों

कार्यकर्ताओं के जुलूस निकाले। 24 मई से 30 मई 1982 तक के काल में सम्पूर्ण महाराष्ट्र में 'जेल भरो' सत्याग्रह किया गया। इस सत्याग्रह के निमन्त्रक पैन्थर के ही प्रा. अरुण काम्बले और युक्रांद (युवा क्रान्ति दल) के सुभाष लोमटे थे। इस सत्याग्रह में भी नामान्तरवादियों से कारागार पूरे भर गये थे, किन्तु सरकार ने इस सत्याग्रह की उपेक्षा की।

सभी मन्त्रियों को अपने-अपने ज़िलों में प्रवेश पर प्रतिबन्ध लगाया जाये, इस प्रकार का परिपत्र पैन्थर ने निकालकर साधारण कार्यकर्ताओं को हर एक छावनी पर भेज दिया। परिणामत: विधायक, सांसद और मन्त्रियों के मराठवाड़े के प्रत्येक स्थान पर घेराव डाले गये, निदर्शन किये गये और नामान्तर का संघर्ष जारी ही रखा गया। मुख्यमन्त्री शरद पवार एक बार सोलापुर ज़िले के दौरे पर आये थे, उसी समय सोलापुर शहर के एक नुक्कड़ पर पैन्थर के मराठवाड़ा प्रदेशाध्यक्ष यशपाल सरवदे जी मुख्यमन्त्री की गाडी के सामने झट से कूद पड़े थे। इस समय मुख्यमन्त्री शरद पवार का चेहरा देखने लायक हो गया था। इस घटना के गवाह के रूप में मन्त्री सुशील कुमार शिन्दे जी उपस्थित थे। इस घटना के बाद पुलिस ने पैन्थर कार्यकर्ताओं को शरद पवार जी के सोलापुर से बाहर जाने तक बन्दी बनाकर रखा था। यशपाल सरवदे पर भी मुकदमा दायर किया गया था। बाद में यह मुकदमा 'अपने आप ही' वापिस लिया गया।

मुख्यमन्त्री बाबासाहब भोसले जी को भी सोलापुर में पैन्थर्स ने घेर कर सौम्यता से ठोका था। उस समय भोसले ने 'आग रामेश्वरी, बम्ब सोमेश्वरी' (अर्थात् समस्या कोई और तथा समाधान कोई और ही) कहा था। इस कथन से यह सिद्ध होता है कि नामान्तर का आन्दोलन केवल महाराष्ट्र तक ही नहीं अपितु सम्पूर्ण देश में फैल गया था।

1982 के दरमियान नामान्तर के लिए पूरे वर्ष परिषदों का आयोजन किया गया। मुम्बई, पुणे, नागपुर और औरंगाबाद में विभागीय परिषदों का आयोजन किया गया। ठीक इसी तरह से प्रत्येक ज़िले-तहसील के स्तर पर भी नामान्तर परिषदों का आयोजन किया गया था।

1980 के वर्ष में भारतीय दलित पैन्थर का अखिल भारतीय स्तर का अधिवेशन दिल्ली में आयोजित किया गया था। एड. बापूराव पखिड्डे इस अधिवेशन के संयोजक थे, तो डॉ. माईसाहब आम्बेडकर उद्घाटक के रूप में विद्यमान थी। इस अधिवेशन में लगभग दस से पन्द्रह प्रान्तों के प्रतिनिधि हाज़िर थे। इस अधिवेशन में नामान्तर प्रस्ताव के कार्यान्वयन की माँग की गई थी। भारतीय दलित पैन्थर का दूसरा अखिल भारतीय स्तर का अधिवेशन मुम्बई के शिवाजी पार्क में सन् 1984 में आयोजित किया गया था। इस अधिवेशन के उद्घाटक विजय तेन्दुलकर थे , वहीं अध्यक्ष के पद पर प्रा. अरुण काम्बले आसीन थे। इस अधिवेशन में भी नामान्तर प्रस्ताव के क्रियान्वयन की माँग की

गई थी। प्रान्तीय स्तर पर तथा मराठवाडा स्तर पर आयोजित सभी अधिवेशनों में इस माँग का सदैव प्रत्याभरण किया गया।

बै. अब्दुल रहमान अन्तुले ने कोंकण तकनीकी विश्वविद्यालय को डॉ. बाबासाहब आम्बेडकर जी का नाम देने की घोषणा की। इस घोषणा का स्वागत घनश्याम तलवटकर और प्रकाश आम्बेडकर ने किया। किन्तु भारतीय दलित पैन्थर ने नामान्तर के लिए यदि यह विकल्प नहीं होगा तो हम भी स्वागत करेंगे इस तरह की घोषणा की और मराठवाड़ा विश्वविद्यालय नामान्तर प्रस्ताव का क्रियान्वयन करना ही होगा इस अर्थ का पत्रक प्रकाशित किया। पैन्थर ने ही नामान्तर का प्रस्ताव लोगों को समझाया। जन-जागरण किया। भित्तिपत्रक, फलक, पुस्तिकाओं का प्रकाशन कर, दीवारों को रंग कर नामान्तर प्रस्ताव का क्रियान्वयन कितना ज़रूरी है, इस बात की जागृति युवाओं के अन्त:करण में उत्पन्न की।

1978 के बाद के प्रत्येक अखिल भारतीय मराठी साहित्य सम्मेलन में कभी डॉ. माईसाहब आम्बेडकर के नेतृत्व में तो कभी रामदास आठवले के नेतृत्व में पैन्थर ने पाँच-पाँच हजार कार्यकर्ताओं का जुलूस निकालकर साहित्य सम्मेलन के अन्य प्रस्तावों के साथ "नामान्तर प्रस्ताव का क्रियान्वयन करना होगा" प्रस्ताव को भी पारित करने के लिए दबाव बनाया। कभी-कभी चर्चा करके सफलता भी प्राप्त की। विशेषकर गं. बा. सरदार, शंकरराव खरात, शंकर पाटील आदि ने नामान्तर के पक्ष में अपना वक्तव्य दिया।

पैन्थर ने नामान्तर का संघर्ष अनेक आयामों से किया है। भारतीय विद्यार्थी संसद, भारतीय कर्मचारी संसद, भारतीय बौद्ध धम्म संसद, ये भारतीय दलित पैन्थर की क्रमश: विद्यार्थी, मजदूर और धार्मिक मंच हैं। इन मंचों के माध्यम से भी नामान्तर के सवाल को आगे ले जाना है। संगठन का मुखपत्र होना ही चाहिए, विशेषकर लोगों को नामान्तर के सवाल पर संघर्ष करने के लिए तैयार करना होगा, इसलिए पैन्थर ने अनेक पत्र-पत्रिकाओं को चलाने का असफल प्रयास किया है। औरंगाबाद से दलित मित्र, नान्देड़ से दलित सत्ता, कोल्हापुर और मुम्बई से नानाविध नामों से ये पत्रिकाएँ प्रारम्भ की गई थीं।

पैन्थर आन्दोलन ने अन्त तक नामान्तर के लिए संघर्ष करने का निश्चय करके ही इस समरभूमि में प्रवेश किया था, यही दिखाई देता है। अभी अभी कल-परसों अर्थात् 28 मई 1986 को "राख ठेवा सांभाळून, राख झालेल्या घरांची। सुरू झाली पुन्हा लढाई, यार हो नामांतराची।।" (राख सम्भालकर रखो, राख हुए घर की। शुरू हो गई फिर लड़ाई, यारों नामान्तर की।।) यह खुला नारा लेकर पचास हजार कार्यकर्ताओं का जुलूस लेकर मन्त्रालय पर नामान्तर के प्रस्ताव का क्रियान्वयन करना होगा, ऐसी माँग इस प्रतिनिधि मण्डल ने की। मुख्यमन्त्री शंकरराव चव्हाण जी ने मैं नामान्तर के प्रति

वचनबद्ध हूँ तथा मराठवाड़ा के लोगों का मतपरिवर्तन होने के बाद ही नामान्तर का विचार किया जायेगा। इस प्रकार का आश्वासन दिया, यह समाचार प्रदेश अध्यक्ष रामदास आठवले ने आकाशवाणी पर प्रकट किया। शंकरराव चव्हाण का यह आश्वासन पाखण्डपूर्ण था, फिर भी वे नामान्तर का विरोध नहीं कर पाये।

पैन्थर ने नामान्तर प्रस्ताव के क्रियान्वयन के लिए कभी कानूनी तो कभी गैरकानूनी मार्गों का अनुसरण किया। महाराष्ट्र विधानभवन में पैन्थर्स दो बार कूदे थे। अनेक बार पत्रक फेंके थे। विधानभवन में कुछ वर्षों तक हमेशा एक तरह का तनाव छाया रहता था।

इसी विश्वविद्यालय को डॉ. बाबासाहब आम्बेडकर का नाम क्यों ? या इसी विश्वविद्यालय का नामान्तर क्यों ? ऐसे बचकाने सवाल नामान्तर विरोधियों द्वारा पूछे गये थे। आज भी कभी-कभी पूछे जाते हैं। इस बारे में पैन्थर की भूमिका को समझना अत्यावश्यक है।

पहला कारण यह कि भारत के सभी विश्वविद्यालयों से इसी विश्वविद्यालय में दलित छात्रों की संख्या सर्वाधिक थी। इसके अलावा महान् व्यक्ति के नाम पर विश्वविद्यालय होना ही चाहिए, ऐसी भी माँग थी।

दूसरा कारण यह है कि मराठवाड़ा प्रदेश मुक्त करने के लिए तत्कालीन गृहमन्त्री वल्लभभाई पटेल को बाबासाहब ने ही पुलिस कार्रवाई की सूचना दी थी। परिणामत: 14 सितम्बर 1948 के दिन भारतीय सेना ने कश्मीर और हैदराबाद रियासतों को घेरा और झट से दोनों रियासतों को जीत कर ये प्रदेश भारतीय संघराज्य से जोड़ दिये। इसलिए मराठवाड़े की स्वाधीनता और अस्मिता का श्रेय बाबासाहब को ही क्यों न दिया जाये ?

तीसरा कारण यह कि, इस प्रदेश में बाबासाहब ही शिक्षा की गंगोत्री मिलिंद महाविद्यालय के रूप में ले आये थे और इस प्रदेश में एक विश्वविद्यालय होना चाहिए, इस प्रकार की माँग भी उन्होंने की थी।

चौथा कारण यह कि औरंगाबाद से बाबासाहब को बहुत स्नेह था। यहाँ ब्रॉडगेज रेल अत्यावश्यक है, ऐसा कहकर औरंगाबाद दक्षिण की राजधानी हो सकता है, इस प्रकार का प्रतिपादन भी उन्होंने किया था। इसके अलावा भाषावार प्रान्त रचना के समय महाराष्ट्र के चार भाग कर, मध्य महाराष्ट्र की राजधानी औरंगाबाद में ही होनी चाहिए इस प्रकार की साक्ष्य बाबासाहब ने फाजल अली आयोग के सम्मुख दी।

पाँचवा कारण यह कि इस परिसर की बौद्ध गुफाएँ, एलोरा और अजन्ता की गुफाएँ बाबासाहब को आकर्षित करती रहीं।

छठा कारण यह है कि सन् 1957 में विश्वविद्यालय की स्थापना हुई, उस समय समिति ने जिन नामों की सिफ़ारिश की थी, उनमें अजन्ता विश्वविद्यालय, स्वामी रामानन्द

तीर्थ विश्वविद्यालय, डॉ. बाबासाहब आम्बेडकर विश्वविद्यालय और मराठवाड़ा विश्वविद्यालय जैसे नामों का समावेश हुआ था। उपर्युक्त सारे सन्दर्भ ''मराठवाड़ा विश्वविद्यालय को डॉ. बाबासाहब आम्बेडकर जी का नाम क्यों देना चाहिए?'' इस सवाल का जवाब दे जाते हैं। इसके अतिरिक्त डॉ. बाबासाहब आम्बेडकर जी का बहुमुखी व्यक्तित्व ध्यान में रखने पर इस महान् देशभक्त और शिक्षाविद का नाम विश्वविद्यालय को क्यों नहीं देना चाहिए, पैन्थर ने इस प्रकार के विचार किये थे, वे ग़लत नहीं थे।

भारतीय दलित पैन्थर की इसके आगे की नामान्तर के बारे की भूमिका को समझाते हुए एड. प्रीतम कुमार शेगाँवकर ने कहा, हम तो केवल मुट्ठी भर नामान्तर विरोधियों से मिलकर ही उनका अन्तःकरण परिवर्तित करने का प्रयास करना चाहते हैं। मराठवाड़ा के सर्वसाधारण लोग नामान्तर के विरुद्ध नहीं हैं, ऐसे में तो बुद्धिजीवियों के विरोध का प्रश्न ही नहीं उठता। वे तो इससे पूर्व ही नामान्तर के संघर्ष में अपने समर्थन के साथ उतरे थे। इसके अलावा कुछ लोगों का विरोध तो रहेगा ही। पंजाब और आसाम की समस्या का समाधान भी बिना विरोध के नहीं होगा या महाराष्ट्र-कनार्टक सीमा की समस्या का समाधान भी बिना विरोध के हो ही नहीं सकता। अच्छी और महत्त्वपूर्ण समस्याओं का समाधान करते समय तो विरोध होगा ही। अतः इस विरोध को सरकार इतनी गम्भीरता से लेना ज़रूरी नहीं है। इसके आगे नामान्तर संघर्ष का केन्द्र नासिक, सोलापुर, नागपुर, पुणे, मुम्बई, आन्ध्र प्रदेश, कर्नाटक, मध्यप्रदेश, गुजरात और दिल्ली होंगे। इस समस्या को अदालत में अथवा युनो (संयुक्त राष्ट्र संगठन) में भी ले जाया जा सकता है क्या, इस बारे में प्रा. अरुण काम्बले अन्य नामान्तरवादियों के साथ बैठकर वैधानिक मान्यता के सन्दर्भ में परामर्श कर रहे थे। ''मराठवाड़ा विश्वविद्यालय के नामान्तर की समस्या को सारे आम्बेडकर प्रेमियों ने तथा जनतन्त्र पर असीम निष्ठावाले लोगों ने बड़ी शक्ति से सम्भाला है। यह संघर्ष समता, आज़ादी, भाईचारा और और न्याय का संघर्ष है। इस संघर्ष में पैन्थर आन्दोलन आगे था, है और रहेगा, इस बारे में मुझे पूरा भरोसा है। अर्थात् पैन्थर आन्दोलन नामान्तर का संघर्ष करता है वह कोई बहुत बड़ा त्याग या उपकार नहीं, ''अपितु नामान्तर दलितों का पैदाइशी हक है और पैन्थर उसे प्राप्त करके ही रहेगा'' इसी न्याय से कर नुकसान हुआ, इस बात को तफ़सील में देखना टाला गया है। नामान्तर आन्दोलन एक सामाजिक रहा है।

यह आलेख लिखते समय विस्तारभय के कारण अनेक बातों को टाला गया है। पूरे भारत से किस-किसने नामान्तर आन्दोलन को समर्थन दिया। कितने लोग शहीद हो गये, कितना आर्थिक आन्दोलन है। यह सिद्धान्त और इज्जत की समस्या बन गया है। जल्द ही इस समस्या का समाधान कर जनतन्त्र की इज्जत की रक्षा करनी होगी। अतः पैन्थर

आन्दोलन तो प्रयास करेगा ही, किन्तु अखिल जनतन्त्रप्रेमी जनता द्वारा सरकार पर दबाव डालकर इस समस्या का समाधान करना होगा।

सन्दर्भ :-

1. एड. प्रीतमकुमार शेगाँवकर और प्रा. गंगाधर गाड़े के साक्षात्कार।
2. प्रा. सुधीर गव्हाणे जी से अनौपचारिक चर्चा।
3. सामाजिक एकात्मता का मार्गक्रमण (सामाजिक एकात्मतेची वाटचाल) - प्रा. ई. बी. काम्बले, राहुल प्रकाशन, औरंगाबाद।
4. नामान्तर विरोधी अत्याचारी आन्दोलन - पी. ई. (पीपल्स एज्युकेशन) सोसाइटी प्रकाशन, औरंगाबाद ।

●●●

14.

आम्बेडकरवादियों की सन्तान दलित पैन्थर

पार्थ पोलके

"छाती हमारी फौलाद है, बाबासाहब की औलाद है।" इस नारे से खून खौलता था। यह एक अलग प्रकार का अभिमान उत्पन्न करता था। दलित पैन्थर उच्चवर्गियों के बारे में भयानक क्रोध और निम्नवर्गियों के बारे में आत्मीयता जैसी सोच वे रखते थे। "समाज में व्याप्त पुराने को तोड़कर नये का निर्माण करना।"

धाकली के गवई बन्धुओं की आँखें निकाली गईं और सम्पूर्ण महाराष्ट्र में सरकार और जातीयवादियों के विरोध में सारा वातावरण गर्म हो गया। वैसे तो कोल्हापुर में युक्रांद, पैन्थर और अन्य लोगों ने कोल्हापुर के रास्ते पर ही निषेध किया था। यहाँ पैन्थर और युक्रांद की अपेक्षा नये नाम और नई पार्टियाँ सुनने को मिल गईं। जैसे मार्क्सवादी, समाजवादी, नक्सलवादी, वामपथी कम्युनिस्ट, दक्षिणपंथी कम्युनिस्ट आदि वैचारिक आधार पर अवलम्बित पार्टियों एवं संगठनों की जानकारी मिलने लगी।

इन समाजवादी, मार्क्सवादी और आम्बेडकरवादी आदि का अपनापन आँखों में छाने लगा था। आम्बेडकरवाद की सन्तान अर्थात् दलित पैन्थर ही है, समाजवाद की सन्तान युक्रांद, राष्ट्र सेवा दल और उस-उस ज़िले के नानाविध गुट, डॉ. बाबा आढाव का महात्मा फुले प्रतिष्ठान, मार्क्सवादियों की सन्तान एस. एफ. आई., डी. वाई. एस. एफ., श्रमिक संगठन, आदि। इन सभी की चर्चा होती थी और उनके कार्य के बारे में जानकारी मिलती रही।

शिवाजी विश्वविद्यालय में न जाने क्यों, शुद्ध पृथकता होते हुए भी समाजवादी और हम पैन्थरवाले एक साथ रहते थे। इसी काल में समाजवादी अरुण लिमये आदि ने देवदासी प्रथा के विरोध में संघर्ष किया। इस समस्या को समाज के पटल पर लाकर रखा।

विचारों के बारे में कहा जाये तो मार्क्सवादियों में केवल मार्क्स का ही सैद्धान्तिक रूप था, तो समाजवादियों में गान्धी, मार्क्स और लोहिया के विचारों का मिश्रण था। मार्क्सवादियों का आर्थिक संघर्ष पर ही बल था, तो समाजवादियों का बल आर्थिक, सामाजिक और सांस्कृतिक समस्याओं पर था। आम्बेडकरवादियों का अर्थात् हम पैन्थरवालों का बल पहले सामाजिक अर्थात् जाति की समस्या पर था। बाद में आर्थिक समस्या महत्त्वपूर्ण लगती थी। आज भी इसमें कोई परिवर्तन नहीं हुआ है।

समाजवादी, मार्क्सवादी और आम्बेडकरवादी अपने विचार लेकर अन्याय के विरोध में रास्ते पर उतरकर विप्लव मचाते थे। समाजवादी अपनी चर्चा के कमरे में मार्क्स और गान्धी जी को लेकर कलाबाजियाँ लगाते थे। मार्क्सवादियों का एक ही पैन्तरा था आर्थिक समस्याओं के समाधान के बाद सारे स्तरों पर समता अपने आप ही आयेगी। सामाजिक समस्याओं को लेकर पक्के आम्बेडकरवादियों को आर्थिक समस्याओं के बारे में मार्क्स से पहले बुद्ध दिखाई देते थे। गरीबी-अमीरी की भाषा आते ही, मार्क्स का नाम न लेते हुए गौतम बुद्ध ने पहले ही कहा है, इस प्रकार का तथागत सिद्धान्त प्रस्तुत करते थे। आम्बेडकरवादियों की जीवित सन्तान अर्थात् दलित पैन्थर एक ऐसा ही उत्साह मस्तिष्क में रहता था।

मैं सातारा के समाजवादी गुट में शामिल हो गया। समाजवादी युवा दल में पहले दो-चार साल कार्य करने में ही निकल गये। समाजवादी, आम्बेडकरवादी और मार्क्सवादियों की कलाबाज़ियाँ लगाने का सर्कस देख रहा था। अध्ययन कर रहा था। इसी काल में समाजवादी गुट के युक्रांद और संघर्षवाहिनी के आन्दोलन देखते हुए, अध्ययन करते हुए घूम रहा था। औरंगाबाद में शान्ताराम पन्देरे द्वारा चलाया हुआ विटगाँव का संघर्ष बहुत प्रसिद्ध हुआ। इसी के आस-पास हमारे समाजवादी युवा दल ने 'त्रिपुरी' की परिषद विख्यात की। आर्थिक समस्याओं के साथ ही सामाजिक समस्याओं को भी उतना ही महत्त्व देनेवाला यह समाजवादी समूह था। उनकी दलित पैन्थर से बनती नहीं थी। इन सबके कार्य की दिशा तो वैसे एक ही थी, केवल कार्यक्षेत्र जाति व्यवस्था से अनुप्राणित था। कार्यकर्ताओं के उत्साह और प्रयोजन के बारे में किसी भी प्रकार की शंका नहीं होगी, इस तरह वे मिलजुल कर रहते थे। युक्रांद, महात्मा फुले प्रतिष्ठान, राष्ट्रसेवा दल, भूमिसेना आदि संगठनों के कार्यकर्ता आदिवासी, हमाल (कुली) और रोजगार गारण्टी के मजदूरों में कार्य करनेवाले कार्यकर्ता थे। इस क्षेत्र में पैन्थर को अपना कार्य करना कठिन था। इस कारण काम के अलग-अलग क्षेत्र निर्मित हो चुके थे।

चुनाव की राजनीति में ये संगठन भाग नहीं लेते थे, किन्तु समाजवादी पार्टी को साहाय्य करते थे। समाजवादी युवाओं के ये संगठन और उनके नेता अन्याय के विरोध में लड़ते समय किसी का भी मुलाहिजा नहीं रखते थे। जिस तरह दलित पैन्थर को दलित

जातियों में स्थान प्राप्त था, ठीक उसी तरह युक्रांद, संघर्षवाहिनी, सेवादल आदि संगठनों को खेतिहर मजदूरों में स्थान प्राप्त था।

इसी समय कुछ ही दिनों में दलित पैन्थर ने महाराष्ट्र के गाँव-गाँव और शहर-शहर में अन्याय-अत्याचार करनेवालों के मन में आतंक उत्पन्न किया था, उसी प्रकार दलित युवाओं के अन्तःकरण में एक तरह की लहर भी उत्पन्न की थी। दलितों की यह पैन्थर के रूप में बढ़नेवाली और निर्मित हो रही एकता कुछ समाजवादी नेताओं से देखी नहीं जा रही थी। इस एकता को उन्होंने तोड़ दिया और अफवाह फैलाई कि दलित पैन्थर के नेता कम्युनिस्ट बन गये हैं। एक नेता दूसरे नेता पर ‘‘तू कम्युनिस्टों का पक्षधर मार्क्सवादी है, तू आम्बेडकरवादी नहीं है’’ इस प्रकार का आरोप करने लगा, तो दूसरा नेता पहले पर इसी प्रकार के आरोप करता रहा। और कुछ ही दिनों में दलितों की यह बनी-बनाई सेना टूट गई। ढाले-ढसाल के अलग-अलग गुटों के रूप में दलित पैन्थर के दो शिविर बन गये। इस कारण से महाराष्ट्र की दलित जनता की आवाज़ क्षीण होते-होते दुर्बल हो गई।

ठीक यही स्थिति समाजवादी आन्दोलन की भी हो चुकी थी। आपातकाल के बाद युक्रांद की पहली टुकड़ी जनता पार्टी में चली गई और देहाती इलाकों से युक्रांद का रचनात्मक आतंक समाप्त हो गया।

आपातकाल के दौर में आपातकाल पर प्रतिक्रिया प्रकट करते हुए आपातकाल को दलित पैन्थर ने समर्थन प्रदान किया। इस समय पैन्थर में रामदास आठवले और अरुण काम्बले जैसे नेता सामने आ गये। ढसाल गुट का पैन्थर आज भी कायम है, किन्तु उसका प्रभाव क्षीण हो रहा है। राजा ढाले ने पैन्थर का नाम त्यागा और ‘मास मूवमेण्ट’ चलाई।

रामदास आठवले के रूप में दलित पैन्थर को सीधा-सादा और उज्ज्वल नेतृत्व प्राप्त हो गया। उसके पास नेतृत्व के दाँव-पेंच नहीं हैं और गुटबाजी का गड़बड़झाला भी नहीं है। इसके विपरीत सभी को एक साथ आना चाहिए यही उसकी भावना है, संगठन ही सबसे भला है। बाबासाहब जी की दिशा पर चलने का एक ही लक्ष्य है। सरकार के दरबार में सम्बन्ध नहीं हैं और न ही खुद के लिए कोई सौदेबाजी है। सिद्धार्थ विहार में रहते हुए रूखी-सुखी खाकर दलित पैन्थर और बाबासाहब जी के विचारों के लिए त्याग का दूसरा नाम ही रामदास आठवले है। समता के लिए लड़नेवाले कार्यकर्ताओं में ईर्ष्या और द्वेष जैसी छूत की बीमारी है, यह अत्यन्त दुःख की बात है। ठीक यही बीमारी दलित आन्दोलन में दिखाई देती है।

इसकी तुलना में समाजवादी परिवार में अधिक द्वेष अनुभव हुआ। महात्मा फुले प्रतिष्ठानवालों को युक्रांद के बारे में नफ़रत है। राष्ट्र सेवा दल वालों और समाजवादी युवा दल के लिए महात्मा फुले प्रतिष्ठान अपने निकट जान पड़ता है। ये सारे लोग दल दिवस

और नाथ पै की जयन्ती जैसे अवसरों पर एकत्रित होते हैं। इन अवसरों के अलावा ये सारे अपने-अपने शिविर में जमा हो जाते हैं। इन दोनों धाराओं अर्थात् दलित संगठन और समाजवादियों के साथ कम्युनिस्ट तो कभी भी कार्यक्रम के स्तर पर भी एकत्रित नहीं होते।

'एक गाँव एक पनघट' आन्दोलन के कारण इन सभी समतावादियों की आँखें खुल गईं। फुले-शाहू-आम्बेडकर के इस महाराष्ट्र में समाज अत्यन्त प्रगतिशील है, यह भ्रम 'एक गाँव एक पनघट' आन्दोलन ने स्पष्ट कर दिया है।

समाजवादी और दलित संगठनों ने सार्वजनिक पनघट पर दलितों को पानी भरने देने का अनुरोध किया। किन्तु यह अनुरोध केवल अनुरोध नहीं था, अपितु वह समता के अधिकार की माँग थी। मानवमुक्ति का संघर्ष था। समाजवादी संगठनों ने गाँव-गाँव में अपने अपने इलाके में पनघट खोलने का अभियान प्रारम्भ किया। दलित पैन्थर ने इसी अभियान को पूरे महाराष्ट्र में अपनाया। 'एक गाँव एक पनघट' के इस आन्दोलन में कम्युनिस्ट अथवा उनके संगठन शामिल नहीं हो पाये। और पैन्थर के साथ संगठित 'एक गाँव एक पनघट' अभियान को समाजवादी संगठनों ने स्वीकार नहीं किया। परिणामत: यह समस्या प्रकाश में आ गई। किन्तु यह संघर्ष सदैव के लिए जाति-अन्त के संघर्ष में रूपान्तरित नहीं हो पाया।

पनघट की समस्या पर महाराष्ट्र में विषमता के विरोध में जिहाद पुकारे जाने के साथ ही शहादा, तलोदा और ठाणे इलाकों में कम्युनिस्ट मार्क्सवादी मजदूर संगठनों की खतरनाक समस्याओं को लेकर-जबरन ज्योत जैसे अन्दोलन चल रहे थे। जातीयता की विषमता को हाथ लगाने की इच्छा कम्युनिस्टों को बिलकुल नहीं थी। इसलिए समतावादियों की शक्ति पहले जैसी ही डावाँडोल ही रह गई। इस कारण दलित पैन्थर कम्युनिस्टों को सिर्फ गालियाँ देते रहा और कम्युनिस्ट एवं समाजवादी मिलकर पैन्थर के कार्यकर्ताओं और नेताओं को असहिष्णु कहकर आलोचना करते रहे।

इस अवस्था में महाराष्ट्र में बहुत बड़ा राजनीतिक भूचाल आ गया। ऐसा कभी नहीं हुआ, समाजवादी पार्टी को सत्ता में सहभाग प्राप्त हुआ। शेतकरी कामगार पक्ष (किसान मजदूर पार्टी) शरद पवार के नेतृत्व के मन्त्रिमण्डल में सहभागी हो गया। 'प्रगतिशील महाराष्ट्र सरकार' के रूप में विज्ञापन प्रारम्भ किया गया और सरकार ने मराठवाड़ा विश्वविद्यालय को डॉ. बाबासाहब आम्बेडकर का नाम देने की घोषणा कर दी। इस प्रकार का प्रस्ताव विधानमण्डल में एकमत से पारित किया गया और मराठवाड़ा में दलित बस्तियों में 'मानवता' को जलाकर राख किया जाने लगा। दलितों के मासूम बच्चों को आग में ज़िन्दा जलाया गया। नामान्तर का नाम आगे कर के ''महार-माँग अभिमानी हो

गये हैं। डॉ. बाबासाहब आम्बेडकर के जमाने से इन लोगों का सुनते आये हैं।'' इस प्रकार की गालियाँ बरसाई जाने लगीं।

पोचीराम काम्बले जैसे अनेक युवाओं को खम्भे से बाँधकर जला दिया गया। जातियों की ज्वालाओं से 'मानवता' जलती रही। दलितों ने फिर से इस मानवता के समता के संघर्ष के लिए जिहाद प्रारम्भ किया। दलित पैन्थर, सभी दलित पार्टियाँ और संगठन तथा प्रगतिशील संगठनों ने नामान्तर की माँग के लिए आन्दोलन प्रारम्भ किया। ''मराठवाड़ा विश्वविद्यालय को डॉ. बाबासाहब आम्बेडकर का नाम दिया जाना चाहिए। मराठवाड़े की अस्मिता के नाम पर जातियों का अहंकार चलने नहीं देंगे।'' ऐसी माँगे की जाने लगीं। समता, स्वाधीनता और भाईचारे के लिए संघर्ष नारा तो एक था किन्तु वह नारा नानाविध शिविरों से आ रहा था।

इसका प्रभाव शक्ति पर भी हुआ। दलित संगठनों की आवाज़, पैन्थर की आवाज़ और समाजवादी-कम्युनिस्टों की आवाज़ छह दिसम्बर के दिन औरंगाबाद में प्रतिध्वनित हुई। लाखों लोगों के समता के लिए अहिंसा के मार्ग से सरकार की नाकाबन्दी बेकार साबित हो गयी। पैन्थर भडकल गेट के पास संघर्ष कर रहा था, तो नामान्तरवादी कृति समिति आज़ाद चौक में सत्याग्रह में शामिल हो गई थी। फिर से अलग-अलग शिविर और आपसी फूट के कारण समता के इस संघर्ष पर पानी फिर गया।

छह दिसम्बर की यह असफलता नसीब होने के कारण भविष्य में नामान्तरवादी कृति समिति और दलित पैन्थर को एक साथ आना पड़ा। आवाज़ बढ़ गई। नामान्तर की सफलता न मिलने के बावजूद पैन्थर और कृति समिति में विद्यमान सभी समाजवादी कम्युनिस्टों के संगठनों और पार्टियों का प्रभाव बढ़ता गया। समतावादियों का आतंक उत्पन्न हो गया। अपने-अपने कार्यक्षेत्रों में सामाजिक और आर्थिक समस्याओं में दरार पड़ने लगी।

रामदास आठवले, अरुण काम्बले जैसे दलित पैन्थर के नेताओं ने शक्ति और परिणाम का विचार कर नामान्तरवादी कृति समिति के साथ रहकर नामान्तर का संघर्ष करते रहने की भूमिका अपनायी। किन्तु अन्य दलित पार्टियाँ और संगठन हमेशा की तरह पैन्थरवाले कार्यकर्ताओं को गालियाँ देने लगे।

नामान्तर के इस संघर्ष की सफलता-असफलता की तुलना में नामान्तर के बहाने दलित पैन्थर जैसे सर्वाधिक प्रभावशाली गुट की और समाजवादी तथा कम्युनिस्टों की एकता समता आन्दोलन पर दीर्घकाल तक प्रभाव करनेवाली साबित होनेवाली थी।

इसी समय समाजवादी असंसदीय संगठनों का लाभ का पक्ष यह था कि नासिक-सातारा-मुम्बई-ठाणे के तीन संगठनों ने एक होकर समता आन्दोलन नामक नये संगठन

की स्थापना की।

उसी प्रकार इसी समय खानाबादोश घुमन्तू और विमुक्तों की समस्याओं पर घुमन्तू जनजातियों और विमुक्त जनजातियों के संगठनों ने अपने पुनर्वसन की समस्याओं और पुलिस की दमनकारी व्यवस्था के विरोध में आवाज़ उठाई।

संगठन निर्मित होते रहे, संघर्ष भी होते रहे, किन्तु सामाजिक समस्याओं पर दलित पैन्थर और दलित नेता, आर्थिक संघर्ष पर कम्युनिस्ट, साम्राज्यवादी और खानाबदोश जनजातियों की समस्याओं पर विमुक्त संगठन आदि संघर्ष करते रहे। एक ही शत्रु के विरोध में लड़ाई, किन्तु शक्ति का विघटन हो चुका था। भाषा तो क्रान्ति की थी, किन्तु कृति के लिए आवश्यक शक्ति टूट चुकी थी।

इसी वातावरण में सामाजिक तनावों के उपरान्त नामान्तर की समस्या लेकर सभी लोग लड़ रहे थे, ऐसे में ही मण्डल आयोग की सिफारिशें घोषित हो गईं और महाराष्ट्र के सभी जजमानों की नींद टूट गई। सारे ओ. बी. सी. (अन्य पिछड़ी जातियाँ) अपने-अपने संगठनों के माध्यम से 'मण्डल आयोग' की सिफारिशों की माँग करने लगे। उन्हें दलित संगठन, कम्युनिस्टों और समाजवादियों ने समर्थन दिया। परिवर्तन के संघर्ष में सहज में सहभागी न होनेवाली जजमानी जातियाँ मण्डल आयोग के कारण इस आन्दोलन में कूद पड़ीं। दलित और अन्य पिछड़ी जातियों में ठोस एकता उत्पन्न हो गई। ओ. बी. सी. के नेतृत्व की लालच में एक समाजवादी डॉक्टर ने जानबूझकर इस एकता को खण्डित किया। दलित-ओ. बी. सी. एकता को तो खण्डित किया ही और मण्डल आयोग को भी त्याग दिया और ओ. बी. सी. संगठन को भी त्याग दिया। नानाविध परिषदों और सभाओं में उपस्थित रहकर गाल बजानेवाले डॉक्टर साहब कभी भी क्रान्तिकारी रवैया अपना कर नहीं लड़ पाये।

मण्डल आयोग और नामान्तर ये दोनों संघर्ष एकसाथ करने होंगे, यह दलित पैन्थर के रामदास आठवले और अरुण काम्बले का रवैया था। इस रवैये को ओ. बी. सी. संगठन और कम्युनिस्टों का समर्थन प्राप्त था। किन्तु सातारा के एक समाजवादी डॉक्टर और महात्मा फुले प्रतिष्ठान, पुणे के नेताओं ने विरोध किया तथा मण्डल आयोग के बहाने होनेवाले एक बड़े क्रान्तिकारी संघर्ष का महाराष्ट्र में ही 'फालूदा' कर दिया।

पहले असहिष्णु लगनेवाले दलित पैन्थर ने इस समय अत्यन्त समझदारी से आचरण किया। ईमानदारी से इन दलित-दलितेतरों का कुछ हद तक ही क्यों न हो सामाजिक और राजनीतिक दबाव बढ़ना चाहिए, इस प्रकार का रवैया पैन्थर ने अपनाया था। पैन्थर के आन्दोलन ने अनेक उपलब्धियाँ प्राप्त की हैं। पैन्थर के आन्दोलन से दलित साहित्य आन्दोलन बढ़ता गया। इसने गाँव के स्तर तक सामाजिक अन्याय करनेवालों के मन में

प्रचण्ड आतंक उत्पन्न किया था।

फिर भी दलित पैन्थर के रूप में उसके सामाजिक और आर्थिक संघर्ष में हरावल में उपस्थित इस संगठन को सवर्णों के रोजगार गारण्टी आदि जैसी आर्थिक समस्याओं पर 'दलित' अवधारणा की व्यापक परिभाषा कर संघर्ष को उत्पन्न करने में असफलता प्राप्त हो गई। वह तो यहाँ की जातीयता का ही एक भाग है। सवर्ण प्रगतिशील पार्टियाँ और संगठन भी दलित पैन्थर जितने असरदार नहीं हुए। इन दोनों की भी ये सीमाएँ हैं। फिर भी समय-समय पर दलितों द्वारा किये गये संघर्षों में सवर्ण प्रगतिशील नेताओं ने कृति के स्तर पर एक होकर सहायता की होती, तो आज जो प्रतिगामियों की शक्ति बढ़ती हुई दिखाई दे रही है, उसे निश्चय ही रोका जा सकता था।

●●●

15.
शोषण का स्वरूप एक जैसा ही है

भाई रमेशचन्द्र परमार

भारतीय समाज अत्यन्त दकियानूसी और गतिहीन है। वर्तमान भारतीय समाज भी 'शोषण' की नींव पर खड़ा है। यह रचना ही ऐसी है कि जिससे शोषण रूपी नींव हमेशा बनी रहती है। इस कारण सम्पूर्ण समाज का विघटन होता गया। विघटन की इस प्रक्रिया के कारण इस समाज की सामाजिक प्रतिष्ठा नष्ट हो चुकी है और प्राय: सभी लोग सामाजिक, आार्थिक, धार्मिक और राजनीतिक शोषण के शिकार हो चुके हैं।

कुछ समाज विघातक और प्रतिगामी शक्तियों ने भारतीय समाज के जड़त्व - गतिहीनता को बनाये रखने के लिए संस्कृति के नाम पर कुछ ऐसे दर्शनों का प्रसार किया है कि इस कारण कोई भी व्यक्ति प्राप्त अवस्था के विरोध में विद्रोह नहीं कर सकता। सन्तों ने सामाजिक अवस्था में परिवर्तन न लाते हुए आत्मा की मुक्ति के गीत रचे। ये गीत शोषण मुक्ति के गीत नहीं हैं। गाँव-देहातों में तो शोषण का अनुपात चरम उत्कर्ष तक जा पहुँचा है। देहातों की वर्तमान अवस्था बदलने के अलावा किसी भी तरह के सुधार लाना असम्भव है।

अखिल भारतीय स्तर पर शोषण का स्वरूप भी एक समान ही है। इसीलिए शोषण मुक्ति का उत्साह अखिल भारतीय स्तर पर होना आवश्यक है। दलित पैन्थर मात्र कोई संस्था या संगठन नहीं है, वह तो एक विचारधारा और एक दर्शन है। प्रत्येक स्तर के शोषण का विरोध, वह भी हमेशा से करते रहना ही इसका दर्शन है। सारा समाज जो रुढ़ियों से ग्रस्त हो चुका है, वह वैचारिक परम्परा के कारण सामाजिक, आर्थिक, सांस्कृतिक, राजनीतिक और धार्मिक शोषण का शिकार हुआ है वह दलित है।

डॉ. बाबासाहब आम्बेडकर जी के विचारों से प्रेरित सम्पूर्ण युवा पीढ़ी स्वाधीनता,

भाईचारा और न्याय के सिद्धान्त पर आधारित विचारों के माध्यम से और जनतान्त्रिक मार्गों से इस विषमता के खिलाफ़ मान-अपमान, सफलता-असफलता आदि की परवाह न करते हुए, दलितों की सम्पूर्ण शोषण से मुक्ति के लिए हमेशा संघर्ष करने का संकल्प करती है और उनके लिए एक ऐसे समाज का सपना देख रही है, जहाँ दलितों को सामाजिक, आर्थिक और राजनीतिक न्याय प्राप्त हो सकेगा, जहाँ आचार-विचार की आज़ादी प्राप्त हो सकेगी, जहाँ उन्हें समान अवसर प्राप्त होगा और जहाँ 'एक व्यक्ति, एक मत', समान मूल्य माना जायेगा।

हमारा दृढ़ विश्वास है कि इन आदर्शों को व्यवहार में उतारने पर ही दलितों का शोषण रोका जा सकता है तथा उन्हें दोयम नागरिक नहीं माना जायेगा और प्रगति के सारे क्षेत्र उनके लिए खुल जायेंगे। हमारा अटल विश्वास है कि इस रास्ते से वर्णविरहित और वर्गविरहित समाज के निर्माण का लक्ष्य प्राप्त किया जा सकता है। ''दलित शक्ति एक सच्चाई है, दलित पैन्थर एक प्रतीक है'', दलित मुक्ति अटल है इस अटल विश्वास से दलित पैन्थर के माध्यम से दलित-मुक्ति-संघर्ष की रूपरेखा निम्न प्रकार से सुनिश्चित कर रहे हैं -

(अ) सामाजिक और आर्थिक रूपरेखा

दलितों की सामाजिक और आर्थिक समस्याएँ एक-दूसरे में फँस गई हैं, उन्हें अलग-अलग करके देखने से दलित मुक्ति की कल्पना को साकार नहीं किया जा सकता। जिन कारणों से उनकी सामाजिक प्रतिष्ठा कम है, उन्हीं कारणों से उनकी आय भी कम ही है। जीवन जीने के लिए उन्हें घृणित कार्य करने पड़ते हैं। इसीलिए -

(1) सामाजिक और आर्थिक दोनों क्रान्तियाँ एक साथ ही होनी आवश्यक हैं। सामाजिक क्रान्ति से आर्थिक क्रान्ति के लिए उचित पृष्ठभूमि तैयार होगी।

(2) सामाजिक और आर्थिक क्रान्ति के लिए परम्परागत और जातिगत स्वरूप (ढाँचा) नष्ट होना ज़रूरी है। इसी से मजदूरों में परस्पर सद्भावना का वातावरण निर्मित हो पायेगा।

(3) आर्थिक शोषण समाप्त करने के लिए खेती की भूमि का राष्ट्रीयकरण होना अत्यन्त आवश्यक है। देहातों के सामन्तवादी वातावरण के कारण खेती में बड़ा परिश्रम करनेवाले दलितों को बन्धुआ मजदूरी जैसी प्रथा का शिकार होना पड़ता है। इसीलिए भूमिहीन खेतिहर मजदूरों को नये उद्योग-व्यवसाय मुहैया करने चाहिए।

(4) कोई भी समाज केवल सर्वसाधारण मजदूरों से सामाजिक और आर्थिक दृष्टि से

मजबूत नहीं हो सकता। जनतन्त्र में अपने हितसम्बन्ध कायम करने के लिए अमीर लोग प्रशासन, न्यायालय और पुलिस जैसे क्षेत्रों के वरिष्ठ पदों पर अपने आदमियों की नियुक्ति कर पूँजीवादी जनतन्त्र को जीवित रखते हैं। इसी कारण दलितों का सभी ओर से शोषण होता रहता है। अत: इन वरिष्ठ पदों पर दलितों को नियुक्त किया जाना चाहिए, इसलिए हमेशा प्रयास करना होगा। दलित लोग इन पदों तक पहुँच ही न पाये इसलिए लगाई गई शर्तें एक तरह का षड्यन्त्र ही है।

(5) उद्योग-व्यवसाय-व्यापार में दलितों का शामिल होना अत्यन्त आवश्यक है। केवल लघु-उद्योगों में ही नहीं, अपितु मध्यम स्तर और बड़े स्तर के उद्योग-व्यापारों के क्षेत्र में भी दलितों को उतरना होगा। प्रत्येक बड़े उद्योग का राष्ट्रीयकरण होना चाहिए।

(6) आरक्षित पदों के बारे में रणनीति का उचित क्रियान्वयन होता ही नहीं है। इसके विपरीत उस बारे में भ्रम उत्पन्न कर अनुसूचित जातियों और अनुसूचित जनजातियों के खिलाफ़ नफ़रत का वातावरण निर्मित किया जाता है। सभी स्तरों के आरक्षित पदों की भर्ती के लिए सरकार पर दबाव बनाना चाहिए और इस बारे में सारी जानकारी सरकारी मीडिया के द्वारा जनता के सामने प्रस्तुत होनी चाहिए।

(7) पिछड़ी जातियों-जनजातियों, अन्य पिछड़ी जातियों के पदों पर उस-उस वर्ग के लोगों की भर्ती करके शेष आरक्षित पदों के लिए भी अल्पसंख्य समाज और आर्थिक दृष्टि से पिछड़े लोगों के लिए आरक्षण होना चाहिए।

(8) दलितों के लिए नये गाँवों को बसाना होगा और वहाँ उद्योगों-व्यवसायों के निर्माण का उचित प्रबन्ध करना होगा। इससे सामाजिक और आर्थिक शोषण सम्भव नहीं होगा और नये अवसर भी उपलब्ध होंगे। सरकारी, अर्ध-सरकारी और कम्पनी एक्ट के अन्तर्गत आनेवाली सभी कम्पनियों के माध्यम से आर्थिक क्षेत्रों में कार्यान्वित सभी योजनाओं में दलितों को उनकी संख्या के अनुपात में हिस्सा मिलना चाहिए।

(9) बारहवीं कक्षा तक सभी छात्रों को मुफ्त में और अनिवार्य शिक्षा दी जानी चाहिए। सम्पूर्ण शिक्षा एक ही तरह की और समतावादी होनी चाहिए। शिक्षा के क्षेत्र में विषमता उत्पन्न करनेवाले पब्लिक स्कूल और कॉन्वेण्ट स्कूल बन्द कर देने चाहिए।

(10) शैक्षिक संस्थाओं का राष्ट्रीयकरण होना चाहिए।

(11) मजदूरों का शोषण रोकने के लिए बनाये गये कानूनों का सख्ती से क्रियान्वयन होना चाहिए।

(12) स्त्री और पुरुषों को समान कार्य के लिए समान वेतन दिया जाना चाहिए।

(13) सामाजिक और धार्मिक स्तर पर परम्परा के नाम पर स्त्रियों के साथ दोयम दर्जे का व्यवहार किया जाता है, इस व्यवहार को रोकना होगा।

(14) प्रत्येक व्यक्ति को रोजगार प्रदान करना ही होगा। बेरोजगारी पूँजीवादी समाज-रचना का फल है।

(आ) सांस्कृतिक रूपरेखा

(1) भारतीय समाज की गतिहीनता पर, जड़त्व पर सदैव हमले करने होंगे और जन्म से सम्बन्धित विषमता नष्ट करने के लिए दर्शनशास्त्र का आधार लेकर नये विचारों को प्रस्तुत करना होगा।

(2) गाँव-देहातों में सामाजिक-आर्थिक शोषण तथा जन्म से सम्बन्धित विषमता का अत्यन्त लज्जाजनक और घृणित चित्र देखा जा सकता है। दलितों को गाँव-देहातों से निकालकर निकट के शहर में या नये गाँव में एक साथ बड़ी संख्या में रहने के लिए सदैव प्रेरित करना होगा।

(3) जिन विचारों के कारण शोषण और विषमता उत्पन्न होती है और परिपुष्ट होती है, उन विचारों के खिलाफ़ हमेशा संघर्ष किया जाना चाहिए, क्योंकि धर्म अथवा संस्कृति की ढाल की ओट में ऐसे विचारों का प्रसार-प्रचार किया जाता है।

(4) अन्य लोगों से दया की अपेक्षा करने की प्रवृत्ति दलितों में दिखाई देती है। यही भावना उनको कमज़ोर बनाती है। इसलिए इस भावना को नष्ट करना होगा और वे नई-नई चुनौतियों का सामना करने के लिए हमेशा तत्पर रहें, इसलिए सदैव प्रयास किया जाना चाहिए। इन आदर्शों की लक्ष्य-सिद्धि के लिए मराठी दलित साहित्य की तरह ही सभी प्रादेशिक भाषाओं में नये साहित्य का निर्माण होना चाहिए और उस साहित्य को अधिक से अधिक लोगों तक पहुँचाया जाना चाहिए। आज का पूँजीवाद-प्रधान जनतन्त्र ही सच्चा जनतन्त्र है, इस प्रकार का जो दुष्प्रचार किया जाता है, उसका वैचारिक स्तर पर विरोध करना चाहिए।

(5) मानव मूल्यों की स्थापना के लिए नई संस्कृति, नई ललित कलाएँ और नये सौन्दर्यशास्त्र का निर्माण होना चाहिए। इस निर्माण का आधार विज्ञान और मानवतावाद ही होना चाहिए। इन आदर्शों की प्राप्ति के लिए शिक्षा का प्रसार होना अत्यन्त आवश्यक है। इसलिए कम-से-कम ज़िले के स्तर पर एक बड़ा महाविद्यालय होना चाहिए, जिसमें रहने के लिए सारी सुविधाओं से युक्त छात्रावास

भी होना चाहिए।

(6) धर्म और परम्परा के नाम पर स्त्रियों पर होनेवाले अत्याचार और उनका होनेवाला शोषण जैसे - देवदासी और अन्य अमानवीय प्रथाएँ फौरन बन्द होनी चाहिए।

(इ) राजनीतिक रूपरेखा

नानाविध राजनीतिक पार्टियाँ स्वयं को दलितों के हित के रक्षक के रूप में तत्पर बतलाकर अपने हाथों में सत्ता सौंप देने के बारे में कहती हैं। ऐसे लोगों के हाथों में अपने भविष्य को सौंप देने से बेहतर है कि दलित स्वयं के स्वामी स्वयं बने।

राजनीतिक शक्ति के रूप में खड़े होने से पूर्व दलितों को सामाजिक, आर्थिक और सांस्कृतिक दृष्टि से भी प्रगत होना अत्यन्त आवश्यक है। अर्थात् यह सब कुछ करते हुए राजनीतिक शक्ति की उपेक्षा करके भी काम नहीं चलेगा। दलितों को इस समय अपने मित्रों और शत्रुओं को निश्चित कर अत्यन्त जागरूकतापूर्वक रीति से अपनी राजनीतिक रणनीति को सुनिश्चित करना होगा। सामाजिक, आर्थिक और सांस्कृतिक सफलता के लिए उन्हें अपने मित्र और उन मित्रों के साथ ही ऐसे लोगों को सरकार बनाने के लिए चुनना होगा, जो हमेशा, जागरूकता से दलित मुक्ति के उद्देश्य का रक्षण करेंगे और उसके लिए रास्ता साफ करेंगे। इसलिए

(1) दलित पैन्थर स्वयं को सीधी राजनीति से दूर ही रखेगा।

(2) पिछड़े वर्ग की जातियों और जनजातियों के प्रतिनिधियों को स्वयं की पार्टी के प्रति ही नहीं अपितु उन लोगों के साथ भी ईमानदार रहने के लिए दबाव बनायेंगे कि जिनका वे प्रतिनिधित्व कर रहे हैं।

(3) ऐसे मित्रों के साथ सहकार्य किया जायेगा, जो दलित मुक्ति के लिए सक्रिय सहकार्य कर सकते हैं।

(4) दलित मुक्ति ही जिनके जीवन का लक्ष्य है, ऐसे ही दलितों को राजनीति में प्रोत्साहित किया जायेगा।

(ई) अन्तर्राष्ट्रीय सहकार्य :-

सामाजिक मुक्ति के लिए संघर्ष कर रहे लोगों को बहुत अधिक सहायता नहीं मिलती, अपितु उन्हें बहुत सारा विरोध भी सहना पड़ता है। इसका कारण है कि राजनीतिक दबाव के खिलाफ़ अपनी आवाज़ उठानेवाले लोग सामाजिक दबाव बनाने में किंचित् भी देर नहीं लगाते। राजनीतिक स्वाधीनता की माँग करनेवाले लोग अपने ही लोगों को सामाजिक स्वाधीनता देने के लिए तैयार नहीं हैं। अपने ही देश में अपने ही लोगों के

खिलाफ़ आज़ादी के लिए लड़ने वाले लोग अपने यहाँ यह लड़ाई एक ही पक्ष में लड़ रहे हैं।

अपने ही देश में अपनी आज़ादी के लिए लड़ रहे सभी लोगों में अन्तर्राष्ट्रीय स्तर पर सहयोग रहना अत्यन्त आवश्यक है। इससे मात्र उन्हीं के प्रयासों को सामर्थ्य प्राप्त होगी ऐसा नहीं है, अपितु अन्तर्राष्ट्रीय स्तर पर उनके अनुकूल वातावरण तैयार होगा और अपने अधिकारों के बारे में उचित भूमिका वाले लोगों का एक वर्ग उनकी इस लड़ाई में उन्हें सहायता प्रदान करेगा। इसलिए दलित पैन्थर अन्तर्राष्ट्रीय स्तर पर ऐसे सभी लोगों से मित्रता के सम्बन्ध रखेगा, जो अपने ही लोगों से न्याय और आज़ादी प्राप्त करने के लिए लड़ रहे हैं।

(उ) कार्य

दलित मुक्ति का यह संघर्ष विशुद्ध मानवतावादी संघर्ष है और शोषित, पीड़ित लोगों की मुक्ति का अराजकीय संघर्ष है। इस संघर्ष में सभी मानवतावादी लोगों की सहायता अपेक्षित है। इस संघर्ष में शामिल होकर ही दलित समाज अपनी मुक्ति का मार्ग सुनिश्चित कर पायेगा।

मुक्ति के इस संघर्ष में ऐसे सभी लोग, जो दलित मुक्ति संघर्ष के बारे में सहानुभूति रखते हैं, जो दलित मुक्ति के लिए प्रत्यक्ष कार्य करने के लिए तैयार हैं, जिनका व्यवहार प्रत्यक्ष या परोक्ष रीति से दलितों के शोषण का कारण नहीं है, साथ ही जो दलितों के शोषण के कारण दर्शन और आदर्शों के विरोध में संघर्ष करने में संलग्न हैं, वे दलितों के मित्र मानने होंगे। जो लोग दलितों का शोषण करनेवाली सामाजिक व्यवस्था के पोषक हैं, वे दलितों के शत्रु हैं। दलितों का मूल शत्रु कोई भी व्यक्ति या व्यक्ति-समुदाय नहीं है, अपितु दलितों का सामाजिक, आर्थिक, सांस्कृतिक और राजनीतिक शोषण जिस दर्शन के कारण, जिन आदर्शों के कारण और जिस सामाजिक संरचना के कारण होता है, वे सारे दलितों के शत्रु हैं। इसीलिए -

(1) हर एक स्तर पर दलितों को एक-साथ लाना होगा। जैसे - छात्रों को उनके स्तर पर, मजदूरों (सरकारी, गैरसरकारी, संगठित, असंगठित) को उनके स्तर पर संगठित करना आवश्यक है।

(2) संगठनों का कार्य छोटे-छोटे समूहों से प्रारम्भ होना चाहिए।

(3) कार्यकर्ताओं को इस प्रकार का प्रशिक्षण देना चाहिए कि वे दलित पैन्थर के कार्य को शिद्दत और जोश से जारी रख सकें।

(4) दलितों के हितों की रक्षा के लिए याचना का मार्ग त्यागना होगा और न्यायालय

तथा अन्य जनतान्त्रिक मार्गों को स्वीकार करना होगा।

(5) संघर्ष को सफल बनाने के लिए एक निधि स्थापन करना अत्यन्त आवश्यक है। हर दलित को पूरे वर्ष में कम से कम एक दिन का वेतन इस काम के लिए देना होगा। सदस्यता शुल्क इस सहयोग से पृथक् रहेगा।

(6) उपर्युक्त आदर्शों के अनुकूल अखिल भारतीय और प्रादेशिक स्तर पर विस्तृत कार्यक्रम की रूपरेखा तैयार कर उन कार्यक्रमों का प्रत्यक्ष क्रियान्वयन करना होगा।

●●●

16.
दलित पैन्थर : दलित मुक्ति का आन्दोलन

बापूराव पखिड्डे

(1) 'दलित पैन्थर' आन्दोलन दलित मुक्ति का आन्दोलन है। यह दलितों की अपनी शक्ति के बल पर चलाया गया आन्दोलन है। दलितों की अवस्था में मात्र सुधार ही नहीं, अपितु आमूल-चूल परिवर्तन ही इसका लक्ष्य है। भारत में हो रही यह आनेवाली क्रान्ति है। इसलिए दलित पैन्थर के कार्यकर्ताओं ने वर्तमान अवस्था में, उपलब्ध साधनों, होनेवाली कठिनायों आदि का गम्भीर अध्ययन और विश्लेषण कर अपने लक्ष्य की दिशा की ओर मार्गक्रमण करना होगा। यह आन्दोलन दीर्घकाल तक चलनेवाला आन्दोलन है, इस बात को ध्यान में रखते हुए दीर्घकालीन संघर्ष की मानसिक तैयारी करना अत्यन्त आवश्यक है।

(2) दलित पैन्थर आन्दोलन की जो दार्शनिक भूमिका है, उसका उद्‌गम स्त्रोत सीधे डॉ. बाबासाहब आम्बेडकर जी के दर्शन से निकला हुआ है। इसलिए हर एक पैन्थर को डॉ. बाबासाहब आम्बेडकर जी के जीवन और जीवन-दर्शन का गहराई से अध्ययन करना अत्यन्त आवश्यक है। डॉ. बाबासाहब आम्बेडकर जी द्वारा लिखी हुई पुस्तकों का अध्ययन, उनके व्याख्यानों और भाषणों के बारे में मनन और उनके द्वारा प्रस्तुत किये हुए विचारों का अलग-अलग दृष्टिकोणों से होनेवाले वैचारिक अध्ययन आदि से पैन्थर के कार्यकर्ताओं को स्वयं को सिद्ध करना होगा।

(3) दलित पैन्थर का आन्दोलन केवल दार्शनिक चर्चाओं तक सीमित न होकर वह एक क्रियाशील आन्दोलन है। प्रत्यक्ष में यह एक 'एक्शन प्रोग्राम' है। इसीलिए हमें हमारी 'एक्शन' की स्पष्ट परिभाषा जनता को बतानी होगी। पैन्थर का आज का आन्दोलन आक्रामक आन्दोलन नहीं है। दलित आज तक समर्पण करते आया है। अपनी मुक्ति के

लिए दलितों को हर स्तर पर प्रतिकार करने की तैयारी करनी होगी। जब तक दलित अपने शोषकों के मार्ग में कठिनाइयाँ निर्मित नहीं करेगा, तब तक यह शोषण बिलाशक चलता ही रहेगा। प्रतिकार की प्रवृत्ति के कारण दलितों में आत्मविश्वास उत्पन्न होगा, उनकी शक्ति जागृत हो जायेगी और शोषकों को अपने व्यवहार के बारे में विचार करना ही पड़ेगा।

(4) दलितों को अपने लक्ष्य की प्राप्ति के लिए लड़ाकू होना बहुत ही ज़रूरी है। किन्तु दलितों की इस लड़ाकू वृत्ति का मतलब 'हिंसाचार' (वायलेन्स) नहीं है, यह पैन्थर के कार्यकर्ताओं को स्पष्ट बताना आवश्यक है। दलित पैन्थर द्वारा दलितों में उत्पन्न इस लड़ाकू वृत्ति को हिंसाचार कहकर गलतफ़हमी का माहौल पैदा किया जा रहा है। दलित पैन्थर का आन्दोलन कुछ अनुपात में न समझने से ही इस प्रकार की भ्रमकारी अफ़वाहें फैलाई जा रही हैं। किन्तु इस तरह का माहौल जानबूझकर बनाया जाता है। दलित पैन्थर के कार्यकर्ताओं को सर्वसाधारण जनता से, विशेषकर दलितों से यह बात स्पष्ट रूप से कहनी होगी कि दलित पैन्थर हिंसावादी आन्दोलन नहीं है और उनके आन्दोलन से हिंसाचार पैदा भी नहीं होगा। दलित पैन्थर दलितों के अधिकार के लिए निश्चय ही जागरूक है। वह उनके हर स्तर पर होनेवाले शोषण का विरोध करेगा और अन्याय के सामने कभी भी घुटने नहीं टेकेगा। इस प्रकार की दृढ़ मान्यता पैन्थर में लड़ाकू वृत्ति उत्पन्न करता है। इस लड़ाकू वृत्ति में किसी भी तरह की हिंसा के लिए कोई भीं स्थान नहीं है, इस बात को हमें आग्रहपूर्वक रीति से बताना होगा।

(5) दलितों की वर्तमान अवस्था पर अनेक पहलुओं से विचार किया जा रहा है। मात्र प्रचारात्मक साहित्य भी प्रसारित किया जा रहा है। जिससे भ्रमकारी कल्पनाएँ उत्पन्न होने की सम्भावना है। इसीलिए इस साहित्य का अध्ययन होना अत्यन्त आवश्यक है। इस अध्ययन से दलित पैन्थर के कार्यकर्ताओं को एक ओर अपने हित की चार बातें समझ में आयेंगी तो दूसरी ओर दलित मुक्ति का विरोध और मिथ्या-प्रचार करनेवालों की पोल खोल सकते हैं।

(6) दलितों के लिए कुछ मूलभूत कार्य करने का बहुत बड़ा प्रचार राजनीतिक स्तर पर किया जा रहा है। इस तरह का प्रचार मात्र सरकारी व्यवस्था के माध्यम से ही नहीं, अपितु हर एक बड़ी राजनीतिक पार्टी के द्वारा किया जाता है। इस प्रचार के कारण इस प्रकार का भ्रम उत्पन्न होता है कि भारतीय राजनेता दलितों की दु:खदायक अवस्था के कारण अत्यन्त दु:खी हैं और लोगों का दु:ख दूर करना ही उनकी प्रधान आवश्यकता हो गई है। इस तरह के प्रचार के बारे में पैन्थर को अध्ययन करना आवश्यक है। राजनीतिक पार्टियों का प्रचार और कार्य का विश्लेषण कर दलितों को यथार्थ जानकारी देने से राजनेताओं के प्रचार की पोल खोलकर दिखाई जा सकती है और दलितों को ग़लत रास्ते

पर चलने से रोका जा सकता है।

(7) दलितोद्धार के लिए घोषित सरकारी योजनाओं का सांगोपांग अध्ययन करना भी अत्यन्त आवश्यक है। सरकारी प्रचार की बहुलता से अनेक सवर्णों की यह धारणा होते जा रही है कि सरकार सवर्णों का हित परे रखकर मात्र दलितों की ही सहायता कर रही है। सरकारी प्रयासों का उचित मूल्यांकन कर पैन्थर के कार्यकर्ता सच्चाई को सर्वसाधारण जनता के सामने प्रस्तुत कर उपर्युक्त धारणा को मिथ्या साबित कर सकते हैं, इसके साथ ही सरकार को भी उनकी योजना में विद्यमान ग़लतियाँ और दलितों तक आनेवाली सहायता के बारे में जानकारी दे सकते हैं। इसी मार्ग से दलितों को सरकारी योजनाओं का सीधा लाभ प्राप्त करवा सकते हैं।

(8) दलितों के बारे में दयाभावना दिखाकर दलितोद्धार के लिए काम करनेवाले दलितेतरों का भी एक बहुत बड़ा वर्ग है। उन्हें रोकना असम्भव है और उनकी उपेक्षा करना भी ठीक नहीं होगा। किन्तु उनके प्रयासों से यदि दलित मुक्ति के लिए संकट का निर्माण हो सकता है, तो दलितों को उनकी ओर से सावधान किया जाना अत्यन्त आवश्यक है। दलित पैन्थर के कार्यकर्ताओं ने जागरूकता से ऐसे प्रयासों पर दृष्टि रखना महत्त्वपूर्ण बात है।

(9) दलितों में भी एक ऐसा वर्ग है, जो अपने आधुनिक विचारों के कारण दलित मुक्ति के लक्ष्य को अत्यन्त हेय और संकुचित मानकर उनकी उपेक्षा करता है। उन्हें ऐसा लगता है कि मध्यवर्ग के आर्थिक संघर्ष में अपने साथियों के साथ लड़ने से ही दलितों की समस्याओं का समाधान हो सकता है। ऐसे सभी साथियों की गलतफ़हमी दूर कर उन्हें समझाना होगा कि भारत के प्रधान मार्क्सवादी दार्शनिक भी अब यह जान रहे हैं कि भारत में वर्गसंघर्ष जितना ही वर्णसंघर्ष भी आवश्यक है और वर्णसंघर्ष का नेतृत्व दलित जितने प्रभावशाली ढंग से कर सकेंगे, उतना अन्य कोई भी नहीं कर पायेंगे।

(10) दलितों में एक बड़ा वर्ग ऐसा भी है कि जिसमें चेतना विद्यमान है। दलितों की अस्मिता को फैलाने की जिनकी तीव्र इच्छा है। किन्तु इस वर्ग का प्रत्येक व्यक्ति स्वयं के ही सार्वभौम नेतृत्व देने की तमन्ना रखता है। इसके परिणामस्वरूप अनुयायीहीन नेताओं की बहुत बड़ी भीड़ इकट्ठा हुई है। प्रत्येक नेता अखिल भारतीय स्तर की संस्था का नेतृत्व करने की भाषा बोलता रहता है, चाहे उसकी संस्था का कार्यक्षेत्र उसकी गली के बाहर भी न पहुँचा हो। दलित पैन्थर के कार्यकर्ताओं को इस बात को ध्यान में रखना होगा कि उनका हेतु साफ होने पर भी विखण्डन के कारण उनका प्रभाव कुछ भी नहीं है और दलित मुक्ति का लक्ष्य पाने के लिए कठिनाइयाँ निर्मित हो रही हैं। जिनमें जोश और चेतना विद्यमान है, ऐसे सभी दलितों को दलित मुक्ति के लिए दलित पैन्थर की सहायता करने के लिए पैन्थर के कार्यकर्ताओं को बताना होगा। दलित पैन्थर किस प्रकार से दलित

मुक्ति का आन्दोलन और भी अधिक प्रभावशाली ढंग से चला पायेगा और आज सभी पैन्थर का महत्त्व किस प्रकार से समझ रहे हैं, इस बात को भी दलित पैन्थर के कार्यकर्ताओं को स्पष्ट रूप से समझाना होगा।

(11) दलितों में एक वर्ग ऐसा भी है, जिसका हाथ अपने हाथ में लेकर राजनीतिक लाभ उठानेवाली राजनीतिक पार्टियाँ अपने विचारों का प्रचार दलितों में करती हैं। ऐसे वर्ग की लगाम हमेशा दूसरों के हाथों में होने से यह वर्ग दलितों के उद्धार से अधिक अपने मालिकों के हित के काम करता है। ऐसा वर्ग आज आकार और शक्ति की दृष्टि से बहुत बड़ा वर्ग है। यही वर्ग आज दलितों को ग़लत दिशा दिखाकर उन्हीं में छोटे-छोटे समूह बना रहा है और इसीलिए दलित पैन्थर के कार्यकर्ताओं ने इस दलित-राजनीति का सत्य स्वरूप उजागर कर देना चाहिए और उनकी दाम्भिकता तथा निरर्थकता दलितों का दिखा देनी चाहिए। ऐसा करते समय आज की राजनीति दलित मुक्ति के लिए किस प्रकार अपर्याप्त है, यह पैन्थर के कार्यकर्ताओं को समझाना चाहिए। राजनीतिक शक्ति का प्रयोग करने की ताकत ही सच्ची राजनीतिक शक्ति है।

आज विशेष प्रतिनिधि के नाम पर लोकसभा और विधानसभा में जो दलितों के प्रतिनिधि दिखाई देते हैं, वे राजनीतिक दृष्टि से दलित शक्ति का वास्तविक प्रतिनिधित्व नहीं करते। वह केवल नाम का, निर्जीव और चेतनाहीन प्रतिनिधित्व है। उनके बारे में कहा जा सकता है कि वे ऐसे बम हैं, जिन्हें एक तो फ्यूज ही नहीं लगाया गया है अथवा जो लगाये गये थे, उन्हें निकाला गया है।

(12) इस पद्धति से वातावरण को साफ-सुथरा बनाकर और स्वयं को स्वयंसिद्ध बनाकर ही अधिक से अधिक लोगों को सहायता देकर, दलित पैन्थर के कार्यकर्ताओं ने कड़ेअनुशासन का पालन करते हुए दलित मुक्ति के कार्य का आरम्भ करना चाहिए। आजकल अनुशासन का पालन करना बहुत बड़ी समस्या बन गई है। किन्तु दलित पैन्थर के कार्यकर्ताओं को यह बात स्पष्ट रूप से जान लेनी चाहिए कि शायद अनुशासन के बिना भी वे आन्दोलन कर सकते हैं, किन्तु सम्पूर्ण दलित मुक्ति का उद्देश्य कभी भी नहीं पा सकते। अनुशासन और कठोर अनुशासन का पालन करके चलाया जानेवाला दलित पैन्थर का आन्दोलन ही दलित मुक्ति का लक्ष्य प्राप्त कर सकता है।

(13) दलित मुक्ति के लिए काम करनेवाले इन पैन्थर कार्यकर्ताओं का साधारण वर्गीकरण दो वर्गों में किया जा सकता है। एक सक्रिय कार्यकर्ता और दूसरा सहानुभूतियुक्त कार्यकर्ता। दूसरे वर्ग के कार्यकर्ताओं की संख्या बहुत बड़ी हो सकती है। ऐसे कार्यकर्ताओं का कोई महत्त्व नहीं है ऐसा महसूस होने की सम्भावना है। किन्तु वास्तविक अवस्था ठीक इसके विपरीत है। यथार्थ में यह वर्ग एक ऐसा वर्ग है, जो किसी आन्दोलन के लिए ज़रूरी रसद मुहैया कराता है और उसके लिए उचित वातावरण का निर्माण करता है तथा

मूल्यों का रक्षण भी करता है। ऐसे में इस वर्ग के विस्तार में ही किसी भी आन्दोलन की सफलता निर्भर रहती है। इसीलिए हमें इस व़र्ग को बड़ा बनाना होगा। पहले वर्ग के कार्यकर्ताओं का भी दो उपवर्गों में विभाजन किया जा सकता है।

एक वर्ग इस आन्दोलन का नेतृत्व करेगा और दूसरा वर्ग नेतृत्व के लिए वैचारिक नींव तैयार करेगा। वैचारिक चिन्तन करनेवाले का जनता के सम्मुख न आने के कारण सर्वसाधारण लोगों को इनके महत्त्व का ज्ञान नहीं होगा। इस कारण इस वर्ग की धारणा बन सकती है कि उनके कार्य का यथोचित मूल्यांकन जनता के द्वारा नहीं होता है और इस वर्ग द्वारा स्वयं ही निराशा का वातावरण उत्पन्न कर कार्य से विमुख होने की अधिक सम्भावना होती है।

दलित मुक्ति के लिए काम करनेवाले पैन्थर कार्यकर्ताओं ने ऐसी अवस्था का शिकार नहीं होना चाहिए। उन्होंने ध्यान रखना होगा कि किसी भी मजबूत भवन की नींव में कुछ न दिखाई देनेवाले पत्थर होते हैं, जिनके बल पर ही वह सुन्दर भवन खड़ा रहता है। हममें से कुछ लोगों को नींव के पत्थर बनना चाहिए।

(14) सच तो यह है कि नेतृत्व करनेवाला वर्ग ही सबसे ज्यादा जिम्मेदार वर्ग होता है। चाहे वह नेतृत्व मोहल्ले के स्तर का नेतृत्व हो या ज़िले के स्तर का हो, चाहे प्रदेश के स्तर का हो या अखिल भारतीय स्तर का नेतृत्व हो। इसी वर्ग को लक्ष्य-प्राप्ति के लिए जनता में मिल-जुलकर काम करना पड़ता है। इसीलिए इस वर्ग में अत्यन्त जागरूकता, चारित्र्य के बारे में श्रेष्ठ कल्पना, लोगों का विश्वास पाने की क्षमता और वैचारिक समझ होना अत्यन्त आवश्यक होता है। उसी तरह हर स्तर पर सदैव विचारविनिमय और संगठित काम करने की प्रवृत्ति होनी ज़रूरी है।

(15) दलित पैन्थर की न्यूनतम इकाई 'छावनी' है, जिसमें कम से कम ग्यारह सक्रिय सदस्य होने चाहिए। तहसील में विद्यमान छावनियों का संगठन ब्लॉक स्तर और ज़िले में नानाविध ब्लॉक्स का संगठन ज़िला स्तर पर बनाया जाता है। किसी भी ज़िले में दलित पैन्थर का संगठन कुछ स्थानिक जोशीले कार्यकर्ताओं की सहायता से किया जा सकता है। ऐसे उत्साही कार्यकर्ताओं को केन्द्रीय नेतृत्व की ओर से दलित पैन्थर का जीवन-दर्शन, उसके उपक्रम-कार्यक्रम और मार्गदर्शन प्राप्त होता रहेगा। किन्तु प्रत्येक ज़िले के स्तर की अवस्था का विस्तारपूर्वक अध्ययन करना अत्यन्त आवश्यक है। जैसे गाँव की जनसंख्या, गाँव की खेती योग्य भूमि और दलितों को खेती से होनेवाली आय, उनकी समस्याएँ, दलितों का गाँव की जनसंख्या में अनुपात, दलितों की सामाजिक तथा आर्थिक अवस्था, शहरों की जनसंख्या में दलितों का अनुपात, दलितों की सामाजिक तथा आर्थिक अवस्था, उद्योग-व्यवसाय, उद्योग-व्यवसायों में दलितों का अनुपात, दलितों के काम से सम्बन्धित समस्याएँ, शिक्षा के क्षेत्र में दलितों की स्थिति, सरकारी

कार्यालयों में दलितों की अवस्था आदि।

सरकार को ज़िला-स्तर पर, ज़िला प्रशासन के माध्यम से चलाए जानेवाले दलितों के विकास के कार्यक्रम और इन कार्यक्रमों से प्रत्यक्ष रूप में दलितों को होने वाले लाभ आदि का सम्पूर्ण और सदैव अध्ययन करना होगा और उससे प्राप्त जानकारी प्रान्त के नेतृत्व के माध्यम से केन्द्र के नेतृत्व को उपलब्ध कर दलित पैन्थर के जीवन-दर्शन तथा लक्ष्य एवं रणनीति के अनुकूल कार्यक्रम की रूपरेखा बनानी चाहिए। प्रारम्भ में कार्यकर्ता इस प्रकार का अध्ययन करेंगे और इस काम को गति प्रदान करने के लिए छावनियों का संगठन कर ज़िला स्तर के नेतृत्व को मजबूत करेंगे।

(16) दलित पैन्थर को अपना लक्ष्य अधिक प्रभावशाली ढंग से प्राप्त करने के लिए ज़िला स्तर पर भी चिन्तन करनेवाला वर्ग सदैव चिन्तन तो करेगा ही। इस प्रकार चिन्तनशील सक्रिय कार्यकर्ता भी अपने लिए एक विशेष प्रकार का चिन्तन करने का क्षेत्र चुनकर उसके बारे में विचार कर पायेंगे। इस पद्धति से सक्रिय कार्यकर्ता एक-एक क्षेत्र-विशेष के लिए स्वयं को समर्पित कर देंगे।

जैसे कुछ कार्यकर्ता केवल देहात के लोगों के लिए ही तो कुछ मजदूर संगठनों एवं छात्र वर्ग में काम करते रहेंगे। कुछ सक्रिय कार्यकर्ता बुद्धिजीवी वर्ग को अपना कार्यक्षेत्र बना सकेंगे। इस तरह कामों के माध्यम से ही कार्यकर्ताओं को अपनी क्षमता की झलक दिखानी होगी।

(17) इस तरह ज़िले के सभी स्तरों के कार्यकर्ताओं में से प्रदेश स्तर के और प्रदेश के सभी स्तरों में से भारतीय स्तर के नेतृत्व का निर्माण किया जा सकता है।

(18) दलित जनता का विश्वास और समर्थन प्राप्त करने के लिए पैन्थर के कार्यकर्ता कानूनन मिले दलितों के अधिकारों के लाभ दिलवाने के लिए संघर्ष करते हुए अपना काम जारी रख सकते हैं। कानूनन मिले अधिकारों के उपभोग का संघर्ष आसान है और उसमें उन्हें निश्चय ही सफलता मिल सकेगी। इस सफलता से ही सर्व-साधारण दलितों का नैतिक बल बढ़ाया जा सकेगा।

(19) दलित मुक्ति का लक्ष्य पाते समय दलित पैन्थर के कार्यकर्ताओं ने अपने कार्य को केवल दलितों तक ही सीमित नहीं रखना होगा और सर्व-साधारण जनता के हितों की उपेक्षा भी नहीं करनी होगी। किन्तु हमें यह कदापि नहीं भूलना चाहिए कि हमारा लक्ष्य दलित-मुक्ति और मात्र दलित मुक्ति ही है।

(20) दलित मुक्ति का हमारा यह संघर्ष शुद्ध मानवतावादी संघर्ष है और यह संघर्ष देश के हित में ही है। आज दलितों के मित्र बहुत कम हैं। जो मित्र हैं, उनकी अवस्था भी विचित्र ही है। इच्छा होने के बावजूद वे दलित मुक्ति के संघर्ष में एक मर्यादा विशेष से अधिक शामिल नहीं हो सकते अथवा सहायता भी नहीं कर सकते। हमें इन

लोगों से किसी प्रकार की अपेक्षा नहीं करनी चाहिए अथवा इन लोगों के बारे में शिकायत भी नहीं करनी चाहिए। हाँ, किन्तु उनकी सहायता की उपेक्षा भी नहीं करनी चाहिए। किन्तु इस तरह काम करते समय हमें बहुत ही सतर्कता बरतनी होगी।

(21) अपने हृदय में दलित मुक्ति का सपना संजोये दलित पैन्थर के नेतृत्व में काम करना चाहनेवालों में अनुशासनपूर्वक काम करने की आदत न होने के कारण परिधि विशेष में काम करते समय प्रारम्भ में ही कठिनाइयाँ आ सकती हैं। थकावट और ऊब भी हो सकती है। किन्तु हमें संयम और धैर्य से अपना लक्ष्य प्राप्त करना होगा।

(22) आजकल हमारे देश में प्रेरणा देनेवाले नेतृत्व का अभाव है। देशप्रेम और सार्वजनिक हितों की घोषणाओं के नाम पर सत्ता को हथियाने जैसे घृणित प्रयास जारी हैं। सत्ताप्राप्ति की इस प्रतियोगिता में सभी शामिल हो चुके हैं और जिनके हाथों में सत्ता आती है वे सर्वसाधारण जनता को घोषणाओं में मुग्ध कर कुछ अल्प लोगों के हित के काम करते रहते हैं।

सत्ताप्राप्ति के संघर्ष में यही लोग उन्हीं विशेष लोगों के हितों का रक्षण करते हैं। ऐसी स्थिति में साधारण जनता में असन्तोष की भावना उत्पन्न होना अत्यन्त सहज बात है। यह असन्तोष विघटनवादी प्रवृत्तियों को उत्पन्न करता है। किन्तु इसी अवस्था के कारण दलित लोगों में डॉ. बाबासाहब आम्बेडकर जी प्रति श्रद्धा का भाव निर्माण होगा। पैन्थर के कार्यकर्ताओं को इसपर विशेष रूप से ध्यान देना होगा।

(23) अपनी आँखों के सामने दलित मुक्ति का लक्ष्य रखनेवाले दलित पैन्थर के कार्यकर्ताओं ने यह जानना होगा कि दलितों की आजकल की पीढ़ी अपनी मुक्ति के लिए अनिश्चित और अनन्त काल तक नहीं रुक सकती। इसीलिए हमें समयबद्ध कार्यक्रम के लिए स्वयं को तैयार करना होगा।

●●●

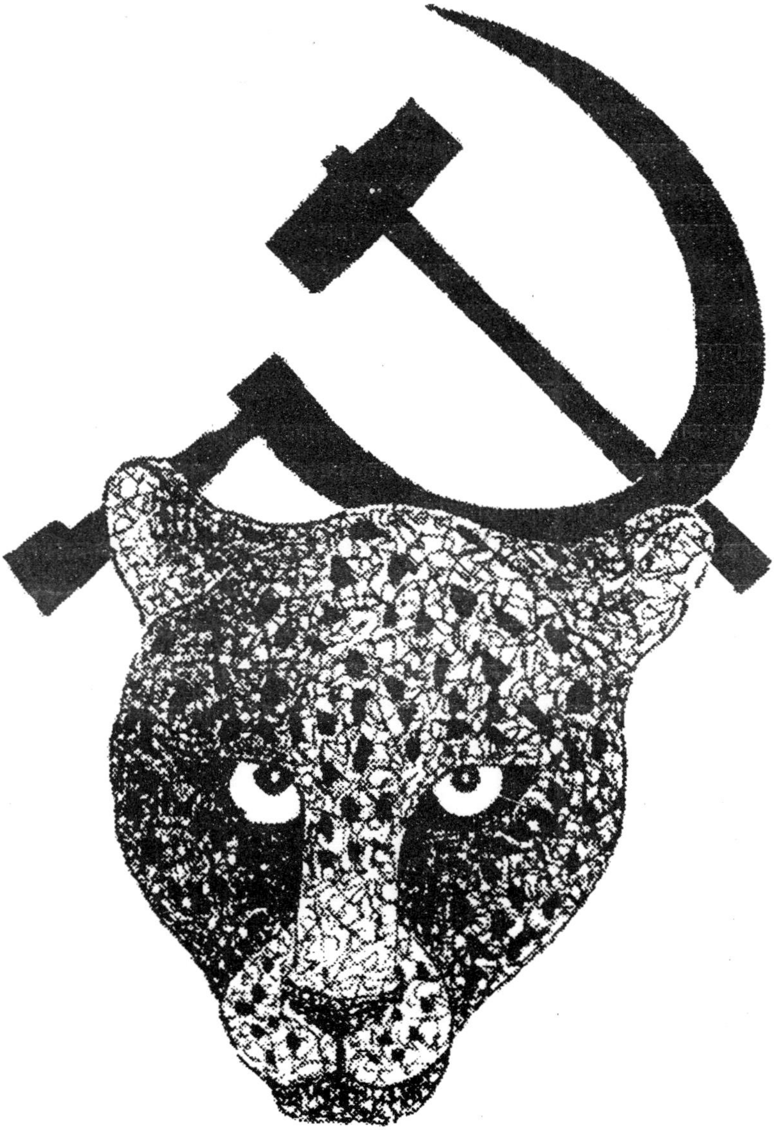

17.

मानवता की स्थापना के लिए दलितों का प्रतिकार

सुधीर बेडेकर

'दलित पैन्थर' का जन्म और वृद्धि एक महत्वपूर्ण घटना है और वर्तमान समय में भी पैन्थर के जन्म के समय के सभी कारण विद्यमान हैं। सम्पूर्ण भारतीय समाज और उसी में महाराष्ट्रीय समाज किसी तूफ़ान में फँसे जहाज की अवस्था भुगत रहा है। समाज में प्रभुत्व के स्थान पर आसीन वर्ग और उसके दलालों का दिवालियापन प्रकाश में आ रहा है। नई रोशनी से चौंधियाई आँखें, उसके प्रकाश में इस समाज को अथवा स्वयं को नग्नावस्था में देख रही हैं। इस वर्तमान अवस्था के तीन अंग हैं। समाज के जड़-ठूँठ में विद्यमान विरोधाभास या अन्तर्विरोध बहुत ही अधिक ताने जाने के कारण तीन तरह के दृश्य दिखाई देते हैं। पहला तो यह कि हमारी विद्यमान सम्पूर्ण अर्थव्यवस्था मुट्ठीभर लोगों के स्वार्थ और नियन्त्रक शक्ति के कारण एवं उससे उत्पन्न रचनात्मक कठिनाइयों से कुण्ठित हो चुकी है। बढ़ती गरीबी, रोजगार के अभाव, महँगाई तथा अकाल के प्रहार से भोगने पड़ रहे अपरिमेय दु:खों के कारण बहुत बड़े पैमाने में ग्रामीण, गरीब, शहरी मजदूर और मध्यवर्ग भी रास्ते पर आ रहा है।

दूसरी बात यह है कि भारतीय संस्कृति की नींव परम्परागत सामन्तवादी हिन्दू धारणा होगी या समता और विज्ञान को प्राण माननेवाली एक नई जीवन-दृष्टि होगी? गौरा-गणपति, रजनीश, दत्ता बाल, जन्माष्टमी और रामनवमी या विज्ञान का प्रकाश मानवतावादी भौतिकवाद होगा? दलितों, आदिवासियों और स्त्रियों को निम्न माननेवाली, दबानेवाली जातिव्यवस्था, ब्राह्मण्यवादी संस्कृति या समता और भाईचारे पर आधारित नई संस्कृति होगी ? महाराष्ट्र में एक ओर तो देव-धर्म (कर्मकाण्ड) और उत्सवों का पागलपन बढ़ता जा रहा है, दलितों पर हो रहे अत्याचार भी बढ़ते जा रहे हैं, तो दूसरी

ओर मानवता का अधिकार पाने के लिए दलितों का प्रतिकार भी बढ़ता ही जा रहा है।

तीसरा यह है कि राजनीतिक सत्ता का विद्यमान वितरण। यह वितरण लोगों के लिए अस्वीकार्य होते जा रहा है। अकाल और अवर्षण के कारण सरकार की दमन-नीति साफ-साफ दिखाई दे रही है। सामन्तवादी जातीय ग्राम-संरचना, नौकरशाही का बन्धन, कोर्ट-कचहरी का शत प्रतिशत वर्गीय स्वरूप, पुलिस और सेना का जनता विरोधी रूप और भ्रष्ट सत्तालोलुप राजनेताओं के वर्गीय हित-सम्बन्ध आदि के कारण इस देश में सच्चा जनतन्त्र नहीं चल पा रहा है। ये सारी बातें अब आम आदमी को भी महसूस हो रही हैं। यह राज उन्हीं का है, हमारा नहीं, इस प्रकार से वह बोल रहा है।

उपर्युक्त आपदाओं की तरह ही आजकल तीव्रतर हुए ये तीनों संघर्ष और विशेषकर सांस्कृतिक संघर्ष पैन्थर्स के जन्म का वास्तविक कारण है।

जनसमुदाय के इस व्यापक असन्तोष को संगठित सुसूत्र रूप देने के लिए आज कोई क्रान्तिकारी संगठन विद्यमान नहीं है, यह भी पैन्थर्स के जन्म का दूसरा कारण है। ''ऐसी कोई भी आपदा नहीं हो सकती, जिससे सत्ताधारी वर्ग को विकल्प देने नहीं आ सकता'' ऐसा लेनिन ने कहा था। यदि असन्तोष को फौलादी हथियार मिल जाता है, पक्के शास्त्रीय विचारों से युक्त और दाँव-पेंचवाला दिमाग मिल जाता है तो ही अपने लाखों कदमों से सत्ताधीशों पर हमला किया जाता है। तभी और तभी आपदा निर्णायक सिद्ध होती है। आज ऐसी पार्टी या संगठन होता, तो महाराष्ट्र में उसका काम किस प्रकार का होता ? मजदूर और किसानों के बढ़ते हुए आर्थिक संघर्ष एकता से, संगठित रीति से और कट्टरता से लड़ना, सांस्कृतिक संघर्ष में आगे बढ़कर सामन्तविरोधी जनतान्त्रिक प्रवाह के साथ समरस होना और सत्ता के लिए समान्तर शक्ति का निर्माण करना इस प्रकार दिखाई दे रहा होता। मजदूरों के नेतृत्व के लिए आमूल-चूल क्रान्ति के लिए एकतायुक्त जत्था निर्माण कर सके, ऐसी एक भी पार्टी आज महाराष्ट्र में दिखाई नहीं देती।

इसलिए आज के असन्तोष के कारण ऊपर फेंके गये, सबसे जागरूक और सक्रिय युवा आज स्वतन्त्रता से संगठित हो रहे हैं। समाजवाद को माननेवाले, मार्क्स-लेनिनवाद को माननेवाले और प्रधानत: रिपब्लिकन परम्परा के माध्यम से आगे आये हुए युवा अपने निर्दलीय और स्वायत्त संगठन का निर्माण कर रहे हैं। अगले कुछ वर्षों की महाराष्ट्र की राजनीति में इन छोटे-छोटे किन्तु जिद्दी समूहों को निश्चयही स्थान प्राप्त होगा। पैन्थर्स का जन्म और महत्त्व इसी सन्दर्भ में है।

मैं यहाँ तफसील में जाना नहीं चाहता। ''सामाजिक समस्याओं के बारे में वामपंथी पार्टियों की उदासीनता'' उपर्युक्त अर्थों में पैन्थर्स के जन्म का कारण है। उनकी व्यापक असफलता और उसी के एक भाग के रूप में सांस्कृतिक संघर्ष की उपेक्षा इस प्रकार की दृष्टि से देखना होगा। रिपब्लिकन पार्टी की गुटबन्दी ही नहीं अपितु इस पार्टी का सम्पूर्ण

वैचारिक और संगठनात्मक एव दाँव-पेंच से युक्त रूप को आजकल का सांस्कृतिक संघर्ष सहन कर सकेगा ऐसा मुझे नहीं लगता। यदि रिपब्लिकन पार्टी के चार-पाँच गुट एक हो जायेंगे तो भी यह सार्थक बात नहीं होगी और दलित पैन्थर की आवश्यकता तो बनी रहेगी ही। रिपब्लिकन पार्टी ऊपरी राजनीति, मत, सिद्धान्तहीन गठबन्धन आदि में फँस गई है। पढ़े-लिखे मध्यवर्गीय बौद्ध लोगों की संकीर्ण आकांक्षाएँ हैं और गाँव-देहातों में तथा शहरों की झोंपड़ियों में रहनेवाली दलित जनता से यह पार्टी अब दूर चली गई है। इसलिए रिपब्लिकन पार्टी और पैन्थर्स की रणनीति में अन्तर है। पैन्थर्स अधिक आक्रामक, लड़ाकू और नये विचारों तथा नये रास्तों की खोज करनेवाले हैं। बाबासाहब आम्बेडकर जी से भी आगे जाने की आलोचनात्मक वृत्ति इन लोगों में है।

उपर्युक्त सांस्कृतिक गड़बड़झाले से उच्च मध्यवर्गीय संस्कृति को दी गई चुनौती से ही दलित साहित्य और प्रगतिशील साहित्य का जन्म हुआ है। दलित साहित्य ने उत्पन्न किये वातावरण और लोग निश्चय ही दलित पैन्थर के लिए पूरक सिद्ध हो चुके हैं। दलित पैन्थर ने ही साहित्य के संघर्ष को रास्ते पर लाया और उसे राजनीतिक रूप प्रदान किया है। पैन्थर्स अपनी वैचारिक भूमिका की खोज़ करते-करते मार्गक्रमण कर रहे हैं। इस यात्रा का प्रारम्भ लड़ाकू, विद्रोही और अन्याय के प्रतिकार से ही हुआ है। किन्तु इस चरमता को सहन कर सके, आज की जटिलता और अनहोनी की अवस्था में चरमता के सही अर्थ को वहन करने में सक्षम जीवन-दर्शन को खोजना और उसको स्वीकार करना अत्यन्त कठिन बात है। दलित राजनीति की आज तक की परम्परा और क्रान्तिकारी आन्दोलन के बारे में दुराग्रह और विचारों से अधिक भड़कीली भावनाओं को प्राप्त प्रमुखता आदि सारी बातों का बोझा फेंककर पैन्थर्स को विचारों का मार्गक्रमण करना है।

पैन्थर्स के अन्तर्गत विद्यमान दो प्रवाहों का विचार करना होगा। इनमें से एक प्रवाह वामपंथी विचारधारा को माननेवाला प्रवाह है। इस प्रवाह के द्वारा जिम्मेदार और ईमानदार राजनीतिक कार्यकर्ताओं की व्यापक और प्रगतिशील दृष्टि निर्मित हो रही है। दूसरा प्रवाह आज भी पुराने बोझों को अपने कन्धों पर लादे हुए चल रहा है। बौद्ध धर्म की चरम बहुतायत, वामपंथी और मार्क्सवादी शक्तियों से अलगाव और पूर्वाग्रह इस प्रवाह को माननेवाले लोगों में हैं। उसी प्रकार वे केवल हिन्दू धर्म को ही अपना शत्रु मानते हैं और आर्थिक तथा राजनीतिक विद्रोह के बारे में साफ-साफ विद्रोह की भूमिका अपनाने से घबराते हैं। यह प्रवाह दलितों को पृथक् रखनेवाला, नेतृत्व की लालसा से युक्त, चरमपंथी और अबोध जातीयवादी प्रवाह है। पैन्थर्स जिस अनुपात में इस प्रवाह को फेंककर स्वयं को एकांगी होने से मुक्त करेगा, उतनी ही उसकी छलाँग दूर तक जा सकती है।

प्रारम्भ के काल में जुलूस, प्रचारसभा, भयभीत करना, मनुस्मृति जलाना आदि बातों से पैन्थर्स का प्रभाव बढ़ता गया। इस बात के दो परिणाम हो चुके हैं। पहला तो

संगठन में सामुहिक समर्थन के अनुपात में परिपक्व कार्यकर्ताओं का समूह ही नहीं है। पैन्थर्स को थोड़ा-सा भद्दा स्वरूप प्राप्त हो चुका है। विचारों और निष्ठा की दृष्टि से पक्के कार्यकर्ता अभी भी नहीं जुड़े हैं। संगठन को आकार देना तथा धन और कार्यक्रम आदि का ठीक-ठाक प्रबन्ध करना और प्रधानत: कार्यकर्ताओं को राजनीतिक प्रशिक्षण देकर, उन्हें भूमिका समझाना, उस भूमिका के प्रति एकनिष्ठ रहना आदि सारी चुनौतियाँ आज पैन्थर्स के सामने हैं। इन चुनौतियों को पूरा न कर पाने से चुनावों का लालच, व्यक्तिमहिमा, तानाशाह की प्रवृत्ति, वैचारिक दुष्प्रवृत्तियों का प्रभाव और कार्यक्रमों का अभाव आदि के विरोध में कुछ भी नहीं किया जा सकता। आजकल सत्ताधीशों के बढ़ते दबाव अथवा लालच का समय है। यदि एक-एक व्यावसायिक और पूर्णकालीन क्रान्तिकारी कार्यकर्ता को जोड़कर संगठन को मजबूत न किया तो संगठन बह जाता है, तहस-नहस किया जाता है या किसी गलत रास्ते पर निकल पड़ता है, इस तरह आज तक का तजुर्बा है। पैन्थर्स के बारे में एक और संकट की सम्भावना है, मुम्बई जैसे स्थान पर अनेक गुण्डे दलित पैन्थर से जुड़े हुए हैं। यदि संगठन को मजबूत नहीं किया गया तो इन गुण्डों की अनियन्त्रित कार्रवाइयाँ पैन्थर के लिए भार स्वरूप हो जायेंगी।

दूसरी बात यह है कि पैन्थर्स को नये, निरन्तर काम देनेवाले, व्यस्त रखनेवाले कार्थक्रम को खोजकर और उस कार्यक्रम का क्रियान्वयन किया जाना चाहिए। युवा संगठनों के सामने सबसे बड़ा सवाल यही है। जुलूस, भाषण और प्रतीकात्मक संघर्ष तो होते ही रहेंगे। होने ही चाहिए। किन्तु मिट्टी से जुड़कर और मूलभूत रीति से काम करने की अत्यन्त आवश्यकता है। हर सप्ताह शाखा पर अध्ययन वर्ग का आयोजन करना, बस्ती के आसपास के छात्रों के लिए पाठशाला के काम में सहायता करने हेतु मुफ्त में वर्ग चलाना, प्रौढ़ साक्षरता, सम्भव हो तो अल्पाहार और विटामिनयुक्त गोलियों का वितरण जैसी अनेक योजनाएँ सहज ही सूझती और एक महत्त्वपूर्ण बात है कि यदि पैन्थर्स को 'दलित' शब्द की व्यापक परिभाषा प्रत्यक्ष में उतारनी है तो उन्हें आर्थिक संघर्षों को अपने हाथों में लेना होगा। शहरों की बस्तियों की समस्याएँ, बेरोजगारों की समस्याएँ, कामों के स्थानों के झगडे, देहातों के खेतिहर मजदूरों में प्रचार और संगठन जैसे काम हैं। सामाजिक और सांस्कृतिक अन्याय के खिलाफ़ प्रतिकार आदि बातों पर मैं इस समय कुछ नहीं बोलूँगा क्योंकि वह तो पैन्थर्स का प्रधान कार्यक्रम ही है।

इसी तरह पैन्थर्स में से जो-जो कार्यकर्ता किसी मजदूर संगठन में काम रहे हैं, वहाँ-वहाँ उन्हें सक्रिय सहभाग लेना चाहिए। अपनी जाति के मजदूरों को जातीय अन्याय और धार्मिक श्रद्धाओं के विरोध में जगाना होगा। पैन्थर्स केवल शहर में ही रहें तो कोई लाभ नहीं होगा। वे जितने आदिवासी, अछूत, खेत मजदूर और किसानों में जायेंगे, उनके साथ समरस होंगे उतना ही दलित पैन्थर संगठन मजबूत होगा। उसी तरह मार्क्सवादी

और अन्य वामपंथी निर्दलीय युवाओं के साथ, वामपंथी पार्टियों और लोगों से पैन्थर्स सम्पर्क करेंगे तो व्यापक एकता के लिए आवश्यक पुल निर्मित होंगे। पैन्थर्स की वृद्धि वामपंथी शक्तियों के लिए पूरक घटना होगी। सम्पूर्ण क्रान्ति की भूमिका पैन्थर्स अपनायेंगे तो ही दोनों में सुसंवाद सम्भव हो पायेगा और ये सभी जानते हैं कि सांस्कृतिक, राजनीतिक और आर्थिक संघर्ष एक-दूसरे में पिरोये नहीं गये तो कुछ भी नहीं होगा। पैन्थर्स या अन्यों की दुष्प्रवृत्तियों के खिलाफ़ पैन्थर्स को ही लड़ना होगा। इसके अन्तर्गत जनतन्त्र को निभानेवाला परिपक्व संगठन बनाने का विरोध शायद अपने ही लोगों की ओर से ही होगा, वामपन्थियों से गठबन्धन करने के सिद्धान्त का विरोध होगा। बौद्ध धर्म की बहुतायत बढ़ेगी अथवा चुनाव का लालच भ्रम उत्पन्न करेगा। यही दिखाई देता है कि इस तरह की और अन्य घातक प्रवृत्तियों के खिलाफ़ वैचारिक स्तर पर विरोध करना पडेग़ा। यह वैचारिक संघर्ष, संगठनात्मक आकार और सदा का व्यापक व्यवहार आदि बातों के साथ पैन्थर्स अपने अतीत को त्याग देंगे और भविष्य की ओर उत्साह से आगे बढ़ेंगे।

●●●

18.

एक जीवित आक्रामकता जमींदोज हो गई

भास्कर लक्ष्मण भोले

स्वाधीनता के पूर्व के काल में 'शेड्यूल्ड कास्ट फेडरेशन' की अपेक्षा अधिक व्यापक और समावेशक नींव पर निर्मित 'रिपब्लिकन पार्टी' की सर्व-स्तरीय असफलता की पृष्ठभूमि में ही 'दलित पैन्थर' का निर्माण हुआ। सन् 1970 में रिपब्लिकन पार्टी में फूट हुई और गायकवाड़ गुट काँग्रेस के साथ, तो खोब्रागड़े गुट विपक्ष के साथ सन्धि कर सत्ता की राजनीति करने लगे। डॉ. बाबासाहब आम्बेडकर जी की वांछित दिशा की ओर यह पार्टी मार्गक्रमण कर ही नहीं पाई, अपितु नेतृत्व प्रतियोगिता, फूट और वैचारिक दिशाहीनता आदि के कारण सदैव उसका शक्तिपात होता रहा। दलित और शोषित जनता की समस्याओं को इस पार्टी ने कभी भी अपने हाथों में नहीं लिया या अन्याय-अत्याचारों के प्रसंगों पर वह उस जनता को आशा या सहारा नहीं दे पाई। केवल अपने चुनावी घोषणापत्र के माध्यम से समय-समय पर ''दलितों को और अधिक संरक्षण प्राप्त होना चाहिए।'' ऐसी माँग करके ही वह रुक गई।

संसदीय मनोवृत्ति ने इस पार्टी के नेताओं पर पूरी तरह से कब्ज़ा किया था। इस कारण चुनावी राजनीति ही उन्हें सार-सर्वस्व लग रही थी और इसके लिए वे बिलाशक सिद्धान्तहीन समझौते कर रहे थे। संविधान-प्रदत्त सहूलतें और आरक्षण तथा सत्तारूढ़ पार्टी द्वारा फेंके हुए सत्तापद के चार टुकड़ों पर ही ये संतोष करते रहे। पूँजीवादी जनतन्त्र की सीमाएँ उन्हें महसूस नहीं होती थी। केवल नाम की अखिल भारतीय स्तर की अपनी पार्टी की पूरे देश में संरचना करें, कम-से-कम डॉ. बाबासाहब आम्बेडकर जी की योजना के अनुसार सभी दलित जातियों को अपनी पार्टी के झण्डे के नीचे संगठित करें, इतनी भी राजनीतिक इच्छाशक्ति रिपब्लिकन पार्टी ने कभी भी नहीं दिखाई।

महाराष्ट्र राज्य की स्थापना के पश्चात् रिपब्लिकन पार्टी की सत्ताधीशों से लाचारी अधिक ही महसूस होने लगी। पंचायत राज्य के प्रयोग से और विकास योजनाओं के क्रियान्वयन से राजकर्ताओं का एक नया क्रूर वर्ग गाँव-गाँव में आगे आ रहा था, उसे दलितों ने स्वाभिमानी बनकर स्पष्ट रीति से अस्वीकार किया। अनेक पीढ़ियों से जो दासता दलितों ने चुपचाप स्वीकार की थी, वह कायम रहे इसलिए दहशत और आतंक की यन्त्रणा इस वर्ग ने बहुत बड़े पैमाने पर प्रारम्भ की। इससे दलितों पर बहिष्कार घोषित कराना, उन्हें कोड़े से मारना, उनकी आँखें फोड़ना, उनकी जबान काट देना, उनकी हत्या कर देना अथवा सार्वजनिक अपमानयुक्त सवारी निकालना जैसे अमानुष उत्पीड़न भी हर स्थान पर बहुत ज्यादा में होने लगे। दलित स्त्रियों पर हो रहे बलात्कारों के समाचार भी बढ़ने लगे। सन् 1970 के आस-पास ये घटनाएँ विशेषतया भीषण और गम्भीर रूप में घटने लगी थीं। दलितों के पक्ष में खड़ी हो पाये इस प्रकार की संगठित शक्ति भी दिखाई नहीं दे रही थी। रिपब्लिकन पार्टी तो गुटबन्दी की राजनीति में पूरी तरह से डूब चुकी थी।

माँ-बहनों की इज्जत दिन-दहाड़े लूटी जाती है और दलित भाइयों के साथ जानवर से भी बदतर व्यवहार किया जाता है, फिर भी अत्याचारी शक्तियाँ सिर उठाकर तथा सीना तानकर विचरण कर सकती हैं, यह देखने पर मुम्बई के कामाठीपुरा मोहल्ले के कुछ सम्वेदनशील लोगों के दिमाग ठनक उठते हैं और उन्होंने इन अन्याय-अत्याचारों के मामलों के खिलाफ़ गर्जना करना आरम्भ कर दिया। इन्हीं गर्जनाओं में से दलित पैन्थर के आन्दोलन का उदय हो गया।

पैन्थर के ये युवा प्रस्थापित दलित नेताओं से अनेक बातों में अलग थे। उनकी भाषा स्वाभिमान से ओतप्रोत थी, यह भाषा आवेशपूर्ण और अभिनिवेशी थी। इसमें ज़िद और आत्मविश्वास कूट-कूट कर भरा था। अत्याचारी शक्तियों को शह और मात दे सके, ऐसी बराबरी की ताकत बनाने का आश्वासन पैन्थरों के बोलने से महसूस हो रहा था। नि:स्वार्थिता, उत्साह, उम्मीद, ध्येयवाद और साहस के बल पर दलित आन्दोलन की थकावट ये लोग मिटायेंगे और सामाजिक परिवर्तन के अवरुद्ध मार्गों को खोलेंगे, इस तरह का आशावाद पल्लवित हुआ था। अत्याचारों से पीड़ित दलितों को न्याय, प्रतिष्ठा और सुरक्षा देने के बारे में लोगों की पैन्थर की ओर से आशाएँ बढ़ गई थीं। पैन्थर नेताओं द्वारा हिन्दू धर्म, हिन्दुओं के धर्मग्रन्थ, हिन्दुओं के देवी-देवताओं और रूढ़ियों के खिलाफ़ बनाये हरावल को देखकर दलित जनता ने उनकी आम्बेडकरी निष्ठा के अधिक ईमानदार और ज्वलनशील होने के लक्षण पहचान लिये थे।

जुलाई 1972 के दिन जब 'दलित पैन्थर' की स्थापना हुई उस समय की अवस्था इस प्रकार के आक्रामक आन्दोलन के लिए पोषक ही थी। सन् 1970 के वर्ष आपसी फूट के कारण रिपब्लिकन पार्टी दुर्बल हो चुकी थी। गाँव-गाँव में दलितों पर होनेवाले

अत्याचारों का अनुपात चरम सीमा पर पहुँचा था। कृष्णवर्णीय निग्रो लोगों ने श्वेतवर्णीय अमेरिकन गोरों के साथ जो व्यवहार किया, वह व्यवहार हमारे लिए भी मार्गदर्शक साबित हो सकता है, इस तरह का एहसास दलित चिन्तकों के मन में चल रहा था। विशेषकर ब्लैक पैन्थर की प्रेरणा दलित युवाओं को अपनी ओर खींच रही थी। निग्रो लोगों का विकास देखकर भयभीत गोरों द्वारा शत्रुता का पैन्तरा अपनाते ही निग्रो लोगों के उग्र दावानल अमेरिका में अनेक स्थानों पर प्रज्वलित हो रहे थे। लॉस एंजेलिस, शिकागो, रोचेस्टर, फिलाडेल्फिया और न्यूयॉर्क जैसे शहरों में निग्रो लोगों के हिंसक दंगों के समाचार सम्पूर्ण विश्व में प्रसारित हुए थे।

समाज के अन्तर्गत तनावों के कारण और सामाजिक व्यवस्था के पतन के कारण पारम्पारिक पद्धति के बिखर जाते ही जिनके हितों के संकट उत्पन्न हो जाते हैं और प्रतिष्ठा पर ही प्रहार होता है ऐसे गुट अपनी कठिनाइयों पर विजय प्राप्त करने के लिए स्वाभाविक रीति से हमेशा सामूहिक प्रयासों का सहारा लेते हैं। यहाँ के दलितों ने भी वही काम किया और उन्हीं कामों से 'दलित पैन्थर' नामक आन्दोलन उत्पन्न हो गया। कहीं भी अन्याय-अत्याचार करनेवालों का निषेध प्रकट करते थे और पीड़ितों को सहारा देते थे। इसी से उन्होंने समाज की व्यापक आस्था को अर्जित किया था।

ढाले और ढसाल इन दोनों में कविता-प्रेम के अलावा कुछ भी समान नहीं था। ढसाल के लिए धर्मनिरपेक्ष भूमिका निकट की थी, किन्तु ढाले को बौद्ध मतवाद के प्रति आकर्षण था। दलित पैन्थर में पहली फूट के बाद ढसाल का दलित पैन्थर क्रमश: खत्म होता गया।

'भारतीय दलित पैन्थर' का काम उस दृष्टि से अत्यन्त सूत्रबद्ध रीति से प्रारम्भ होता दिखाई देता है। रामदास आठवले, गंगाधर गाडे, अरुण काम्बले आदि ने इस आन्दोलन की परिधि को और अधिक विस्तृत कर दिया। रोजगार गारण्टी योजना के अन्तर्गत काम करनेवाले दलित मजदूरों और खेतिहर मजदूरों की समस्याओं के समाधान के लिए ये लोग प्रयासरत हैं। नामान्तर की समस्या का भी इन्होंने पूरी तरह से निपटान किया है। लोगों के काम करते हुए उनके लिए उपयोगी साबित होना, आर्थिक योजनाओं को अपने हाथों में लेकर कार्यकर्ताओं के योगक्षेम का प्रबन्ध करना, आन्दोलन को ठोस आर्थिक बुनियाद प्रदान करना, सामाजिक, सांस्कृतिक और आर्थिक मोर्चे पर अपनी रणनीति को ठीक-ठाक रूप से निश्चित कर आगे की ओर बढ़ना जैसी कुछ बातें भारतीय दलित पैन्थर के बलस्थान है। ढसाल के पैन्थर से निश्चित रूप से भारतीय दलित पैन्थर अधिक विचारवान, विवेकवान, संयमशील और चौकन्ना है। इसी कारण इसका भविष्य भी उज्वल है।

पैन्थर आन्दोलन में सबसे अधिक खामी यह दिखाई देती है कि प्रत्यक्ष कार्य के

स्तर पर अपने सम्पूर्ण दलित समाज को वह एकत्र लाने में असफल हुआ है। इसी कारण इस आन्दोलन को इस समाज का पूरा-पूरा समर्थन नहीं मिल पाया है। कामाठीपुरा की गन्दी बस्ती में पले-बढ़े इस आन्दोलन के प्रवर्तक अभावग्रस्त होने के बावजूद समवयस्क ग्रामीण निरक्षर दलित युवाओं से कुछ अनुपात में चार कदम आगे ही थे। औद्योगिक-नागरी संस्कृति के स्पर्श से और विकसित प्रौद्योगिकी के सहवास के कारण नई मूल्य-व्यवस्था से उनका परिचय हुआ था। नई आकांक्षाएँ, नई माँगें, वंचित होने के कारण आगत अस्वस्थता के कारण इनके अन्त:करण भी जले जा रहे थे। उनके जितनी 'सापेक्ष वंचितता' (रिलेटिव डिप्रायवेशन) नागरी परिधि से बाहर के दलित युवाओं को इतनी तीव्रता से महसूस होने की सम्भावना ही मूलत: अत्यन्त कम थी।

'चाहिए' और 'है' इन दोनों के बीच के अन्तर से उत्पन्न होनेवाले तनाव को ही 'सापेक्ष वंचितता' कहा जाता है। समाज जितना विकसित होता है, उतना ही धन-सम्पत्ति, प्रतिष्ठा, सत्ता, सुरक्षा, स्वाधीनता, समता आदि विषयों की उसकी आकांक्षाएँ भी ऊँची ही रहती हैं। जब अपेक्षा के अनुकूल ये सारी बातें प्राप्त नहीं होतीं या उन बातों में से किसी एक को अपने आँचल में प्राप्त करने के लिए किसी दूसरी बात की कीमत चुकानी पड़ती है तब सम्बन्धित समाज-समूह को वंचितता महसूस होती है। वह क्रोधित और असन्तुष्ट होता है। उसकी सापेक्ष वंचितता की तीव्रता पर और उसकी व्यापकता पर उनकी निराशा का अनुपात अवलम्बित रहता है। दलित समाज की ओर इस दृष्टि से देखना प्रारम्भ करने पर दिखाई देता है कि यह समाज सामाजिक और मानसिक दृष्टि से परम्परागत व्यवस्था में जकड़ गया है। ये बातें दलितों के लिए इतनी स्वप्नवत् और दूर की कौड़ी लगती हैं कि मानो अपने हाथ और मुख में आये निवाले को कोई छीन रहा है, ऐसा महसूस करनेवालों के नैराश्य का निराकरण असम्भव ही है।

इस कारण कुल मिलाकर दलित समाज आक्रामकता के मार्ग से आगे जाने के लिए तैयार नहीं होता। उसे यह आक्रामकता आवश्यक या उचित महसूस नहीं होती। इसके लिए ज़रूरी क्षमता भी उनके पास बहुत ही कम होती है। ''ऐसा तो चलता ही रहेगा'' यह धारणा बलवती होने के कारण ''हम इसे चलने नहीं देंगे, हम इस चौखट को बदल देंगे'' इस भूमिका तक आ जाना उनके बस में नहीं होता। आक्रामकता का मूल सामाजिक इच्छा-उत्पत्ति और सामाजिक इच्छापूर्ति में निर्मित होनेवाली खाई को समाप्त करने में होता है। यहाँ तो मूलत: इच्छा-उत्पत्ति ही रूक चुकी है, ऐसे में यह खाई महसूस होने की सम्भावना ही नहीं है। इसी कारण दलित पैन्थर जैसे आन्दोलन की आक्रामकता को अपेक्षित प्रत्याभरण दलित समाज ही नहीं दे पाया। भविष्य में आन्दोलन चलाना चाहनेवालों को इस इच्छा-उत्पत्ति की ओर ध्यान देना आवश्यक है। इस इच्छा-उत्पत्ति को किस प्रकार से निर्मित करना है, यह नेताओं की कल्पनाशक्ति और प्रतिभा के लिए

एक चुनौती है।

दूसरी खामी यह पाई गई कि आन्दोलन में पैन्थर्स आन्दोलन करते रहे और दलित जनता अपनी-अपनी आर्थिक समस्या के समाधान के लिए ही व्यग्र रही। दलित समाज की आर्थिक अभावग्रस्तता का मुकाबला करने का लक्ष्य आन्दोलन ने स्वीकार नहीं किया था। नेताओं का व्यक्तित्व, आपसी मतभेद, अपराध भावना, मानसिक असुरक्षा अथवा अधिकतर नई प्रतिभा की खोज यही इस आन्दोलन की प्राथमिक प्रेरणाएँ रहीं। सवर्ण-अवर्ण सम्बन्धों के समाजवैज्ञानिक, मनोवैज्ञानिक और आर्थिक अधिष्ठान की खोजकर अत्याचार के मूल कारणों का निराकरण करने से 'हिंसा के लिए प्रतिहिंसा' यहाँ तक ही आन्दोलन का उद्देश्य मर्यादित रहा।

निग्रो आन्दोलन से मूलत: अलग और विपरीत भौतिक परिवेश दलित आन्दोलन में है, इस बात का भान पैन्थर्स ने दिखाया ही नहीं। निग्रो लोगों के संघर्ष की एक सुदीर्घ परम्परा है। काले रंग की श्रेष्ठता की अनुभूति से वहाँ एक बहुत बड़ी शक्ति उत्पन्न हुई है। दूसरा यह कि जिस भौतिक-आर्थिक परिवेश से निग्रो दासता टिकी रही थी, उस परिवेश में अत्यन्त वेग से परिवर्तन हो रहा है। कृषि की आधुनिक प्रौद्योगिकी के कारण गोरे लोगों को निग्रो लोगों की दासता बड़े पैमाने पर अनावश्यक महसूस हो रही है। औद्योगिकीकरण के कारण अकुशल दासों के स्थान पर कुशल मजदूरों की आवश्यकता बढ़ चुकी है। औद्योगिकवाद (इण्डस्ट्रियालिज़्म) अधिक प्रभावशाली होकर वांशिक भेदभाव की अपेक्षा बराबरी के रिश्ते से आचरण करने के लिए वे विवश हो रहे हैं। ऐसे आचरण की पहले जो जबरदस्त कीमत गोरों को चुकानी पड़ती थी, वह आजकल नहीं चुकानी पड़ती। हमारी ओर यह परिवर्तन अत्यन्त मन्थरगति से होने के कारण इसका विपरित परिणाम भी पैन्थर कार्यकर्ताओं पर हो रहा है।

इस सन्दर्भ में अन्य पार्टियों और स्वयंसेवी आन्दोलनों के साथ दलित पैन्थर के सम्बन्धों की भी जाँच-पड़ताल होनी महत्त्वपूर्ण बात है। पैन्थर्स द्वारा हिन्दुओं के देव-देवियों और धर्मग्रन्थों की कठोर आलोचना करने से हिन्दुत्वनिष्ठ शक्तियों का उन्हें होने वाला स्पष्टत: विरोध क्रमप्राप्त ही है। किन्तु आश्चर्य तो इस बात का है कि कम्युनिस्टों को छोड़कर अन्य सभी आन्दोलनों ने पैन्थर्स को अपने से दूर ही रखा। पैन्थर्स की कठोर आलोचना का लक्ष्य तो रिपब्लिकन पार्टी ही थी। इस बात को हम समझ सकते हैं कि पैन्थर्स हमारे नेतृत्व को ही समाप्त कर देंगे, इस कारण रिपब्लिकन नेता भयभीत होने से वे उनके बारे में हमेशा आशंकित रहे। किन्तु समाजवादी पार्टी और समाजवादी आन्दोलन, ग्रामीण परिवर्तनवादी आन्दोलन, स्त्रियों के आन्दोलन आदि सभी की भी पैन्थर के बारे में कभी भी आस्था रही है, ऐसा दिखाई नहीं देता। पैन्थर्स ने भी इन पर कभी भरोसा किया है और इनकी सहायता माँगी है, ऐसा दिखाई नहीं देता।

किन्तु यह अवश्य दिखाई देता है कि काँग्रेस पार्टी के बारे में पैन्थर्स ने कभी भी कोई कठोर रवैया नहीं अपनाया। गाँव-देहातों में दलितों पर अत्याचार करनेवालों में इसी पार्टी के कार्यकर्ता बहुत बड़े अनुपात में होने पर भी यह घटित हुआ, इस बात का विस्मय हुए बिना नहीं रहता। एक कारण यह हो सकता है कि ढसाल और ढाले इन दोनों को इन्दिरा गाँधी के व्यक्तित्व और नेतृत्व के बारे में कुछ आदरभाव अवश्य था। जब ढाले तर्कशास्त्र का सहारा लेकर इन्दिरा एक स्त्री है और सारी स्त्रियाँ दलित हैं, इसलिए इन्दिरा का विरोध नहीं करेंगे जैसा तर्कदूषित विधान करते हैं अथवा जब ढसाल "इन्दिरा प्रियदर्शनी - इतिहास का एक अनिवार्य चरित्र" जैसी आदरांजली अपनी कविता के माध्यम से अर्पित करते हैं, तब ही आदरभाव प्रकट हो जाता है। तथापि काँग्रेस के समूह के कार्यकर्ताओं ने कभी भी पैन्थर को अपनाया नहीं। अर्थात् इस बात का विस्मय अनुभूत होने की कोई आवश्यकता ही नहीं है। अपनी राजनीति की सुविधा के लिए दलितों का यादृच्छिक इस्तेमाल करनेवाली काँग्रेस को वंचित दलितों का दुःख महसूस होना सहज ही असम्भव था। डॉ. बाबासाहब आम्बेडकर जी ने इस सत्य को बहुत पहले ही समझ लिया था। किन्तु रिपब्लिकन पार्टी की तरह ही पैन्थर भी इसी ग़लतफहमी में रहे।

केवल कम्युनिस्टों ने दलित पैन्थर के बारे में आस्था दिखाई, यह भी उनकी परम्परा के आधार पर हो चुका था। स्वयं के बल पर मूलस्तर से आन्दोलन को उत्पन्न करने का कठिन काम करने से अपने आप खड़े बहुजनों और दलितों के आन्दोलनों को साथ लेकर कम्युनिस्टों ने लोकप्रियता के अनेक शॉर्टकट्स अनेक बार अपनाये हैं। कम्युनिस्टों की पूर्वापार धारणा रही है कि इन आन्दोलनों की वैचारिक दिशा हम नहीं निश्चित करेंगे तो और कौन करेगा ? किसान मजदूर पार्टी (शेतकरी कामगार पक्ष) को मार्क्सवाद की सभा देने के लिए कॉ. चितले, कॉ. लिमये, कॉ. तुलपुले जैसे सहयात्री आगे आये थे, इसी इतिहास का पुनरावर्तन दलित पैन्थर के बारे में भी हो गया। शेकाप के माथे जिस प्रकार दाभाडी प्रबन्ध थोपा गया, उसी प्रकार पैन्थर को भी लाल घोषणापत्र देने के लिए कम्युनिस्ट तैयार रहे और दाभाडी प्रबन्ध के कारण जिस प्रकार शेकाप में फूट होकर उस पार्टी का विनाश हो गया उसी प्रकार इस घोषणापत्र के कारण दलित पैन्थर का हाल हो गया। शंकरराव मोरे की तरह ही ढसाल को भी हम कम्युनिस्टों से भी असली कम्युनिस्ट हैं, इस कल्पना ने पछाड़ दिया था। उन्होंने जिन कम्युनिस्टों को अपनाया था, जल्द ही उन्हीं से अलग होकर वे अपने ही आन्दोलन में अकेले हो गये थे।

आन्दोलन को विचारधारा की आवश्यकता होती है, इस बारे में कोई दूसरा मत हो ही नहीं सकता। जनमानस के असन्तोष के अनियन्त्रित आवेग को दिशा प्रदान करना, आस-पास की घटनाओं का सही अर्थ समझना, व्यक्ति को और समूहों को संस्था,

मूल्यप्रणाली और सामाजिक संरचना से संयुक्त करना आदि में से कुछ भी बिना विचारधारा के हो ही नहीं सकता। इसके अलावा आन्दोलन की समस्याओं को लेकर तत्कालीन और दीर्घकालीन कार्यक्रम प्रदान करना भी सुस्पष्ट विचारधारा से ही सम्भव हो सकता है। इस बारे में कोई संदेह नहीं है कि आधुनिक समाज के प्रमुख प्रवाहों का विश्लेषण करने में मार्क्सवादी विचारधारा उपयोगी है। सम्पूर्ण समाज का एवं मानवी इतिहास का वैज्ञानिक, गम्भीर और सैद्धान्तिक विचार किसी दूसरी विचारधारा ने नहीं किया है। इसलिए इस विचारधारा का आकर्षण नामदेव ढसाल को होना अत्यन्त स्वाभाविक था। किन्तु मार्क्सवाद की प्रदीर्घ यात्रा में उत्पन्न मतभेद, आलोचकों द्वारा परिवेश के अनुकूल उस विचार में लाए हुए मोड़, आदि सूक्ष्म बातें समझने में नामदेव ढसाल अक्षम रहे। उन्होंने कुछ कम्युनिस्ट मित्रों पर भरोसा रखा। इस बात को नामदेव ढसाल को समझ लेना चाहिए था कि इस देश में कभी मार्क्सवाद आ भी जायेगा, तो वह कम्युनिस्ट पार्टी के माध्यम से नहीं आयेगा। वैसे तो कम्युनिस्टों पर वे क्रोधित भी थे। वे इस क्रोध को सुस्पष्ट रीति से प्रकट भी करते थे। किन्तु कम्युनिस्टों से शत्रुता रखनेवाले ढाले जैसे नेताओं ने ढसाल को 'कम्युनिस्ट' साबित कर दूर रखा, तो पैन्थर में प्रविष्ट कम्युनिस्टों ने ढसाल को 'रिविजनिस्ट' साबित कर उनका साथ छोड़ दिया। इस गड़बड़झाले में पैन्थर आन्दोलन की बहुत बड़ी हानी हो चुकी थी। नेताओं की आपसी फूट और कार्यकर्ताओं में निष्क्रियता की लत लग चुकी थी। एक जीवित आक्रामकता क्रान्तिप्रवण होने से पूर्व ही जमींदोज हो चुकी थी।

संगठन निर्माण और नेतृत्व ये दो बातें भी दलित पैन्थर आन्दोलन की खामियाँ साबित हो चुकी हैं। आन्दोलन के प्रमुख नेताओं में, भावना के स्तर पर विद्यमान असन्तोष छोड़कर अन्य स्तरों पर एकमत के स्थान पर मतभेद का बहुत ही बड़ा अनुपात था। इस कारण उनके प्रयासों में सुसूत्रता अथवा लक्ष्य-रणनीति में कभी भी समानता या एकवाच्यता रही ही नहीं। कोई भी संगठन बिना नियन्त्रण के अपने आप ही नहीं बन सकता। नानाविध कार्यक्रमों के माध्यम से और संलग्न रणनीति के माध्यम से ही संगठन का निर्माण होता है। इन सभी बातों के लिए नेतृत्व का रवैया अत्यन्त महत्त्वपूर्ण होता है। भेदक अन्तर्दृष्टि, परिपक्व सयानापन, अधिकार, संसाधन एकत्रित करने की क्षमता, व्यक्ति और समुहों को एक जगह रखने की कुशलता, कार्यक्रमों की सामूहिक योजना और क्रियान्वयन, भाषण, संघर्ष और मार्गदर्शन आदि के माध्यम से विचारधारा के संस्कार करने की क्षमता नेतृत्व करनेवाले में होना आन्दोलन के लिए उपकारी साबित होता है।

इस दृष्टि से पैन्थर का नेतृत्व क्रियाहीन साबित हो गया। आन्दोलन को चलाने के बारे में ढसाल की अनेक धारणाएँ अत्यन्त विपरित थीं। मल्लिका (नामदेव ढसाल जी की पत्नी एवं शायर अमर शेख की पुत्री) की आत्मकथा में इन धारणाओं की झलक प्राप्त

होती है। कविता और राजनीति का पहली बार मेल कराने का श्रेय ढसाल को देते समय वे कवि के रूप में बहुत महान् थे, किन्तु संगठक के रूप में बहुत कच्चे साबित हुए, यह निष्कर्ष भी देना पड़ता है। यह स्पष्ट रूप से दिखाई देता है कि उनके व्यक्तित्व की सीमाएँ आन्दोलन पर भी भारी साबित हुईं और उनकी प्रकृति की विचित्रता का आन्दोलन के लिए संकट निर्माण हुआ। मार्क्सवादी निष्ठा के लिए मित्रों से भी नाता तोड़नेवाले ढसाल भारतीय जनता पार्टी के बारे में भी अनुकूल रवैया अपनाते हैं अथवा राष्ट्रीय स्वयंसेवक संघ की सिफारिश करते हैं जैसी घटनाओं का अवलोकन करने पर आश्चर्य-चकित होना ही पड़ता है। निडरता और आचरण का खुलापन उनके व्यक्तित्व के प्रति आकर्षण उत्पन्न करता भी होगा, लेकिन आन्दोलन को बढ़ाने की दृष्टि से घातक साबित होता है। सम्भव होने पर भी पैन्थर के नेता आपस में मेल-मिलाप का वातावरण उत्पन्न नहीं कर पाये। अत्याचारों के प्रसंगों में सहायता के लिए दौड़े चले जाने के अलावा अन्य दैनिक कार्यक्रम वे अपने कार्यकर्ताओं को नहीं दे पाये। उन्होंने मौलिक तथा मौजूद समस्याओं की तुलना में अतिसाधारण और भावुकता भरी समस्याओं पर ही अधिक बल दिया। इसी कारण यह आन्दोलन प्रभावशाली साबित नहीं हो सका।

आन्दोलन के लक्ष्य कितने संदिग्ध या स्पष्ट होते हैं, उसका संगठन कितना ढीला-ढाला या चुस्त-दुरुस्त है और नेतृत्व कितना प्रभावहीन है, इन सारी बातों के आधार पर हर्बर्ट ब्लूमर ने आन्दोलनों को 'सर्वसाधारण आन्दोलन' और 'विशेष आन्दोलन' इन दो वर्गों में विभाजित किया है। किन्तु इन दोनों वर्गों के अलावा एक तीसरा वर्ग भी उन्होंने माना है, जिसे उन्होंने 'आविष्कारी आन्दोलन' (एक्सप्रेसिव मूवमेण्ट्स) नाम दिया है। इस वर्ग के आन्दोलनों के प्रवर्तकों को हमने अपनी भावनाओं को प्रकट रूप से व्यक्त किया और आन्दोलन में सहभागी हो गये, मात्र इतने से ही समाधान प्राप्त होता है। दलित पैन्थर आन्दोलन का इस तीसरे वर्ग के अन्तर्गत समावेश होता है।

●●●

19.

आम्बेडकर के बाद के नेता कम क्षमता के थे

अरुण साधु

विगत चार-पाँच महीनों में 'दलित पैन्थर' के आन्दोलन ने जो मोड़ लिया है, उसे देखते हुए पैन्थर से प्रेम करनेवाले अनेक लोगों की निराशा हो चुकी है। महाराष्ट्र के सामाजिक पटल पर अचानक धूमकेतु की तरह उगे इस कोमल किन्तु चरमपन्थी आन्दोलन को मात्र ढाई-तीन वर्षों की कालावधि में आपसी फूट का ग्रहण लगा, यह बात सचमुच अत्यन्त दु:खदायी है। किन्तु ऐसा लगता है कि एक अर्थ में जो हुआ वह उचित ही हुआ है, यही आज की अवस्था है। अर्थात् यह एक दृष्टि से भला ही हुआ कि वैचारिक दृष्टि से परस्पर विरोधी सिरे के लोग अपनी-अपनी दिशा स्पष्ट करते हुए अलग हो गये और दूसरा यह कि अत्यन्त अल्प समय में इस आन्दोलन ने अनेक लोगों के अन्त:करण में बड़ी-बड़ी रूमानी (स्वच्छन्द) अपेक्षाएँ उत्पन्न की थीं और यह भी ठीक ही हुआ कि उन स्वप्नमयी अपेक्षाओं की उड़ान को और अधिक बढ़ाने से पूर्व ही यह घटना हुई और सभी अपेक्षा करनेवाले जमीन पर औन्धे मुँह गिर गये। पैन्थर ने भी इस पहली ठोकर को सहा, ऐसे में वे भी जाग जायेंगे। इस पृष्ठभूमि पर अब 'दलित पैन्थर' के आन्दोलन के बारे में कम से कम तटस्थता से बोलने का वातावरण तो उत्पन्न ही होगा।

दलित पैन्थर के नेता 'नामदेव ढसाल' और 'राजा ढाले' दोनों ने प्रकट रीति से एक-दूसरे की आलोचना कर लगभग तलाक ले लिया है। पूरे महाराष्ट्र में जो पैन्थर्स फैल चुके थे, उन सभी में इस घटना से स्वभावत: ज़रा-सी खलबली भी मच गई और अन्तत: इन लोगों की आपसी फूट का समाचार सभी ओर फैल ही गया। अब राजा ढाले के

और भी अधिक कठोर रूप में सामने आ रही है। जातीयता का यह भूत पूरी तरह से गाड़ देने के सिवा इस देश का विकास असम्भव है। विगत पच्चीस वर्षों का इतिहास ही यह बताता है कि प्रचलित संसदीय जनतन्त्र ने जातीयता को बढ़ाने में ही सहायता की है। इसी राजनीतिक पद्धति के कारण आर्थिक विषमता की खाई भी बढ़ चुकी है। इस पूरी व्यवस्था को परिवर्तित करने के लिए समग्र क्रान्ति की ही आवश्यकता है। उस दृष्टि से दलित पैन्थर ने अस्पष्ट रीति से जिस वैचारिक रवैये को अपनाया था, वह सरसरी तौर पर उचित ही था। अपनाये गये वैचारिक रवैये की शास्त्रीय शुद्धता पर किसी आन्दोलन की सफलता आधारित होती है, ऐसा मानने से उसके लिए पैन्थर को कुछ अंक तो देने ही होंगे।

विगत प्रायः दो हज़ार वर्षों से अछूत समाज मौन रहकर सभी तरह का अन्याय सहते आ रहा है। इन दो हज़ार वर्षों के इतिहास की यह पहली ही घटना होगी कि जिसमें इन तथाकथित अछूतों ने स्वयं ही इतने आक्रामक रवैये को अपनाया। इसके सिवा सत्ता स्थानों को अपने कब्ज़े में लेने की बात तो छोड़ ही दीजिए लेकिन अस्पृश्यता का बन्धन भी त्याग देने का विचार भी इस समाज ने इस शती तक किया ही नहीं था। उन्हें यह विचार डॉ. बाबासाहब आम्बेडकर जी ने सिखाया। इसी कारण वे युग-प्रवर्तक हैं। डॉ. बाबासाहब आम्बेडकर जी ने दलितों में स्वत्व की अनुभूति और स्वाधीनता की आकांक्षा उत्पन्न की। इन आकांक्षाओं को सहेजते हुए दलित समाज में नया पढ़ा-लिखा युवा वर्ग बढ़ता गया। किन्तु डॉ. बाबासाहब आम्बेडकर जी के पश्चात् इन नये जोशीले युवाओं को उचित नेता ही प्राप्त नहीं हो पाया। शिक्षा बढ़ती गई और उसके अनुपात में अपेक्षाएँ और आकांक्षाएँ भी बढ़ती गईं। किन्तु सामाजिक पद्धति को परिवर्तित कर इन आकांक्षाओं को दिशा देने का क्षमतायुक्त नेतृत्व ही नहीं था। इस कारण बहुसंख्य दलित युवा निराशा के गड्ढे में फेंके जा रहे थे।

आम्बेडकर जी के बाद आये दलितों के नेता कम क्षमता के थे। दूरदर्शी नहीं थे। दलितों की स्वतन्त्र आवाज़ उठाने के स्थान पर सत्ताधारी पार्टी के आसरे रहकर मात्र व्यक्तिगत लाभ कमाने में ये सारे नेता व्यग्र हो चुके थे। इस कारण दलितों को प्राप्त तथाकथित सहूलत-सुविधाओं का लाभ सत्ता के आसरे रहनेवाले कुछ सीमित समूहों को ही प्राप्त होते रहे थे और बहुसंख्य नये पढ़े-लिखे दलित युवाओं की निराशा को और अधिक पैनापन चढ़ रहा था।

एक ओर तो ऐसी आर्थिक और राजनीतिक निराशा का पैनापन अधिक ही तीव्र हो रहा था ऐसे समय में दूसरी ओर दलितों पर हो रहे सामाजिक अन्याय के मामले और भी अधिक उजागर हो रहे थे। बी. डी. डी. चॉल के मामले के बाद बहुत-सी राजनीतिक पार्टियों ने दलित पैन्थर को अपने जाल में फँसाने के लिए चारा डाला था। उनमें से

दक्षिणपंथी कम्युनिस्ट पार्टी ने दलित पैन्थर्स को अपनी ओर के साबित करने में थोड़ी-बहुत सफलता पाई।

इस आन्दोलन का मूल्यांकन तो आगे आनेवाले दिनों में, भविष्य में होगा ही। दलित पैन्थर ने अब तक ठीक-ठीक क्या पाया ? दलित पैन्थर ने निराश और दमित दलित युवाओं को एक स्वर दिया, आवाज़ दी, सन्तप्त गर्जना दी। दलित पैन्थर अभी भी एक आन्दोलन ही था। अभी भी उसका एक सुदृढ़ संगठन में रूपान्तर होना शेष था। दलित पैन्थर द्वारा घोषित समग्र क्रान्ति की प्राप्ति के लिए अनुशासनबद्ध कड़े संगठन की नितान्त आवश्यकता थी। बिना संगठन के पैन्थर सफल हो नहीं पाता। इसी कारण उसकी आयु भी सीमित साबित हो गई। दलित पैन्थर ने संगठन का निर्माण नहीं किया तो यह आन्दोलन भी उसी मार्ग से जायेगा, बस यही एक डर था। पैन्थर द्वारा की गई गर्जना केवल व्याध के ध्यान को अपनी ओर आकर्षित करने में उपयोगी साबित हो गई। इस गर्जना ने अनेकों का ध्यान अपनी ओर आकर्षित किया था। दुर्भाग्यवश यही कहना पड़ेगा कि इन व्याधों ने पैन्थर के कम-से-कम एक गुट को खाकर डकार ली और पूरे संगठन को घायल कर दिया।

संगठन निर्माण की दृष्टि से पैन्थर में सही मायने में काम शुरू ही नहीं हुआ था। पैन्थर को प्राप्त समर्थन सहज था। गाँव-गाँव में पैन्थर की सभाएँ होती थीं। इन सभाओं में युवा दलित छात्र बड़ी संख्या में एकत्रित होते थे। किन्तु पैन्थर से उन युवाओं को हमेशा के लिए संगठनात्मक रीति से जोड़ने के लिए किसी प्रकार के प्रयास ही दिखाई नहीं देते थे। बिना संगठन के क्रान्ति के सपने देखना, कोरा बड़बोलापन अथवा आत्महत्या ही है। मात्र दलितों की सन्तापयुक्त आवाज़ को उठाना ही दलित पैन्थर का जीवित कार्य है क्या ? यदि ऐसा ही है, तो ठीक है। किन्तु कुछ क्रान्तिकारी कार्य करना है तो संगठन होना ही चाहिए। पैन्थर ने अपनी भूमिका में दलितों की परिभाषा की तो सही, किन्तु तथाकथित बौद्ध और हरिजनों के अलावा अन्य दलितों को भी अपनी ओर खींचने का प्रयास पैन्थर्स कर रहे थे क्या ? इस सवाल का जवाब देना मुश्किल है। वास्तव में देखा जाये तो प्रगतिशील युवाओं के अनेक संगठन दलित पैन्थर की ओर बड़ी आशा से देख रहे थे, किन्तु पैन्थर ऐसे संगठनों से घृणित व्यवहार करता था। हमें तो यह भी संदेह है कि, पैन्थर में हरिजनेतर और बौद्धेतर युवा हाथ की उंगली पर भी गिनने के लिए भी मिलेंगे या नहीं।

बी. डी. डी. चॉल में हुए दंगे को बहुत बड़े पैमाने में ख्याति मिलने से पैन्थर को बड़ेपैमाने पर सहानुभूति भी प्राप्त हो गई यह सही है, किन्तु इस दंगे से आन्दोलन को जातीय रूप प्राप्त होगा या नहीं, इस प्रकार का डर भी सताने लगा था। इस दंगे में एक ओर सवर्ण हिन्दू और दूसरी ओर दलित पैन्थर के नेतृत्व में हरिजन और बौद्ध इस प्रकार का स्वरूप निर्मित हो गया था। यद्यपि यह सच्चाई है कि इस दंगे के कारण दलित पैन्थर को

अनेक नये कार्यकर्ता या अनुयायी प्राप्त हो गये, तथापि दंगे के जातीय स्वरूप के कारण स्थानिक सवर्ण हिन्दू पैन्थर से दूर ही चले गये। बी. डी. डी. चॉल के तथाकथित सवर्ण हिन्दू और बौद्ध एवं हरिजनों का आर्थिक और वर्गीय स्तर एक ही है। दंगे की पूरी जिम्मेवारी सवर्ण हिन्दुओं पर थोपी जाने पर भी पैन्थर को इस दंगे से लाभ उठाना कठिन हो जायेगा। पैन्थर की अवस्था इस प्रकार की विचित्र हो चुकी थी। अपने भाइयों और बहनों की रक्षा करने पर पैन्थर का अपने वर्ग और अपनी परिभाषा की तरह ही दलितों पर ही हाथ उठाना पड़ता है और फिर इस कार्य को जातीय रंग प्राप्त होता है और तथाकथित सवर्ण-हिन्दू अपने वर्ग के होते हुए भी यदि वे अपने भाइयों पर हमला करते हैं, तो पैन्थर भी चुपचाप कैसे बैठे रहेंगे ? वरना पैन्थर के वज़ूद का ही मतलब नहीं रहेगा। इस प्रकार की विचित्र अवस्था उत्पन्न हो चुकी है, अर्थात् यह अवस्था हमारी दुष्ट सामाजिक व्यवस्था ने ही उत्पन्न की है।

अपनी रक्षा और प्रतिकार का संघर्ष करते हुए अभी भी पैन्थर और उसके कार्यकर्ताओं को इस सामाजिक विरोधाभास की अनुभूति को भूलना नहीं चाहिए। उन्हें इस विरोधाभास से भी संघर्ष करना है, इस अनुभूति को वे भूल गये तो बड़ी भयानक स्थिति हो सकती है। इन संघर्षों को क्षुद्र जातीय दंगे का स्वरूप प्राप्त होगा और उसमें पैन्थर सहज में ही बलि चढ़ जायेगा। अर्थात् इस बात में संदेह नहीं कि इस अनुभूति को ध्यान में रखते हुए प्रतिकार का संघर्ष करना तलवार की धार पर चलने जैसा कठिन व्रत है। किन्तु इस व्रत का पालन न करने से पैन्थर का समग्र क्रान्ति का सपना न केवल दूर ही रहेगा, अपितु पैन्थर भी रिपब्लिकन पार्टी की अन्य शाखाओं की तरह ही एक शाखा बन जायेगा, अधिक आक्रामक और अधिक ईमानदार बस इतना ही। आजकल दलित पैन्थर की सभाओं में जो भाषण होते हैं, उन भाषणों से पैन्थर के कार्यकर्ताओं को इस बात की अनुभूति है भी नहीं, इस तरह का सन्देह उत्पन्न होता है। औरंगाबाद में दलित छात्रों की छात्रवृत्ति का जो आन्दोलन हो गया, वह आन्दोलन इस अनुभूति को उत्पन्न कर दलितेतरों को पैन्थर में आकर्षित करने का सुवर्ण अवसर था। किन्तु इस सुवर्ण अवसर को पैन्थर ने भुनाया ही नहीं। सवर्ण हिन्दुओं का सबसे बड़ा भ्रम है कि यह आदमी जो हमसे लड़ रहा है, वह तो अपने वर्ग का ही आदमी है, किन्तु हम उच्च वर्ण के हैं। उनके इस भ्रम का निराकरण कर उन्हें भी अपने साथ लेकर भविष्य में सच्चा संघर्ष करना है, यह अनुभूति होनी चाहिए। इसलिए जो-जो हरिजन और बौद्धेतर दलित या दलितों के प्रति सहानुभूति रखते हैं, उन सभी का पैन्थर में खुला प्रवेश होना चाहिए। उन्हें प्रोत्साहन देना होगा। किन्तु ऐसा दिखाई नहीं देता। बल्कि ज़रा-सा ठीक इसके विपरीत भी है। पैन्थर अपने में ही कुण्डली मारकर बैठनेवाला समूह हो रहा था। हमें तो सन्देह होता है कि राजा ढाले जिस समूह का नेतृत्व कर रहे हैं, उसका स्वरूप कुछ इसी प्रकार का है। दलित वर्ग के मात्र एक समाज के ही सहारे और अन्यों की शत्रुता स्वीकार कर

समग्र क्रान्ति सच्चाई में उतर ही नहीं पायेगी। आजकल वास्तविकता यह है कि, जहाँ-जहाँ दलित पैन्थर संघर्ष कर रहा है वहाँ-वहाँ तथाकथित सवर्ण-हिन्दू और हरिजन तथा बौद्धों में विद्यमान खाई बढ़ती जा रही है, इतना ही नहीं एक-दूसरे में ज़हरीली नफ़रत की भावना उत्पन्न हो रही है। जैसे ''हरिजनों को अधिक सुविधाएँ मिलती हैं, झट् से पदोन्नति और नौकरियाँ मिलती हैं।'' ऐसा मानकर सवर्णों में उनके बारे में नफ़रत, तो हरिजनों में ''यही वे, हम पर अत्याचार करनेवाले, हजारों वर्षों से हमें दासता में दबानेवाले हैं।'' सवर्ण-हिन्दुओं के बारे में विद्यमान नफ़रत बी. डी. डी. चॉल के दंगे के मूल में यही थी, इस बारे में कोई सन्देह नहीं है। तत्कालीन कारण चाहे जो रहा हो।

इस वास्तविकता की ओर आँखें फेर लेने से भी क्रान्ति नहीं होगी। जिस किसी को भी इस देश में क्रान्ति करनी है, उसके सामने वर्ग-एकता का निर्माण करना प्रारम्भ में ही आनेवाली बहुत बड़ी कठिनाई है। दलित पैन्थर के सामने भी इसी सवाल की बड़ी चुनौती थी। मात्र हिन्दू देवता-देवियों को गालियाँ देकर काम नहीं चलेगा। इस कारण दोनों में विद्यमान खाई और भी बढ़ती ही जायेगी और समग्र क्रान्ति का लक्ष्य अधिक से अधिक दूर होता चला जायेगा। देवता और देवियों के बारे में ग़लत धारणाओं के दम्भ का स्फोट करना ही होगा। किन्तु वह इस रीति से किया जाये कि, जिससे इस खाई में और अधिक इज़ाफा न हो और एक-दूसरे में अविश्वास का वातावरण उत्पन्न न होने पाये। लोहे से ही लोहे को काटना होगा। पैन्थर में विद्यमान तथाकथित सवर्ण-हिन्दुओं को ही इस काम को अपने हाथों में लेना होगा। राजा ढाले जैसे लोग इस तरह का काम करेंगे, यद्यपि उनका कार्य कितना भी समर्थनीय क्यों न हो, तथापि ये मार ही खायेंगे यही साबित हुआ है। कोई कुमार सप्तर्षि हिन्दू देवता-देवियों को गालियाँ देगा, तो वह भी मार खायेगा, किन्तु उसके बारे में अधिक सन्देह उत्पन्न नहीं हो सकता। उसकी गालियाँ अधिक परिणामकारक हो सकती हैं। भारत की सामाजिक अवस्था इस तरह से विचित्र है कि यहाँ समग्र क्रान्ति करना एक बहुत बड़ी अग्निपरीक्षा है। भाषाभेद, प्रान्तभेद, धर्मभेद और जातिभेद आदि ने इस समाज के इतने असंख्य टुकड़े किये हैं कि उन टुकड़ों को जोड़कर पूरे राष्ट्र में एक ही समय वर्गीय विद्रोह करना, यह बड़ी कठिन बात है। इस देश के औद्योगिक मजदूरों में इन जहरीले भेदों से ऊपर उठने की न्यूनाधिक क्षमता है। किन्तु इस कृषिप्रधान देश में औद्योगिक मजदूर सच्ची क्रान्ति नहीं ला सकेंगे। भारत की क्रान्ति के सच्चे अग्रदूत सभी अर्थों में दलित ही हो सकते हैं। पैन्थर की व्यापक परिभाषा का दलित वर्ग। किन्तु यही क्रान्ति का अग्रदूत आजकल जातिभेदों के कारण आपसी फूट से अस्त-व्यस्त हो चुका है। आज पहले तो इसे जोड़ना होगा। यह बहुत कठिन कार्य है। किन्तु समग्र क्रान्ति का कंगन अपनी कलाई में बाँधनेवाले किसी को भी इस चुनौती को स्वीकार करना ही होगा।

●●●

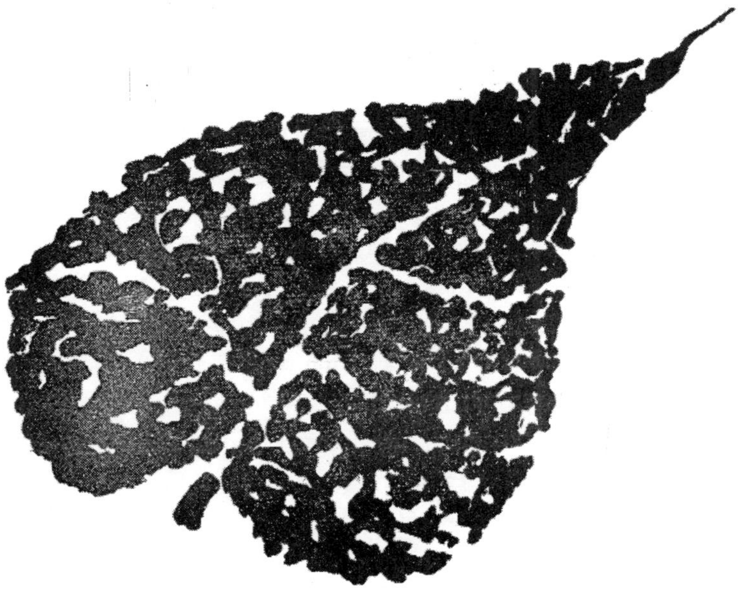

परिशिष्ट : 1

दलित पैन्थर : संविधान और कार्यक्रम

अनुच्छेद 1 : इस संगठन का नाम 'दलित पैन्थर' होगा।

अनुच्छेद 2 : बोधचिह्न : श्वेत पृष्ठभूमि पर काले रंग में रंगा चीता (पैन्थर) और उसके चारों ओर श्वेत रंग में अंकित दलित पैन्थर वृत्ताकार अक्षर इस संगठन का बोधचिह्न होगा।

अनुच्छेद 3 : चौड़ाई से डेढ़ गुनी लम्बाई युक्त ऊपरी पट्टी लाल रंग की और नीचली पट्टी काले रंग की और दाहिने कोने की लाल पट्टी में 'काला चीता' यह संगठन की ध्वजा होगी।

अनुच्छेद 4 : सदस्यता : जिसे पैन्थर का घोषणापत्र और संविधान मान्य है, जो इस संगठन में काम करने के लिए, निरन्तर रीति से संगठन का सदस्यता शुल्क देने के लिए और संगठन के निर्णयों का क्रियान्वयन करने के लिए तैयार है ऐसा अट्ठारह वर्ष या उससे अधिक आयु का दलित-मजदूर वर्ग का कोई भी भारतीय नागरिक इस संगठन का सदस्य बन सकता है।

अनुच्छेद 5 : इस संगठन का मूल घटक छावनी होगी। किसी भी मोहल्ले में, गाँव में या शहर में कम से कम पच्चीस सदस्यों की छावनी होगी।

अनुच्छेद 6 : इस संगठन का सदस्य बनने के लिए किसी दूसरे सदस्य की सिफारिश के साथ छावनी-प्रमुख की ओर आवेदन करना होगा। छावनी द्वारा मान्यता देने पर इस व्यक्ति को सदस्यता प्राप्त होगी।

अनुच्छेद 7 : छावनी के सभी सदस्यों को एकमत से अथवा बहुमत से छावनी-प्रमुख को चुनना होगा।

अनुच्छेद 8 : पैन्थर का उच्चतम घटक 'पैन्थर का वार्षिक अधिवेशन' होगा।

अनुच्छेद 9 : प्रत्येक छावनी से चुने हुए कम से कम पाँच प्रतिनिधि, इस प्रकार

सभी छावनियों के प्रतिनिधियों का वार्षिक अधिवेशन होगा।

अनुच्छेद 10 : पैन्थर के वार्षिक अधिवेशन में पैन्थर के उच्चतम राजनीतिक मंडल और संगठन मंडल को एकमत से या बहुमत से चुना जायेगा। दो अधिवेशनों के बीच के काल में यह मंडल पैन्थर राजनीतिक और संगठनपरक निर्णय लेनेवाला उच्चतम मंडल होगा। छावनी प्रमुख ही इस उच्चतम मंडल के लिए राजनीतिक और संगठनपरक दृष्टि से उत्तरदायी रहेंगे और छावनी प्रमुखों को इस उच्चतम मंडल के सभी निर्णयों का क्रियान्वयन करना होगा।

अनुच्छेद 11 : पैन्थर का संगठन जनतान्त्रिक मध्यवर्तित्व के सिद्धान्त पर आधारित होगा। जनतान्त्रिक मध्यवर्तित्व अर्थात् पैन्थर के छावनी प्रमुख से लेकर उच्चतम राजनीतिक संगठन मंडल तक के राजनीतिक और संगठनपरक निर्णयों का क्रियान्वयन करना और दो अधिवेशनों के बीच के काल में उच्चतम मंडल के निर्णयों का क्रियान्वयन करना पैन्थर के प्रत्येक सदस्य का कर्तव्य होगा। इस अर्थ से यह संगठन जनतान्त्रिक मध्यवर्तित्व मानता है।

अनुच्छेद 12 : प्रत्येक छावनी में एक छावनी प्रमुख, एक उप प्रमुख और एक कोषाध्यक्ष एकमत से या बहुमत से चुनने होंगे।

अनुच्छेद 13 : यदि किसी गाँव में या शहर में एक से अधिक छावनियाँ होंगी तो उनकी बैठक बुलाकर एकमत से अथवा बहुमत से एक गाँव प्रमुख या शहर प्रमुख, एक उप प्रमुख और एक कोषाध्यक्ष चुनने होंगे।

अनुच्छेद 14 : तहसील के अन्तर्गत आनेवाली छावनियों को अपने पाँच प्रतिनिधि भेज कर तहसील स्तर की बैठक आयोजित करनी होगी और उस बैठक में एकमत से या बहुमत से एक तहसील प्रमुख, एक उपप्रमुख और एक कोषाध्यक्ष चुनने होंगे।

अनुच्छेद 15 : ज़िले के अन्तर्गत आनेवाली सारी छावनियों ने अपने पाँच प्रतिनिधि भेजकर ज़िला बैठक का आयोजन करना होगा और उस बैठक में एकमत से अथवा बहुमत से एक ज़िला प्रमुख, एक उपप्रमुख और एक कोषाध्यक्ष चुनने होंगे।

अनुच्छेद 16 : इसी तरह प्रत्येक छावनी के पाँच प्रतिनिधि इस अनुपात में सभी छावनियों के प्रतिनिधि मिलकर पैन्थर का वार्षिक अधिवेशन होगा और उस अधिवेशन में पैन्थर का उच्चतम मंडल चुना जायेगा। पैन्थर के सदस्यों के एकमत से अथवा बहुमत से सभी पदाधिकारियों को चुना जायेगा। इन पदाधिकारियों में एकमत से अथवा बहुमत से परिवर्तन करने का अधिकार वार्षिक अधिवेशन को रहेगा। पदाधिकारियों की आलोचना करने का तथा उन्हें बदलने का अधिकार पैन्थर के सदस्य को रहेगा। इसी प्रकार वार्षिक अधिवेशन में पैन्थर की रणनीति और संगठन एकमत से अथवा बहुमत से निर्धारित करने का अधिकार पैन्थर के सदस्यों द्वारा निर्वाचित अधिवेशन प्रतिनिधियों को रहेगा। इसके

साथ ही वर्षिक अधिवेशन में बहुमत से पारित निर्णय अल्पमतवालों पर बन्धनकारी रहेंगे। इस अर्थ में यह संगठन जनतन्त्र को स्वीकार करता है।

अनुच्छेद 17 : इसी तरह से वार्षिक अधिवेशन में निर्वाचित प्रान्तीय उच्चतम मंडल में प्रत्येक ज़िले का एक प्रतिनिधि और मंडल का एक अध्यक्ष चुना जायेगा। इन सभी प्रतिनिधियों में से पैन्थर का एक सचिव, दो सहसचिव और एक कोषाध्यक्ष चुना जायेगा और शेष सदस्य उच्चतम मंडल के रहेंगे।

अनुच्छेद 18 : तीन महीनों में एक बार उच्चतम मंडल की बैठक होनी ही चाहिए। दो बैठकों के बीच

के काल में उच्चतम मंडल के पदाधिकारी पैन्थर का कामकाज देखेंगे और राजनीतिक या संगठनपरक निर्णय लेंगे।

अनुच्छेद 19 : पन्द्रह दिनों में एक बार छावनी की बैठक होनी चाहिए। डेढ़ महीने में एक बार तहसील की बैठक होनी चाहिए और महीने में एक बार गाँव की बैठक होनी चाहिए। दो महीने में एक बार ज़िले की बैठक होनी चाहिए। बीच के कालखण्ड में पदाधिकारी सारा कामकाज़ देखेंगे और उच्चतम मंडल की बैठक में लिये गये निर्णयों का क्रियान्वयन करेंगे तथा छावनियों के कार्यों का प्रतिवेदन उच्चतम मंडल को बतायेंगे।

अनुच्छेद 20 : पन्द्रह दिनों में एक बार उच्चतम मंडल के पदाधिकारियों की बैठक होनी ही चाहिए और उस बैठक में होने वाले निर्णय एकमत से अथवा बहुमत से लिये जायेंगे तथा अल्पमतवालों के लिए ये निर्णय बन्धनकारी (अनिवार्य) होंगे। उसी तरह उच्चतम मंडल की बैठकों में होनेवाले निर्णय भी एकमत या बहुमत के रहेंगे और अल्पमतवालों के लिए बन्धनकारी होंगे। उच्चतम मंडल के पदाधिकारियों को तीन महीनों में हुए पैन्थर के कामों का प्रतिवेदन उच्चतम मंडल के सामने प्रस्तुत करना ही होगा।

अनुच्छेद 21 : प्रत्येक छावनी से चुना हुआ एक प्रतिनिधि इस प्रकार सभी छावनियों के प्रतिनिधियों को मिलकर हर दो वर्षों में पैन्थर की एक राष्ट्रीय परिषद का आयोजन करना होगा और इस परिषद में एकमत या बहुमत से पैन्थर की रणनीति निर्धारित की जायेगा तथा राष्ट्रीय मंडल को चुना जायेगा। प्रत्येक प्रान्त का एक प्रतिनिधि इस प्रकार से सदस्य और एक अध्यक्ष का राष्ट्रीय मंडल बनाया जायेगा। राष्ट्रीय मंडल के सारे पदाधिकारी प्रान्तीय मंडल की तरह ही होंगे।

अनुच्छेद 22 : पैन्थर के प्रत्येक सदस्य को पैन्थर के काम को जारी रखने लिए निधि देना अनिवार्य है। यह कार्यनिधि सदस्यों की आय पर आधारित होगी। हर महीने सौ रुपये कमानेवाले सदस्य को एक रुपया कार्यनिधि के रूप में देना ही होगा। सौ रुपये से अधिक आय वाले सदस्यों को हर सौ रुपयों के लिए एक रुपया (100 : 1, 200 : 2,

300 : 3 इस अनुपात में) कार्यनिधि देना ही होगा।

अनुच्छेद 23 : प्रत्येक सदस्य को अपनी-अपनी कार्यनिधि छावनी के कोषाध्यक्ष के पास जमा करनी होगी। कार्यनिधि में से प्रत्येक रुपये में से पचास पैसे छावनी के कोषाध्यक्ष ने प्रान्तीय उच्चतम मंडल के कोषाध्यक्ष के पास भेजने होंगे, पच्चीस पैसे ज़िला कोषाध्यक्ष के पास भेजने होंगे, तेरह पैसे तहसील कोषाध्यक्ष के पास भेजने होंगे और शेष बारह पैसे छावनी के लिए रखने होंगे। छावनी, तहसील, ज़िला, उच्चतम मंडल के स्तर पर जो कार्यनिधि एकत्र होगा, उसे बैंक में रखना होगा।

अनुच्छेद 24 : उच्चतम मंडल के अध्यक्ष, सचिव और कोषाध्यक्ष इन तीन पदाधिकारियों के संयुक्त नाम पर यह कार्यनिधि बैंक में रखनी होगी और जब कभी काम करने के लिए धन की आवश्यकता होगी, तब तीनों के हस्ताक्षर होने पर ही उठानी होगी। इसी तरह ज़िला, तहसील, गाँव और छावनी के स्तर पर भी वह कार्यनिधि प्रमुख, उपप्रमुख और कोषाध्यक्ष इन तीनों के नाम पर रखनी होगी और काम के समय तीनों के हस्ताक्षर से निकालना होगा।

अनुच्छेद 25 : निधि की रसीद पुस्तकों पर उच्चतम मंडल के कोषाध्यक्ष के हस्ताक्षर और वसूली करने वाले अधिकारी के हस्ताक्षर होंगे। उच्चतम मंडल ही कार्यनिधि की रसीद पुस्तकें छापेगा। इससे निम्न स्तर के संगठनों द्वारा रसीद पुस्तकें नहीं छपेंगी। निम्न स्तर के संगठनों को उच्चतम मंडल ही रसीद पुस्तकें मुहैया करायेगा। किसी संगठन के लिए विशेष कार्यक्रम के अवसर पर निधि आवश्यक हो तो, वह निधि उच्चतम मंडल ही प्रदान करेगा।

अनुच्छेद 26 : कार्यनिधि के आय-व्यय का हिसाब छावनियों की, तहसीलों की, ज़िलों की तथा उच्चतम मंडल की बैठकों में और वार्षिक अधिवेशन में निम्न तीन सदस्यों द्वारा प्रस्तुत करना अनिवार्य है

1. अध्यक्ष, सचिव और कोषाध्यक्ष, उच्चतम मंडल।
2. ज़िला, तहसील, गाँव और छावनी - प्रमुख, उपप्रमुख और कोषाध्यक्ष।

प्रत्येक संगठन की ओर जो निधि रहेगी उस निधि को उस-उस संगठन को अपने-अपने कामों पर खर्च करना होगा।

सदस्यों के कर्तव्य :-

अनुच्छेद 27 : सदस्यों के कर्तव्य : प्रत्येक सदस्य को पैन्थर का परिचय पत्र दिया जायेगा। उच्चतम मंडल यह सदस्यता परिचय पत्र सभी शाखाओं (छावनियों) को मुहैया करायेगा। इस सदस्यता परिचय पत्र पर सदस्यों के कर्तव्य अंकित होंगे। प्रत्येक सदस्य को इन कर्तव्यों का पालन कराना ही होगा। सदस्यता परिचय पत्र पर उच्चतम मंडल के

अध्यक्ष और सचिव के हस्ताक्षर होंगे। सदस्यता परचिय पत्र के शुल्क के रूप में एक रुपया सदस्य को देना होगा और वह रुपया उच्चतम मंडल की निधि में जमा किया जायेगा। उच्चतम मंडल के अलावा अन्य कोई भी घटक सदस्यता परिचय पत्र नहीं छापेगा।

अनुच्छेद 28 : संगठन के सदस्यता का आवेदन पत्र उच्चतम मंडल सभी शाखाओं को मुहैया करेगा। जिन्हें संगठन का सदस्य बनना है, उन्हें उस आवेदन पत्र को भरकर किसी एक पूर्व सदस्य की सिफारिश के साथ छावनी प्रमुख को देना होगा और छावनी की एक बैठक में उन्हें सदस्यता प्रदान करेंगे। सदस्यता शुल्क के रूप में एक रूपया लिया जायेगा। संगठन की सदस्यता अथवा पदाधिकारिता का त्यागपत्र स्वीकार नहीं किया जायेगा। किसी सदस्य की सदस्यता को समाप्त करने के लिए छावनी के बहुसंख्य सदस्यों की स्वीकृति से समाप्त किया जा सकता है। सदस्यता समाप्त करने के निर्णय के विरोध में उस सदस्य को दाद माँगनी हो तो वह उच्चतम मंडल से और उसके बाद वार्षिक अधिवेशन से आवेदन कर दाद माँग सकता है।

उच्चतम मंडल के कार्य

अनुच्छेद 29 : उच्चतम मंडल के कार्य :

1. संगठन के वार्षिक अधिवेशन में संगठन की राजनीतिक रणनीति का मसौदा और संगठन के संगठनपरक प्रतिवेदन को प्रस्तुत करना।
2. वार्षिक अधिवेशनों के बीच के कालखण्ड में सभी शाखाओं का राजनीतिक और संगठनपरक मार्गदर्शन करना।
3. संगठन के कार्य के प्रचार के लिए यात्राओं का आयोजन करना।
4. संगठन का कार्यक्रम और संविधान मुद्रित कर प्रकाशित करना और प्रत्येक छावनी को मुहैया कराना।
5. सदस्यता आवेदन पत्र और सदस्यता परिचय पत्र छावनियों को मुहैया कराना।
6. संगठन के प्रचार के लिए समाचार-पत्र प्रकाशित करना। साथ ही समय-समय पर पुस्तिकाएँ प्रकाशित करना।

   उपर्युक्त सभी कार्यों के लिए उच्चतम मंडल अपने मंडल के सदस्यों में से नानाविध समितियों का गठन करेगा और उनका मार्गदर्शन करेगा। समय-समय पर इन समितियों में परिवर्तन करने का अधिकार उच्चतम मंडल को ही होगा।
7. संगठन के राजनीतिक और संगठनपरक साथ ही सभी समस्याओं पर प्रकट निवेदन उच्चतम मंडल के अध्यक्ष और सचिव के नाम से ही प्रकाशित होंगे। उसी प्रकार ज़िले की, तहसील कीऔर गाँव की अथवा स्थानिक समस्याओं पर

निवेदन उस घटक के प्रमुख और उपप्रमुख के हस्ताक्षर से प्रकाशित होंगे। (पाद टिप्पणी : संविधान में परिवर्तन करने का अधिकार वार्षिक अधिवेशन को होगा।)

दलित पैन्थर का कार्यक्रम

1. **उद्देश्य :** जाति, धर्म, वर्ण, वर्ग-विरहित, शोषणमुक्त, सुखी, समृद्ध, सुसंस्कृत और विज्ञाननिष्ठ समाज के निर्माण के लिए दलित-मजदूर वर्गों की राजसत्ता स्थापित करना।
2. उपर्युक्त उद्देश्यों के लिए देश में राजनीतिक, आर्थिक, सामाजिक, सांस्कृतिक और वैज्ञानिक क्रान्ति करना।
3. इस क्रान्ति के लिए अनुसूचित जाति, अनुसूचित जनजाति, बौद्ध, श्रमजीवी जनता, मजदूर, भूमिहीन, खेतिहर मजदूर, गरीब किसान, खानाबदोश घुमन्तू जनजाति, आदिवासी आदियों को संगठित कर, उनमें राजनीतिक, वर्गीय और सामाजिक जागरूकता उत्पन्न करना। ये लोग ही क्रान्ति के मूलभूत घटक रहेंगे।
4. इस क्रान्ति के लिए जाति व्यवस्था, धर्म व्यवस्था, वर्ण व्यवस्था, वर्ग व्यवस्था आदि को तोड़नेवाली क्रान्तिकारी पार्टियाँ, सारी वामपन्थी शक्तियाँ, व्यक्ति, साथ ही आर्थिक, राजनीतिक और सामाजिक दमन के शिकार अन्य सभी सामजिक घटकों से मित्रता की जायेगी।
5. जातिभेद और धर्मभेद पर आधारित पार्टियाँ एवं शक्तियाँ, जमींदार, बड़ेफलोत्पादक किसान, पूँजीवादी, परदेसी और देसी बडे-बड़ेपूँजीवादी, साम्राज्यवादी, साथ ही इस देश की पूँजीवादी सरकार
आदि हमारे प्रमुख शत्रु हैं। इन्हीं के विरोध में हमें क्रान्ति करनी है।
6. विश्व भर में विद्यमान साम्राज्यशाही के विरोध में, शोषण के विरोध में, वर्ण व्यवस्था के विरोध में संघर्ष करनेवाली सारी दलित और श्रमजीवी जनता को हमारा समर्थन प्राप्त होगा।
7. हमारा मुक्ति-संघर्ष समग्र क्रान्ति की आकांक्षा रखता है। आंशिक परिवर्तन असम्भव है और वह हमें नहीं चाहिए। हमें समग्र क्रान्तिकारी परिवर्तन ही चाहिए। सामाजिक अपमानों के परिधि से बाहर निकलने के साथ ही हमें आर्थिक-राजनीतिक-सांस्कृतिक केन्द्र-स्थान में हमारा अधिकार स्थापित करना होगा। हमें राजसत्ता चाहिए। हमारा लक्ष्य मात्र व्यक्ति न होकर व्यवस्था है। हृदयपरिवर्तन अथवा शिक्षा में विद्यमान उदारमतवाद से हम पर होनेवाला अन्याय और हमारा शोषण रुकनेवाला नहीं है। उपर्युक्त क्रान्तिकारी समूहों को हम जगायेंगे, संगठित

करेंगे और इन क्रान्तिकारी समूहों के विरोध में उपर्निर्दिष्ट हमारे शत्रु-समूहों के संघर्ष से ही क्रान्ति की लहर आ पायेगी, ऐसा हमारा दृढ़ विश्वास है।

हमारी आज की प्रधान समस्याएँ हैं अन्न, जल, वस्त्र, निवास, नौकरी, भूमि, शिक्षा, अस्पृश्यता, सामाजिक और शारीरिक अन्याय। इन समस्याओं के समाधान के लिए हम दीर्घकालीन और तत्कालीन इस प्रकार के दो कार्यक्रमों को निम्न प्रकार प्रस्तुत करते हैं।

दीर्घकालीन कार्यक्रम

1. देशी और विदेशी पूँजीवादियों द्वारा होने वाले शोषण को समाप्त करने के लिए उनके मिल्कीयत के सारे उत्पादन संसाधनों को सामाजिक मिल्कीयत में बदल देना और उन पर दलितों और श्रमजीवियों की सत्ता स्थापित करना।
2. देश में विद्यमान जमींदारी को पूरी तरह से जड़ से उखाड़कर परिवारों के पोषण के लिए आवश्यक भूमि से अधिक भूमि को सभी गरीब, किसान, मजदूर, आदिवासी और दलितों में आवंटित करना।
3. आर्थिक और सामाजिक शोषण से मुक्त समाज की स्थापना करना।

तत्कालीन कार्यक्रम

1. शहरों में रहनेवाले दलित और श्रमजीवी वर्ग के बेरोजगार युवाओं को नौकरियाँ मिलनी चाहिए अथवा बेरोजगार भत्ता मिलना चाहिए।
2. देहात में रहनेवाले दलित और श्रमजीवी खेतिहर मजदूरों को भूमि और मकान मिलने चाहिए।
3. खेतिहर मजदूर स्त्री-पुरुषों को न्यूनतम पाँच रुपये मजदूरी मिलनी ही चाहिए।
4. सारी शिक्षा मुफ्त में मिलनी चाहिए।
5. दलित बस्तियों में सार्वजनिक अनुपात में कु ओं की खुदाई होनी चाहिए। इसी तरह सार्वजनिक कुओं पर पानी भरने के दलितों के अधिकार को अमली जामा पहनाना चाहिए।
6. शिक्षा के क्षेत्र में, नौकरियों में, सरकारी व्यवस्था में, साथ ही सामाजिक और व्यावहारिक जीवन में जाति और धर्म के उल्लेख पर कानूनन पाबन्दी लगनी चाहिए।
7. धार्मिक और जातीय संस्थाओं तथा पदों पर प्रतिबन्ध लगना चाहिए।
8. सभी जाति-धर्मों की अलग-अलग बस्तियों को एकत्रित बसाने का कानून बनना चाहिए।

9. धार्मिक और जातीय संस्थाओं को दिया जानेवाला सरकारी अनुदान समाप्त कर उस राशि का उपयोग दलितों के लिए किया जाना चाहिए।
10. दलित श्रमजीवियों के लिए शहरों और देहातों में सभी तरह की दवाइयों और चिकित्साओं का प्रबन्ध मुफ्त में होना चाहिए।
11. प्रत्येक व्यक्ति के लिए पन्द्रह किलो अनाज मिलना ही चाहिए।
12. जीने के लिए आवश्यक सभी वस्तुओं की कीमतें दो तिहाई कम की जानी चाहिए।

समय-समय पर उपर्निर्दिष्ट हमारे शत्रु वर्ग के साथ आर्थिक, राजनीतिक और सामाजिक संघर्ष होते रहेंगे। इन संघर्षों में दलित और श्रमजीवी जनता में एकता लाने के लिए हम सक्रिय रहेंगे।

●●●

परिशिष्ट : 2

दलित पैन्थर का घोषणापत्र

(दलितों की सत्ता : श्रमजीवियों की सत्ता)

पैन्थर की भूमिका प्रस्तुत करने की आवश्यकता

आज के दिन 'पैन्थर' की स्थापना के सात वर्ष पूरे हो रहे हैं। पैन्थर की क्रान्तिकारी ठोस भूमिका के कारण अन्तर्गत और बहिर्गत विरोध होते हुए भी वह फौलादी ढंग से बढ़ता ही जा रहा है, क्योंकि वह जिस समाज के सुख-दु:खों के साथ बाँधा गया है, उस समाज के क्रान्तिकारी अंग को उसने पहचान लिया है। विगत वर्ष में पैन्थर के सदस्यों में, कार्यकर्ताओं में, विशेषकर महाराष्ट्र के कोने-कोने से पैन्थर की भूमिका के बारे में जानबूझकर कुछ गलतफ़हमियाँ उत्पन्न करने के प्रयास हो रहे हैं। पैन्थर के उद्देश्य, पैन्थर की सम्पूर्ण क्रान्तिकारी जनतन्त्र-निष्ठा, रणनीति आदि अनेक बातों के बारे में गलतफ़हमियाँ फैलाई जा रही हैं। ऐसे माहौल में दलित पैन्थर की भूमिका को लोगों के सामने स्पष्ट रूप से प्रस्तुत करना आवश्यक है। क्योंकि पैन्थर अब केवल भावुक न रहकर उसने अब सुनिश्चित राजनीतिक स्वरूर्पिं धारण किया है। ''सामने की राजनीतिक परिस्थिति का गम्भीर अध्ययन कर अपने राजनीतिक व्यवहार का गणित प्रस्तुत करते रहो।'' ऐसा डॉ. बाबासाहब आम्बेडकर जी अपने अनुयायियों से सदैव कहा करते थे और इसी कथन का आदर्श अपनी दृष्टि के सम्मुख रखकर उसी तरह पैन्थर को आचरण करना अत्यन्त आवश्यक हो चुका है। वरना वह पाषाण मानकर कछुए की पीठ पर खड़ा होकर न्यून काल में ही डूब जायेगा।

जिस हिन्दू सामन्तवाद ने दलितों को हजारों वर्षों तक सत्ता, सम्पत्ति और प्रतिष्ठा से वंचित रखा था, वही सामन्तवादी आजकल की काँग्रेस पार्टी की सरकार में बड़ी संख्या में हैं, इसीलिए काँग्रेस सरकार सामाजिक परिवर्तन नहीं कर पायेगी। लोकमत से

घबराकर बनाये कानूनों को अमली जामा नहीं पहना सकेगी। क्योंकि सत्ता की पूरी व्यवस्था इस सामन्तवाद ने निगल ली है। जिन्हें धर्म ने सत्ता, सम्पत्ति और शक्ति कमाने की स्वीकृति दी थी, उसी हजारों वर्षों के प्रस्थापित वर्ग के हाथों में पहले की तरह ही खेती है, अब मिलों की मिल्कीयत है, सम्पत्ति है और सत्ता के संसाधन हैं। इसलिए स्वाधीनता प्राप्त हुई, जनतन्त्र आया फिर भी दलितों की समस्याएँ और अस्पृश्यता भी टिकी हुई है। वह टिकी ही रहेगी, क्योंकि अस्पृश्यता को नष्ट करने के लिए जब सरकार तैयार होगी, तब केवल कानून बनाने से काम नहीं चलेगा। सम्पूर्ण भूमि का फिर से आवंटन करना होगा। रूढ़ियों, संकेतों, प्रतीकों और धर्मग्रन्थों की बली देनी होगी एवं नये विचारों को रूढ़ करना होगा। ग्रामीण संरचना, सामाजिक संरचना और मनोवैज्ञानिक संरचना को पूरी तरह से इस प्रकार बनाना होगा कि वे जनतान्त्रिक उद्देश्यों के लिए पोषक होंगे। जिस शक्ति से दलितों को बन्धन में डाला गया है और जिस शक्ति से दलितों ने स्वयं को बाँध रखा है, उन सारी बातों को हमें वस्तुनिष्ठ दृष्टि से, समाज विकास के क्रम से और ऐतिहासिक विश्लेषण द्वारा प्रस्तुत करना होगा। जिन दलितों को हिन्दू सामन्तवाद ने बाँध रखा है, वह मुसलमानों के शासनकाल में और अंग्रेजों के शासनकाल में जितना क्रूर था, दलितों के बारे में वह आज उससे भी सौ-गुना अधिक क्रूर बन सकता है। क्योंकि उत्पादन की नस-नाड़ियाँ, नौकरशाही, न्यायसंस्था, सेना, पुलिस और इन सभी के पूरक उमरा, पूँजीवादी और धर्मपिता आज भी हिन्दू सामन्तवाद के हाथों में हैं और इसी कारण दलितों की अस्पृश्यता की समस्या केवल मानसिक दासता की समस्या नहीं रही है। क्योंकि विश्वभर में अस्पृश्यता तो शोषण का, नित्य बदलने वाली सत्ता का, पूरक और हिंस्त्र तरीका है। आज उसकी भूमि और जड़ों की खोज करना अत्यन्त आवश्यक है। यदि वह भूमि और जड़ें हमें सुनिश्चित रूप से पता चलती हैं, तो इस शोषण के मर्म पर प्रहार अवश्य किये जा सकेंगे। हमारे जो दो दिग्विजयी नेता प्रथम महात्मा ज्योतिबा फुले और दूसरे डॉ. बाबासाहब आम्बेडकर जी के बाद भी दलितों की समस्याएँ मात्र जीवित ही नहीं अपितु हमेशा के लिए और भी अधिक मजबूत हुई हैं और इसीलिए हमने इस तरह के दलित-अछूत जीने का आज का क्रान्तिकारी स्वरूप सुनिश्चित नहीं किया तो सामाजिक क्रान्ति करने की आकांक्षा रखनेवाला एक भी मानव इस भारतवर्ष में जीवित नहीं रहेगा। सच तो यह है कि दलितों की समस्याएँ, उनमें भी अनुसूचित जातियों और अनुसूचित जनजातियों की समस्याएँ आज अत्यन्त व्यापक बन चुकी हैं। वह समस्या अब केवल दलित, अस्पृश्य अथवा गाँव से बाहर रहनेवाले या पुस्तकों से बाहर की समस्याएँ नहीं रही हैं, अपितु वह जैसे दलित है, वैसे ही अस्पृश्य है, वैसे ही मजदूर है, खेतिहर मजदूर है, भूमिहीन है, सर्वहारा है और यदि हमने उसके क्रान्तिकारी स्वरूप को ज़िगर से बढ़ने

नहीं दिया तो हमारे अस्तित्व का किसी भी प्रकार का भविष्य ही नहीं है। इस क्रम के अनुसार आज उसकी पूरक शक्ति और लोकसमूह को स्वीकार करना होगा और इसी से वह अपने शत्रुओं से ठीक से लड़ सकता है और यदि ऐसा नहीं हुआ, तो हमें दासों से भी अधिक दास्यावस्था में बेकार रहना पड़ेगा। हमें इस प्रकार की अनुभूति हर मिनट, हर घण्टे, हर दिन, हर महीने, हर वर्ष परिपक्व करते रहनी चाहिए, तभी हम मानव कहलाने के पात्र हैं। डॉक्टर जी जो हमें पशुओं में से निकालकर मानवों में लाये हैं, वह केवल इसी बात के लिए लाये हैं। इसलिए हमें प्रत्येक बात को शान्ति से, गम्भीर अध्ययन के बाद स्वीकार करना चाहिए, केवल नारों और वाचालता से भ्रमित होकर काम नहीं चलेगा। अपने इर्द गिर्द की परिस्थिति और परिधि की शल्यक्रिया करनी होगी। हमें दास बनानेवाली जो वर्णव्यवस्था, जाति व्यवस्था और वर्ग व्यवस्था के जाल बिछे हुए हैं, उन्हें जड़ से उखाड़कर फेंकना होगा। उनका पोषण करनेवाली और सम्वर्द्धित करनेवाली भूमि को ही निर्बीज करना होगा। दलित इस अभिधान का टूटता हुआ जातीय स्वरूप भी समझना होगा।

सरकार ने दलितों के लिए क्या किया ?

सन् 1947 में भारत स्वाधीन हो गया। समय के साथ ही राजकर्ता वर्ग के मुखौटे भी बदलते गये। राजा के स्थान पर राष्ट्रपति आ गये। प्रधान के स्थान पर लोकप्रतिनिधि आ गये। वेद, स्मृति, उपनिषद, मनुस्मृति और गीता को अस्वीकार कर या हटाकर संविधान आ गया। कोरे कागज पर स्वाधीनता, समता और भ्रातृत्व की फसलें लहलहाने लगीं। सन् 1947 से 1973 तक के दीर्घकाल अर्थात् इन छब्बीस वर्षों की कालावधि में राष्ट्रीय आन्दोलन की पूँजी का उपयोग करनेवाली काँग्रेस निरन्तर सार्वभौम और अक्षुण्ण राज कर रही है। चार पंचवर्षीय योजनाएँ, पाँच आम चुनाव और तीन युद्ध स्वाधीनता के इन पच्चीस वर्षों में हो गये। किन्तु दलितों की समस्याएँ और जनता की समस्याएँ बिना किसी सार्थक समाधान के इस सरकार ने जैसे थीं वैसी ही रखीं। अपने हाथों की सत्ता को येन-केन-प्रकारेण अपने ही हाथों में रखने से परे इस सरकार ने अन्य किसी भी उद्देश्य को महत्त्व ही नहीं दिया। इसके विपरीत लोकराज्य, समाजवाद, गरीबी हटाओ और हरित क्रान्ति की वाचालता करनेवाली इस सरकार ने दलितों, भूमिहीन खेत मजदूरों और मजदूरों के सिर पैर रखकर कुचला है। उनकी ज़िन्दगी के साथ खेलकर और सौदेबाज़ी कर के उन्हीं के उँगलियों पर गिनने योग्य लालच दिखाकर इन सभी के वज़ूद को ही निरन्तर नेस्तनाबूद करने का ही प्रयास किया है। धार्मिक, जातीय और आपसी-फूट प्रवृत्ति का उपयोग कर जनतन्त्र की एकात्मता के लिए संकट उत्पन्न किया है। जिस

जनतन्त्र में मानव को मान-सम्मान, सत्ता-सम्पत्ति और प्रतिष्ठा प्राप्त नहीं होती, व्यक्ति विकास और समाज विकास नहीं कर पाते, देश की मिट्टी के प्रत्येक कण को अपने खून से सींचनेवाले को भूखे रहकर फाँके काटने पड़ते हों, पैरों की जमीन को, सिर के छप्पर को त्यागना पड़ता हो, नाक की सीध में चलनेवालों को टूटकर बिखरना पड़ता हो, माँ-बहनों की इज्जत लूटते देखना पड़ता हो, ऐसी आज़ादी को आज़ादी नहीं कह सकते। सच तो यह है कि स्वाधीनता का आन्दोलन देसी पूँजीपतियों ने, सामन्तों ने और जमींदारों ने अपने नेतृत्व में अपने लाभ के लिए ही किया था। यह आन्दोलन जनता या दलितों के नेतृत्व में नहीं हुआ था और यह आन्दोलन दलितों के नेतृत्व में होना चाहिए ऐसा डॉक्टर साहब का मत था। स्वाधीनता का आन्दोलन जिस गाँधी नामक आदमी के हाथों में था, वह ढोंगी, चालाक, सनातनी, वर्णवादी और ठेकेदारों को माफ करनेवाला आदमी था। उसने स्वाधीनता के आन्दोलन में सेन्ध न लग जाये इसलिए दिखावे के लिए दलितों, अस्पृश्यों और जनता की समस्याओं को इस आन्दोलन से जोड़ा था और इसीलिए बाबासाहब जी ने जनता के शत्रु और राष्ट्र के खलनायक के रूप में गाँधी की अनेक बार निन्दा की थी। बाबासाहब कहा करते थे कि "गाँधीवाद का मतलब है सनातनी धर्म, गाँधीवाद का मतलब है रूढ़िवाद, गाँधीवाद का मतलब है जातीयवाद, गाँधीवाद का मतलब है पारम्परिक व्यवसायवाद, गाँधीवाद का मतलब है अवतारवाद, गाँधीवाद का मतलब है गोमातावाद, गाँधीवाद का मतलब है मूर्ति पूजावाद, गाँधीवाद का मतलब है अवैज्ञानिक दृष्टिकोण। अंग्रेजों ने इन लोगों के हाथों में आज़ादी दी वह सिर्फ नौसेना के विद्रोह, आज़ाद हिन्द फौज़ के सशस्त्र आन्दोलन, किसानों के आन्दोलन, मजदूरों के आन्दोलन और दलितों के आन्दोलनों के कारण अंग्रेजों को अपने हाथों में सत्ता रखना असम्भव हो गया था इसीलिए। गाँधी सम्प्रदाय के हाथों में आज़ादी सौंपने में अंग्रेजों का हेतु सुस्पष्ट था कि इन लोगों के हाथों में साम्राज्यवाद के हित सम्बन्ध सुरक्षित रह पायें और यह है इस प्रकार की उधार की आज़ादी। सच्चाई तो यह है कि दुश्मनों से छीनकर जो आज़ादी मिलती है, वही सच्ची आज़ादी होती है। किसी ने भीख के फेंके हुए टुकड़ों का मतलब सच्ची आज़ादी नहीं होता। हर एक घर से और हर एक मन से स्वाधीनता की ज्योति जलनी चाहिए। भारतीय स्वाधीनता की कीमत हर घर-घर से गिनी नहीं गई है। इसलिए दलित, श्रमजीवी और भूमिहीन खेत मजदूर आज भी स्वाधीन नहीं हुआ है। जमीनी स्तर पर कोई हलचल नहीं हुई, इस बात की विरासत ढोनेवाली सरकार दलितों की समस्याओं को हमेशा टालती ही आई है।"

अन्य पार्टियों ने दलितों के लिए क्या किया ?

पाँच आम चुनाव लड़नेवाली वामपन्थी पार्टियों का दिवाला निकल चुका है। एक चुनाव से दूसरे चुनाव की ओर जाना ही इन लोगों का सूत्र है। इन वामपन्थी पार्टियों ने सन् 1967 के आम चुनावों में काँग्रेस के विरोध में गठबन्धन का निर्माण किया। इस गठबन्धन में इतनी अवसरवादिता थी कि जातीयवादियों (जनसंघ और मुस्लिम लीग) के साथ कम्युनिस्ट जैसी पार्टियों ने मिलीभगत की। कुछ प्रान्तों में तो वामपन्थी गठबन्धनों की सरकारें तक आ गईं, किन्तु ठोस कार्यक्रम के न होने के कारण केवल काँग्रेस विरोध की भूमिका उपयोगी सिद्ध नहीं हो पायी। जनता के सम्मुख विकल्प रखने में, दलितों की समस्याओं का समाधान करने में, देश में गरीबों की सत्ता लाने में ये सारी वामपन्थी पार्टियाँ असफल साबित हुईं। परिणामस्वरूप क्रान्तिकारी समाजप्रवण समूहों का संसदीय जनतन्त्र से भरोसा उठ गया। नक्सलबाड़ी जैसे आन्दोलन होकर पूरे भारत में चिनगारी भड़क उठी। सन् 1972 के आम चुनावों में पहले की पुनरावृत्ति हो गई। जनता के और दलितों के सिर पर काँग्रेस का भस्मासुर सवार हो गया। अकाल आ गया, करोड़ों लोगों का जीवन समाप्त हो गया, मवेशी मर गये, मिल-फैक्टरियाँ बन्द हो गईं और मजदूर बेरोजगार हो गये। महँगाई ने सभी को निगल डाला। इस काँग्रेस के भारतवर्ष को लगा खग्रास ग्रहण अभी तक नहीं छूटा है, किन्तु हमारी संसदीय वामपन्थी पार्टियाँ निर्वाचन क्षेत्र की राजनीति करते हुए काँग्रेस की राजमान्यता प्राप्त करने में ही दिन बिता रही हैं। कोई भी क्रान्तिकारी होने के लिए और जनता की समस्याओं को हाथों में लेने का साहस ही नहीं करता।

इन सभी वामपन्थी सत्ताहीन पार्टियों ने सामाजिक क्रान्ति की ओर ध्यान ही नहीं दिया। वर्ग संघर्ष के साथ ही अस्पृश्यता की समस्या को नकार कर आर्थिक नारों के साथ सांस्कृतिक-सामाजिक वर्चस्व के विरोध में लड़ाई नहीं की। अस्पृश्यता दूसरा-तीसरा कुछ नहीं, बल्कि अत्यन्त ज़हरीला शोषण का प्रकार है। यह शोषण व्यवस्था हिन्दू उमराव पद्धति ने उसके विकासक्रम में उत्पन्न की है। सेना, कारागृह, न्याय संस्था और नौकरशाही जैसी शासन संस्थाओं के अंगों के साथ ही अस्पृश्यता का दायरा भी बढ़ता ही जा रहा है। उदात्त दर्शन के नाम पर, मोक्ष-निर्वाण के नाम पर, दलितों को भौतिक सुखों से वंचित रखकर दलितों की लूट ही हुई है। औद्योगिक क्रान्ति के काल में यन्त्रों का निर्माण हो गया। दलितों को इन यन्त्रों के साथ जोड़ दिया गया। किन्तु उच्चवर्णियों के मन तो उमरावशाही के काल के ही रह गये। क्योंकि यन्त्रों के मालिकों को जो लाभ मिलता है, वह सामाजिक चौखट को तोड़ेबिना ही मिलता है। यदि सामाजिक क्रान्ति होकर दलितों के मन भड़क उठे तो ही राजनीतिक क्रान्ति हो सकती है। यदि राजनीतिक क्रान्ति

हो गई तो उच्चवर्णियों की और उच्चवर्गियों की सत्ता चली जायेगी। वामपन्थी पार्टियों की रणनीति समग्र क्रान्तिकारी दर्शन का प्रसार न करनेवाला ही दर्शन है। इन पार्टियों द्वारा दलितों की प्रखर लड़ाइयाँ न लड़ने कारण ही दलित और भी अधिक गाफि ल हो गये हैं। उन पर भयानक अत्याचार हुए हैं।

रिपब्लिकन पार्टी और दलित पैन्थर का रिश्ता

आज के दलित समाज की या सभी समाजों की समस्याएँ चाहे वे सामाजिक हों या राजनीतिक समस्याएँ हों, उनका समाधान धर्म और जाति की परिधि में नहीं हो सकता, यह सत्य सन् 1952 के आम चुनाव की पराजय के बाद डॉ. बाबासाहब जी की समझ में आ गया। विज्ञाननिष्ठ दृष्टिकोण, वर्गीय अनुभूति और पूर्णत: निधर्मी लड़ाकू मानवतावाद की सहायता से ही दलितों के आन्दोलनों में पैनापन लाया जा सकता है। इसलिए डॉक्टर साहब को 'शेड्यूल्ड कास्ट फेडरेशन' का एक व्यापक पार्टी में रूपान्तरण करना था। किन्तु उनके जीवन में यह रूपान्तरण नहीं हो पाया। उनके महानिर्वाण के पश्चात् अनुयायियों ने 'शेड्यूल्ड कास्ट फेडरेशन' का 'रिपब्लिकन पार्टी ऑफ इण्डिया' में मात्र नामान्तर कर जातीय राजनीति की। गाँव से बाहर के सभी दलितों और आर्थिक शोषण से शोषितों को उन्होंने कभी एकत्रित ही नहीं किया। सबसे महत्त्वपूर्ण बात यह है कि दलितों जैसे क्रान्तिकारी समूह की राजनीति को इस पार्टी ने संवैधानिक मार्ग से चलाया। मत, माँगें, आरक्षित स्थान, सहूलतें, सुविधाएँ इस चक्कर में रिपब्लिकन पार्टी फँस गई। इससे गाँव-देहातों में बिखरा हुआ दलित समाज जहाँ था वहीं रह गया। पार्टी का नेतृत्व समाज के मध्यवर्गीय स्तर के हाथों में चला गया। गुटबन्दी, स्वार्थ और आपसी फूट आरम्भ हो गई। डॉक्टर साहब की क्रान्तिकारी वाणी में अपनी ओर से कुछ जोड़कर इस पार्टी के गद्दार नेताओं ने डॉक्टर साहब के नाम पर झोलियाँ भरनी शुरू किया। यह डॉक्टर साहब की पार्टी है कहते हुए अपनी झोलियाँ भरते रहे और इसी कारण, दादासाहब गायकवाड़ के नेतृत्व में आयोजित भूमिहीनों के सत्याग्रह के अपवाद छोड़कर, इस पार्टी ने कोई भी कार्यक्रम अपने हाथों में नहीं लिया। इसी कारण दलितों पर हो रहे अत्याचारों में इज़ाफा हो गया। डेढ़-दो वर्षों के कालखण्ड में 1117 (एक हजार एक सौ सत्तरह) दलितों का कत्लेआम हो गया। पानी की एक बूँद के लिए घर उजड़ गये, इज्जतें लूटी गईं, आगजनी, खून-खराबा हो गया। जीने के सवाल के साथ ही शारीरिक अन्याय भी और पैना हो गया। ऐसे में रिपब्लिकन पार्टी ने क्या किया ? यशवन्तराव चव्हाण जैसे धूर्त सत्ताधारी राजनेता के फेंके हुए जाल में पूरी पार्टी खत्म हो गई। परिणामस्वरूप पार्टी का तेज लुप्त हो गया और एकता भी लुप्त हो गई। इसके बाद नपुंसकों की बढ़ोत्तरी होती गई। यदि हमने अपने

भविष्य को ऐसे नपुंसक नेताओं के हाथों में दे दिया, तो हमारा भी कत्लेआम होगा और इसीलिए हम आज हमारा और रिपब्लिकन पार्टी का खून का रिश्ता नहीं है, ऐसा गर्दन झुकाकर प्रकट कर रहे हैं।

विश्व भर के दलितों से हमारा रिश्ता

अमेरिकन साम्राज्यवाद के पाशवी षड्यन्त्र से आज सारा तीसरा दलित विश्व अर्थात् उत्पीड़ित देश और दलित जनता जल उठी है। स्वयं अमेरिका में मुट्ठीभर प्रतिक्रियावादी गोरे लोग निग्रो लोगों पर जुल्म चिन रहे हैं। इन जुल्मों को जैसे को तैसा जवाब देने के लिए ब्लैक पैन्थर आन्दोलन में से ब्लैक पॉवर (काले लोगों की सत्ता) उत्पन्न हो गई। संघर्ष की जाज्वल्यता से निग्रो संगठन से चिनगारियाँ छूटने लगीं। इन आन्दोलनों के उग्र संघर्ष से हमारा रिश्ता है। हमारी आँखों के सामने वियतनाम, कम्बोडिया, अफ्रीका आदि आदर्श हैं।

दलित कौन है ?

अनुसूचित जाति-जनजाति, बौद्ध, श्रमजीवी जनता, भूमिहीन, खेतिहर मजदूर, गरीब किसान, खानाबदोश घुमन्तू जनजाति और आदिवासी दलित हैं।

हमारे मित्र कौन हैं ?

(1) वर्ण व्यवस्था तोड़नेवाली क्रान्तिकारी पार्टियाँ। सच्चे अर्थों में समाजवादी समाज रचना माननेवाली वामपन्थी पार्टियाँ हमारी मित्र हैं।

(2) आर्थिक और राजनीतिक दमन के शिकार अन्य सभी सामाजिक घटक हमारे मित्र हैं।

हमारे शत्रु कौन हैं ?

(1) सत्ता, सम्पत्ति और प्रतिष्ठा हमारे शत्रु हैं।

(2) जमींदार, बड़ेपूँजीवादी, महाजन, साहुकार, साम्राज्यवादियों के दलाल और नौकरशाह, पूँजीवादी और उनके पिता हमारे शत्रु हैं।

(3) धार्मिक और जातीय राजनीति करनेवाली पर्टियाँ और इन सबको माफ करनेवाली सरकार हमारी शत्रु हैं।

दलितों की आज की ज्वलन्त समस्याएँ

(1) अन्न, जल, वस्त्र, निवास।

(2) नौकरी, भूमि, अस्पृश्यता।

(3) सामाजिक और शारीरिक अन्याय।

दलितों का मुक्ति संघर्ष समग्र क्रान्ति चाहता है। आंशिक रूप में परिवर्तन असम्भव है। वह हमें नहीं चाहिए। हमें सम्पूर्ण क्रान्तिकारी परिवर्तन ही चाहिए। यदि हमें सामाजिक अपमान से बाहर निकलना है तो हमें आर्थिक, राजनीतिक और सांस्कृतिक उच्च पदों पर अपना अधिकार स्थापित करना होगा। अब हम अल्पसन्तुष्ट नहीं रहेंगे। हमें ब्राह्मणों की गली में जगह नहीं चाहिए। हमें पूरे देश की राजनीतिक सत्ता चाहिए। हमारा लक्ष्य केवल व्यक्ति न होकर व्यवस्था है। हृदय परिवर्तन से और शिक्षा में विद्यमान उदारमतवाद से हम पर हो रहा अन्याय और हमारा हो रहा शोषण नहीं रुकेगा। हम क्रान्तिकारी समूहों को जगायेंगे, उन्हें संगठित करेंगे। इन प्रचण्ड समूहों के संघर्ष से ही क्रान्ति की लहर आयेगी। संवैधानिक आवेदन, प्रार्थनाएँ, सहूलतें और सुविधाओं की माँगें, चुनाव, सत्याग्रह आदि मात्र से समाज नहीं बदलेगा। हमारी समाज क्रान्ति की अवधारणा और विद्रोह की अवधारणा इन कागजी जहाजों से सहन नहीं हो पायेगी। ये अवधारणाएँ इसी मिट्टी में उर्वर होंगी। अन्त:करणों में पल्लवित होंगी, फौलादी वाहन में से, अस्तित्व में से सनसनाते हुए आयेंगी।

दलित पैन्थर मात्र नारा नहीं है

दलित पैन्थर हमारी समस्याओं की ओर देखने का एक दृष्टिकोण है और इन समस्याओं का समाधान करने का आरम्भ है। पैन्थर अस्पृश्यता पर, जाति व्यवस्था पर, आर्थिक शोषण की पद्धति पर मजबूती से प्रहार करेगा। हमें दास बनाने के लिए इस सामाजिक व्यवस्था ने और सरकारी व्यवस्था ने अनेक गलत मार्गों को अपनाया है। हमें नीच और शूद्र साबित किया है। आधुनिक दासता में विद्यमान मानसिक दासता की श्रृंखला तोड़ने का हमारा प्रयास रहेगा। अपनी लड़ाई में हम दासता को ठुकरा देंगे।

हमारा कार्यक्रम

(1) भारतवर्ष की अस्सी प्रतिशत से भी अधिक जनता देहातों में रहती है। इस किसान जनता में से भूमिहीन किसानों की संख्या पैंतीस प्रतिशत है और तेईस प्रतिशत जनता अनुसूचित जाति की (जिस दलित गरीब किसान के पास जमीन है, वह भी नाममात्र है) है। दलित किसानों के जमीन की समस्या में हस्तक्षेप करना ही होगा।

(2) देहातों में उमराव पद्धति के अवशेष आज भी विद्यमान हैं। इस पद्धति के द्वारा दलितों को अत्यन्त क्रूर यातना दी जाती है। जमींदार और धनवान किसान जैसे वर्गों को सम्पत्ति के साथ-साथ सामाजिक प्रतिष्ठा भी प्राप्त होने से दलितों पर

होनेवाले सभी प्रकार के अत्याचारों में बढ़ोत्तरी हो गई है। जिन्दगी की रोज़मर्रा की समस्याओं से आर्थिक समस्याओं तक यह पद्धति दलितों की गर्दन पर बैठी हुई है। इस पद्धति को नष्ट करना ही होगा।

(3) भूमिहीन किसानों को अधिकतम जमीन धारणा कानून से उपलब्ध होनेवाली जमीन का आवंटन होना ही चाहिए।

(4) खेतिहर मजदूरों की मजदूरी की दर बढ़ानी ही होंगी।

(5) सार्वजनिक कुओं पर पानी भरने के दलितों के अधिकार को अमल में लाना ही होगा।

(6) गाँव से बाहर रहनेवाले दलितों की बस्तियाँ गाँव के अन्दर लानी होंगी।

(7) सभी उत्पादनों के संसाधन दलितों की मिल्कीयत के होने ही चाहिए।

(8) निजी सम्पत्ति के माध्यम से होनेवाला शोषण रोकना ही होगा। परदेसी पूँजी को बिना किसी भरपाई के बरामद करना ही होगा।

(9) सामाजिक, सांस्कृतिक और आर्थिक शोषण को नष्ट कर भारत में समाजवाद लाना ही होगा। सिर्फ नाम के लिए राष्ट्रीयकरण न करते हुए सच्चे अर्थों में समाजवाद को अमली जामा पहनाना चाहिए।

(10) सभी दलितों को रोज़गार की गारंटी मिलनी ही चाहिए।

(11) सभी दलित बेरोज़गारों को बेरोज़गारी भत्ता मिलना ही चाहिए।

(12) सभी दलितों को सभी प्रकार की मुफ्त शिक्षा, दवाई और चिकित्सा की सुविधा, निवास और सस्ते दामों पर अनाज मिलना ही चाहिए।

(13) शैक्षिक संस्थाओं में नौकरी देते समय जाति और धर्म को प्रकट करने की शर्त तत्काल समाप्त कर देनी चाहिए।

(14) धार्मिक संस्थाओं को दिया जाने वाला अनुदान तत्काल समाप्त कर देवस्थान की सारी सम्पत्ति बरामद कर उसका उपयोग दलितों के लिये करना ही होगा।

(15) धार्मिक और जातीय साहित्य पर प्रतिबन्ध लगना चाहिए।

(16) जाति के आधार पर सेना की विभाजित संरचना समाप्त होनी ही चाहिए।

(17) काला-बाज़ारी करनेवाले जमाखोरों, साहूकारों (महाजनों) और जनता का आर्थिक शोषण करनेवालों को नेस्तनाबूद करना चाहिए।

(18) जीने के लिए आवश्यक वस्तुओं के दाम कम करने ही होंगे।

हम शहरों और कारखानों में से मजदूरोंके, दलितों के, भूमिहीनों के तथा खेतिहर मजदूरों के संगठन निर्मित करेंगे और दलितों पर हो रहे अन्यायों का प्रतिकार करेंगे। जनता को दुःखों में फेंकनेवाली, शोषण करनेवाली जाति व्यवस्था को, वर्ण व्यवस्था

को नष्ट कर सच्चे अर्थों में दलितों को मुक्त करेंगे और दलितों पर हो रहे अन्यायों का जैसे को तैसा इस न्याय से मुकाबला करेंगे। विद्यमान न्याय संस्था और सरकारी व्यवस्था ने हमारी सारी समस्याओं को बढ़ा दिया है। दलितों पर हो रहे सभी अन्यायों के निवारण के लिए दलितों की ही सत्ता आनी चाहिए। यही सच्चा जनतन्त्र है। दलित पैन्थर के सदस्यों और सहानुभूति रखनेवालों, दलितों के अन्तिम लक्ष्य को प्राप्त करने की लड़ाई के लिए तैयार हो जाओ।

मुम्बई में 6 और 7 सितम्बर को 'महाराष्ट्र दलित पैन्थर' के उच्चतम मंडल की बैठक आयोजित की गई थी। इस बैठक में आज की राजनीतिक परिस्थिति पर और उसके सम्बन्ध में पार्टी की रणनीति पर विस्तारपूर्वक चर्चा हुई। उच्चतम मंडल के आदेश पर निम्न भूमिका अपनाई गई।

हमारे देश में जनतान्त्रिक समाजवाद का कितना भी ढिंढोरा पीटा गया फिर भी इस बात को नहीं भूलना चाहिए कि अन्ततः सत्ता साम्राज्यवादियों, बड़े पूँजीपतियों, जमींदारों, नौकरशाहों और पूँजीपतियों के कब्जे में ही है। देश में विद्यमान उपर्युक्त प्रमुख पूँजीपति पार्टियों की अब पोल खुल चुकी है।

प्रगतिशील कहते-कहते इन लोगों ने किया हुआ भ्रष्टाचार, जनतान्त्रिक समाजवाद के साथ किया धोखा, स्वार्थान्धता, आपसी फूट आदि का दुष्चरित्र आज दलित-श्रमजीवी जनता के सामने स्पष्ट हो चुका है। महामहिम राष्ट्रपति महोदय ने वर्ष के अन्त में (दिसम्बर 1979) मध्यावधि चुनाव लेने की घोषणा की है। 28 महिनों तक केन्द्र में राज करनेवाली जनता पार्टी की सरकार गिर चुकी है। जनता पार्टी को 1977 से 1979 तक के बीच की परिस्थिति का ढक्कन खोलने में सफलता प्राप्त हो गई थी, किन्तु आगे की परिस्थिति पर विजय पाना असम्भव हो चुका है। विगत दो-ढाई वर्षों के कार्यकाल में जनता पार्टी ने अपनी पूँजीवादी, भ्रष्ट, प्रतिगामी और दिवालिया रणनीति के कारण जनता का विश्वास खोया है।

जनता पार्टी के कार्यकाल में मजदूर वर्ग में निरन्तर असन्तोष और आन्दोलन हुए, किन्तु मालिकों के हाथों की कठपुतली बनकर जनता पार्टी ने उन आन्दोलनों का दमन करने का कार्य (कायदा-कानून/ पुलिस/ गुण्डों के माध्यम से) किया।

पूरे देश में बहुत बड़ेअनुपात में दलित, आदिवासी और खेतिहर मजदूरों के आन्दोलन हुए। इन सभी पर अत्याचार हुए। पुलिस और आरक्षित पुलिस के भी पूरे देश भर में आन्दोलन हुए।

अलीगढ़, जमशेदपुर, नडिया आदि स्थानों पर हिन्दू-मुसलमानों के संघर्ष और दंगे-फसाद हो गये। राजहंस, पन्तनगर, कानपुर आदि स्थानों पर सैकड़ों मजदूरों का

कत्लेआम हो गया। बेलछी और पाथाण्डा में अत्यन्त क्रूरता से दलितों की हत्याएँ की गईं। महाराष्ट्र में भी जनता पार्टी से मिलीभगत कर प्रगतिशील जन-तान्त्रिक दल (पुरोगामी लोकशाही दल/ पुलोद) की सरकार सत्ता पर सवार होते ही मराठवाड़ेमें दलितों की बस्तियों को नेस्तनाबूद किया गया। जनता पार्टी के अन्तर्गत ही जनसंघ और राष्ट्रीय स्वयंसेवक संघ की जातीयवादी आग लगानेवाली रणनीति से, साथ ही जनता पार्टी और सरकारी व्यवस्था पर अपने वर्चस्व को स्थापित करने के उनके रवैये के कारण जनता पार्टी में कभी भी न जुड़ सकनेवाली आपसी फूट हो गई है। जनता पार्टी अब निष्प्रभ हो चुकी है। उनके वर्गचरित्र को हम नज़र अन्दाज़ नहीं कर सकते। इसके साथ ही संगठित काँग्रेस पार्टी के भी टुकडे-टुकड़े हो चुके हैं। उन टुकड़ों में से एक गुट का नेतृत्व कर रही इन्दिरा गाँधी और उनकी पार्टी फिर से देश के राजनीतिक मंच पर महत्त्वपूर्ण स्थान प्राप्त करने की फ़िराक में है। अपनी खोई सत्ता को वापस पाने के प्रयास में इन्दिरा गाँधी और उनकी पार्टी आजकल जातीयता विरोधी आन्दोलन में अवसरवादी रवेये को अपनाया है। बिहार और हरियाणा जैसे प्रान्तों में विद्यमान जनता पार्टी की सरकारों को जीवनदान दिया गया है। सन् 1971 के वर्ष में आर्थिक रणनीति पर प्रगतिशील/प्रतिगामी रेखाएँ खींच कर आम चुनाव सम्पन्न हो गये और इन्दिरा गाँधी जीत गई। आगे सन् पचहत्तर में इन्दिरा ने आपातकाल की पृष्ठभूमि पर बीस अनुच्छेदों का कार्यक्रम सुनिश्चित किया, इस कार्यक्रम के प्रति आकर्षित होकर हमने इन्दिरा गाँधी और उनकी पार्टी को समर्थन दिया। वस्तुत: इन्दिरा गाँधी और उनकी पार्टी का वर्गचरित्र देखते हुए वे साम्राज्यशाही के दलालों, बड़े पूँजीपतियों, जमींदारों और नौकरशाही पूँजीपतियों के लिए पूर्णतया पूरक ही थे। इसलिए उनके समर्थन में जो संगठन चले गये, उनकी भी श्रमजीवी अनुभूति समाप्त हो गई। ये संगठन भी निष्प्रभ हो गये। बिखर गये। आज इस बात को भूलना नहीं चाहिए कि इसी कारण पैन्थर संगठन की भी हानि हो चुकी है और यह भी नहीं भूलना चाहिए कि जनता पार्टी और इन्दिरा काँग्रेस पार्टी दोनों एक ही थैली के चट्टे बट्टे हैं।

आज सम्पूर्ण देश में एक ओर जातीय शक्ति और दूसरी ओर तानाशाही शक्ति तथा दोनों का विरोध न करनेवाली शक्ति तीसरी ओर है। यह आखिरी शक्ति अर्थात् वामपन्थी पार्टियों के गठबन्धन की शक्ति है। एक बात तो सुनिश्चित है कि वामपन्थी आन्दोलनों के पचास वर्षों के इतिहास के बाद भी ये शक्तियाँ देश की केन्द्रीय सत्ता पर कब्जा किये बिना नहीं रहेंगी।

विगत दो वर्षों में राजनीतिक परिस्थिति पूर्णतया बदल चुकी है। पूँजीवादी राजनीति की गति अधिक से अधिक आपसी फूट की ओर तो वामपन्थी राजनीति की स्वाभाविक गति अधिक से अधिक एकजुट होने की ओर चल रही है। वामपन्थियों को इस दिशा में

अत्यन्त वेग से स्वयं को विकसित कर, बल सम्पादित कर एक ठोस विकल्प के रूप में प्रत्यक्ष खड़ेरहने का प्रयास करना होगा। जन-आन्दोलन करने होंगे। क्रान्तिकारी, प्रतिक्रान्तिकारी, प्रगतिशील, उदारमतवादी और दलित-श्रमजीवी जनता में विद्यमान अन्तर्विरोध पहचानकर, दलित-श्रमजीवी वर्ग में एकता उत्पन्न कर, दलित-विरोधी और श्रमजीवी वर्ग-विरोधी शत्रु को पहचानकर काम करना होगा। महाराष्ट्र में अनेक संघर्ष दलित-श्रमजीवी एकता के आधार पर ही किये गये हैं। दलित पैन्थर को इस नई परिस्थिति को नज़र अन्दाज़ न करते हुए डॉ. बाबासाहब आम्बेडकर जी के बताये हुए वर्णहीन और वर्गहीन समाज का निर्माण कर सच्ची जनतान्त्रिक समाज रचना से प्रतिबद्धता माननेवालों की सत्ता लानी होगी।

●●●

परिशिष्ट : 3

दलित पैन्थर बरखास्त

(पैन्थर : आम चुनाव 1977 की भूमिका)

लोग हम से पूछते हैं : आनेवाले आम चुनावों में आपकी भूमिका कौन-सी होगी ? आप अपना समर्थन किसे देंगे ? आप अपना वोट किसे देंगे ?

हम कहते हैं : हम खुद ही चुनाव लड़ेंगे, तब तो समर्थक का कोई सवाल नहीं उठता है और वोटों का तो हो ही नहीं सकता। हमारा वोट हमारे ही उम्मीदवार (प्रत्याशी) को मिलेगा, इसमें कोई संदेह नहीं है।

लोग कहेंगे : कहाँ है आपका प्रत्याशी ? कहाँ है आपकी पार्टी ? आपकी पार्टी तो चुनावों की रणभूमि में उतरी ही नहीं, तो आपके यहाँ रहने का सवाल नहीं उठता।

ऐसे लोगों को केवल इतना ही पता होता है कि एक तो चुनाव लड़ने के लिए पार्टी खड़ी होती है, अथवा प्रत्याशी खड़ा होता है। इसलिए वे वोट देने के समय या तो पार्टी देखते हैं अथवा प्रत्याशी देखते हैं। पार्टी या प्रत्याशी को वोट देना इतना ही इन लोगों को पता होता है।

हम इन लोगों से पूछते हैं : आपके निर्वाचन क्षेत्र में खड़ा हुआ प्रत्याशी आपको पसन्द होता है, किन्तु उसकी पार्टी और उस पार्टी की रणनीति नापसन्द होती है। ऐसे में आप क्या करते हैं ? अथवा कोई पार्टी और उसकी रणनीति तो बहुत अच्छी होती है, किन्तु आपके निर्वाचन क्षेत्र से खड़े उसी पार्टी के प्रत्याशी को आप नापसन्द करते हैं। ऐसे में आप क्या करते हैं ? अथवा आपके निर्वाचन क्षेत्र में पार्टी और प्रत्याशी दोनों नापसन्द हो तो आप क्या करते हैं ? अथवा उस निर्वाचन क्षेत्र में आपकी पसन्दीदा पार्टी ही चुनाव लड़ती ही नहीं, तो आप क्या करते हैं ? किसे अपना वोट दोगे ?

आपके पास तो वोट देने के अलावा अन्य कोई चारा भी नहीं होता और यह वोट किसे देना चाहिए? यह सवाल तो होता ही है। हम खड़े हैं।

कुछ लोग कहेंगे : आपकी पार्टी तो चुनावों में लड़ती हुई दिखाई नहीं देती, तो फिर आप चुनाव में खड़ेकैसे हैं ? कुछ लोग कहेंगे कि आपने तो प्रत्याशी का आवेदन ही नहीं भरा है, फिर आप चुनाव लड़ कैसे रहे हैं ? ये सवाल ठीक है क्या? सच तो यह है कि चुनाव पार्टी के नाम पर या प्रत्याशी के नाम पर नहीं लड़े जाते, अपितु समस्याओं के आधार पर चुनाव लड़े जाते हैं।

इन चुनावों मे हमारी पार्टी और हमारा प्रत्याशी खड़ा नहीं है। खड़ी है तो वह हमारी समस्या खड़ी है और इसी समस्या को लेकर हम खड़ेहैं और चुनाव लड़ रहे हैं। इन आम चुनावों में हमारा संगठन भी खड़ा नहीं है और हम भी खड़ेनहीं हैं। तो फिर आप किसे मतदान करेंगे ? इस आम चुनाव में हमारा संगठन अथवा हम खड़ेनहीं हैं, फिर भी हम चुनाव लड़ रहे हैं, वह इस समस्या के बल पर ही लड़ रहे हैं। तब आप किसे वोट देंगे? आपकी इस जीवन-मरण की समस्या के लिए ही ना?

कोई प्रत्याशी आपके जीवन-मरण की समस्या को लेकर खड़ा नहीं है अथवा कोई पार्टी आपकी दिलचस्पी की समस्या को टाल कर खड़ी है, तो आप उसे मतदान करेंगे क्या ? मतदान करना है, तो किसलिए ? और इस मतदान से आपकी समस्या का समाधान होने वाला है या नहीं ? आपकी समस्या का निपटाने होनेवाला है या नहीं ?

कुछ लोगों का चुनावी घोषणापत्र पूरा भरा रहता है। उसमें अश्वासनों की खैरात होती है। तो कुछ लोगों के कार्यक्रम अनेक अनुच्छेदों के होते हैं और ये लम्बे होते हुए लम्बे चौड़ेबन जाते हैं। किन्तु ये घोषणापत्र ठीक आपकी दिलचस्पी की समस्या को प्रस्तुत करना भूल जाते हैं। क्योंकि आपके जीवन-मरण की यह समस्या वैसे देखा जाये तो किसी के लिए भी महत्त्वपूर्ण नहीं होती, ठीक इसके विपरित वे इस समस्या को कचरा समझते हैं। और इसी कारण उस समस्या को किसी भी पार्टी के घोषणापत्र में उठाया नहीं जाता। ऐसे में आप क्या करेंगे ? आपका मतदान किसी प्रत्याशी या किसी पार्टी की ओर होगा या आपकी समस्या की ओर होगा ?

समस्या महत्त्वपूर्ण है तो वह अधिक पैनी कैसे होगी, उसका निपटारा कैसे होगा, इस पर ही विचार करना होगा और प्रत्याशी तथा पार्टी को गौण स्थान देना होगा। इसीलिए हमारी समस्या खड़ी है, ऐसे में हम या हमारा संगठन खड़ा है या नहीं इसका कोई महत्त्व नहीं है। इसके साथ ही इस समस्या को लेकर कौन खड़ा है तथा किस पार्टी की ओर से खड़ा है यह भी मायने नहीं रहता। इस पल हमारी समस्या का निपटारा होना चाहिए, यही महत्त्वपूर्ण बात है। अपनी समस्या को बड़ा बनाने के लिए हमें व्यक्ति निरपेक्ष और पार्टी निरपेक्ष बनना होगा।

किन्तु हमारे जीवन को पूरी तरह से व्याप कर भी शेष रहनी वाली हमारे जीवन-मरण की समस्या है तो कौन-सी समस्या है ? तो समस्या यह है कि भारतीय बौद्धों के

लिए केन्द्रीय सरकार की नौकरियों के द्वार बन्द हैं और इन द्वारों को खोलना ही हमारा एक अनुच्छेदी कार्यक्रम है इसी एक अनुच्छेदी कार्यक्रम को लेकर हम खड़े हैं, चुनाव लड़नेवाले हैं।

यह समस्या इस देश में रहनेवाले तीन करोड़ बौद्धों की समस्या है, और इस समस्या को लेकर केवल एक ही प्रत्याशी खड़ा है। स्वभावतया सभी भारतीय बौद्धों को इस समस्या के पीछे एक होकर खड़ेरहना होगा और इस प्रत्याशी के साथ खड़े रहना होगा।

यह प्रत्याशी है तो कौन ? वह किस पार्टी की ओर से खड़ा है ? और उसका चुनाव चिह्न क्या है ? यह प्रत्याशी हैं अखिल भारतीय दलितों के नेता डॉ. बाबासाहब आम्बेडकर जी के सुपुत्र माननीय भैयासाहब आम्बेडकर। वे रिपब्लिकन पार्टी की ओर से हाथी के चुनावी चिह्न पर मुम्बई के उत्तरपूर्व निर्वाचन क्षेत्र से इसी एक समस्या को लेकर चुनाव लड़ रहे हैं।

जो हमारी समस्या को लेकर लड़ रहा है, वही हमारा प्रत्याशी है, और वही हमारी पार्टी भी है। यहाँ किसी को समर्थन देने का सवाल ही नहीं उठता। रिपब्लिकन नाम से अनेक प्रत्याशी चुनाव में खड़े हैं। किन्तु वह हमारी पार्टी नहीं है। क्योंकि उनके पास हमारी यह समस्या ही नहीं है। इसके विपरीत जिन्होंने इस समस्या को अपने घोषणापत्र में प्रस्तुत नहीं किया है, उनके कन्धे से कन्धा मिलाकर ये प्रत्याशी खड़ेहैं। उनके पहले के वचनों को देखा जाये और आज का उनका आचरण देखा जाये, तो हमें हमारी प्रवंचना समझ में आयेगी।

''डॉ. बाबासाहब आम्बेडकर जी के 'विचारों का रथ' को हम ही आगे ले चलेंगे'' (प्रबुद्ध भारत : दि0 7-11-1959) कहनेवाले गवई साहब इस रथ को लेकर बड़े वेग से काँग्रेस की दिशा में यात्रा कर रहे हैं और आरक्षण के कारण काँग्रेस की थाली के नीचे एक नई तरह के दासों का राजनीतिक वर्ग निर्मित हो चुका है।'' (प्रबुद्ध भारत : दि. 16-1-1960) कहनेवाले आर. डी. भण्डारे आज किसकी थाली के नीचे की बिल्ली हैं, यह बताने की आवश्यकता नहीं है।

''जनतन्त्र और संविधान का पावित्र्य बनाये रखने के लिए विपक्ष की आवश्यकता'' (प्रबुद्ध भारत : दि. 2-06-1962) का प्रतिपादन करनेवाले आर. डी. भण्डारे आज विपक्ष के ही विरोध में उठ खड़े हुए हैं, और 'बौद्धों को कम्युनिज़्म से दूर रहना चाहिए' (प्रबुद्ध भारत : दि. 25-04-1959) कहनेवाले बीड़ सी. काम्बले, आर. डी. भण्डारे के विरोध में श्रीमती अहल्या रांगणेकर जी की जांघ से सट कर बैठे हैं।

''पार्टी संगठन अन्य किसी भी बात से अधिक मूल्यवान है'' (प्रबुद्ध भारत : दि. 30-06-1962), ''रिपब्लिकन पार्टी का किसी अन्य पार्टी में विलय असम्भव।

रिपब्लिकन पार्टी का लक्ष्य और रणनीति स्वतन्त्र है (प्रबुद्ध भारत : दि. 27-06-1964) कहनेवाले बी. डी. खोब्रागड़े आज उसी लक्ष्य और रणनीति को तोड़कर जनता पार्टी में जाकर बैठ गये हैं। ''पार्टी संगठन के लिए मैं अपने पद का भी त्याग करूँगा'' कहनेवाले खोब्रागड़े अब पार्टी का ही त्यागकर सांसद पद के लिए आम चुनावों में खड़े हैं।

'रिपब्लिकन' इस अंग्रेजी शब्द का अर्थ 'जनता' है, कहनेवाले बी. सी. काम्बले अपनी प्रत्याशिता के लिए 'रिपब्लिकन' इस अंग्रेजी दुम के स्थान पर 'जनता' इस मराठी शब्द का प्रयोग क्यों नहीं करते ? क्योंकि उसके पीछे भी स्वार्थ ही है। किन्तु ''यह सफलता बाबासाहब जी की पार्टी के संगठन की है।'' (प्रबुद्ध भारत : दि. 23-07-1960) और ''सत्कार करने की अपेक्षा बाबासाहब की संस्थाओं को मजबूत बनाओ।'' (प्रबुद्ध भारत : दि. 30-07-1960) ऐसा स्वयं के सत्कार के प्रसंग पर निःस्वार्थ रीति से कहनेवाले भैयासाहब आम्बेडकर के सिवा दूसरा-तीसरा हो ही कौन सकता है ? इनके अलावा उपर्युक्त वचन एक समय के रिपब्लिकनों के ही हैं, और इन दोनों में जमीन-आसमान का अन्तर है।

किन्तु परिस्थिति के शिकार ये लोग हमारे शत्रु हैं क्या ? बौद्धों के न्याय अधिकारों के बीच ये लोग आ रहे हैं क्या ? तो फिर हमारा, आपका और आम्बेडकरवाद का सच्चा शत्रु कौन है ? और इस शत्रु की खोज कर उसे चारों खाने चित किये बिना हमें अन्य कोई तरणोपाय नहीं है।

हमारा सबसे बड़ा और सच्चा शत्रु कौन है, इस बात को साबित करते समय अपनी समस्या कौन-सी है, इसका भी सदैव ध्यान रखना पडेग़ा। हमारी आज़ादी अंग्रेजों के पास डेढ़-सौ वर्षों तक गिरवी पड़ी थी और अब वह काँग्रेस पार्टी के पास विगत उनतीस वर्षों से गिरवी रखी हुई है। अंग्रेज चले गये और काँग्रेस आ गई। अंग्रेजों के बाद काँग्रेस के हाथों में सत्ता आ गई और उसके बाद सत्तान्तरण ही नहीं हो पाया। इस कारण विगत अनेक वर्षों से हमारी सड़ती हुई समस्या इस प्रकार सड़ती क्यों रही और किसके कारण सड़ती रही, इस सवाल का सीधा जवाब काँग्रेस ही है। काँग्रेस ही हमारी समस्याओं के समाधान के मार्ग की सबसे बड़ी कठिनाई है। कुछ लोग कहते हैं कि बाबू जगजीवनराम बौद्धों की सुविधाओं के खिलाफ थे और उन्हीं के कारण इस समस्या का समाधान नहीं हो पाया। किन्तु आज बाबू जगजीवनराम काँग्रेस से बाहर हैं ना ? तो यदि वे प्रमुख कठिनाई थे, तो वह कठिनाई आज दूर हो जानी चाहिए और फिर भी इस समस्या का समाधान नहीं हो पाया है। क्यों नहीं हो पाया ? इसका अर्थ यह है कि सच्ची कठिनाई बाबू जगजीवनराम न होकर काँग्रेस संगठन है और आज तक जो बाबू जगजीवनराम बोला करते थे, वही काँग्रेस की अधिकृत रणनीति थी, इसमें क्या संदेह ? बाबू जगजीवनराम

इसके बाद भी उसी रणनीति पर कायम रहते हैं, तो उनको माफ नहीं किया जायेगा। किन्तु दलितों के कल्याण के लिए प्रतिबद्ध बाबू जगजीवनराम अब काँग्रेस से बाहर क्यों हुए ? बौद्धों का तो छोड़ ही दीजिए, किन्तु दलितों का कल्याण करने की क्षमता काँग्रेस में नहीं है, इसीलिए ना ?

सन् 1956 में हमने बौद्ध धम्म इस जीवनमूल्य का स्वीकार किया और हममें अभूतपूर्व क्रान्ति हो गई। किन्तु यह क्रान्ति प्रतिगामियों को रास न आई। दलितों के एक महान् नेता डॉ. बाबासाहब आम्बेडकर जी द्वारा हमें दिये इस जीवनमूल्य को सभी स्तरों पर ठगा जा रहा है। हज़ारों वर्षों तक अस्पृश्य रहे समाज ने आज बौद्ध धम्म का स्वीकार किया इसीलिए उन्हें अछूतों से ज्यादा निम्न बताया जा रहा है। आज जिन्हें केन्द्र सरकार की नौकरियों में प्रतिबन्धित किया गया है और जो गाँव की सीमा से बाहर रहता था, उसे केन्द्र सरकार ने भी अपनी सीमा से बाहर रखा है। बौद्धों के बारे में ऐसी अस्पृश्यता क्यों बरती जा रही है ? और इसके लिए जिम्मेवार कौन है ? आज बौद्ध युवाओं को विवश होकर हिन्दू-महार के रूप में फिर से धर्मान्तरण करना पड़ रहा है। इस सख्ती के धर्मान्तरण के पीछे कौन है ? तो, वह है निधर्मी (धर्मनिरपेक्ष) सरकार। डॉ. बाबासाहब आम्बेडकर जी के पीछे-पीछे लाखों अछूत अपनी मर्जी से बौद्ध हो गये और आज केन्द्र सरकार के आदेश के पीछे-पीछे सख्ती से पढे-लिखे बौद्ध युवाओं को हिन्दू-महार, हिन्दू-मातंग और हिन्दू-चमार बनना पड़ रहा है। क्या सुविधाएँ हिन्दुत्व के आधार पर दी गई थीं या आर्थिक दृष्टि से पिछडेपन की शर्त पर ? इसके पीछे जातियों को तोड़ने का हेतु था या जातियों को कायम रखने का षड्यन्त्र था ? तो फिर आज जातियों को कायम रखने का प्रयास क्यों हो रहा है ? क्या बौद्ध आसमान से गिरे हैं या विदेशों से आये हैं, जिस कारण इनके साथ सौतेलापन व्यवहार किया जा रहा है ?

बौद्ध होने से क्या वे धनवान् बने ? या उनका आर्थिक स्तर परिवर्तित हुआ ? तो फिर सुविधाओं की रणनीति क्यों बदली गई ? और इसमें जनतन्त्र का पोषक ऐसा कौन-सा निधर्मीवाद है ? जिन्होंने हिन्दुत्व के विरोध में विद्रोह किया वे ही आजकल सरकार के दास होकर हिन्दू-महार बनाये जा रहे हैं। दलितों के लिए अनेक अनुच्छेदी कार्यक्रम सरकार की ओर से चलाया जा रहा है। किन्तु उनमें से एक अनुच्छेद का उल्लेख कभी भी नहीं किया जाता और वह है बौद्धों को हिन्दू और अछूत बनाने का कार्यक्रम है।

डॉ. बाबासाहब आम्बेडकर जी द्वारा प्रदत्त यह नया जीवनमूल्य आज रसातल को पहुँच रहा है, ऐसे में हम खुली आँखों से यह सब कुछ देख रहे हैं। दलितों के लिए चलाये जा रहे कार्यक्रमों में बौद्धों को केन्द्र सरकार में नौकरियाँ देकर उनके आर्थिक विकास करने का कार्यक्रम क्यों नहीं है ? उनके स्वाभिमान का गला घोंटकर ऊपरी चिकित्सा और कार्यक्रम उन्हें प्रोत्साहन दे पायेंगे क्या ? कानून बदले, संविधान बदला किन्तु

किसके लिए ? उसे बदलते समय में कानूनी प्रावधान कर बौद्धों को सुविधाएँ नहीं दी जा सकती थीं क्या ? क्यों नहीं आयें ? स्वयम्भू नेतृत्व ने भी अन्ततः संविधान परिवर्तन का आधार लेकर स्वयं का स्थान सुनिश्चित किया है। इसमें इस नेतृत्व का स्वयम्भूपन तो टिका ही नहीं, बल्कि उसका दुर्बल स्वरूप भी प्रकट हो गया। इस स्वयम्भू नेतृत्व के लिए संविधान परिवर्तन के अलावा दूसरा उपाय भी कैसे होगा ? यह संविधान परिवर्तन हमारे हितों की दृष्टि से नहीं हुआ। विद्यमान सरकार के हित की दृष्टि से ही परिवर्तन हुआ। हम यह कह सकते हैं कि बाबासाहब जी ने संविधान बनाते समय दलितों की सुविधाओं का ध्यान रखा और सरकार ने संविधान परिवर्तन के समय अपनी सुविधाओं का ध्यान रखा।

संविधान कितना भी अच्छा हो और उसे चलानेवाले लोग अच्छे न हों तो वह संविधान निरुपयोगी साबित होता है और संविधान कितना भी बुरा क्यों न हो और उसे चलानेवाले अच्छे हों तो वही संविधान सफल साबित हो जाता है। सरकार ने संविधान चलानेवाले अच्छे हैं, यही साबित किया है क्या ? ठीक इसके विपरीत विरोधी पार्टियों के गुस्से को संविधान पर ही निकालकर संविधान को ही बुरा साबित किया गया। भविष्य में यही अनेक अनुच्छेदी कार्यक्रमों के बारे में भी साबित हो सकता है। कार्यक्रम कितना भी अच्छा हो, किन्तु उसे चलानेवाले अच्छे न तो उस कार्यक्रम को भी हम बुरा साबित करनेवाले हैं क्या, यही सौ टके का सवाल है।

हमारा प्रमुख सवाल संविधान परिवर्तन का नहीं है। संविधान ने हमें अपनी सुरक्षा की गारण्टी दी है क्या ? केन्द्र सरकार में बौद्धों के लिए नौकरियाँ नहीं हैं और इसी में आपातकाल में हमारी हत्याएँ हो रही हैं। एक विवाह की बारात में एक दलित ने अपने सिर पर गैस की बत्ती लेकर चलने से इनकार किया तो, एक पाटिल ने गोली मारकर उसकी हत्या कर दी। आपातकाल में यह क्यों हुआ ? क्या इस घटना की जिम्मेवारी संविधान और आपातकाल लागू करनेवाली सरकार की नहीं है ? दलितों का हित किस में है, यह दलितों की समझ में नहीं आता ? तो फिर दलितों के लिए कौन-सा कार्यक्रम भला हो सकता है, यह दलितों की समझ में नहीं आता, यह कहना उचित होगा क्या ? किन्तु हमारे संगठन के कार्यकर्ताओं को गुण्डा साबित कर कारागृह में ठूँसा और वे बाहर आये तो राजबन्दी के रूप में। तो फिर सच्चाई में वे कौन हैं ? सरकार को कानून चलाना है या उसे अपने हाथों में लेना है ? क्या आज भी हमारे सारे कार्यकर्ता बाहर हैं ? अन्य संगठनों पर दायर किये सारे मामले बिना किसी शर्त के वापस लिये गये, तो हमारे मामले क्यों नहीं ? दुर्गा भागवत और राजा ढाले में यह भेदभाव क्यों ? क्यों आज भी राजा ढाले पर मामले हैं ? और वे भी आपातकाल से पहले के। क्या यही दलितों के लिए आपका कार्यक्रम है ?

उपर्युक्त बातों से यह साबित होता है कि हम कल अंग्रेजों की दासता में थे और

आज काँग्रेस की दासता में हैं, यदि इस प्रकार का किसी दलित का मत हो गया हो तो इसमें किसका दोष है ? प्रधानमन्त्री जी ने हमारे सारे मामले वापस लेने का निर्णय ले लिया, किन्तु महाराष्ट्र सरकार ने अपने अधिकार में बिना किसी शर्त के उन्हें स्वीकार नहीं किया है। ''बौद्धों को सुविधाएँ दो।'' कहकर महाराष्ट्र सरकार के कानों में हम हजारों बार चिल्ला चुके हैं, तब उन्होंने हमें केन्द्र सरकार का रास्ता दिखाया और मामलों के बारे में केन्द्र सरकार के निर्णय को स्वीकार नहीं किया। एक ही पार्टी की दो स्तरों की भूमिकाएँ परस्पर विरोधी क्यों हैं ? और जिसे केन्द्र सरकार की मजबूती कहा जाता है, वह यही मजबूती है क्या ?

आपातकाल से हमारा विरोध करने का कोई कारण नहीं था। हमें दासता की आदत हो चुकी है, इसलिए हमारे लिए आपातकाल नया नहीं है। हमारे जीवन में हजारों वर्षों से आपातकाल का नंगा नाच चल ही रहा है। हम पर हमेशा से सामाजिक अत्याचार और सामूहिक बहिष्कार जारी ही हैं। किन्तु इस कारण से हमें आपातकाल से विरोध नहीं था, ऐसा नहीं है, तो 'स्टेट एण्ड मायनॉरिटिज्' में जिस कारण डॉ. बाबासाहब आम्बेडकर जी ने कहा था कि ''सन् 1947 से 1957 के दस वर्षों के कालखण्ड में आम चुनाव नहीं होने चाहिए।'' और विकसनशील देश का जनतन्त्र स्थिर बुनियाद पर खड़ा रहे इसलिए जिस शान्ति की आवश्यकता होती है, वही विचार सन् 1975 में क्रियान्वित हुआ ऐसा हमारा अनुमान था और इसी कारण प्रधानमन्त्री के बारे में आदर उमड़ पड़ा था।

किन्तु अब तो चुनाव आये हैं। क्या जनतन्त्र पूरी तरह से परिपक्व हुआ है ? फिर यह चुनाव इतनी गड़बड़ी में क्यों हो रहे हैं ? जनतन्त्र के दिखावे के लिए ? और जनतन्त्र का ऐसा दिखावा कर यदि हमारा मत-स्वातन्त्र्य और संगठनपरक-स्वातन्त्र्य संकट में आयेगा तो ऐसे आपातकाल को हमें प्राणपन से विरोध करना होगा। आम चुनावों के बाद यदि देश में सार्वजनिक अशान्ति की अनुभूति होकर फिर से आपातकाल तीव्र होगा तो उसका विरोध करना ही पड़ेगा।

काँग्रेस के एक प्रतोद (प्रवक्ता) कहते हैं कि आज तक चुनावों के जो नतीजे आये हैं, वही आगे भी आयेंगे। आज तक जो इतिहास घटा वह आगे भी घटनेवाला है। हम उनसे ये पूछते हैं कि आज़ादी के आज तक के कालखण्ड में दलितों पर जो अन्याय-अत्याचार हुए हैं, क्या वही इससे आगे भी होनेवाले हैं ? दलितों के बारे में आज तक जो भी इतिहास में घटा है क्या उसी की पुनरावृत्ति होनेवाली है ? यदि ऐसा ही होनेवाला है तो इसके विरोध में हमें प्राणान्तिक आन्दोलन करना होगा और इसके लिए पूरे देश में काँग्रेस के विरोध में मतदान होना चाहिए। अपनी शक्ति कम है और देशव्यापी काँग्रेस बलवान है तथा काँग्रेस को जोर का झटका लगे बिना वह अपनी समस्याओं की ओर आँखें खोलकर भी नहीं देखेगी। यदि कल काँग्रेस फिर से जीत कर आती है, तो हमारी

समस्याओं की ओर सरसरी नज़र भी नहीं डालेगी, किन्तु यदि उसे ठोकर लगती है, तो पूर्वानुभव से सयानी हुए बिना नहीं रहेगी। यह सयानापन सिखाने का नैतिक धैर्य केवल आपके हाथों में ही है। इसीलिए आपकी विरोधी शक्ति का प्रदर्शन इस बार होना ही चाहिए।

इसका अर्थ यह नहीं है कि हम जनता पार्टी का समर्थन करते हैं। जनता पार्टी और काँग्रेस में सैद्धान्तिक अन्तर बहुत कम है। वरना पन्द्रह वर्ष पहले गोलियों की बौछार करनेवाला मुख्यमन्त्री आज राज कर रहा है। अन्तर केवल इतना ही है कि पन्द्रह वर्ष पहले का समय इतिहास में दर्ज हो गया है और आज की धमकी कल का इतिहास होनेवाला है। वैसे देखा जाये तो दोनों पार्टियाँ प्रतिगामी

पार्टियाँ हैं। बौद्धों को सुविधाएँ न देनेवाली सरकार सत्ता में है। उसी तरह 'बौद्धों को सुविधाएँ नहीं देनी चाहिए' चिल्लाने वाले प्रतिगामी जनता पार्टी के महासचिव हैं। इनमें बहुत अधिक अन्तर नहीं किया जा सकता। इतना तो कहा जा सकता है कि यदि जनता पार्टी की सरकार सत्तारूढ़ हो गई तो इन प्रतिगामियों से सीधे-सीधे मुकाबला किया जा सकता है और उनकी सत्ता को परेशान किया जा सकता है। किन्तु प्रगतिशीलता का स्वाँग रची काँग्रेस सरकार से मुकाबला करना और उसे सत्ता से नीचे खींचना भविष्य में बहुत कठिन होने वाला है। इसलिए आज ही काँग्रेस को सत्ता से नीचे खींचना होगा और इसके लिए यह क्षण अत्यन्त मूल्यवान क्षण है। जनता पार्टी काँग्रेस की तरह पुरानी और उर्वर नहीं है। उसे कभी भी उखाड़कर फेंका जा सकता है और ऐसा भविष्य में ऐसा घटित हो सकता है। किन्तु विगत अनेक वर्षों में घटा हुआ काँग्रेस का इतिहास हमारी आँखों के सामने है और हम उस इतिहास को भूल नहीं सकते। इसीलिए ऐसा इतिहास भविष्य में घटने देना उपयुक्त नहीं है। जनता पार्टी के बारे में आज ही कुछ कहना उतना उचित नहीं होगा। उसी के साथ काँग्रेस के बारे में अपने अनुभव को भी हम भूला नहीं सकते। इसीलिए काँग्रेस का विरोध यही एक स्मृतिचिह्न अन्त:करण में अंकित होना चाहिए और काँग्रेस के विरोध में ही हमारा मतदान होना चाहिए। फिर यह विरोध प्रबल और देशव्यापी कैसे हो, इस बात का विचार करना चाहिए।

मित्रों, यदि बौद्धों के मार्ग की यह कठिनाई दूर हो जाती है, तो कौन अछूत अछूत के रूप में रहते हुए स्वयं को धन्य मानेगा ? इसके विपरीत यदि इस समस्या का समाधान होता है, तो डॉ. बाबासाहब आम्बेडकर जी द्वारा दिया हुआ जीवनमूल्य संवर्द्धित होगा और यही न हो इसलिए काँग्रेस एवं प्रतिगामियों के प्रयास शुरू हैं। इसमें से ही आम्बेडकर जी के द्वेष का भाव उत्पन्न हो रहा है, उसका स्वरूप चाहे जो हो। संविधान परिवर्तन के पीछे यह बात नहीं होगी, यह कहा नहीं जा सकता। उसी प्रकार चुनावों के समय उठते-बैठते डॉ. आम्बेडकर जी का नाम लेना और अनजाने में उनके दर्शन के टुकड़े-टुकड़ेकर

देने के पीछे भी यह बात नहीं होगी, ऐसा भी नहीं है। किन्तु इस बात का पूरा विचार किये बिना जिन्होंने संगठनों की अधिकृत भूमिका बाहर आने से पूर्व ही स्वयं अपनी भूमिका सुनिश्चित की है और नानाविध पार्टियों को अपना समर्थन स्पष्ट रूप में दिया है, ऐसे लोगों के साथ भविष्य में हमारा कोई भी सम्बन्ध नहीं रहेगा। दलित पैन्थर का नाम लेकर दलित पैन्थर की स्वयम्भू प्रतिमा को कलंकित करने का यह षड्यन्त्र इसके आगे चलने नहीं देंगे। दलित पैन्थर का वज़ूद स्वयम्भू था और उस वज़ूद का उद्देश्य दलितों के दुःखों को विश्व के सामने प्रकट करना ही था। यहाँ किसी को समर्थन देने का सवाल ही नहीं उठता।

दलित पैन्थर बरखास्त

किन्तु जिन लोगों ने समर्थन की बात आरम्भ की है, उनके साथ हमारा इससे आगे कोई भी सम्बन्ध नहीं रहेगा और हम हमारा स्वतन्त्र अस्तित्व है यह साबित करने के लिए हम दलित पैन्थर संगठन को बरखास्त कर रहे हैं और नये संगठन 'मास मूवमेण्ट' (जन-आन्दोलन) की घोषणा कर रहे हैं। जो लोग दलित पैन्थर के नाम से विचरण कर रहे हैं, वे प्रतिगामियों के साथी हैं, आम्बेडकरवाद के शत्रु हैं और उनके साथ कोई भी आम्बेडकरवादी नहीं है, फिर भी यही लोग दलित पैन्थर के नाम का ग़लत इस्तेमाल कर रहे हैं, इससे आगे वे लोग न कर सके इसीलिए यह उपाय योजना है।

इस संगठन के बारे में सारा साहित्य शीघ्र ही मुद्रित हो तैयार होगा और आपके सामने आयेगा। तब तक आम चुनावों के बारे में इस भूमिका को अपनाकर आप खड़ेहोंगे ही। यह आशा है कि इसके साथ ही मास मूवमेण्ट इस नये नाम से आप आगे अपने कार्यक्रम चलायेंगे।

आपके विनम्र

राजा ढाले, ज. वि. पवार, गंगाधर गाडे, नाना रहाटे, जयन्त भालेराव, दत्ता जाधव, एस. एम. प्रधान, सुरेश सावन्त, दयानन्द मस्के, विठ्ठलराव साठे, आर. एम. पाटील, भीमराव नाईक, विनायक बलाण्डे, रामदास आठवले आदि महाराष्ट्र और महाराष्ट्र के बाहर के प्रमुख कार्यकर्ता।

●●●